国家社科基金
后期资助项目

三国吴地
文化与文学

徐昌盛 著

A Study on the Culture
and Literature of Wu Region in
the Three Kingdoms

西南大学出版社
国家一级出版社 全国百佳图书出版单位

图书在版编目(CIP)数据

三国吴地文化与文学 / 徐昌盛著. -- 重庆：西南大学出版社, 2023.11
　ISBN 978-7-5697-2062-4

Ⅰ.①三… Ⅱ.①徐… Ⅲ.①吴文化—文化史—中国—三国时代 ②文学史研究—中国—三国时代 Ⅳ.①K295 ②I209.36

中国国家版本馆CIP数据核字(2023)第221067号

三国吴地文化与文学
SANGUO WUDI WENHUA YU WENXUE

徐昌盛　著

责 任 编 辑：张昊越
责 任 校 对：段小佳
装 帧 设 计：闰江文化
照　　　 排：李　燕
出 版 发 行：西南大学出版社（原西南师范大学出版社）
　　　　　　网　　址：http://www.xdcbs.com
　　　　　　地　　址：重庆市北碚区天生路2号
　　　　　　邮　　编：400715
　　　　　　电　　话：023-68868624
印　　　 刷：重庆市圣立印刷有限公司
成 品 尺 寸：165 mm×238 mm
印　　　 张：21.25
字　　　 数：470千字
版　　　 次：2023年11月　第1版
印　　　 次：2023年11月　第1次印刷
书　　　 号：ISBN 978-7-5697-2062-4
定　　　 价：68.00元

国家社科基金后期资助项目
出版说明

　　后期资助项目是国家社科基金设立的一类重要项目,旨在鼓励广大社科研究者潜心治学,支持基础研究多出优秀成果。它是经过严格评审,从接近完成的科研成果中遴选立项的。为扩大后期资助项目的影响,更好地推动学术发展,促进成果转化,全国哲学社会科学工作办公室按照"统一设计、统一标识、统一版式、形成系列"的总体要求,组织出版国家社科基金后期资助项目成果。

全国哲学社会科学工作办公室

序

射阳徐君昌盛，予同门也，昔相从于傅刚夫子游，已十余年矣。其人也刚健质朴，笃实好学，慕尚魏晋，钻仰风流，高论闳议，学界瞩目。顷成《三国吴地文化与文学》一书，命余为序，力辞不得，因述素所知闻，以见君之风谊，并为世之读此书者一助也。

徐君嗜书如命，所居皆书，日处斗室，容膝而已，俯仰流观，恬然自得。又性好访古，治学之暇，常驱驰郊野，寻稽遗迹，荒丘古城，徜徉其间，断碑残垣，流连忘返。以是博闻多识，举凡史地目录之书，无不穷究，得于心而应于手。即观此书，研经则学派俨然，人物辐辏；述史则脉络贯通，源流分明；论文则侨土并究，详其雅俗；语玄则明审时世，探骊得珠。浩浩汤汤，济济洋洋，江左人物，三吴风流，尽集于兹矣。其尤有功者，一曰阐明吴地文化文学发展之线索与风貌，二曰揭示太康之英陆机由吴地文化孕育之来龙去脉。此二者素为学界研究所未及，或湮没无闻，或蒙昧不清，徐君一论而始深切著明于天下矣。

《易·大畜》象辞云"刚健笃实，辉光日新其德"，庶几可以喻学，盖"刚健笃实"为内在之态度、必经之历程，"辉光日新"乃外在之表现、自然之结果。褚季野尝语孙安国云"北人学问渊综广博，南人学问清通简要"，徐君以南人而兼有北学渊综广博之长，加以嗜书好古之天性、刚健笃实之品格，辉光日新之境，予谓吾兄必至也。

是为序。

陈君
癸卯岁末撰于北京

目录
CONTENTS

绪　论 ………………………………………… 001

第一章 孙吴经学源流与诗歌状态 ………… 028

　　第一节　孙吴经学的汉代本土资源 ………… 028
　　第二节　孙吴经学制度、人物和成就 ………… 053
　　第三节　孙吴诗歌状态的经学因素 ………… 093

第二章 孙吴玄学传统与"二陆遇鬼" ………… 108

　　第一节　"二陆遇鬼"说的玄学背景 ………… 108
　　第二节　汉末中原与江南清谈互动 ………… 113
　　第三节　孙吴清谈名理与正始先声 ………… 125
　　第四节　吴末政治与玄学传统消歇 ………… 138

第三章 孙吴史学发展与史家文学 ………… 148

　　第一节　孙吴史官制度和史学研究 ………… 148
　　第二节　孙吴国史修撰的正统观念与文学成就…177
　　第三节　孙吴的史家文学与文史融合 ………… 202

第四章 孙吴乐府与道教文化 ·········· 221
第一节 孙吴乐府的"以俗代雅" ·········· 221
第二节 《神弦歌》与孙吴道教文化 ·········· 234

第五章 本土化进程中的世族文学文化 ·········· 252
第一节 侨土嬗代与孙吴文学本土化 ·········· 252
第二节 吴会之争与世族文学文化兴起 ·········· 275
第三节 家族文化与陆机的中朝命运 ·········· 289

结　语 ·········· 313

参考文献 ·········· 321

后　记 ·········· 331

绪　论

　　自汉兴平二年(195)孙策受袁术之命占据江东[①]，至晋太康元年(280)孙皓投降，吴国政权覆亡，孙吴政权共存在八十六年，其间孙吴文学与文化的面貌，由于传世文献的稀少，一直未能引起应有的关注。在现今的文学史话语体系中，凡是涉及汉末三国时期的文学，研究者往往将曹魏文学作为该时期的代表来叙述，而对吴蜀文学付之阙如，或以片言只字匆匆带过。应该说，这种情况是很自然的，因为吴蜀两国保留的文学作品本来很少，因此难以引起学者的重视。近二十多年来，随着研究的日趋细致和深入，吴蜀文学的价值开始得到合理的揭示，吴蜀文学已经进入文学史教材当中，并且取得了一席之地。尤其是孙吴的文学，具有不可忽视的价值。根据史书和目录的记载可知，孙吴既有丰富的文学活动记录，又有可观的作品或文集记载。然而孙吴的文学文献已颇多散佚，在进行文学史构建时，研究者不可避免地面临文献稀缺的窘境，需要我们重新审视以往的文学标准，扩充文学的内涵。尽管孙吴文学文献存世寥寥，但零圭断璧、吉光片羽，经过探赜索隐、细加考索，仍然能够发现各种各样的新问题。中古文学的研究，尤其是魏晋文学的研究，很少有未经开垦的处女地，早已进入了深水区，缺乏出土文学文献的刺激，推进研究困难重重，因此难以得到学者的青睐。但这并不意味着无经可念、无事可做，它只是对人们提出了更高的要求，要求研究者别具一副胸怀和眼力，去发掘那深隐于文字背后无穷无尽的宝藏。本书不仅研究孙吴的文学状况，而且拓宽文学的视野，充分挖掘与文学有关的历史、哲学、宗教等多学科的文化资源，去尝试解决文学史的问题。

[①]《三国志·魏书·武帝纪》《后汉纪》等系于汉初平四年(193)，《三国志·吴书·孙策传》裴注引《江表传》系于兴平元年(194)，兹据《资治通鉴》系于兴平二年(195)，参见徐昌盛：《孙吴文学系年》，山东大学出版社，2022年，第16页。

一、孙吴文学成就重估和文学文献困境

正如曹道衡在讨论《北朝文学的特点和得失》时所指出的,长期以来,文学史研究主要关注作家和作品,这当然是必要的,却是远远不够的。在文学史写作的探索阶段,这种写法无可非议,但在文学史研究日益深入的今天,不能不寻求新的突破。曹先生进一步说:

> 文学的发展正像其他意识形态一样,并不是直线上升的,总有许多曲折、停滞甚至倒退。但从整个历史的发展过程来看,这样的曲折过程,却只是前进中的一个环节,有时在某些看来是停滞或倒退的现象后面,却酝酿着后来繁荣的枢机。研究者的目光不能局限在某些传诵之作或名气极大的作家身上,还应注意到某些产生作家和作品较少的时代,研究和探索其衰落的原因,以及这个时代在整个历史发展中的作用。[1]

尽管曹先生是就北朝文学长期被文学史研究忽略而言,但同样地适用于孙吴文学的研究。文学史研究的任务,不仅要介绍作家作品,而且要论述文学发展变化的规律和原因。研究者固然要关注文学史上的鼎盛期,但不能忽视文学史上的沉寂期,这有利于探究文学盛衰转变的原因。

(一)孙吴文学成就重估

孙吴文学历时近百年之久,总体成就颇有可述,甚至孙吴末期的文学成就,已经达到了较高的水平。孙吴的文学成就可以通过以下两点约略窥见。

第一是文学家族和文人群体的出现。吴国名宗大族最著名的是江东四姓,陆机《吴趋行》称"四姓实名家",即顾、陆、朱、张四姓,亦属于文学家族。如江东张姓,可以称为文学家的有张敦、张温、张纯、张翰等。张敦,《吴录》载"敦德量渊懿,清虚淡泊,又善文辞"[2]。张温,《隋书·经籍志》载有

---

[1] 曹道衡:《南朝文学与北朝文学研究》,《曹道衡文集》卷五,中州古籍出版社,2018年,第513页。
[2] [晋]陈寿撰,[南朝宋]裴松之注,陈乃乾校点:《三国志·吴书·顾邵传》卷五二,中华书局,1959年,第1229页。

《张温集》。张纯,现存有《赋席》一篇。张俨,《隋书·经籍志》载有《张俨集》。张翰,《晋书》本传载"(张)翰有清才,善属文,而纵任不拘,时人号为'江东步兵'。……其文笔数十篇行于世"①。又《隋书·经籍志》载有《张翰集》。又如江东顾姓,涌现了顾谭、顾荣等文学家。顾谭,《吴书》载顾谭"著《新言》二十篇。其《知难篇》盖以自悼伤也"②。顾荣,《隋书·经籍志》载有《顾荣集》。

江东文学最突出的是吴郡陆氏家族。吴郡陆氏在汉代已有名士,如陆续入《后汉书·独行传》;其孙陆康以义烈称,作《上疏谏作铜人》,《后汉书》有传;陆康子陆绩以《易》学著名,有作品《自知亡日为辞》。陆机家族本以军功名世,陆逊屡有战功,晋位丞相,其子陆抗也是一代名将,镇守荆州重地。陆抗死后,诸子分领父兵,陆晏、陆景死于国难,陆机、陆云是亡国之将,武功无足可称,却以文学名世。张华是西晋文坛领袖,说"伐吴之役,利获二俊"③,将陆机、陆云作为平吴的重要收获,赞美之情溢于言表。这不是张华孤立的看法,因为西晋文坛流传着"二陆入洛,三张减价"④的评价,可见"二陆"的风头之盛。陆喜,本传说他"少有声名,好学有才思"⑤,有多种作品传世,如《言道》《访论》《古今历》《审机》《娱宾》《九思》等近百篇,太康五年(284),入洛为散骑常侍,不久去世。以陆喜、陆机、陆云为代表的陆氏文人群体,是典型的文学家族。

吴亡之后,中原诸公开府召集幕僚,"求英奇于仄陋,采贤俊于岩穴"(《世说新语·言语》)⑥,江东人士陆续进京应选,吴地人才荟萃,引起了中原的注意。入洛的才学之士,除了陆机、陆云兄弟,还有蔡洪、顾谭、顾荣、张翰、纪瞻、薛兼等。如顾荣"与陆机兄弟同入洛,时人号为'三俊'"⑦,又如"五俊",史载"(薛)兼清素有器宇,少与同郡纪瞻、广陵闵鸿、吴郡顾荣、会

---

① [唐]房玄龄等撰:《晋书·张翰传》卷九二,中华书局,1974年,第2384页。
② [晋]陈寿撰,[南朝宋]裴松之注,陈乃乾校点:《三国志·吴书·顾谭传》卷五二,中华书局,1959年,第1230—1231页。
③ [唐]房玄龄等撰:《晋书·陆机传》卷五四,中华书局,1974年,第1472页。
④ [唐]房玄龄等撰:《晋书·张载传》卷五五,中华书局,1974年,第1525页。
⑤ [唐]房玄龄等撰:《晋书·陆喜传》卷五四,中华书局,1974年,第1486页。
⑥ [南朝宋]刘义庆,[南朝梁]刘孝标注,余嘉锡笺疏,周祖谟等整理:《世说新语笺疏》,中华书局,2007年,第98页。
⑦ [唐]房玄龄等撰:《晋书·顾荣传》卷六八,中华书局,1974年,第1811页。

稽贺循齐名,号为'五俊'"①,他们皆被张华誉为"南金"②。因此说,吴亡之前的吴地,已经存在了事实上的文人群体。

第二是代表性作家陆机的成长生态。任何时代最卓绝的文学家,都不可能是凭空出现的,他一定是由丰沃的文学土壤培植而成。陆机是西晋最杰出的作家,在东晋南朝直至唐初都得到了很高的评价。陆机在入洛之前,在吴地本土文学的熏陶下,已经锻炼了一身卓越的文学才能。这与吴国的文学家族传统和风起云涌的文人群体密不可分。

吴平之后,陆机曾短暂地以亡国之臣的身份北上,旋即放归故里。陆机第一次北上是太康元年(280),朱东润、傅刚等认为他被俘至洛阳,沈玉成认为他被徙至寿阳③。太康二年(281),放归乡里(取傅刚说),于是陆机"退居旧里,闭门勤学"(《晋书·陆机传》)。太康末应朝廷征辟,陆机第二次赴洛④,途中所作的《赴洛道中作二首》被学者称为"魏晋诗中的上品之作"⑤,而且陆机诗歌在对偶、音韵和体物华丽方面的成就,使他不仅成为太康诗风的代表作家,而且是"魏晋诗风向南朝诗风发展的一个重要的过渡性诗人。元嘉三大家谢灵运、鲍照、颜延之都受到了陆机的影响"⑥。因此说,陆机的文学成就,在入洛伊始,已经达到西晋时代的高峰。太康元年(280),陆机在入洛之初,已有与中原名家一比高下的意思。《晋书·左思传》载:"初,陆机入洛,欲为此赋,闻思作之,抚掌而笑,与弟云书曰:'此间有伧父,欲作《三都赋》,须其成,当以覆酒瓮耳。'及思赋出,机绝叹伏,以为不能加也,遂辍笔焉。"⑦陆机有作大赋的意愿,并且有傲视中原人士的信心,那么陆机的文学修养,最初只能来自吴国的旧有土壤。第一次入洛后,陆机开始全面接受中原的文学影响,第二次入洛时,他的五言诗已经达到了很高的成就。

陆机的文学创作和文学理论,不仅在西晋时期已经取得了很高的声

---

① [唐]房玄龄等撰:《晋书·薛兼传》卷六八,中华书局,1974年,第1832页。
② 中朝人士普遍称吴人为"南金",吴人亦以此自称,如陆机《答贾长渊一首》称"惟南有金,万邦作咏"([南朝梁]萧统编,[唐]李善注:《文选》卷二四,中华书局,1977年,第346页)。
③ 陆机太康初入洛颇有争议,参见俞士玲:《陆机陆云年谱》,人民文学出版社,2009年,第30—32页。
④ 傅刚:《陆机初次赴洛时间考辨》,《汉魏六朝文学与文献论稿》,商务印书馆,2016年。
⑤ 钱志熙:《魏晋诗歌艺术原论》修订本,北京大学出版社,2005年,第226页。
⑥ 钱志熙:《魏晋诗歌艺术原论》修订本,北京大学出版社,2005年,第226页。
⑦ [唐]房玄龄等撰:《晋书·左思传》卷九二,中华书局,1974年,第2377页。

誉,而且在东晋南北朝时期,仍然不断受到后学的重视。西晋的张华以文坛领袖之尊不吝溢美之词,已见前述,到了东晋,陆机与潘岳并称为西晋最杰出的作家。潘、陆是西晋熠熠生辉的双子星,在享受后世学者赞赏的同时,也不免遭遇优劣的评判。东晋的玄言诗代表人物孙绰评价潘、陆时说,"潘文烂若披锦,无处不善;陆文若排沙简金,往往见宝"(《世说新语·文学》)①,又说"潘文浅而净,陆文深而芜"(《世说新语·文学》)②。孙绰言辞之中明显有扬潘抑陆的倾向。南朝齐梁时期,扬陆抑潘又成为共识,钟嵘《诗品》称陆机为"太康之英",称陆机为一代文学之代表,他于西晋共撷取陆机、潘岳、张协、左思四家,弁陆机于首。萧统《文选》收录作品最多的是陆机,共有二十八题六十一首,而且涉及多种文体,但以诗歌五十二首为最(其中《演连珠》五十首计为一首)。在萧统的观念里,陆机是历史上最杰出的诗人。钟嵘和萧统是著名文学批评家,他们的选文定篇足以说明南朝人对陆机地位的认识。及至唐代,陆机地位依然很高,唐太宗亲自为陆机作传论,推崇之情由斯可见。钱志熙对陆机的总结非常到位,他说:"他无疑是元康时期影响最大的专家诗人。他的诗歌创作不仅在数量上超过时人,而且在艺术的体制与风格等方面苦心经营,对文人诗创作风气是一个有力的推进,也因此而对此后的南北朝乃至初唐诗坛,都产生久远的影响。"③陆机是江东土著,吴亡之时刚刚二十岁,已经完成了扎实的学识储备。吴亡后退居乡里,待其太康末入洛时,也不过三十岁,已经在中原享有大名,并且进入中原不久,技压群英,成为西晋最优秀的作家。

因此曹道衡先生指出的"吴地的文学水平,在西晋统一前,已经很高"④,是符合实际的判断。

(二)孙吴文学研究的文献环境

孙吴的文学成就主要是通过作家的籍贯统计、目录书的记载分析和对代表作家的生长环境的追溯获得,却无法通过作品的阅读分析来认定,这是非常遗憾的。孙吴文学研究面临的客观实际是贫乏文献环境,最基本的表现是作品的稀少。兹择其主要文体介绍如下:

---

① 余嘉锡:《世说新语笺疏》,中华书局,2007年,第309页。
② [南朝宋]刘义庆,[南朝梁]刘孝标注,余嘉锡笺疏,周祖谟等整理:《世说新语笺疏》,中华书局,2007年,第318页。
③ 钱志熙:《中国诗歌通史·魏晋南北朝卷》,人民文学出版社,2012年,第216页。
④ 曹道衡:《南朝文学与北朝文学研究》,《曹道衡文集》卷五,中州古籍出版社,2018年,第313页。

孙吴诗歌存世较少，根据逯钦立《先秦汉魏晋南北朝诗》的诗歌辑佚情况，孙吴文人诗仅有8首，即薛综《嘲蜀使张奉》、张纯《赋席》、张俨《赋犬》、朱异《赋弩》、诸葛恪《答费祎》、华覈《与薛莹诗》、周昭《与孙奇诗》、孙皓《尔汝歌》等。其中张纯、张俨、朱异应朱据之邀所作，严可均《全吴文》认为是小赋，属于有争议的作品；华覈与薛莹的诗，是五言，可惜仅存两句；孙皓《尔汝歌》创作于入晋之后，与吴地有关，但不宜认作吴国诗。因此，孙吴诗歌可知的仅有三首，其中薛综《嘲蜀使张奉》和诸葛恪《答费祎》是外交场合的游戏之语，不当属于诗歌创作。据此可知，孙吴的诗歌非常匮乏，跟中朝诗人的风起云涌、诗作的精彩纷呈不可同日而语。

孙吴的赋作，有学者统计出18篇，即张纮《瑰材枕赋》、张纯《赋席》、张俨《赋犬》、朱异《赋弩》、胡综《黄龙大牙赋》、韦昭《云阳赋》，闵鸿《亲蚕赋》《琴赋》《羽扇赋》《芙蓉赋》和杨泉《五湖赋》《赞善赋》《养性赋》《蚕赋》《织机赋》《草书赋》、华覈《车赋》、佚名《柑赋》等[①]。这18篇之外，尚可增补诸葛恪的《磨赋》，共得19篇赋作。作者将张纯《赋席》、张俨《赋犬》、朱异《赋弩》也归入孙吴赋，同于严可均的意见。《柑赋》，严可均实作《柑颂》（详下）。这些赋作中，明确作于吴时的有4篇，即胡综《黄龙大牙赋》、诸葛恪《磨赋》、韦昭《云阳赋》和华覈《车赋》。另外由汉入吴的张纮，卒于汉建安十六年（211），其《瑰材枕赋》是否作于吴时尚不能确定。闵鸿和杨泉属于由吴入晋的人物，两人赋作较多，有10篇，但是否作于吴时尚不能确定。闵鸿有《亲蚕赋》《琴赋》《羽扇赋》《芙蓉赋》等4篇，前两篇仅剩残句，《羽扇赋》应作于晋时，当时嵇含、傅咸、陆机都有同名作品。杨泉有《五湖赋》《赞善赋》《养性赋》《蚕赋》《织机赋》《草书赋》等6篇，其中《养性赋》只剩一残句，而《五湖赋》应作于晋时。

孙吴的辞作明确的有陆绩《自知亡日为辞》，因为陆绩卒于建安二十四年（219），所以认定为吴时所作。

孙吴的乐府有韦昭《吴鼓吹铙歌十二曲》，属于模拟魏国缪袭《魏鼓吹曲》而制作的吴国雅乐曲辞。还有歌谣谚谶17首，尤以带有迷信内容的童谣居多。另外吴国旧有《白纻舞歌》《拂舞歌诗》《吴趋行》《百年歌》等，惜乎俱已不存，只能通过后世的记载推断而知。

孙吴的箴作有1篇，即谢承《三夫人箴》。

---

① 程章灿：《魏晋南北朝赋史》，江苏古籍出版社，2001年，第109—110页。

孙吴的颂作有7篇，薛综有6篇，分别是《麟颂》《凤颂》《驺虞颂》《白鹿颂》《赤乌颂》《白乌颂》，另有1篇佚名《柑颂》，作者不详。

孙吴的赞作有3篇，均是为郡书和地志而作，当是郡书和地志的组成部分，有陆凯《吴先贤传赞》、万震《南州异物志赞》和张胜《桂阳先贤画赞》等。另上述佚名《柑颂》，在《艺文类聚》中归入赞体①，其中有"颂曰"，那么"颂曰"前应是赞体，"颂曰"后为颂体，如此可增补《柑赞》一篇。

孙吴的论体有8篇，有皇象《与友人论草书》、张昭《宜为旧君讳论》、孙权《论步骘表言防魏诏》、诸葛恪《出军论》、姚信《昕天论》、周昭《新论论步骘、严畯等》《又论薛莹等》、韦昭《博弈论》等。

孙吴存世最多的文章是诏、表、上疏等公文文体。根据严可均《全吴文》的统计结果，诏体共有37篇，其中孙权有20篇，孙亮有1篇，孙休有12篇，孙皓有4篇。表共有25篇。上疏共有20篇。

据此可知，孙吴作品保存得较少，与同时期的中原作品不可同日而语，因此要从常规性的角度去讨论孙吴文学的成就和特色，或者探讨文化对文学的影响、家族文学的特色等，显然是不切合实际的。

二、孙吴文学的研究史

由于传世文献稀少，目前学术界对孙吴一代文学的研究尚不充分，但也取得了一定的成就，提出了若干值得思考的问题。

(一)孙吴文学整体面貌的研究

研究孙吴文学的总体价值和整体面貌，可以观察不同时代文学史的表述，也就是关注两个问题：一是有没有进入文学史，二是文学史怎么说。

在文学史的著述中，最早提及孙吴文学的应当是钱基博《中国文学史》②，其第四章"三国"的第四节介绍蜀国文学、第五节介绍吴国文学，题为"吴大帝、诸葛恪、胡综、韦昭（附薛莹、华覈）"。此书1939年已在位于湖南蓝田的国立师范学院（湖南师范大学前身）流传，则此书基本成书于新中国成立前。钱基博将孙权纳入文学史，收录孙权回答陆逊的一篇文章，严可均名曰《报陆逊表保明诸葛瑾事》，作者认为此文"开诚布公，朗畅不如诸葛

---

① 《艺文类聚》卷八六，上海古籍出版社，1999年，第1476页。
② 钱基博：《中国文学史》，华中师范大学出版社，2011年。

亮,而粗朴差似魏武帝;雕润恨少,骨气奇高矣"。诸葛恪,钱基博收录一篇晓谕众人的文章《出军论》,并指出"颇异乃父之简尽,而同蜀相之恳到;操心虑危,依仿《后出师表》,得其曲畅,而逊其轩昂"。胡综,钱基博收录了《中分天下盟文》,并说其"辞气铿訇,点窜《左氏》,而颇雅练,得班蔡(按,班固、蔡邕)之意;不如建安七子之踔厉发扬也"。韦昭,钱基博收录了《博弈论》,并说"其文渐即于俳偶,气疏而不茂,辞俪而未壮,奕奕清畅,未能如胡综之气往轹古,词来切今也"。最后钱基博从历史进程的角度对吴蜀文学进行总结道:"大抵东汉之文,典重而或入板滞,儒缓而流为拘牵;而于是建安七子化以疏朗,竹林七贤益臻清玄,一张一弛,盖运会之自然;如餍刍豢者之旨蔬笋,羁朝绅者之羡野服也。"他又说:"吴与蜀偏霸一方,犹仍故步,得风气稍迟;故不如魏氏地处中原者之有开必先云。"钱基博指出吴国文章仍沿东汉之旧,不如中原文章的变化丰富。

新中国成立后新出版的文学史著作中,往往不见吴国文学的踪影。世纪之交,徐公持《魏晋文学史》(1999)①特意设置了"吴蜀文学"一章,这应该是文学史上最早的吴国文学专论。徐公持认为孙吴政权的文化修养并不深厚,又未见文化的政策和措施,孙吴虽有一些儒家学者,但"文学专门人才偏少,又无核心领袖,未能形成声势",道出了孙吴时期文学整体落后的原因。在"吴国文学"一节中,他着重讨论了张纮、胡综、戴良②、韦昭、华覈、薛综、薛莹、杨泉等作家。徐公持的研究,既有宏观的讨论,又有微观的勾画,是孙吴文学整体研究的重要进展。

曹道衡《魏晋文学》(2001)③专设"吴蜀文学"一章,其中第二节为"韦昭与吴国文学"。曹道衡指出两汉江东已有人物,吴国文学繁盛,外来人物代表是张昭、薛综、胡综,当地人代表是顾谭、虞翻、陆玑、韦昭等,"当时吴国能文者甚多,惜其作品未能留存"。曹道衡着重介绍了韦昭、胡综、华覈、薛莹等作家,并就韦昭《博弈论》《吴鼓吹铙歌十二曲》,华覈《谏吴主皓盛夏兴工疏》,薛莹《后汉纪赞》等代表作品进行了评论。

在高校文学史教材中,袁世硕、陈文新主编的马克思主义理论研究和

---

① 徐公持:《魏晋文学史》,人民文学出版社,1999年。
② 据《后汉书·逸民传》记载戴良"王莽篡位,称病归乡里",而徐书称"后避乱江东,孙权署为交州刺史,时在黄武五年(226)",误。
③ 曹道衡:《魏晋文学》,《曹道衡文集》卷四,中州古籍出版社,2018年。

建设工程重点教材《中国古代文学史（上）》（2016）[①]是目前最通行的教材，其中傅刚负责的"魏晋南北朝文学"在"三国文学"中专设"吴、蜀文学"一节。这是主流文学史教材第一次专门介绍吴国文学。傅刚敏锐地发现吴、蜀两国的一些文人，"有的也堪与三曹、七子比肩"，到了吴、蜀政权后期，本土文化开始成长，"入晋之陆机、陆云、陈寿"等，是"两国后期成长起来的新的文坛英杰"。傅刚提及的吴国文学作家作品有张纮及其《瑰材枕赋》《为孙会稽责袁术僭号书》《临困授子靖留笺》等，韦昭及其《博弈论》等。

越来越多的中国文学史著作，将吴国文学纳入其中，这是研究日益细致化的重要体现。而作家作品的选择又对编纂者提出了很高的要求，谁具有代表性，哪些作品最为杰出，都需要对一代文学有全面的考量和评判。

至于孙吴文学的专题研究，也有数篇讨论文章。傅刚《吴蜀文学不兴的社会原因探讨》（1986）[②]面对吴国文学落后于曹魏文学的情况，重点讨论了吴国文学"寂然无声"的社会原因。他钩稽了十三位吴地作家，分别是张敦、张纮、薛综、薛莹、鲁肃、陆景、胡综、诸葛恪、滕胄、滕胤、韦昭、华覈、郑丰等，并一一作了小传。在与建安文学繁荣原因的对比过程中，傅刚认为吴蜀两地文学不兴的原因有：第一，统治者不爱好、不提倡；第二，文学观念的不进步；第三，经济的落后和政治的欠稳定。

曹道衡的《南朝文学与北朝文学研究》（1998）对两汉和孙吴的学术和文学进行了总结式的论述，他说：

> 西汉时，吴越地区出现了严忌、严助、朱买臣等人。东汉时，会稽地区人才辈出，中原的士大夫避难往往逃到吴地。王充《论衡》中好几处讲到他家乡会稽的作家，颇引以为豪。其实长江下游的文化，在东汉初年还不如后来发展迅速。《后汉书》的《儒林》《文苑》二传中都有吴国人士。汉末大动乱中，到吴国境内避难的中原士人更使本来已很兴旺的吴地学术与文艺蓬勃开展。这时吴境内的学术如虞翻之《易》学，韦昭之治《国语》，中原学者薛汉的后人薛综之治《韩诗》及张衡《二京赋》，陆玑之作《毛诗草木鸟兽虫鱼疏》、杨泉之作《物理论》等，均为人们所熟知。吴地文学亦颇有为人们所熟知的，如韦昭的《博弈论》和《吴鼓吹曲》等。今本陆机和陆云的集子中所收的《吴丞

[①] 袁世硕主编，陈文新副主编：《中国古代文学史（上）》，高等教育出版社，2016年。
[②] 傅刚：《吴蜀文学不兴的社会原因探讨》，《社会科学研究》，1986年第2期。

相江陵侯陆公诔》，显然是吴时人所作，因为陆逊死时，陆机、陆云尚未出生。这篇文章写得很有文采，比起中原许多文人的作品，亦不见逊色。这说明吴地的文学水平，在西晋统一前，已经很高。当时孙吴的群臣中如贺齐，本是庆姓，家世传庆氏礼学。汉时移居吴地，历三国至晋代，仍是江南的礼学世家，这说明吴地学术、文艺水平在南方早已处于领先地位。①

曹道衡梳理了历史上江南的学术和文学传统，指出江南学术的兴起得益于中原人士的南下避难，略述了孙吴文学的面貌，说"吴地的文学水平，在西晋统一前，已经很高"，确是慧眼独具地指出了长期为人所忽略的重要文学现象。

在讨论三国时期南方文学的发展时，曹道衡列举了《隋书·经籍志》收录的别集和总集情况，别集有21家，总集有《吴朝士文集》十卷一部，又一次指出吴国的文学，在吴灭亡前就很兴盛。当然曹先生对吴国文集的收罗尚不能称完备，还有补苴罅漏的空间，但足以说明吴国文学的总体问题了。

胡阿祥《魏晋本土文学地理》②曾依据一定的标准制作了魏晋时期文学家考表，统计吴国文学家有25人，分别是士燮、张纮、虞翻、暨艳、薛综、胡综、谢承、骆统、张温、陆凯、诸葛恪、韦昭、姚信、闵鸿、周昭、薛莹、华覈、纪骘、杨泉、张俨、张纯、朱异、杨厚、孙皓、陆景等，又将入晋的陆机、陆云、陆喜等归为晋代文学家，应该说这是合理的处理方式。胡先生的统计虽不完备，有明确资料证明沈友、裴钦、裴玄等是文学家（详见第五章第一节），但发轫之功不可隐没。胡先生还指出：

> 魏晋时期，江东文化相当发达，本土文学更是素称繁盛。江东本土文学的繁盛，统计数字最具说服力：三国江东文学家18人，西晋17人，东晋47人，都仅次于范围数倍于江东的河淮地区而居第二。若论文学家的分布密度，则江东一隅之地魏晋竟出文学家82人，其密集程度与发达状况并不下于中原之地。

---

① 曹道衡：《南朝文学与北朝文学研究》，《曹道衡文集》卷五，中州古籍出版社，2018年，第312—313页。
② 胡阿祥：《魏晋本土文学地理研究》，南京大学出版社，2001年，第11—46页。

> 江东文学家的"质量"也相当特出。若张纮、陈琳、虞翻、韦昭、姚信、张翰、陆机、陆云、葛洪、张玄之、虞预、张凭、谢沈、顾恺之等等,皆以江东文人而抗名于天下。
>
> 江东文学既人才济济,复地位特出,于是江东作为南方文学的领袖之区,竟能与局面宏阔、俊才云蒸的北方文学相抗衡。此种抗衡心理及其所表现出的区域意识,在西晋入洛的江东文士之言谈举止中显露无遗。①

三国时期的江东文学家的数量和质量竟然如此突出,确实是值得研究的重要现象。

海外的吴国文学研究资料也比较稀少。日本学者矢田博士《论三国时期蜀吴诗歌的实际情况》(2008)②也注意到吴诗的现存状况,逐一全面分析了吴诸葛恪《答费祎》与蜀费祎《嘲吴群臣》,薛综《嘲蜀使张奉》,张纯《赋席》,张俨《赋犬》,朱异《赋弩》,周昭《与孙奇诗》,薛莹《献诗》,华覈《与薛莹诗》与薛莹《答华永先》,孙皓《尔汝歌》,交代了写作背景,考证了写作年代,认为四言诗为主的状态,是后汉儒教传统的延续,因为吴国君主是认同儒教的。

美国汉学家田晓菲在《重造历史:三国文化地貌之吴蜀视角》(初发于《美国东方学会会刊》2016年总136期第4号)③中指出一些通行的文学史忽视了吴国文学,她认为吴国朝廷有众多的学者与作家,吴国文学具有强烈的地域特色,并且说"吴国文本可以提供关于魏、蜀二国的另一种局外的独特视角"。

(二)孙吴文学渊源的考察

孙吴政权的疆域,北到淮河流域,南到越南北部,西到荆楚一带。汉代动乱之际,大量中原人士南下,带来了先进的耕种灌溉技术,促进了江南经济的繁荣,也推动了江南文化的发展。因此汉代江南的文化、学术和文学成就,自然而然地构成了孙吴文学发展的本土资源。而吴魏交流的频繁,也使中原先进的文学传播到孙吴,影响了孙吴文学的发展。

---

①胡阿祥:《魏晋本土文学地理研究》,南京大学出版社,2001年,第132—133页。
②[日]矢田博士:《论三国时期蜀吴诗歌的实际情况》,三国志学会编:《狩野直祯先生伞寿记念三国志论集》,汲古书院,2008年。
③[美]田晓菲:《影子与水文:秋水堂自选集》,南京大学出版社,2019年。

一是孙吴文学的传统资源考察。汪春泓的《从东吴学术文化特点看陆机文学理论和创作》(1999)[①],顾名思义,以陆机文学理论和文学创作的成就为着眼点,致力于寻找吴国本土的文化学术原因。汪春泓考察了陆机的学术与汉代儒生天人感应思想的关系,认为江东经学继承汉代,"陆机仍偏守汉儒意识,始终未能摆脱天人共感旧说"。陆机是在天人感应前提下接受《庄子》,纯粹是汉人之《庄》学,因此存在着机械反映的过失,如文学创作过程中的心与物关系,陆机说"意司契而为匠",又说"期穷形而尽相",其意是以主体描绘甚至复制客体为能事。作者指出,陆机论文的很多主张,与董仲舒一派的天人感应是一致的,不可避免地带有保守性格。陆机人格上的优柔文弱,也与董仲舒的《公羊》学派有关。

刘跃进的《江南的开发及其文学的发轫》(2007)[②]是全面描述秦汉江南文学的重要文章。刘跃进认为江南包括了江左、江右和岭南三个地区,这个区域其实与孙吴政权控制的地区基本相似。作者还描述了江南经济的发展和人口的增加;又系统考察了江南文化的发展,指出汉初诸侯王宾客主要人物来自北方,在道教思想的影响下,江南文化基因中,离经叛道的色彩比较浓郁,诞生了异端思想的名著——王充《论衡》;又于西汉重点介绍了庄忌、庄助和朱买臣的创作,东汉重点介绍了王充的创作。刘跃进对两汉江南的文学发展及其代表作家的细致描述,为孙吴文学的研究准备了经济和文化的渊源,而江南地理文化的界定,又构成了本书讨论孙吴地域的基本遵循。同时,他的《秦汉文学地理与文人分布》中有关江南文人的研究,也为本书提供了深入研究的基础。

二是孙吴文学的外来资源考察。曹道衡的《南朝文学与北朝文学研究》(1998)也讨论了孙吴文学的域外文学资源,指出孙吴文学主要是受到了曹魏文学的影响。曹道衡说韦昭《吴鼓吹铙歌十二曲》全面模仿魏代缪袭《魏鼓吹曲》的体裁,但韦昭辞采华丽,比缪袭之作并不逊色。陆喜明确说吴平以前,他模仿蒋济《万机》而作《审机》。蒋济卒于嘉平元年(249),缪袭卒于正始六年(245),可知他们的作品,在吴亡之前已传入南方并被人模仿。钟嵘《诗品》说陆机的诗歌出于曹植的诗歌,可能确是曹植的诗作在吴

---

① 汪春泓:《从东吴学术文化特点看陆机文学理论和创作》,《复旦学报(社会科学版)》,1999年第5期,后收入汪春泓:《文史探真》,昆仑出版社,2004年。
② 刘跃进:《江南的开发及其文学的发轫》,《文学遗产》,2007年第3期。后收入刘跃进:《秦汉文学地理与文人分布》,中国社会科学出版社,2012年。

亡前已传入南方,陆机早年已经学习,而不是到洛阳之后才开始学习。吴郡张翰被称为"江东步兵",是在入洛以前,而他是和顾荣一起入洛的。顾荣入洛的时间与陆机同时,应该在晋太康十年(289),阮籍的卒年是在魏景元四年(263),则阮籍的行为和诗文,当在魏晋之际已经传入吴地,并对张翰产生影响。曹先生的讨论,以充分的材料证明了孙吴受到曹魏文学的影响。

三、孙吴文化探索的历程

孙吴一代的文学成就,根据现存的文献来看,远远落后于同时期曹魏的文学成就。因此单纯地考察孙吴文学,不仅可供开垦的园地十分稀少,而且文学史的价值也很有限。刘跃进说:"所有的文化成果,都应该纳入文学史家的视野。"[1]打破狭隘的文学桎梏,放宽学术视野,走进历史深处,结合汉末以来江南的文化发展,则别有一番特别的收获。描述和评价一代文学固然重要,但考察一段文学形成的文化原因,也同样具有重要的价值。有鉴于此,本书致力于对文学材料进行立体化的解读,试图发掘现存文献的丰富性和深刻性。

孙吴文化的研究,与孙吴文学研究的命运相似,目前的学术成果也寥寥无几。虽然也有唐长孺、曹道衡等文史学者曾作过颇具深度的探讨,但总体上尚显冷清。随着学术研究的日益细致化,近些年越来越多的研究者也开始关注孙吴一代的文化研究,取得了一定的成果。尤其是随着走马楼吴简的出现,大量孙吴地方的文书得以重见天日,正成为考古学家和历史学者的研究热点,但有裨于文化和学术的不多。本书不拟作面面俱到的回顾,而是根据研究的需要,撷取那些相关的文献进行介绍。

唐长孺的《读抱朴子推论南北学风的异同》(1955)[2]是一篇深刻而重要的文章。唐先生关注到江南和中原丧礼的差别反映了新旧不同的传统。葛洪《抱朴子》所述的"居丧",《宋书·五行志》载"故吴之风俗相驱以急,言论弹射以刻薄相尚。居三年之丧者往往有致毁以死。诸葛(恪)患之,作《正交论》,虽不可以经训整乱,盖亦救时之作也",居丧三年毁顿致死,继承的是重视丧事的汉代儒家传统,当时魏代名教已经松弛,暴露出虚伪的本

---

[1]《中古诗学研究三人谈》,安徽师范大学中国诗学研究中心编:《中国诗学研究》第十八辑,安徽师范大学出版社,2020年,第4页。
[2] 唐长孺:《魏晋南北朝史论丛》,中华书局,2011年。

质,中原名士已趋放诞,如阮籍居母丧而喝酒吃肉。唐长孺还分析了陆绩、虞翻、姚信的《易》学。一是陆绩注《京氏易传》。陆绩的《易》学与王弼不同,颜延之《庭诰》说"马、陆得其象数而失其成理;荀、王举其正宗而略其数象",陆绩《易》注已佚,应是以象数说经,"守西京博士之遗绪,较之马融更为专门,也更为保守,跟王弼的距离更不必说了"。《太玄》是扬雄拟《易》而作,因此陆绩认为《太玄》亦在于"卜筮休咎",而认为荆州新学风代表的宋忠"文间义说"的义理之风"大义乖矣"。其他如虞翻注《易》。会稽虞氏是《易》学世家,是孟氏《易》传人,赞赏荀爽的《易》注;又如姚信,系陆绩外甥,《易》注近于孟氏。孙吴的三家《易》注,属于汉代今文经的孟氏、京氏学,与时代学术新风相背离。孙吴的天体论比较流行,陆绩有《浑天图》和《浑天仪注》,主张浑天学说。另有王蕃、葛衡等,也支持浑天学说。而晋虞喜作《安天论》(其族祖虞耸作《穹天论》),应成书于吴末。天体论在当时的中原已不讨论,孙吴接续了汉代的传统。总之,唐长孺认为孙吴的学术与汉儒相似,与中原的新学风不同,呈现出明显的保守倾向。

在老庄之学方面,唐长孺考察了刘敬叔《异苑》记载的陆机或陆云遇王弼鬼魂的背景,认为"江南尚无玄学","二陆在入洛之前,在江南的学术环境中对于中原玄学未深入研究,入洛先后,为了适应京洛谈玄之风可能加以学习"。其他入洛吴士纪瞻与顾荣在入洛途中共论《易》太极,主要讨论宇宙构成先后次序,并以此反驳以王弼为代表的魏晋玄学,显然没有理解王弼解释太极的本末体用新说。

总之,唐长孺指出孙吴继承的是汉代儒家的学统,相比中朝而流于保守。由于唐先生未能全面地梳理孙吴的经学文献,结论尚有可辩之处。事实上,孙吴的《书》《诗》《春秋》等经学领域,仍然与中原一样,形成了以古文经学为主导的局面,只是在《易》学与天体之学上,孙吴学者没有汲取中原的意见,原因是汉代以来江南地区的《易》学与天体之学的学术成就较高。因此,孙吴的经学风气不能简单地定性为保守。

曹道衡在研究南朝文学和北朝文学的过程中,为追溯源流,曾对两汉以来直到南朝的江东文学与文化作过简要的考察,成果集中在《南朝文学与北朝文学研究》(1998)[①]当中。该书的第二章"历史的回顾"对西汉至吴的文化与学术情况作了提纲挈领的描述,并提供了一些值得注意的判断,

---

[①]曹道衡:《南朝文学与北朝文学研究》,《曹道衡文集》卷五,中州古籍出版社,2018年,第313页。

已见前引。又第四章"南方的文化传统"第二节"南方的发展与士族的形成",作者大致描摹了两汉江南地区的文学家。如西汉时吴人已有严助、朱买臣等,东汉时,吴越一带更有严光(会稽余姚人)、彭修(会稽毗陵人)、王充(会稽上虞人)、张武(吴郡由拳人)、陆续(会稽吴人)、包咸(会稽曲阿人)、谢夷吾(会稽山阴人)、李南(丹阳句容人)、赵晔(会稽山阴人)、戴就(会稽上虞人)等。其中陆续据《后汉书》本传说他"世为族姓",可见吴郡陆氏在东汉中期,已经是吴地的大族。这些吴越旧族中,有些人在学术上很有成就。如王充《论衡》中讲到的吴君高、周长生等;又如谢夷吾其人,王充在《论衡》中也曾论及。赵晔著《吴越春秋》《诗细历神渊》,蔡邕来会稽时,读到《诗细历神渊》而叹息,认为长于《论衡》。蔡邕回到京师传播,中原学者都学习讽诵。可知不仅江南士人接受了中原文化并加以发展,而且江南文化开始影响到中原的文化。

曹道衡还注意到江东政权淮泗士族与江东士族的更迭对文学的影响。他说鲁肃、周瑜、吕蒙、张昭、张纮、步骘、蒋钦、周泰、陈武、徐盛、丁奉等,大抵来自北方。这些人物一时掌握了江南的重要权位,为孙吴政权的建立立下了功勋。然而,随着时间的推移,他们所率领的部众逐渐凋零,于是外来人士的力量逐步削弱,代之而起的则为江南本地的士族。这些人物中以吴中的朱、张、顾、陆等大姓以及会稽的贺氏等的势力为最大。江东豪门士族中,也产生过不少在学术文化方面有成就的人。如吴郡陆氏出了陆机、陆云和陆喜等优秀作家,吴郡张氏出了张翰这样一位纵任不拘、号为"江东步兵"的人物。

在第三节"南方的儒学"之中,曹道衡指出汉代南方的士人也注重学习儒家的经典,中原的"今文经学"和"古文经学"都曾流传到南方。例如会稽贺氏所传的是庆普的礼学,薛综所治的是《韩诗》,均为"今文经学",他们原来都是淮泗一带人,后来迁居江南。至于吴人中如陆玑之作《毛诗鸟兽草木虫鱼疏》,韦昭之注《国语》,应属"古文学派";虞翻之治《周易》,则为"今文经学"。东汉时期,吴越一带涌现了不少儒生。如《论衡》作者王充、《论语》名家包咸、《韩诗》传人澹台敬伯、诗纬名家兼史学家赵晔、《严氏春秋》传人程曾等。孙吴时期,吴地的经学著作更多。据《隋书·经籍志》著录,关于《周易》,有姚信注十卷,虞翻注九卷,陆绩注十五卷。关于《尚书》,有"范顺问,刘毅答"的《尚书义》二卷,梁存隋亡。关于《诗经》,梁时有东汉赵晔撰《诗神泉》一卷,亡;《毛诗谱》三卷,徐整撰;《毛诗答杂问七卷》,韦昭、朱育等撰,亡。关于《春秋》,有《春秋穀梁传》十三卷,唐固注;《春秋外传国语》二十一卷,虞翻注;《春秋外传国语》二十二卷,韦昭注。关于《孝经》,有《孝经解赞》一卷,韦昭解;《孝经默注》一卷,徐整注。关于《论语》,梁有虞翻注十卷,亡。另外,《三国志·吴书》中叙述生平较详的是薛综、虞翻、贺齐和韦昭等人。南方的经学家大抵都能作文,但他们毕竟是儒生,即使文人也多受儒家影响。陆机"文章冠世,伏膺儒术,非礼不动"(《晋书·陆机传》),文章号称"繁富",受到了"博而寡要,劳而少功"的儒家学风的影响。但孙吴的学风毕竟受到了"古文经学"和《老子》的影响,即使是礼学家,也不排斥情诗。礼学世家出身的贺循提拔了同郡的杨方,而杨方创作了《合欢诗》("衣用双丝绢,寝共无缝绸;居愿接膝坐,行愿携手趋"),著有《五经钩沉》和《吴越春秋》等,可见是儒学家和文学家兼具。大抵在宋代理学兴起以前,儒学和文学之间并不矛盾,相反地,经常是同步发展的。总之,在南方的吴国,文人多半亦属经学家。

王永平对两汉的江东文化有系统的研究,对当时的士人群体及其文化学术进行了简要的讨论,提供了基本的资料。但王永平讨论的士人范围较大,其《两汉时期江南士人行迹述略》(1997)[1](另有《东汉时期江南士人群体的兴起》[2]一文,内容基本同前)讨论了两汉的士人群体,不仅包括文学与文化方面的人物,而且包括政治、军事方面的人物。作者也注意到江南士人在学术文化领域的建树,重点介绍了王充、赵晔这样的杰出代表,经学方面注意到包咸、包福父子,以及韩说、桓荣等,重点指出虞翻的成就。总之,作者对两汉的江南士人群体及学术情况进行了总体性的介绍研究,但没有结合学术特点、学术家族、学术流传等具体的层面进行深入的研究。

王永平也讨论了孙吴时期侨寓士人和本土士人的学术贡献。其《略论东吴时期侨寓士人的文化贡献》(2001)[3]将东汉末年南迁的北方士人分为三个类型:一是依附东汉朝廷命官之"贤士大夫",二是江东本土大族人物所收恤之北方流迁士人,三是孙策早年结交的江北士人。又列举了张昭、张纮、严畯、诸葛瑾、步骘、程秉、薛综、陈化、郑札、郑胄、赵咨等侨寓士人代表,他们专心弘扬学术,参与制定朝仪典制,教育贵族子弟。作者认为侨寓

---

[1] 王永平:《两汉时期江南士人行迹述略》,《中国史研究》,1997年第4期。
[2] 王永平:《东汉时期江南士人群体的兴起》,《江苏社会科学》,1997年第2期。
[3] 王永平:《略论东吴时期侨寓士人的文化贡献》,《南京大学学报(哲学·人文科学·社会科学版)》,2001年第2期。

士人的学术著作提升了江东的文化品格和学术水准,在经学、史学、子学和术数、艺术等方面都有贡献。尤其值得一提的是,作者注意到孙吴侨寓士人的文学成就,如应用文领域的胡综、滕胤,抒情文领域的张纮、薛综,等等。

王永平《孙吴时期江东之经学风尚考论》(2003)[1]着重讨论了孙吴的经学宗尚情况,后来又增改为《孙吴学术文化风尚考论》(2005)[2]一文,兹以后者为据。作者列举了孙吴时期江东本土经学大师,有高岱、沈珩、阚泽、唐固、虞翻、陆绩、陆凯、姚信、韦昭、华覈、陆玑、朱育等人及以顾邵、贺循为代表的礼学世家,并指出孙吴时期的江东本土学术是今古文并存,认为主体是今文经学,整体学风较为保守,但古文经学已经流布。作者又列举了孙吴时期侨寓吴地的学者,有士燮、马普、张昭、诸葛瑾、步骘、张纮、严畯、刘颖、程秉、徵崇、薛综、射慈、潘濬等人,并指出他们主要来自彭城、广陵一带,多治古文经学,体现了中土学风的影响。另外作者还讨论了孙吴的史学、小学和术数情况。

王永平的研究也涉及孙吴的巫术和道教、佛教政策,其《孙吴统治者之尚巫及其对待道教、佛教之政策》(2008)[3]认为孙吴统治者出自寒门,迷信方术而轻视儒学,制造了很多发迹的祥瑞,孙权与方术之士如吴范、刘惇、赵达等联系密切,又对道术之士如葛玄、介象、介琰、姚光等宠信有加,还大力造神,如著名的"蒋神"。孙休和孙皓也崇信道术,每有疾病,往往求之巫觋。建业和武昌是南方的佛教重镇。安世高、支谦、康僧会等名僧都来到江南,孙吴时期是东汉佛教初来中土到东晋佛教兴盛的重要环节。

总而言之,王永平有关孙吴文化和学术的一系列研究,时间上涉及两汉和孙吴整个时期,身份上涉及本土派和侨寓派,既有文化学术,又有宗教民俗,为本书的研究提供了丰富的资料。尽管其研究还有种种的缺陷与不足,如文人学者钩稽不够全面,又如未关注学术制度的还原等,但创始之功和搜罗之勤,仍然值得尊重和肯定。

与王永平同时关注吴国经学的发展的,另有刘运好的《三国·吴经学发展考论》(2002)[4]。文章指出东吴与汉魏相比,经学处于式微时期,但仍然

---
[1] 王永平:《孙吴时期江东之经学风尚考论》,《史学集刊》,2003年第4期。
[2] 王永平:《孙吴政治与文化史论》,上海古籍出版社,2005年。
[3] 王永平:《孙吴统治者之尚巫及其对待道教、佛教之政策》,《江苏科技大学学报(社会科学版)》,2008年第1期。
[4] 刘运好:《三国·吴经学发展考论》,《孔子研究》,2002年第6期。

延续两汉学术传统,出现了一批有成就的经学家和有影响的经学著作。作者共钩稽经学家二十二人,经学著作共四十六种,其中《易》类十四种,《书》类一种,《诗》类二种,《礼》类四种,《春秋》类八种,小学类四种,其他类十三种。东吴经学源于汉末经学,兼容古文经学和今文经学。从师承关系上,一方面继承了汉代经学注重师承的传统,另一方面也保留江南注重家学的传统。东吴经学的特点有四个:一是理论形态上今古文经学兼容并包;二是治经方法上兼取今古文解经方法;三是传承方式上师承与家学并重;四是经义阐释上不盲从前人。又有孙宝的《儒学嬗变与魏晋文风建构》(2014)[1],书中涉及孙吴的儒学情况有"孙吴儒学建设与对文事活动的推动"和"薛综儒学文艺思想与家族文学创作",所言皆能成立,另有"陆机的儒风旨趣及其繁缛风格的形成",关注到了陆机繁缛风格受到了儒学文艺观的影响。赵婧《魏晋〈诗经〉学与四言诗研究》(2020)[2]讨论了吴国陆玑的《诗经》学,辨析了有关作者和成书的说法,指出应为陆机(非陆士衡的陆机),现存《毛诗草木虫鱼疏》系后人掇拾而成,作者还分析了其内容特点及在《诗经》学史上的地位和影响。

关注吴国士人风气的学者及成果,还有吴正岚的《论孙吴士风的变迁对陆机出处之影响》(2001)[3]。文章着重考察了孙吴时期江东的士风对陆机进入中原后的影响。作者认为在汉末清议风气的影响下,孙吴士人爱好议论,并影响着孙吴文人的节义观念。通过暨艳事件,作者指出孙吴臧否人物的清议风气受到抑制。以陆瑁、陆逊为代表的孙吴权贵,支持郭泰,而反对许劭,体现了"弃瑕录用"的现实需要,但也导致士人热衷于求名逐誉而忽视砥砺节操。士风的变迁在陆氏家族留下了深刻的印迹,陆抗和陆喜本是从兄弟,但观念已然不同,陆抗长于立功立事,而陆喜长于树立道德名望。陆机是陆抗之子,因此更注重追求立功立事,入洛后接受了中原士风,得以出居要职。吴正岚的研究是深入而细微的,深化了对陆机入晋后命运与学术风气和家族影响的关系的理解。又俞士玲《西晋文学考论》(2008)[4]之"陆机成为'太康之英'的原因"章,讨论了江东学风对陆机文学的影响。

---

[1] 孙宝:《儒学嬗变与魏晋文风建构》,人民文学出版社,2014年。
[2] 赵婧:《魏晋〈诗经〉学与四言诗研究》,中国社会科学出版社,2020年。
[3] 吴正岚:《论孙吴士风的变迁对陆机出处之影响》,《苏州大学学报(哲学社会科学版)》,2001年第4期。
[4] 俞士玲:《西晋文学考论》,南京大学出版社,2008年。

作者指出江东学风具有继承两汉学风重视经学儒术和家风家学的特点,陆氏家族以儒家道德规范门庭,属于儒家士族。他又指出江东学风塑造了陆机的思想性格:第一是服膺儒术,第二是重振家族的责任感,第三是性情矜重、清厉而任气。江东学风影响了陆机独特的文风,表现在:一是典雅宽和之体,二是繁缛的诗风,三是模拟。作者在讨论洛下玄风对陆机文学的影响时,注意到陆绩《易》学的影响,认为陆机的玄学主要来源于王弼等正统派,但未能对江东的玄学传统进行钩稽和分析。吴正岚《六朝江东士族文学研究》(2019)[1]是对《六朝江东士族的家学门风》(2003)的增补,根据作者的后记可知,属于二十年研究成果的总结,其中部分文章已介绍如上。文章主要致力于东晋南朝的江东士族文学与文化研究。但所涉六家中的吴郡陆氏、张氏和顾氏等三家,是在孙吴时期得到重要的发展的。作者对孙吴时期的吴郡陆氏关注较多(有"吴晋之一:军事谋略与陆氏盛衰""吴晋之二:重事功与崇道德的冲突与融合"),而吴郡张氏("孙吴:擅文辞、重名节、尚恬淡的文化传统")、顾氏("孙吴:儒家与黄老杂糅的顾氏家学")只是简单述及。吴书对本书研究的启发有如下几点:一是作者认为吴郡陆氏是江东士族文学的领军,最大的贡献是西晋陆机树立了崇尚典雅文风、兼容江南歌谣的典范;二是纪瞻和顾荣赴洛途中共论《易》之"太极",落后于王弼的"以无为本"论,后来孔稚珪讨论"太极",同样落后于周颙的"非有非无"论,其原因是有意识地打造家族文化个性和弘扬汉代"经明行修"的学风;三是发掘了久已沉湮的会稽陈慧禅学的贡献,追求其被遮蔽的原因,从而指明了六朝禅学的源头。然而,作者旨在研究东晋南朝的江东士族文学,追索源头而论及孙吴,对于吴和东晋的联系,似不甚措意,随着中朝人士的大量南下,东晋的江东文化事实上已颇不同于三国西晋的江东文化了。

关于孙吴的史学研究,唐燮军《张勃〈吴录〉对孙吴国史的重构及其边缘化》(2015)[2]简要描述了孙吴国史的编纂情况,重点是讨论入晋吴士张勃《吴录》重构国史的隐衷,与陈寿"正魏伪吴"而撰《吴书》的立场不同,张勃以孙吴孑遗的身份主张"正朔在吴",自然不合晋朝的意旨,《吴录》也不可避免地被边缘化。

---

[1] 吴正岚:《六朝江东士族文学研究》,凤凰出版社,2019年。
[2] 唐燮军:《张勃〈吴录〉对孙吴国史的重构及其边缘化》,《史林》,2015年第4期。

关于孙吴的佛教研究,屈大成的《孙吴佛教流传考》(2010)[①]注意到孙吴的佛教活动颇为兴盛,着重探讨孙吴政权与佛教的来往,认为这是最高统治者重视佛教的开始;指出康僧会而非朱士行是汉地受戒第一人,是律典在中国传习的第一人;指出康僧会和支谦通晓胡汉,著述译经非常活跃,推动了佛教中国化;最具特色的是,利用出土文献来说明孙吴佛教徒的信仰,以及佛教在民间的流传盛景,达到三国时期的鼎盛。这就大大弥补了王永平偏重传世文献的缺陷。

孙吴的谣谶和符瑞也属于文化的组成部分。魏斌《孙吴年号与符瑞问题》(2009)[②]注意到孙吴的年号中取自符瑞的较多,而且沿袭汉代的政治传统,这是孙权政权缺乏正统性的结果,因此强调权力的神圣性。国山碑是孙吴天玺元年(276)于阳羡国山举行禅礼的产物,渡边义浩《孙吴的正统性与国山碑》(2007)[③]指出国山碑是孙吴政权塑造正统性的标志;魏斌《国山禅礼前夜》(2013)[④]说国山碑受了"帝出乎震""吴真皇帝"等符瑞的影响;三浦雄城《国山碑所见三国江南地域的政治文化》(2019)[⑤]分析了国山碑所见符瑞的特征,认为有40多种不见于《孙氏瑞应图》,体现了吴国符瑞的独有特征,这既与江南地域中的《吴越春秋》和民间大禹传说的传承有关,又是地方长官希旨频繁报告符瑞的结果。

符瑞对文学的影响,也有一定的研究成果。陈娅妮《论政治语境下孙吴歌谣的流传与衍变》(2019)[⑥]指出孙吴现存37首诗歌中,歌谣有17首,占据了很大分量,而这些歌谣具有预言性质,与孙吴重视祥瑞、天命的观念有关;作者发现史书记载的孙皓时期歌谣最多,且以谣谶为主,性质也由瑞应转变为"诗妖",与政治语境的变迁有关。

总之,前贤时哲的研究,极大地丰富了孙吴文化的面貌,揭示了不为人知的历史隐情,澄清了习以为常的学术迷雾,不仅为本书提供了丰富的资料,而且给本书以深刻的启迪。

[①] 屈大成:《孙吴佛教流传考》,《东南文化》,2010年第3期。
[②] 魏斌:《孙吴年号与符瑞问题》,《汉学研究》,2009年第27卷第1期。
[③] [日]渡边义浩:《孙吴的正统性与国山碑》,《三国志研究》,2007年第2号。
[④] 魏斌:《国山禅礼前夜》,《文史》,2013年第2辑。
[⑤] [日]三浦雄城:《国山碑所见三国江南地域的政治文化》,《魏晋南北朝隋唐史资料》第40辑,上海古籍出版社,2019年。
[⑥] 陈娅妮:《论政治语境下孙吴歌谣的流传与衍变》,《中国典籍与文化》,2019年第1期。

四、孙吴文学研究的范围、视角和方法

在进入研究之前,首先需要界定孙吴的时空范围和核心区域,其次明确研究文学问题的文化视角,并尝试探索贫乏文献环境下的适宜研究方法。

(一)孙吴的时空范围和核心区域

孙吴政权持续了八十六年,孙氏占据江东始于兴平二年(195),吴国政权覆亡是在太康元年(280)。孙吴统治疆域主要包括扬州、交州(后来分出广州)和荆州部分地区,即广义上的江南地区(长江以南而不包括四川盆地)。孙氏政权地理空间扩张的时间节点大要如下。兴平二年(195),孙策开始江东基业的营建①。建安元年(196),孙策相继占据会稽郡、吴郡和丹阳郡。建安三年(198),孙策遣使给朝廷上贡大量礼品,终于获得了中央政权的认可,"制书转拜讨逆将军,改封吴侯"②,孙策名正言顺地拥有了对江东地区的统治权。建安四年(199),孙策击败刘勋占据庐江郡,因虞翻说降华歆而占据豫章郡。建安五年(200),孙吴已经占有东南五郡,"是时惟有会稽、吴郡、丹杨、豫章、庐陵"③。建安十三年(208)的赤壁之战,天下三分的局面得到了巩固。建安十九年(214),魏、蜀、吴将荆州一分为三,"荆州长沙、江夏、桂阳以东属权"④,曹魏黄初三年(222),孙权击败刘备而占有荆州江表八郡。至此,孙吴政权拥有东渐海滨,西至荆州,南到交州,淮汉以南的广大土地。自孙策受命占据江东,至太康吴灭,孙吴政权持续近百年之久,统治地域涵盖扬州、交州和荆州地区,即陆机《辨亡论》所说的"西屠庸蜀之郊,北裂淮汉之涘,东苞百越之地,南括群蛮之表"⑤。

孙吴的扬州是财赋要区,荆州是军事重镇。孙吴的政治中心设置于经

---

①王仲荦说:"袁术退到淮南以后,西面受到荆州牧刘表的威胁,东北面又不可能向徐州发展,是想利用江东籍的将领孙策来经略大江以南,这引起了以后孙策的渡江和拓定江南,给东吴政权奠定了基业。"(王仲荦:《魏晋南北朝史》,中华书局,2007年,第35页)
②[晋]陈寿撰,[南朝宋]裴松之注,陈乃乾校点:《三国志·吴书·孙策传》卷四六,中华书局,1959年,第1108页。
③[晋]陈寿撰,[南朝宋]裴松之注,陈乃乾校点:《三国志·吴书·吴主传》卷四七,中华书局,1959年,第1115—1116页。
④[晋]陈寿撰,[南朝宋]裴松之注,陈乃乾校点:《三国志·吴书·吴主传》卷四七,中华书局,1959年,第1119页。
⑤[晋]陈寿撰,[南朝宋]裴松之注,陈乃乾校点:《三国志·吴书·三嗣主传》卷四八,中华书局,1959年,第1180页。

济中心,而政治中心又自然而然地成为文化中心。扬州的吴会地区是孙吴统治的核心区域,吴国的士人也主要集中在吴会地区。陆机《吴趋行》说"邦彦应运兴,粲若春林葩;属城咸有士,吴邑最为多"①,即赞颂吴国人才以吴郡为多。左思《吴都赋》说"虞魏之昆、顾陆之裔"②,吴地的高门大族以会稽郡的虞魏孔贺和吴郡的顾陆朱张为最。有学者考察了孙吴封侯爵的95例,发现南来北人者共30人,荆襄西部地区5人,交广地区2人,三吴地区55人,籍贯不明3人,比例即"南来北人约占32%,三吴地区约占58%,荆襄西部地区约占5%,交广地区约占2%,籍贯不明者约占3%"③,很显然也以三吴地区为最多。吴会地区成为孙吴政治和文化的核心,与其经济发达密不可分。鲁肃说"江东沃野万里,民富兵强"④,周瑜说孙权"承父兄余资,兼六郡之众,兵精粮多,将士用命,铸山为铜,煮海为盐,境内富饶"⑤,陆机《辨亡论》说吴国"其野沃……其财丰"⑥。因此有学者指出:"孙权依据的江东六郡,其经济重心是在'吴会',即位于吴郡、会稽郡内的太湖平原和宁绍平原,都城是设置在滨江的京(今江苏镇江市),后来移到秣陵(后称建业,今江苏南京市)。"⑦及至东晋南朝,吴会始终是半壁江山的经济重心,是都城建康的主要经济来源地。实际上,东晋南朝的人才选举,也主要面向建康及吴会地区,这与孙吴是一脉相承的⑧。

　　孙吴统治的荆州地区,在汉时也颇有人物。如江夏郡的黄香、黄琼父子和以刘表为核心的荆州学派,但刘表逝后,刘琮不久投降了曹操,荆州士人主要随曹操来到了中原,如宋忠、王粲等。荆州士人也有西赴蜀地的,如刘巴,史载:"先主奔江南,荆、楚群士从之如云,而巴北诣曹公……巴辞谢罪负,先主不责。而诸葛孔明数称荐之,先主辟为左将军西曹掾……巴为

---

① [南朝梁]萧统编,[唐]李善注:《文选》卷二八,中华书局,1977年,第399页。
② [南朝梁]萧统编,[唐]李善注:《文选》卷五,中华书局,1977年,第88页。
③ 李文才:《孙吴封爵制度研究——以封侯为中心》,《汉学研究》,2005年第23卷第1期。
④ [晋]陈寿撰,[南朝宋]裴松之注,陈乃乾校点:《三国志·吴书·鲁肃传》卷五四,中华书局,1959年,第1267页。
⑤ [晋]陈寿撰,[南朝宋]裴松之注,陈乃乾校点:《三国志·吴书·周瑜传》卷五四,中华书局,1959年,第1261页。
⑥ [晋]陈寿撰,[南朝宋]裴松之注,陈乃乾校点:《三国志·吴书·三嗣主传》卷四八,中华书局,1959年,第1181页。
⑦ 宋杰:《三国兵争要地与攻守战略研究》,中华书局,2019年,第285页。
⑧ 参见权家玉:《地域性与南朝政局》,社会科学文献出版社,2021年,第365页。

尚书,后代法正为尚书令。"①又如李严,史载:"曹公入荆州时,(李)严宰秭归,遂西诣蜀,刘璋以为成都令,复有能名。"②再如许慈,荆州南阳人,史载:"师事刘熙,善郑氏学,治《易》《尚书》《三礼》《毛诗》《论语》。建安中,与许靖等俱自交州入蜀。"③荆州人士鲜有东奔吴地的,史念海统计说:"吴国荆州的人物,仅有武陵郡汉寿(今湖南汉寿县北)的潘濬和零陵郡泉陵(今湖南零陵县)的黄盖。……吴国得荆州最迟,荆州人物已尽入蜀汉和魏国,故所得的人物就较为稀少。"④荆州士人归东吴的有甘宁,史载其"颇读诸子,乃往依刘表,因居南阳,不见进用,后转托黄祖,祖又以凡人畜之"⑤,甘宁本是武将,虽依附刘表且有学习经历,但不以学术著名。此后荆州成为三家军争之地,兵燹相寻,人才流失,故庞统对刘备说:"荆州荒残,人物殚尽,东有吴孙,北有曹氏,鼎足之计,难以得志。"⑥因此,荆州的文化实际上未能给孙吴造成明显的影响,但荆州学派是汉末的重要学术流派,吴地陆绩等人也受到了一定的影响。

在孙吴政权江东化之前,淮泗和江淮地区是孙氏集团的主要人才来源。淮泗和江淮地区是孙坚、孙策、孙权的起家之地。历来的学者往往以淮泗与江东对举,用来区分侨寓士人和江东士人,这当然是符合历史事实的。但进一步来看,淮泗地区还需要细分为淮泗地区和江淮地区。淮泗地区即是淮水、泗水流域,即淮水以北至泰山以南地区,更接近于中原文化区。江淮地区是江水、淮水之间的区域,汉时往往被纳入吴的统治区,寿春甚至是扬州刺史驻地,与江东的关系更为密切。《三国志·吴书·孙韶传》载:"青、徐、汝、沛颇来归附。淮南滨江屯候,皆撤兵远徙,徐、泗、江、淮之地,

---

① [晋]陈寿撰,[南朝宋]裴松之注,陈乃乾校点:《三国志·蜀书·刘巴传》卷三九,中华书局,1959年,第980—981页。
② [晋]陈寿撰,[南朝宋]裴松之注,陈乃乾校点:《三国志·蜀书·李严传》卷四十,中华书局,1959年,第998页。
③ [晋]陈寿撰,[南朝宋]裴松之注,陈乃乾校点:《三国志·蜀书·许慈传》卷四二,中华书局,1959年,第1022—1023页。
④ 史念海:《论〈三国志〉及〈晋书〉列传人物本贯的地理分布》,《史念海全集》第七卷,人民出版社,2013年,第241页。
⑤ [晋]陈寿撰,[南朝宋]裴松之注,陈乃乾校点:《三国志·吴书·甘宁传》卷五五,中华书局,1959年,第1292页。
⑥ [晋]陈寿撰,[南朝宋]裴松之注,陈乃乾校点:《三国志·蜀书·庞统传》卷三七,中华书局,1959年,第955页。

不居者各数百里。"①据此,徐泗属于淮泗地区,江淮自然是江淮地区。孙坚曾任盐渎、盱眙、下邳县丞,辗转于江淮到淮泗之间。中平元年(184)后,孙坚将家属徙居寿春。初平元年(190),孙坚又将家属安置到舒县,孙策、孙权因而与庐江大族的周瑜熟识,并进一步结交了鲁肃。孙坚死后,孙策又令全家"渡江,居江都,结纳豪俊,有复仇之志"②,在此结交了张纮等人。

确立研究的时间和空间维度,将自然地理与历史地理相结合,有利于进一步考察地域文化与文学的兴衰嬗递的轨迹,分析政治变迁中的家族升降趋势。

(二)解决文学问题的文化视角

20世纪初日本学者儿岛献吉郎提出"大文学史"的概念后,中国学者谢无量受其影响于1918年出版《中国大文学史》,将文字学、经学、史学等纳入文学史当中,给文学史研究者以深刻的启迪。后来的文学史写作,受到西方纯文学观念的影响,主要侧重于诗歌、散文、戏曲、小说的范畴。进入80年代,经过杨公骥、张松如等学者的提倡,"大文学史"观念受到关注,赵明主编的《先秦大文学史》和《两汉大文学史》,刘怀荣主编的《魏晋南北朝大文学史》,是这方面的代表性成果。傅璇琮说:"把文化史、社会史的研究成果引入文学史的研究,打通与文学史相邻学科的间隔。"③刘怀荣说"将文学置于社会、政治、文化、宗教、艺术等立体交叉的生态背景中,探讨受各种社会文化要素影响的魏晋南北朝大文学的发展问题"④,在文学研究日益深化的今天,这种"把文学与社会、文化、政治、宗教、艺术等的相互关系,纳入文学史研究中来"⑤的视野,无疑指出了一条新路。本书秉承"大文学史"的观念,充分挖掘与文学有关的历史、哲学、宗教等多学科的文化资源,尝

---

① [晋]陈寿撰,[南朝宋]裴松之注,陈乃乾校点:《三国志·吴书·孙韶传》卷五一,中华书局,1959年,第1216页。
② [宋]司马光编著,[元]胡三省音注,"标点资治通鉴小组"点校:《资治通鉴》卷六一,中华书局,1956年,第1957页。
③ 傅璇琮:《〈大文学史观丛书〉总序》,见戴伟华:《唐代幕府与文学》"总序",现代出版社,1990年,第1页。
④ 刘怀荣:《魏晋南北朝大文学史的发展与特质》,《中国海洋大学学报(社会科学版)》,2019年第1期。
⑤ 刘怀荣:《魏晋南北朝大文学史的发展与特质》,《中国海洋大学学报(社会科学版)》,2019年第1期。

试解决文学史的问题。

本书标举文化视角,为什么不是学术呢?我们首先查看权威工具书的定义。所谓"文化",《现代汉语词典》(第七版)说:"人类在社会历史发展过程中所创造的物质财富和精神财富的总和,特指精神财富,如文学、艺术、教育、科学等。"《辞海》(第七版)的定义:"广义指人类社会的生存方式以及建立在此基础上的价值体系,是人类在社会历史发展过程中所创造的物质财富和精神财富的总和。可分为三个层面:(1)物质文化,指人类在生产生活过程中所创造的服饰、饮食、建筑、交通等各种物质成果及其所体现的意义;(2)制度文化,指人类在交往过程中形成的价值观念、伦理道德、风俗习惯、法律法规等各种规范;(3)精神文化,指人类在自身发展演化过程中形成的思维方式、宗教信仰、审美情趣等各种思想和观念。狭义指人类的精神生产能力和精神创造成果,包括一切社会意识形式:自然科学、技术科学、社会意识形态。"所谓"学术",《现代汉语词典》(第七版)说:"有系统的、较专门的学问。"《辞海》(第七版)的定义是:"学问。《旧唐书·杜暹传》:'素无学术,每当朝谈议,涉于浅近。'亦指较为专门、有系统的学问。如:学术论文;学术思想。"据此可知,"文化"的范围比"学术"更加广阔。

本书所谓的"文化",主要指孙吴的学术情况,如经学、史学和玄学等,它们构成了本书的主体部分。但也有一些宗教和信仰的内容,如江南的道教文化和地方神鬼的信仰等,不宜归入学术之列,因此本书认为用"文化"更为妥当。东汉由大一统分裂为鼎立的三国,导致思想控制趋于松弛。传统儒学的分化、新兴玄学的繁荣、史学独立的演进、外来佛学的传播、本土道教的兴起,使魏晋之际的文化呈现出丰富多彩的面貌,为研究者提供了尽情挥洒的空间。

本书还注意将文化区分为地域文化、新兴文化、异质文化等。孙吴文学虽然属于地域文学,吴人很重视地域特色的宣示,但毕竟是汉文学的组成部分,我们还要思考地方特有的巫觋传统等。新兴文化主要指学术的更新,在当时人的视野中,经学是传统学术,玄学和史学则是新兴学术。异质文化主要指佛道文化,佛教是外来的宗教,容易理解,即使是道教,也有不少是模仿佛教的,比如神仙体系和经律科仪等。众所周知,特色的、新颖的、外来的文化,往往会给本土文化带来更多的活力,二者在交流互鉴中共同丰富、共同提高。

(三)贫乏文献环境下的研究新路

三国时期的传世文献寥寥,关于孙吴一代的文学,在贫乏文献环境下,很难像后世文学那样进行常规性的研究。文学研究自然要以作品为主,习惯上必须具备孙吴作品的艺术分析、孙吴作家的艺术特点、孙吴一代的文学特征等,但实际上无法展开研究,这是由客观文献决定的。如果执着于传统研究的思维,那只能是望洋兴叹、毫无头绪。如果放宽文学研究的视野,认真研究作家的籍贯,稽考目录学的记载,无疑会有别样的发现。籍贯统计和目录分析无疑是进行孙吴文学研究最适合的方法。

籍贯统计法,是对作家的籍贯进行统计分析的方法。地域文学研究,当然要了解当地的文人状况,自然而然地要统计文人的籍贯,这是研究汉代江南学术和文学的基本要求。就孙吴政权的文人和学者而言,除了本土的江东籍之外,也有不少来自北方地区和淮泗地区,统计他们的籍贯就显得格外有意义。如孙坚和孙策的部伍来源是不同的,孙坚的部伍主要是淮泗人,而孙策的部伍主要是江淮人。孙权直到黄武之后,才重用江东人,反映了孙吴政权的本土化。与之相类似,孙吴文学也实现了本土化。而在江东的内部,吴郡和会稽郡之间也有变化,经过对文人和学者籍贯的统计发现,吴郡的人才在孙吴后期确实远超会稽郡。

目录分析法,是对存世三国书籍目录进行分析的方法。孙吴文人和学者的作品,保留下来的寥寥无几,因此一直未能引起人们的注意。但如果认真稽考《隋书·经籍志》和侯康《补三国艺文志》、姚振宗《补三国艺文志》的记载,会发现孙吴的学术和文学颇为可观。通过目录可以了解历史上存在过的作品,尽可能地还原孙吴学术和文学的本来面貌。正是通过目录分析,本书指出了孙吴学术的宗尚对象,纠正了长期以来孙吴学术保守的传统观点;又注意到孙吴的文学家不少兼具史学家的身份,提出了史家文学的概念;还发现了吴郡世族文学的独特性,构成了东晋门阀士族文学的前导。

任何研究方法的选取,都是根据客观条件的需要来实施的,也都是为研究的推进而服务的。籍贯统计法和目录分析法并不是什么新奇的方法,但在贫乏文献的客观环境下,用来解决孙吴的文学和学术问题,却是最适合的方法。

值得一提的是本书的写作采取的是专题研究合成法。本书注重以深入的专题研究来构建全书,即每一节努力写成一篇完整的论文,而每一章又是同一个主题的系列论文。基于这种考虑,本书的部分章节已经作为论文公开发表,论文发表过程中往往经历了三审三校,最大程度上保证了本书的质量。本书绝不追求体系的完备,力图避免搔靴抓痒式的泛泛而谈。因为追求内容全面、体系完整,那么孙吴时期所有的文化现象,都应该被纳入考虑的范围之内,但弊端也显而易见:作者因学力所限,难以对不熟悉的领域进行深入的研究,追求面面俱到只能到处引用,影响了本书的原创性。作者根据个人的学术兴趣和长期的学术积累,在自己力所能及的范围内,开展一些有质量、有生命力的研究。

第一章 孙吴经学源流与诗歌状态

孙吴的经学渊源和面貌，前贤时哲虽然做了一些重要的工作，但尚未有全面深入的考察，导致学者在讨论魏晋经学的重要问题时，往往有文献不足征的感慨，处理起来只好语焉不详，从而影响了论证的严密性。如王国维《汉魏博士考》对孙吴的学校制度和博士员数匆匆带过，唐长孺《读抱朴子推论南北学风的异同》只通过《易》学和天体论来推断江南学风的保守性，刘起釪《尚书学史》认为吴国政权实行的是郑玄之学，检其论据，颇有可辩之处。如是种种，都显示出梳理孙吴的经学渊源和构建孙吴经学的面貌具有非同寻常的意义。汉末以来，中原诗歌创作活跃，五言诗蔚成大国，而孙吴的存世诗作寥寥且主要是四言体，这与孙吴文人的经学家身份密切相关。

第一节 孙吴经学的汉代本土资源

葛洪《抱朴子·外篇·审举》说："江表虽远，密迩海隅，然染道化，率礼教，亦既千余载矣。往虽暂隔，不盈百年。而儒学之事，亦不偏废也。惟以其土宇褊于中州，故人士之数，不得钧其多少耳。及其德行才学之高者，子游、仲任之徒，亦未谢上国也。"[1]葛洪标举的江南的经学家言偃和王充，足以媲美中原之士，他们是江南经学传统的杰出代表。孙吴经学植根于汉代的传统，接受了丰厚的本土资源，具有鲜明的地域特色。兹以孙吴统治的

---

[1] 杨明照撰：《抱朴子外篇校笺》上，中华书局，1991年，第411页。

江南地区[①]为依据,梳理汉时的文化发展脉络和状态。汉代江南的文化经历了四百年的发展,到了汉末,已经取得了重要的成就。刘跃进在对汉代四百年的学术进行整体研究后认为:"到了东汉后期,江南文化后来者居上,已经成为中国文坛上的一个重要群体。"[②]曹道衡研究了魏晋的文学和学术后指出:"吴地的文学水平,在西晋统一前,已经很高。当时孙吴的群臣中如贺齐,本是庆姓,家世传庆氏礼学。汉时移居吴地,历三国至晋代,仍是江南的礼学世家,这说明吴地学术、文艺水平在南方早已处于领先地位。"[③]可知,汉代吴地的学术,至迟到了汉末,已经居于重要的地位,甚至在一些具体的领域,超越了中原学术的成就。

汉代江南文化主要受到了中原文化的影响,这固然与经济发达的中原地区产生了更加发达的文明有关,当然也是中央政权实施文化权力的结果。兹以两汉最重要的官方学术——经学为中心,探讨中原文化的南渐历程。

一、中原经学的南传路径

中原经学影响到南方地区,主要有三种方式:一是中原士人被迫南迁,带来了北方的学术;二是中原官吏南下就职,大力推举文教,有意识地改变当地落后的风俗;三是南方士人进京就学,学成后返乡教授。

一是中原士人被迫南迁。这又可分为两种情况,第一种情况是政治南迁,如强制迁徙大族和政治避难等,第二种情况是动乱南迁,士人为躲避战争而南下。刘跃进指出会稽贺氏因汉武帝时强制迁徙强宗大姓而移居山阴[④],又如会稽郑吉,谢承《后汉书》说郑弘曾祖郑吉本齐国临淄人,"武帝时徙强宗大姓,不得族居,将三子移居山阴,因遂家焉"[⑤]。在政治迁徙中,也有属于政治避难性质的,如蔡邕因得罪权阉王甫之弟王智,"虑卒不免,乃

[①]孙吴统治的地域主要是扬州、交州和荆州部分地区,属于广义上的江南地区(长江以南但不包括四川盆地),按照刘跃进《秦汉文学地理与文人分布》的说法,广义的江南地区包括江左、江右和岭南,《汉书·地理志》提及的江南文人多来自江左。江左是孙吴政权的核心地区,具有充分的代表性。
[②]刘跃进:《秦汉文学地理与文人分布》,中国社会科学出版社,2012年,第164页。
[③]曹道衡:《南朝文学与北朝文学研究》,《曹道衡文集》卷五,中州古籍出版社,2018年,第313页。
[④]刘跃进:《江南的开发及其文学的发轫》,《文学遗产》,2007年第3期。
[⑤][宋]范晔撰,[唐]李贤等注:《后汉书·郑弘传》卷三三,中华书局,1965年,第1155页。

亡命江海,远迹吴会"①,汉末袁忠、桓邵因得罪曹操而远迁交州,《曹瞒传》载:"初,袁忠为沛相,尝欲以法治太祖,沛国桓邵亦轻之,及在兖州,陈留边让言议颇侵太祖,太祖杀让,族其家,忠、邵俱避难交州,太祖遣使就太守士燮尽族之。桓邵得出首,拜谢于庭中,太祖谓曰:'跪可解死邪!'遂杀之。"②政治迁徙主要针对的是具有一定政治地位的人物。擅长清谈的许靖,是许劭的从兄,曾避难在会稽郡和吴郡。《三国志·蜀书》许靖本传载其:"少与从弟劭俱知名,并有人伦臧否之称。……靖从兄陈相炀,又与伷合规,靖惧诛,奔伷。伷卒,依扬州刺史陈祎。祎死,吴郡都尉许贡、会稽太守王朗素与靖有旧,故往保焉。靖收恤亲里,经纪振赡,出于仁厚。"③

动乱迁徙是最常见的迁徙原因,迁徙对象包括方方面面的人物,普通士人也在其中。如两汉之际的更始年间(23—26年),"时天下新定,道路未通,避乱江南者皆未还中土,会稽颇称多士"④。东汉末年的黄巾起义、董卓之乱,迫使士人南下。如桓晔,《后汉书》本传载:"初平中,天下乱,避地会稽,遂浮海客交阯,越人化其节,至闾里不争讼。"⑤又如桓俨,虞预《会稽典录》载"沛国桓俨,当世英俊,避地会稽,闻(陈)业高节,欲与相见,终不获。后俨浮海南入交州,临去,遗书与业曰……"⑥,再如郑浑,是儒学名家郑兴、郑众的裔孙,遇董卓之乱,先是避难淮南投奔袁术,继而南奔豫章投奔华歆,史载:"浑将泰小子袤避难淮南,袁术宾礼甚厚。浑知术必败。时华歆为豫章太守,素与泰善,浑乃渡江投歆。"⑦对于中土来奔的士人,南方士人也倾心相结,如会稽乌伤人骆统,"时饥荒,乡里及远方客多有困乏,统为之饮食衰少"⑧,又如吴郡钱塘人全琮,"是时中州士人避乱而南,依琮居

---

① [宋]范晔撰,[唐]李贤等注:《后汉书·蔡邕传》卷六〇下,中华书局,1965年,第2003页。
② [晋]陈寿撰,[南朝宋]裴松之注,陈乃乾校点:《三国志·魏书·武帝纪》卷一,中华书局,1959年,第55页。
③ [晋]陈寿撰,[南朝宋]裴松之注,陈乃乾校点:《三国志·蜀书·许靖传》卷三八,中华书局,1959年,第963页。
④ [宋]范晔撰,[唐]李贤等注:《后汉书·任延传》卷七六,中华书局,1965年,第2460—2461页。
⑤ [宋]范晔撰,[唐]李贤等注:《后汉书·桓晔传》卷三七,中华书局,1965年,第1260页。
⑥ [晋]虞预:《会稽典录》,熊明辑校:《汉魏六朝杂传集》第四册,中华书局,2017年,第1982页。
⑦ [晋]陈寿撰,[南朝宋]裴松之注,陈乃乾校点:《三国志·魏书·郑浑传》卷一六,中华书局,1959年,第509页。
⑧ [晋]陈寿撰,[南朝宋]裴松之注,陈乃乾校点:《三国志·吴书·骆统传》卷五七,中华书局,1959年,第1334页。

者以百数,琮倾家给济,与共有无,遂显名远近"①。

二是中原官员南下就职。两汉选官方法,主要是察举,不少士人以经明行修进入仕途,因此官员很多是精通一经或兼通数经的学者②。一般来说,一郡一县的长官由朝廷任命,而属吏多用当地人。这些官员大多是读书人出身,他们到南方任职,在带来中原先进的耕织和水利技术之外,往往大力推举文教,促进了当地文明程度的提高。

如汉建武二十二年(46),陈留人刘昆以《易》学专家身份而任江陵令,本传载:

> 平帝时,受《施氏易》于沛人戴宾。能弹雅琴,知清角之操。王莽世,教授弟子恒五百余人。每春秋飨射,常备列典仪,以素木瓠叶为俎豆,桑弧蒿矢,以射菟首。每有行礼,县宰辄率吏属而观之。……建武五年,举孝廉,不行,遂逃,教授于江陵。光武闻之,即除为江陵令。③

又如东汉的李忠注意到南方无好学之风,于是建立学校,转移风俗,本传载:

> 六年,迁丹阳太守。是时海内新定,南方海滨江淮,多拥兵据土。忠到郡,招怀降附,其不服者悉诛之,旬月皆平。忠以丹阳越俗不好学,嫁娶礼仪,衰于中国,乃为起学校,习礼容,春秋乡饮,选用明经,郡中向慕之。垦田增多,三岁间流民占著者五万余口。十四年,三公奏课为天下第一,迁豫章太守。④

推举文教的效果是令人振奋的,《后汉书》记载有穷苦子弟欣然向学的

---

① [晋]陈寿撰,[南朝宋]裴松之注,陈乃乾校点:《三国志·吴书·全琮传》卷六〇,中华书局,1959年,第1381页。
② 据《后汉书》大略可知,如任职豫章和会稽两地太守的刘宠"以明经举孝廉";任延,"年十二,为诸生,学于长安,明《诗》《易》《春秋》,显名太学,学中号为'任圣童'";张驯,"少游太学,能诵《春秋左氏传》。以大夏侯《尚书》教授……迁丹阳太守,化有惠政";卢植,"能通古今学……拜九江太守……拜为庐江太守";等等。以上数人,皆是学者出身,而南下就任地方主官。
③ [宋]范晔撰,[唐]李贤等注:《后汉书·儒林列传·刘昆传》卷七九上,中华书局,1965年,第2549—2550页。
④ [宋]范晔撰,[唐]李贤等注:《后汉书·李忠传》卷二一,中华书局,1965年,第756页。

事例,如《酷吏列传》记载黄昌的事情:

> 黄昌字圣真,会稽余姚人也。本出孤微。居近学官,数见诸生修庠序之礼,因好之,遂就经学。又晓习文法,仕郡为决曹。[1]

黄昌有居近学官之便,每日耳濡目染,对经学产生了兴趣,终于走上了为官的道路。又有著名学者王充,虽著籍会稽上虞,本是中原魏郡(今河北一带)人士,"其先自魏郡元城徙焉"[2],以军功封于会稽,举家徙任。王充年幼丧父,家境贫困,但在家乡会稽郡得到了学校教育。《论衡·自纪篇》载:"八岁出于书馆,书馆小童百人以上,皆以过失袒谪,或以书丑得鞭。充书日进,又无过失。手书既成,辞师受《论语》《尚书》,日讽千字。"[3]则王充最早在家乡受业。

另外,官员到江东任职,有意通过提拔当地人才来推动当地的读书风气,如张霸本传载:"(张霸)举孝廉光禄主事,稍迁,永元中为会稽太守,表用郡人处士顾奉、公孙松等。奉后为颍川太守,松为司隶校尉,并有名称。其余有业行者,皆见擢用。郡中争厉志节,习经者以千数,道路但闻诵声。"[4]张霸在会稽太守任上,"举贤士劝教讲授,一郡慕化,但闻诵声"(《益部耆旧传》),又张霸入《后汉书·循吏列传》,而循吏是文化传播的重要角色[5]。

三是南方士人进京求学。西汉的长安和东汉的洛阳是学术中心,经师聚集、四方具瞻,成为汉代读书人的求学圣地。光武帝刘秀在西汉时也曾到长安学习,而东汉时期,洛阳读书人甚众,形成了阶层,对政治产生了重要的影响,以致酿成党锢之祸。东汉一代,江南的包咸、程曾和王充都有在长安或洛阳受业的经历,学成归乡后进行传授。譬如程曾,史称:"受业长安,习《严氏春秋》,积十余年,还家讲授。会稽顾奉等数百人常居门下。著书百余篇,皆五经通难,又作《孟子章句》。"[6]王充在家乡受业后又去京师太学学习,史载:"后到京师,受业太学,师事扶风班彪。好博览而不守章句。

---

[1] [宋]范晔撰,[唐]李贤等注:《后汉书·黄昌传》卷七七,中华书局,1965年,第2496页。
[2] [宋]范晔撰,[唐]李贤等注:《后汉书·王充传》卷四九,中华书局,1965年,第1629页。
[3] 黄晖撰:《论衡校释》第四册,中华书局,1990年,第1188页。
[4] [宋]范晔撰,[唐]李贤等注:《后汉书·张霸传》卷三六,中华书局,1965年,第1241页。
[5] 参见余英时:《汉代循吏与文化传播》,《士与中国文化》,上海人民出版社,2013年。
[6] [宋]范晔撰,[唐]李贤等注:《后汉书·儒林列传·程曾传》卷七九下,中华书局,1965年,第2581页。

家贫无书,常游洛阳市肆,阅所卖书,一见辄能诵忆,遂博通众流百家之言。后归乡里,屏居教授。仕郡为功曹,以数谏争不合去。"①王充进京求学,学成返归故里,教授学生,也推动了中原学士的南传。这些学者充当了文化学术交流的媒介,他们的授业之举,客观上推广了中原的经学,促进了当地学术风气的滋育。

二、西汉时期江南的经学家

从《史记》《汉书》和《后汉书》"三史"之"儒林传"所记载的学者消长,可以粗略看出江南的学者情况。《史记·儒林列传》和《汉书·儒林传》所罗列的传主,未见江南籍人士,而《后汉书·儒林列传》记载的江南人士有包咸、包福、赵晔和程曾等人。《后汉书》所列人物中,王充和高彪属江南籍文士,除文学外,两者亦以经学著名。据此可知,东汉的江南经学家,相较西汉,数量有了明显的增长。这也充分地表明江南学术在两汉时期有了较快的发展。

西汉时代的江南经学情况,《史记·儒林列传》和《汉书·儒林传》中未见明确的记载。这不仅说明江南的文化与人才没有引起中原士人的瞩目,还说明江南尚没有以经学为业且取得成就的学者。通检《汉书》的其他传记,能够钩稽出吴人习经的记录,略述如下。

西汉初年的文翁(公元前187—公元前110),扬州庐江郡舒县人②。文翁是《春秋》学家,史载:"少好学,通《春秋》,以郡县吏察举。"③文翁在《汉书》中被列入《循吏传》,本人并不以学术著名,却以传播学术、推行教化而为人所称道,本传载:

> 修起学官于成都市中,招下县子弟以为学官弟子,为除更繇,高者以补郡县吏,次为孝弟力田。常选学官童子,使在便坐受事。每出行县,益从学官诸生明经饬行者与俱,使传教令,出入闺阁。县邑吏民见而荣之,数年,争欲为学官弟子,富人至出钱以求之。繇是大化,

---

① [宋]范晔撰,[唐]李贤等注:《后汉书·王充传》卷四九,中华书局,1965年,第1629页。
② 建安十九年(214),庐江郡一分为二,魏庐江郡治阳泉,吴庐江郡治舒县,文翁所在的舒县,三国时属于孙吴管辖。周瑜亦是庐江郡舒县人。
③ [汉]班固撰:《汉书·循吏传·文翁传》卷八九,中华书局,1962年,第3625页。

蜀地学于京师者比齐鲁焉。至武帝时,乃令天下郡国皆立学校官,自文翁为之始云。[1]

《三国志·蜀书》中秦宓本传记载秦宓与王商的书信说:

蜀本无学士,文翁遣相如东受七经,还教吏民,于是蜀学比于齐、鲁。故《地里志》曰:"文翁倡其教,相如为之师。"[2]

文翁修立学官,为平民子弟受学仕进创造了条件,又派遣学士司马相如等去东方学习经学,推动了蜀地向学风气,提升了蜀地学术水平,以致蜀人就学京师的人数和蜀地的学术水平,与儒学人才辈出的齐鲁相颉颃。文翁兴学的举措,得到了汉武帝的重视,汉武帝于是下令郡国建立学官,培养读书风气。因此说文翁促成了地方学校制度的建立。

会稽吴县(吴县即今江苏苏州,是会稽郡治所在)的庄氏家族,也熟悉《春秋》学。众所周知,庄忌、庄助、庄忽奇是汉初著名的辞赋家。

庄忌,字夫子,为避明帝刘庄讳而改称严忌,生卒年不详。《汉书·邹阳传》记载:"吴王(刘)濞招致四方游士,(邹)阳与吴严忌、枚乘等俱仕吴,皆以文辩著名。"[3]《汉书·地理志》载:"汉兴,高祖王兄子濞于吴,招致天下之娱游子弟,枚乘、邹阳、严夫子之徒兴于文、景之际。"[4]则庄忌、枚乘、邹阳都属于吴王刘濞的幕僚。《史记·邹阳传》载邹阳"游于梁,与故吴人庄忌夫子、淮阴枚生之徒交"[5],《史记·司马相如传》载景帝时,"梁孝王来朝,从游说之士齐人邹阳、淮阴枚乘、吴庄忌夫子之徒,相如见而说之"[6],则也是梁孝王的幕僚。《汉书·艺文志》"诗赋略"载《严夫子赋》二十四篇,今仅存《哀时命》一篇,系模仿屈原《九章》悼念屈原而作,被收入刘向编撰的《楚辞》。

庄助(?—公元前122),一般认为是庄忌之子。《汉书·严助传》载:

---

[1] [汉]班固撰:《汉书·循吏传·文翁传》卷八九,中华书局,1962年,第3626页。
[2] [晋]陈寿撰,[南朝宋]裴松之注,陈乃乾校点:《三国志·蜀书·秦宓传》卷三八,中华书局,1959年,第973页。
[3] [汉]班固撰:《汉书·邹阳传》卷五一,中华书局,1962年,第2338页。
[4] [汉]班固撰:《汉书·地理志》卷二八下,中华书局,1962年,第1668页。
[5] [汉]司马迁撰,[宋]裴骃集解,[唐]司马贞索隐,[唐]张守节正义,《史记·邹阳传》卷八三,中华书局,2014年,第2992页。
[6] [汉]司马迁撰,[宋]裴骃集解,[唐]司马贞索隐,[唐]张守节正义,《史记·司马相如列传》卷一一七,中华书局,2014年,第3637页。

助侍燕从容,上问助居乡里时,助对曰:"家贫,为友婿富人所辱。"上问所欲,对愿为会稽太守。于是拜为会稽太守。数年,不闻问。赐书曰:"制诏会稽太守:君厌承明之庐,劳侍从之事,怀故土,出为郡吏。会稽东接于海,南近诸越,北枕大江。间者,阔焉久不闻问,具以《春秋》对,毋以苏秦从横。"助恐,上书谢称:"《春秋》天王出居于郑,不能事母,故绝之。臣事君,犹子事父母也,臣助当伏诛。陛下不忍加诛,愿奉三年计最。"诏许,因留侍中。有奇异,辄使为文,及作赋颂数十篇。[1]

庄助是汉武帝的近臣,深受器重,"唯助与寿王见任用,而助最先进"[2]。但庄助与擅长楚辞的淮南王刘安有密切交往,最终因牵涉淮南王谋反案而被诛。庄助以文学闻名,《汉书·艺文志》"诗赋略"载《严助赋》三十五篇,前揭《汉书·严助传》载"作赋颂数十篇"。《汉书·东方朔传》载汉武帝说:"方今公孙丞相、兒大夫、董仲舒、夏侯始昌、司马相如、吾丘寿王、主父偃、朱买臣、严助、汲黯、胶仓、终军、严安、徐乐、司马迁之伦,皆辩知闳达,溢于文辞。"[3]《汉书》班固赞曰:"应对则严助、朱买臣。"[4]《汉书·地理志》载:"吴有严助、朱买臣,贵显汉朝,文辞并发,故世传《楚辞》。"[5]此处提及的庄助和朱买臣皆系吴人,不仅以应对文辞著名,而且与公孙弘、董仲舒、司马相如同列,成为当时的代表性学者文人。庄助在学术上也有重要的成就,如"诸子略"儒家子书中载《庄助》四篇;又熟悉《春秋》经,能以《春秋》对策。《春秋》和《诗》早在汉武帝时已立于学官,具有非同寻常的地位,董仲舒和桑弘羊也以《春秋公羊传》著名。史传所记载的汉初吴人习经的具体记录,唯有《春秋》一家。

庄忽奇也是以擅赋见称,他与枚皋同时,官至常侍郎,与朱买臣常在武帝左右。《汉书·艺文志》"诗赋略"载《常侍郎庄忽奇赋》十一篇,颜师古注曰:"《七略》云:'忽奇者,或言庄夫子子,或言族家子庄助昆弟也。从行至

---

[1] [汉]班固撰:《汉书·严助传》卷六四上,中华书局,1962年,第2789—2790页。
[2] [汉]班固撰:《汉书·严助传》卷六四上,中华书局,1962年,第2775页。
[3] [汉]班固撰:《汉书·东方朔传》卷六五,中华书局,1962年,第2863页。
[4] [汉]班固撰:《汉书·公孙弘卜式兒宽传》卷五八,中华书局,1962年,第2634页。
[5] [汉]班固撰:《汉书·地理志》卷二八下,中华书局,1962年,第1668页。

茂陵,(诏造)赋.'"①庄忽奇,一说是庄忌之子,一说是庄助的兄弟,总之是会稽庄氏家族的才俊。

朱买臣也是会稽吴人,因得到庄助的推荐,得以进入宫廷成为文学侍从。《汉书·朱买臣传》载:

> 家贫,好读书,不治产业,常艾薪樵,卖以给食,担束薪,行且诵书……会邑子严助贵幸,荐买臣。召见,说《春秋》,言《楚词》,帝甚说之,拜买臣为中大夫,与严助俱侍中。②

朱买臣本是一介穷困书生,四十余岁尚很落魄,妻子因不堪贫困改适他人,他后来在同郡庄助的引荐下,被武帝召见,列为近臣。朱买臣熟悉《春秋》经传,当然是经学家,又通达《楚辞》,《汉书·艺文志》"诗赋略"载《朱买臣赋》三篇,在辞赋上也颇有成就。

西汉江南的好学之士,尚有龙丘苌、盛吉等。龙丘苌,谢沈《后汉书》载:"吴郡人,笃志好学。王莽篡位,隐居太山,以耕稼为业,公车征不应。更始时,任延年十九,为郡东部尉,折节下士。钟离意为主簿,自请苌为门下祭酒。延教曰:'龙丘先生清过夷齐,志慕原宪,都尉洒扫其门,犹惧辱之,何召之有?'"③任延又说"龙丘先生躬德履义,有原宪、伯夷之节"④,则龙丘苌在东汉以节操著名,但因没有学迹传世,详情已不得而知,属于逸民一类的人物。盛吉,虞预《会稽典录》载其"少为郡干佐,学明《春秋》。王莽诛,更始署新太守刘君代前太守……"⑤,则盛吉在西汉后期已是《春秋》学家。

兹将西汉的江南学者的情况(以年代先后为序)列表如下(表1):

---

①[汉]班固撰:《汉书·艺文志》卷三〇,中华书局,1962年,第1750页。
②[汉]班固撰:《汉书·朱买臣传》卷六四上,中华书局,1962年,第2791页。
③[宋]李昉等撰:《太平御览》卷五〇二,中华书局,1960年,第2294页。
④[宋]范晔撰,[唐]李贤等注:《后汉书·任延传》卷七六,中华书局,1965年,第2461页。
⑤[晋]虞预:《会稽典录》,熊明辑校:《汉魏六朝杂传集》第四册,中华书局,2017年,第1961页。

表1

姓名	籍贯	时代	学术	文学
庄忌	会稽吴人	汉景帝时		《汉书·艺文志》"诗赋略"载《严夫子赋》二十四篇；《哀时命》一篇
庄助	会稽吴人	？—公元前122（或为庄忌子）	善《春秋》；《汉书·艺文志》"诸子略"载《庄助》四篇	《汉书·艺文志》"诗赋略"载《严助赋》三十五篇；《汉书·严助传》载"有奇异，辄使为文，及作赋颂数十篇"
庄忽奇	会稽吴人	（或为庄忌子，庄助之兄弟）		《汉书·艺文志》"诗赋略"载常侍郎庄忽奇赋十一篇
朱买臣	会稽吴人	汉武帝时	《汉书·朱买臣传》载"说《春秋》"	《汉书·艺文志》"诗赋略"载《朱买臣赋》三篇
龙丘苌	会稽吴人	王莽时期	《后汉书》载"笃志好学"；《后汉书·任延传》载"龙丘先生躬德履义，有原宪、伯夷之节"	
盛吉	会稽山阴人	王莽时期	《会稽典录》载其"学明《春秋》"	

从西汉江南的学术情况来看，江南士人以会稽吴县士人最为突出，尤其是庄氏家族，辞赋成就足以比肩中原人士，又擅长《春秋》，构成了宫廷人才的重要组成部分。自从汉景帝平定七国之乱后，诸侯王政权开始遭到削弱，再经过汉武帝的一系列政策，他们只能衣食租税，战国以来诸侯王延揽宾客的传统，已经被明文禁止，因此国家最好的人才往往只能效忠于皇帝。《汉书》中庄助和朱买臣的传记，都提到闽越之乱，由朝廷委命会稽太守负责平定。据此可知，西汉的闽越一带，中央政权尚没有进行有效的统治，也

不可能派遣官吏推行文教,因此文化学术薄弱,人物稀少,以致史书无有称道者,也属情理之中。

三、东汉时期江南的经学家

西汉末期的动乱,迫使大量中原士人南下避难,而东汉时期,又有不少中原士人南下任职。双重因素的叠加,促使东汉江南的经学风气越发浓郁,经学成就更加显著。东汉江南的经学呈现出多中心的特点。兹将江南经学按地域区分为三个重点地区:一是江左的会稽郡(后分出吴郡);二是江右的豫章郡;三是岭南的苍梧郡、南海郡和交趾郡。

(一)江左的会稽郡(吴郡)

会稽郡是秦灭楚后设立的,属于吴越故地,东汉顺帝永建四年(129),以钱塘江为界,将会稽郡拆分为会稽郡和吴郡①。《后汉书》中有传记的会稽郡士人共9人,其中钟离意、王充有合传,《后汉书·儒林列传》有包咸、包福、赵晔,《后汉书·文苑列传》有高彪,《后汉书·党锢列传》有魏朗,《后汉书·方术列传》有谢夷吾、韩说。

钟离意(10?—74),字子阿,会稽山阴人。本传载:"少为郡督邮。时部县亭长有受人酒礼者,府下记案考之。意封还记,入言于太守曰:'《春秋》先内后外,《诗》云"刑于寡妻,以御于家邦",明政化之本,由近及远。今宜先清府内,且阔略远县细微之愆。'"②钟离意所引的《春秋》属于《公羊春秋》,李贤注称:"《公羊传》曰:'《春秋》内其国而外诸夏,内诸夏而外夷狄。'"③

王充(27—97?),字仲任,会稽上虞人,东汉著名的思想家和文学理论家。本传载:"充少孤,乡里称孝。后到京师,受业太学,师事扶风班彪。好博览而不守章句。家贫无书,常游洛阳市肆,阅所卖书,一见辄能诵忆,遂博通众流百家之言。后归乡里,屏居教授。"④王充是著名学者班彪的学生,

---

① 《三国志·吴书·虞翻传》卷五六裴注引《会稽典录》濮阳兴说"吾闻秦始皇二十五年,以吴越地为会稽郡,治吴",朱育说"到永建四年,刘府君上书,浙江之北,以为吴郡,会稽还治山阴"。第1326页。
② [宋]范晔撰,[唐]李贤等注:《后汉书·钟离意传》卷四一,中华书局,1965年,第1406页。
③ [宋]范晔撰,[唐]李贤等注:《后汉书·钟离意传》卷四一,中华书局,1965年,第1406页。
④ [宋]范晔撰,[唐]李贤等注:《后汉书·王充传》卷四九,中华书局,1965年,第1629页。

好博通而不为恒讦之学,聪慧异常,记忆绝佳,学成后返回江南,绝去人事,专心教书。王充最著名的成果是《论衡》,本传载"《论衡》八十五篇,二十余万言,释物类同异,正时俗嫌疑"①,此书得到蔡邕和王朗等学术名家的赞赏。本传又载有"《养性书》十六篇,裁节嗜欲,颐神自守"②,《养性书》大约体现了老庄一类的思想。王充的经学著作,明确的有《六儒论》,见《后汉书》:"袁山松书曰:'充幼聪朗。诣太学,观天子临辟雍,作《六儒论》。'"③虞翻回答会稽太守王朗说:"有道山阴赵晔,征士上虞王充,各洪才渊懿,学究道源,著书垂藻,骆驿百篇,释经传之宿疑,解当世之槃结,或上穷阴阳之奥秘,下撮人情之归极。"④则赵晔、王充擅长经学无疑。

包咸及其子包福以《论语》名家,前后分别为明帝和和帝教授,作为帝王师,自然是当时的佼佼者,具有重要的影响力。包咸(公元前7—65),字子良,会稽曲阿人。本传载"少为诸生,受业长安,师事博士右师细君,习《鲁诗》《论语》"⑤,则经书以今文经学《鲁诗》著名,传记以《论语》著名。又史载"举孝廉,除郎中。建武中,入授皇太子《论语》,又为其章句"⑥,包咸曾给汉明帝讲解《论语》,并著有《论语章句》(参见下引何晏《论语集解序》)。又说"经传有疑,辄遣小黄门就舍即问"⑦,则包咸所擅或不限于《鲁诗》《论语》。京师是经师荟萃之地,包咸能够获得皇帝的青睐,当然属于经师中的翘楚。包咸也有很多学生,史载明帝有所赏赐,包咸"皆散于诸生之贫者"⑧,于汉永平八年(65)去世。包咸有子曰包福,史载其"拜郎中,亦以《论语》入授和帝"⑨,父子两代因《论语》为帝师,可谓荣宠之至。包咸关于《论

---

① [宋]范晔撰,[唐]李贤等注:《后汉书·王充传》卷四九,中华书局,1965年,第1629页。
② [宋]范晔撰,[唐]李贤等注:《后汉书·王充传》卷四九,中华书局,1965年,第1630页。
③ [宋]范晔撰,[唐]李贤等注:《后汉书·王充传》卷四九,中华书局,1965年,第1629页。
④ [晋]陈寿撰,[南朝宋]裴松之注,陈乃乾校点:《三国志·吴书·虞翻传》卷五七,中华书局,1959年,第1325页。
⑤ [宋]范晔撰,[唐]李贤等注:《后汉书·儒林列传·包咸传》卷七九下,中华书局,1965年,第2570页。
⑥ [宋]范晔撰,[唐]李贤等注:《后汉书·儒林列传·包咸传》卷七九下,中华书局,1965年,第2570页。
⑦ [宋]范晔撰,[唐]李贤等注:《后汉书·儒林列传·包咸传》卷七九下,中华书局,1965年,第2570页。
⑧ [宋]范晔撰,[唐]李贤等注:《后汉书·儒林列传·包咸传》卷七九下,中华书局,1965年,第2570页。
⑨ [宋]范晔撰,[唐]李贤等注:《后汉书·儒林列传·包咸传》卷七九下,中华书局,1965年,第2570页。

语》的著作成就颇高,三国曹魏的著名学者何晏等人编纂《论语集注》时也加以利用。何晏《论语集解序》说:"安昌侯张禹本受《鲁论》,兼讲《齐说》,善者从之,号曰《张侯论》,为世所贵。包氏、周氏《章句》出焉。《古论》唯博士孔安国为之训解,而世不传。至顺帝时,南郡太守马融亦为之训说。汉末,大司农郑玄就《鲁论》篇章,考之《齐》《古》,为之注。近故司空陈群、太常王肃、博士周生烈,皆为义说。前世传授师说,虽有异同,不为训解,中间为之训解,至于今多矣。所见不同,互有得失。今集诸家之善,记其姓名,有不安者,颇为改易,名曰《论语集解》。"①

赵晔,字长君,会稽山阴人。以《吴越春秋》著名,属于史学家。又以《韩诗》为业,亦属于经学家。本传载他曾任县吏,因耻于被督邮役使,"到犍为资中,诣杜抚受《韩诗》,究竟其术。积二十年,绝问不还,家为发丧制服。抚卒乃归"②。赵晔好学,竟不远千里,去蜀郡勤学《韩诗》二十年,一直音信无闻,家人甚至认为他去世了。杜抚与会稽澹台敬伯,都是薛汉的学生。薛汉家族以《韩诗》闻名,"当世言《诗》者,推汉为长"③,又善说灾异谶纬,曾于建武初,"为博士,受诏校定图谶"④。前揭虞翻答王朗说他"释经传之宿疑""上穷阴阳之奥秘",故知赵晔也擅长《韩诗》和谶纬。本传载"蔡邕至会稽,读《诗细》而叹息,以为长于《论衡》。邕还京师,传之,学者咸诵习焉"⑤,蔡邕是汉末文坛领袖,欣赏赵晔所著《诗细历神渊》,并携之传入中原,说明赵晔在诗纬上颇有成就。

魏朗(?—169),字少英,会稽上虞人。本传载其"从博士郤仲信学《春秋图纬》,又诣太学受五经,京师长者李膺之徒争从之"⑥,李膺等当时名流从之受学,则魏朗在五经和《春秋》谶纬方面有突出的成就。又当时名士陈蕃也欣赏他"公忠亮直",可以想见其为人忠贞耿直,最后因党锢而自杀。

---

①[清]刘宝楠撰,高流水点校:《论语正义》卷二四,中华书局,1990年,第779—786页。
②[宋]范晔撰,[唐]李贤等注:《后汉书·儒林列传·赵晔传》卷七九下,中华书局,1965年,第2575页。
③[宋]范晔撰,[唐]李贤等注:《后汉书·儒林列传·薛汉传》卷七九下,中华书局,1965年,第2573页。
④[宋]范晔撰,[唐]李贤等注:《后汉书·儒林列传·薛汉传》卷七九下,中华书局,1965年,第2573页。
⑤[宋]范晔撰,[唐]李贤等注:《后汉书·儒林列传·赵晔传》卷七九下,中华书局,1965年,第2575页。
⑥[宋]范晔撰,[唐]李贤等注:《后汉书·党锢列传·魏朗传》卷六七,中华书局,1965年,第2201页。

魏朗的著作,本传明载"著书数篇,号《魏子》云"①,则有子书传世。

高彪,字义方,吴郡无锡人,在经学、文献学和文学领域都有造诣。本传载其"家本单寒,至彪为诸生,游太学。有雅才而讷于言。尝从马融欲访大义,融疾不获见,乃覆刺遗融书曰……融省书惭,追谢还之,彪逝而不顾"②。高彪少年时以太学生身份游学长安,本想跟从马融学习经义,则崇尚的是古文经学。其子高岱擅长《左传》,孙策欲与之论讲而不得,由此亦可推知高彪也应该擅长《左传》。本传又载其:"后郡举孝廉,试经第一,除郎中,校书东观,数奏赋、颂、奇文,因事讽谏,灵帝异之。"③高彪虽然以文学著名,但在经学上也有一定的成就。

谢夷吾,字尧卿,会稽山阴人。本传载"少为郡吏,学风角占候"④,以方术知名,但《后汉书》载"谢承书曰'伦甚崇其道德,转署主簿,使子从受《春秋》,夷吾待之如师弟子之礼'。"⑤,则谢夷吾也擅长《春秋》,故会稽太守第五伦令子从其学习。第五伦为司徒后,令班固推荐谢夷吾,称"才兼四科,行包九德,仁足济时,知周万物。加以少膺儒雅,韬含六籍,推考星度,综校图录,探赜圣秘,观变历征,占天知地,与神合契,据其道德,以经王务"⑥,则知谢夷吾熟悉儒家经典。

韩说,字叔儒,会稽山阴人。本传载其"博通五经,尤善图纬之学。举孝廉。与议郎蔡邕友善,数陈灾眚,乃奏赋、颂、连珠"⑦,则韩说在谶纬之学方面颇有成就,亦可被列入经学家。

兹将会稽郡(吴郡)学者列表(生平清楚的略按时间先后)如下(表2):

---

① [宋]范晔撰,[唐]李贤等注:《后汉书·党锢列传·魏朗传》卷六七,中华书局,1965年,第2201页。
② [宋]范晔撰,[唐]李贤等注:《后汉书·文苑列传·高彪传》卷八〇下,中华书局,1965年,第2649—2650页。
③ [宋]范晔撰,[唐]李贤等注:《后汉书·文苑列传·高彪传》卷八〇下,中华书局,1965年,第2650页。
④ [宋]范晔撰,[唐]李贤等注:《后汉书·方术列传·谢夷吾传》卷八二上,中华书局,1965年,第2713页。
⑤ [宋]范晔撰,[唐]李贤等注:《后汉书·方术列传·谢夷吾传》卷八二上,中华书局,1965年,第2713页。
⑥ [宋]范晔撰,[唐]李贤等注:《后汉书·方术列传·谢夷吾传》卷八二上,中华书局,1965年,第2713页。
⑦ [宋]范晔撰,[唐]李贤等注:《后汉书·方术列传·韩说传》卷八二下,中华书局,1965年,第2733页。

表2

姓名	籍贯	生卒年	学术	文学
包咸	会稽曲阿人	公元前7—65	《后汉书·儒林列传》载"少为诸生,受业长安,师事博士右师细君,习《鲁诗》《论语》",又载"建武中,入授皇太子《论语》,又为其章句"	
包福	会稽曲阿人	不详	《后汉书·儒林列传》载"以《论语》入授和帝"	
钟离意	会稽山阴人	10?—74	《公羊春秋》;《诗》	
王充	会稽上虞人	27-97?	《后汉书·王充传》载"《论衡》八十五篇,二十余万言",又载有《养性书》十六篇;《后汉书》载"袁山松书曰:'充幼聪朗。诣太学,观天子临辟雍,作《六儒论》。'"	
谢夷吾	会稽山阴人	不详	《后汉书·方术列传》载"学风角占候";《后汉书》载"谢承书曰'伦……使子从受《春秋》,夷吾待之如师弟子之礼'。"	
魏朗	会稽上虞人	?—169	《后汉书·党锢列传》载"从博士郤仲信学《春秋图纬》,又诣太学受五经""著书数篇,号《魏子》云"	
赵晔	会稽山阴人	不详	《后汉书·儒林列传》载"诣杜抚受《韩诗》,究竟其术";《诗细历神渊》;《吴越春秋》	
高彪	吴郡无锡人	不详	《后汉书·文苑列传》载"后郡举孝廉,试经第一";古文经学	《后汉书·文苑列传》载"校书东观,数奏赋、颂奇文"

续表

姓名	籍贯	生卒年	学术	文学
韩说	会稽山阴人	不详	《后汉书·方术列传》载"博通五经,尤善图纬之学"	《后汉书·方术列传》载"乃奏赋、颂、连珠"

史书无专传的江南经学家,尚有澹台敬伯、郑云、贺纯、董昆、陈修、周昕等①。澹台敬伯,会稽人,擅长《韩诗》。前揭擅长韩诗的薛汉"教授常数百人"②,其弟子著名的有会稽澹台敬伯、犍为杜抚、臣鹿韩伯高。薛汉卒于汉永平中,他弟子中有澹台敬伯,是会稽人,可见东汉初《韩诗》已传到江东。杜抚的再传弟子赵晔,又进一步发扬了《韩诗》。薛汉的后人薛综,后来入吴为大臣。郑云,会稽句章人,虞预《会稽典录》载其"学《韩诗》《公羊春秋》"③。贺纯,会稽山阴人,《后汉书》载"谢承书曰'少为诸生,博极群艺。十辟公府,三举贤良方正,五征博士,四公车征,皆不就。后征拜议郎,数陈灾异,上便宜数百事,多见省纳'。"④,则博通五经,尤擅长灾异。董昆,会稽余姚人,虞预《会稽典录》载其"少游学,师事颍川荀季卿,受《春秋》,治律令。明达法理"⑤。陈修,会稽乌伤人,虞预《会稽典录》载其"少为郡干,受《韩诗》《榖梁春秋》"⑥。周昕,会稽人,虞预《会稽典录》载其"少游京师。师事太傅陈蕃,博览群书,明于风角,善推灾异"⑦。

值得一提的是,会稽虞氏是东汉的《易》学世家。《虞翻别传》记虞翻奏上《易》注说:"臣高祖父故零陵太守光,少治《孟氏易》,曾祖父故平舆令成,缵述其业,至臣祖父凤为之最密。臣亡考故日南太守歆,受本于凤,最有旧书,世传其业,至臣五世。"⑧则东汉《易》孟氏的研习者有虞光、虞成、虞凤、

---

① 黄昌本传说"本出孤微,居近学官,数见诸生修庠序之礼,因好之,遂就经学"([宋]范晔撰,[唐]李贤等注:《后汉书·酷吏传·黄昌传》卷七七,中华书局,1965年,第2496页),黄昌有学习经学的经历,但未闻有经学著作,而以文法著名,故不列入经学家。
② [宋]范晔撰,[唐]李贤等注:《后汉书·儒林列传·薛汉传》卷七九下,中华书局,1965年,第2573页。
③ [晋]虞预:《会稽典录》,熊明辑校:《汉魏六朝杂传集》第四册,中华书局,2017年,第1963页。
④ [宋]范晔撰,[唐]李贤等注:《后汉书·李固传》卷六三,中华书局,1965年,第2082页。
⑤ [晋]虞预:《会稽典录》,熊明辑校:《汉魏六朝杂传集》第四册,中华书局,2017年,第1966页。
⑥ [晋]虞预:《会稽典录》,熊明辑校:《汉魏六朝杂传集》第四册,中华书局,2017年,第1974页。
⑦ [晋]虞预:《会稽典录》,熊明辑校:《汉魏六朝杂传集》第四册,中华书局,2017年,第1993页。
⑧ [晋]陈寿撰,[南朝宋]裴松之注,陈乃乾校点:《三国志·吴书·虞翻传》卷五七,中华书局,1959年,第1322页。

虞歆等,虽然未见易学著作,但世代相传的成果,已经反映在虞翻的《易》注当中。

另外,会稽还有一些南下避祸或就任的中原人士,他们本身是学者,对于江南的学术发展有一定的贡献。在会稽避祸的学者中,著名的有梁鸿、蔡邕等人。梁鸿是扶风平陵人,早在东汉承平的章帝时代,他已经率领妻子远适吴地,"为人赁春",并"著书十余篇"[1],《隋书·经籍志》著录"后汉处士《梁鸿集》二卷"[2],死后葬于吴。蔡邕,本传载其因得罪权阉王甫之弟王智,"虑卒不免,乃亡命江海,远迹吴会。往来依太山羊氏,积十二年,在吴"[3]。蔡邕在吴地受到了吴越学者的影响。如王充《论衡》,蔡邕得到后"恒秘玩以为谈助"[4],可见当时吴越地区学者的著作,已得到中原人士的推崇。另有王望,在汉明帝时期曾"客授会稽"[5],能开馆授学,当然也是学者,惜乎学迹无闻。

在会稽担任太守的学者,著名的有鲁伯、张霸、王朗等人。鲁伯,史载"雠授张禹、琅邪鲁伯。伯为会稽太守,禹至丞相"[6],知鲁伯是施雠的学生。又《汉书·艺文志》载"《易经》十二篇,施、孟、梁丘三家",颜师古注说"《章句》施、孟、梁丘氏各二篇"[7],则施雠传《易经》十二篇,作易经《章句》二篇,从而建立了《易》的"施氏之学",则鲁伯是《易》学家。鲁伯后任会稽太守,对于会稽的《易》学当有所影响。张霸,蜀郡成都人,属于《春秋》严氏学的传人,曾任会稽太守,史载:"年数岁而知孝让,虽出入饮食,自然合礼,乡人号为'张曾子'。七岁通《春秋》,复欲进余经,父母曰'汝小未能也',霸曰'我饶为之',故字曰'饶'焉。后就长水校尉樊鯈受《严氏公羊春秋》,遂博览《五经》。诸生孙林、刘固、段著等慕之,各市宅其傍,以就学焉。举孝廉、光禄主事,稍迁,永元中为会稽太守,表用郡人处士顾奉、公孙松等。奉后为颍川太守,松为司隶校尉,并有名称。其余有业行者,皆见擢用。郡中争厉志节,习经者以千数,道路但闻诵声。初,霸以樊鯈删《严氏春秋》犹多繁

---

[1] [宋]范晔撰,[唐]李贤等注:《后汉书·逸民传·梁鸿传》卷八三,中华书局,1965年,第2768页。
[2] [唐]魏徵等撰:《隋书·经籍志》卷三五,中华书局,2019年,第1201页。
[3] [宋]范晔撰,[唐]李贤等注:《后汉书·蔡邕传》卷六〇下,中华书局,1965年,第2003页。
[4] [宋]范晔撰,[唐]李贤等注:《后汉书·王充传》卷七九,中华书局,1965年,第1629页。
[5] [宋]范晔撰,[唐]李贤等注:《后汉书·王望传》卷三九,中华书局,1965年,第1297页。
[6] [汉]班固撰:《汉书·儒林传·施雠传》卷八八,中华书局,1962年,第3598页。
[7] [汉]班固撰:《汉书·艺文志》卷三〇,中华书局,1962年,第1703—1704页。

辞,乃减定为二十万言,更名《张氏学》。"①王朗,学识渊博,与其子王肃同为经学大家。王朗著有《周易传》《春秋传》《孝经传》《周官传》等和文集三十四卷。王朗还受到了王充《论衡》的影响,《王充传》载"王朗为会稽太守,又得其书,乃还许下,时人称其才进"②。

(二)江右的豫章郡

豫章郡也是东汉学术比较发达的地区。豫章郡在西汉人才罕见,而在东汉时期人才辈出,这与当地的经济社会发展有一定的关系。学者指出在汉元始二年(2)的时候,豫章18县的户口数是户数67462,口数351965,而同期会稽26县的户口数是户数223038,口数1032604,豫章户口数在扬州排倒数第二,占比10%左右。到了汉永和五年(140),豫章21县的户数406496,口数1668906,豫章户口数占据扬州的40%左右。会稽郡在汉顺帝时期从吴郡分离,会稽郡14县户数123090,口数481196,吴郡13县户数164164,口数700782,会稽郡和吴郡的总户口数,也远不及豫章一郡③。因此东汉豫章郡经济社会的快速发展促进了士人的崛起。《后汉书》中的豫章学者,徐稺有合传,《后汉书·儒林列传》载有程曾,《后汉书·方术列传》载有唐檀,《后汉书·独行列传》载有陈重和雷义。

徐稺,字孺子,豫章南昌人。徐稺涉历广博,主治今文经学,对纬书、阴阳五行无所不通,在道德修养上也颇受好评,史书引陈蕃、胡广的评议,称其"德行纯备,著于人听"④,陈蕃更是说他比中原贵族出身的袁闳、京兆的韦著更加杰出。《后汉书》称"谢承书曰'稚少为诸生,学《严氏春秋》《京氏易》《欧阳尚书》,兼综风角、星官、算历、《河图》《七纬》,推步、变易,异行矫时俗,闾里服其德化。有失物者,县以相还,道无拾遗。四察孝廉,五辟宰府,三举茂才'。"⑤徐稺的《易》学属于京氏之学,《尚书》学属于欧阳氏之学,《春秋》学属于严氏之学,至于《河图》《七纬》,可知他对谶纬之学也很用心,以上俱属于今文经学。

程曾,字秀升,豫章南昌人。本传载其:"受业长安,习《严氏春秋》,积

---

① [宋]范晔撰,[唐]李贤等注:《后汉书·张霸传》卷三六,中华书局,1965年,第1241—1242页。
② [宋]范晔撰,[唐]李贤等注:《后汉书·王充传》卷四九,中华书局,1965年,第1629页。
③ 以上数据参见许怀林:《论汉代豫章郡的历史地位》,《江西师范大学学报(哲学社会科学版)》,1994年第27卷第3期。
④ [宋]范晔撰,[唐]李贤等注:《后汉书·徐稺传》卷五三,中华书局,1965年,第1746—1747页。
⑤ [宋]范晔撰,[唐]李贤等注:《后汉书·徐稺传》五三卷,中华书局,1965年,第1746页。

十余年,还家讲授。会稽顾奉等数百人常居门下。"①程曾游学长安十余年,学成回家讲授,学生众多,有来自会稽等地的数百人常居门下,又"著书百余篇,皆《五经》通难,又作《孟子章句》"②,则不仅有《五经》的论难著作,而且有《孟子章句》的章句著作。

唐檀,字子产,豫章南昌人。本传载其:"少游太学,习《京氏易》《韩诗》《颜氏春秋》;尤好灾异星占。后还乡里,教授常百余人。……永建五年,举孝廉,除郎中。是时白虹贯日,檀因上便宜三事,陈其咎征。书奏,弃官去。著书二十八篇,名为《唐子》。"③唐檀是今文经学家,学术门类宽阔,有《易》京氏学,《诗》韩氏学,《春秋》颜氏学,又擅长天文星象灾异占卜,著有子书《唐子》二十八篇。

陈重,字景公,豫章宜春人。本传载其"少与同郡雷义为友,俱学《鲁诗》《颜氏春秋》"④,张云在顺帝时为豫章太守,举陈重为孝廉。

雷义,字仲公,豫章鄱阳人。据前引陈重本传可知,学《鲁诗》《颜氏春秋》。

兹将《后汉书》有传的豫章郡学者列表(略以时代先后)如下(表3):

表3

姓名	籍贯	生卒年	学术	文学
徐稺	豫章南昌人	97—168	《后汉书》载"谢承书曰'稺少为诸生,学《严氏春秋》《京氏易》《欧阳尚书》,兼综风角、星官、算历、《河图》、《七纬》,推步、变易,异行矫时俗,闾里服其德化。有失物者,县以相还,道无拾遗。四察孝廉,五辟宰辅,三举茂才也'"。	
程曾	豫章南昌人	不详	《后汉书·儒林列传》载"受业长安,习《严氏春秋》",又载"著书百余篇,皆《五经》通难,又作《孟子章句》"	

①[宋]范晔撰,[唐]李贤等注:《后汉书·儒林列传·程曾传》卷七九,中华书局,1965年,第2581页。
②[宋]范晔撰,[唐]李贤等注:《后汉书·儒林列传·程曾传》卷七九,中华书局,1965年,第2581页。
③[宋]范晔撰,[唐]李贤等注:《后汉书·方术列传·唐檀传》卷八二,中华书局,1965年,第2729页。
④[宋]范晔撰,[唐]李贤等注:《后汉书·独行列传·陈重传》卷八一,中华书局,1965年,第2686页。

续表

姓名	籍贯	生卒年	学术	文学
唐檀	豫章南昌人	不详	《后汉书·方术列传》载"少游太学,习《京氏易》《韩诗》《颜氏春秋》,尤好灾异星占。后还乡里,教授常百余人。……著书二十八篇,名为《唐子》"	
陈重	豫章宜春人	不详	《后汉书·独行列传》载其"少与同郡雷义为友,俱学《鲁诗》《颜氏春秋》"	
雷义	豫章鄱阳人	不详	学《鲁诗》《颜氏春秋》	

另有何汤,字仲弓,豫章南昌人,是东汉前期以经学显宦的桓荣之弟子。《后汉书》载"(桓)荣门徒常四百余人,汤为高第,以才明知名"[1]。建武十九年(43),东汉光武帝开始立皇太子,选求明经,乃选拔何汤以《尚书》教授太子。光武帝问及何汤的师承,于是何汤力荐桓荣,光武帝遂召来桓荣讲《尚书》。《后汉书》载:"(桓)荣拜五更,封关内侯。荣常言曰:'此皆何仲弓之力也。'"[2]桓荣因此成为太子的老师。桓荣、何汤师生相得,互相成就,堪称美谈。史书载桓荣"习《欧阳尚书》"[3],又"会《欧阳》博士缺,帝欲用荣"[4],知桓荣与何汤所传属《尚书》欧阳学[5]。

在豫章出任太守的学者,著名的有清谈领袖陈蕃和道德名士华歆。《后汉书》载:"陈蕃为豫章太守,正雅矫俗,以礼导下。"[6]则陈蕃在豫章传播和发扬了礼学。华歆为豫章太守,主要是以道德著称,但《隋书·经籍志》载梁有《华歆集》二卷,可知有文章传世。

(三)岭南交州的苍梧、南海、交趾郡

交州僻在南方一隅,自被纳入汉朝管辖之后,"颇徙中国罪人杂居其

---

[1] [宋]范晔撰,[唐]李贤等注:《后汉书·桓荣传》卷三七,中华书局,1965年,第1250页。
[2] [宋]范晔撰,[唐]李贤等注:《后汉书·桓荣传》卷三七,中华书局,1965年,第1250页。
[3] [宋]范晔撰,[唐]李贤等注:《后汉书·桓荣传》卷三七,中华书局,1965年,第1249页。
[4] [宋]范晔撰,[唐]李贤等注:《后汉书·桓荣传》卷三七,中华书局,1965年,第1250页。
[5] 我们也注意到陈靖和张暇的学迹,但属于后世的方志记载,颇有不合情理之处,未能查找到早期的依据,只能持存疑的态度。
[6] [南朝陈]虞世南撰,孔广陶校注:《北堂书钞》卷七五,董治安主编:《唐代四大类书》,清华大学出版社,2003年,第310页。

间"①,成为中原罪人的流放目的地。交州也是南海贸易之地,尤其是物产资源独特,"贵致远珍名珠、香药、象牙、犀角、玳瑁、珊瑚、琉璃、鹦鹉、翡翠、孔雀、奇物,充备宝玩"②。交州的苍梧郡是岭南地区最重要的学术中心。苍梧郡是州治所在,《汉官解诂》载"汉平南越之地,置交州刺史,列诸州治苍梧"③,汉武帝平定百越后,设立交趾刺史部,治苍梧。建安八年(203),交趾刺史部改为交州,仍治广信县,广信县是交州和苍梧郡的治所。南海郡和交趾郡也颇有学术可述,尤其交趾郡,因为士燮的经营,也成为当时的学术中心④。交趾僻在越南北部,西汉和东汉末期,中原干戈扰攘,交趾成为中原士人南下避乱的目的地,从而成为学问传播的中心。如士燮的先人早在王莽之乱时已避地交州。东汉末年,中原士人南下,多依靠士燮。《理惑论》的作者牟子,也是汉末携母避乱交趾。交趾与会稽有海路可达,如桓晔本是中原高士,"初平中,天下乱,避地会稽,遂浮海客交阯"⑤,又如桓俨本是沛国人,当世英俊,避地会稽,"浮海,南入交州"⑥,再如王朗,《献帝春秋》载"孙策率军如闽、越讨朗。朗泛舟浮海,欲走交州"⑦。便捷的海路交通应该是交趾文化发展的独特原因。《后汉书》和《三国志》有传记的交州学者有陈元、士燮等。

苍梧郡学者最著名的是陈钦、陈元父子。陈钦、陈元,苍梧广信人。陈钦曾是王莽的老师,则学术已在西汉成熟,应属于西汉学者,但史官将其附于《后汉书·陈元传》论述,亦可被列为东汉学者。《后汉书·陈元传》载:"父钦,习《左氏春秋》,事黎阳贾护,与刘歆同时而别自名家。王莽从钦受《左氏》学,以钦为厌难将军。元少传父业,为之训诂,锐精覃思,至不与乡里通。"⑧李贤注称"以《左氏》授王莽,自名《陈氏春秋》,故曰别也"⑨。陈钦师

---

①[晋]陈寿撰,[南朝宋]裴松之注,陈乃乾校点:《三国志·吴书·薛综传》卷五三,中华书局,1959年,第1251页。
②[晋]陈寿撰,[南朝宋]裴松之注,陈乃乾校点:《三国志·吴书·薛综传》卷五三,中华书局,1959年,第1252页。
③[清]孙星衍等辑,周天游点校:《汉官六种》,中华书局,1990年,第20页。
④建安十五年(210),孙权派步骘领交州刺史,士燮率兄弟奉承节度,归附孙权。参见[晋]陈寿撰,[南朝宋]裴松之注,陈乃乾校点:《三国志·吴书·士燮传》卷四七,中华书局,1959年,第1192页。
⑤[宋]范晔撰,[唐]李贤等注:《后汉书·桓晔传》卷三七,中华书局,1965年,第1260页。
⑥[晋]虞预:《会稽典录》,熊明辑校:《汉魏六朝杂传集》第四册,中华书局,2017年,第1983页。
⑦[晋]陈寿撰,[南朝宋]裴松之注,陈乃乾校点:《三国志·魏书·王朗传》,中华书局,1959年,第407页。
⑧[宋]范晔撰,[唐]李贤等注:《后汉书·陈元传》卷三六,中华书局,1965年,第1229—1230页。
⑨[宋]范晔撰,[唐]李贤等注:《后汉书·陈元传》卷三六,中华书局,1965年,第1230页。

承贾护,颇有名望,王莽也俯首师承,可见陈氏的影响力。刘歆是西汉末大学者,陈钦与刘歆"别自名家",其治学自有特色之处,因此自名《陈氏春秋》。陈元继承了父亲的学术事业,选择与世隔绝,专心致志地精研经学,终于获得了当世的认可,史称"建武初,元与桓谭、杜林、郑兴俱为学者所宗"[1],俨然是一代儒宗。由于王莽和刘歆的推动,作为古文经学的《左传》曾一度被列入学官,在此背景下,产生了陈钦与陈元这样的学者。因此陈氏父子是《左传》学史上重要的人物。建武年间,关于《左传》能否立于学官,朝廷进行了一场著名的争论,范升反对《左传》立于学官,以为"《左氏》浅末,不宜立"[2],陈元上疏进行了反驳,其后范升又与陈元进行了十余回合的论难,结果是"帝卒立《左氏》学,太常选博士四人,元为第一"[3],最终确立《左氏》官学地位。后来在诸儒的反对之下,《左传》最终还是被驱逐出学官。陈元还是《费氏易》学的传人。《后汉书·儒林列传》载:"建武中,范升传《孟氏易》,以授杨政,而陈元、郑众皆传《费氏易》,其后马融亦为其传。"[4]又《隋书·经籍志》载:"汉初又有东莱费直传《易》,其本皆古字,号曰《古文易》。以授琅邪王璜,璜授沛人高相,相以授子康及兰陵毋将永。故有费氏之学,行于人间,而未得立。后汉陈元、郑众,皆传费氏之学。"[5]陈元的文集,《隋书·经籍志》著录"司徒掾《陈元集》一卷"[6],久佚,《后汉书》本传保存了上疏文二篇。

南海郡是交州学术的次中心,最重要的人物是刘熙。刘熙,北海郡人,汉末建安中因躲避战乱而居住交州,往来苍梧、南海,客授生徒,中州人士,多往依避难,生徒众多,吴人程秉、薛综及蜀人许慈都从之问学。如许慈,是刘熙的学生,擅长郑氏学。汉末建安中,许慈与许靖等从交州进入蜀地。又如薛综,本是薛汉的后人,少时依族人避地于交州,跟随刘熙问学。又有程秉,他"逮事郑玄,后避乱交州,与刘熙考论大义,遂博通五经"[7]。 刘熙

---

[1] [宋]范晔撰,[唐]李贤等注:《后汉书·陈元传》卷三六,中华书局,1965年,第1230页。
[2] [宋]范晔撰,[唐]李贤等注:《后汉书·陈元传》卷三六,中华书局,1965年,第1230页。
[3] [宋]范晔撰,[唐]李贤等注:《后汉书·陈元传》卷三六,中华书局,1965年,第1233页。
[4] [宋]范晔撰,[唐]李贤等注:《后汉书·儒林列传·孙期传》卷七九上,中华书局,1965年,第2554页。
[5] [唐]魏徵等撰:《隋书·经籍志》卷三二,中华书局,2019年,第1033页。
[6] [唐]魏徵等撰:《隋书·经籍志》卷三五,中华书局,2019年,第1201页。
[7] [晋]陈寿撰,[南朝宋]裴松之注,陈乃乾校点:《三国志·吴书·程秉传》卷五三,中华书局,1959年,第1248页。

有《释名》和《孟子注》，其中《释名》是我国重要的训诂著作。刘熙《释名》引用了不少《尚书》的内容。另有黄豪，南海郡人，精通《论语》《毛诗》，弱冠时前往交趾部，刺史举其为茂才，因寓广信，教授生徒。又有吴恢，《后汉书》载"吴祐字季英，陈留长垣人也。父恢，为南海太守。祐年十二，随从到官。恢欲杀青简以写经书，祐谏曰……"①，又《续汉书》载"欲以杀青简写《尚书》章句"②，则知吴恢所写经书应是《尚书》，这也是南海郡学术流传的证据。

交趾郡也是交州学术的次中心。士燮是交趾最重要的人物。士燮（137—226），苍梧广信人。王莽之时其祖已来到交州。士燮本传载"少游学京师，事颍川刘子奇，治《左氏春秋》"③，又载他"耽玩《春秋》，为之注解"④。士燮任交趾太守四十余年，爱接士人，"体器宽厚，谦虚下士，中国士人往依避难者以百数"⑤，使交趾成为岭南的学术中心。士燮踞交趾几十年，却没有选择割据，而是接受孙权派遣的步骘来接任交趾太守。士燮寿长九十，既是东汉的学者，又是孙吴的学者。

兹将交州学者列表（年代清楚的按时间先后）如下（表4）：

表4

姓名	籍贯	生卒年	学术	文学
陈钦	苍梧广信人	不详	《后汉书·陈元传》载陈钦"习《左氏春秋》，事黎阳贾护，与刘歆同时而别自名家。王莽从钦受《左氏》学"	
陈元	苍梧广信人	不详	陈元传陈钦之学，《后汉书·陈元传》载"元少传父业，为之训诂"，亦以《左传》闻名	《隋书·经籍志》著录司徒掾《陈元集》一卷

---

① [宋]范晔撰，[唐]李贤等注：《后汉书·吴祐传》卷六四，中华书局，1965年，第2099页。
② [宋]李昉等撰：《太平御览》卷四五二，中华书局，1960年，第2079页。
③ [晋]陈寿撰，[南朝宋]裴松之注，陈乃乾校点：《三国志·吴书·士燮传》卷四九，中华书局，1959年，第1191页。
④ [晋]陈寿撰，[南朝宋]裴松之注，陈乃乾校点：《三国志·吴书·士燮传》卷四九，中华书局，1959年，第1191页。
⑤ [晋]陈寿撰，[南朝宋]裴松之注，陈乃乾校点：《三国志·吴书·士燮传》卷四九，中华书局，1959年，第1191页。

续表

姓名	籍贯	生卒年	学术	文学
刘熙	北海郡人	不详	刘熙有《释名》和《孟子注》,古文经学家	
黄豪	南海郡人	不详	精通《论语》《毛诗》	
吴恢	陈留长垣人	不详	精通《尚书》学	
士燮	苍梧广信人	137—226	《三国志·吴书·士燮传》载"少游学京师,事颍川刘子奇,治《左氏春秋》";《隋书·经籍志》著录"《春秋经》十一卷,吴卫将军士燮注"	

四、东汉时期江南的经学成就

西汉时期,江南的经学并不发达,而所治经学,成就突出的是《春秋》经。东汉时期,江南的经学异军突起,学派纷杂、面貌纷呈。就东汉经学家而言,会稽郡的包咸、包福、赵晔、高彪、钟离意、王充、魏朗、谢夷吾、韩说等,豫章郡的程曾、唐檀、陈重、雷义和徐稚等,交州的陈元、陈钦、士燮等,能够在一代史乘中留有传记,说明其经学成就足堪东汉经学的代表,也显示出江南经学在汉朝经学格局中的地位。那么东汉江南的学术面貌和成就如何呢?

东汉时期江南的经传谶纬的情况是:一是《易》学。陈钦、陈元治《费氏易》。唐檀、徐稚治《京氏易》。会稽虞氏五世传《孟氏易》。张遐著有《易传》,不明家数。二是《尚书》学。何汤、徐稚治《欧阳尚书》。吴祐有《尚书章句》,不明家数。三是《诗》学。包咸、陈重、雷义治《鲁诗》。唐檀、澹台敬伯、郑云、赵晔、陈修治《韩诗》。高彪、黄豪治《毛诗》。四是《礼》学。东汉未见有《礼》学名家,但学者博通五经,亦当习《礼》。五是《春秋》学。陈钦、陈元、高彪、士燮治《左氏春秋》。《公羊春秋》中,程曾、徐稚治《严氏春秋》,唐檀、陈重、雷义治《颜氏春秋》。郑云亦治《公羊春秋》,不明家数。陈修治《穀梁春秋》。董昆亦受《春秋》,不明家数。六是《论语》《孟子》学。包咸、包福父子是《论语》名家,考虑到包咸学习《鲁诗》,则应是《鲁论语》。又何晏《论语集解序》说《张侯论》为世所贵,包氏《章句》出焉,可知是《鲁论语》张氏学。黄豪精通《论语》、《孟子》学,程曾原有《孟子章句》,赵晔的《孟子章句》是现存第一部《孟子》注本,刘熙也有《孟子》注。七是谶纬学。纬书方面,现在所看到的有《春秋》和《诗》两经的纬书,即魏朗的《春秋图纬》,赵晔的《诗细历神渊》。赵晔曾应诏校定图谶,是谶纬学的重要学者。另外徐稺有《河图》《七纬》书,则于图谶和纬书之学当有深刻体会。韩说"尤善图纬之学",也是谶纬专家。综上可知,东汉江南的学术,总体上是今古文并存,但以今文经学最为重要。

值得注意的是,东汉江南的经学家,颇多生于卑微贫困之家。如赵晔出身县吏;王充少孤,家贫无书;高彪"家本单寒";徐稺"家贫,常自耕稼";入吴的阚泽亦家世农夫,居贫无资;等等。但他们以自身的聪颖和努力取得了重要的成就。江南士人不少是避难南下的中原人士后裔,亡命之余,缺少宗族的维系,加之江南开发较晚,因此生活困顿,极少世家出身,他们要入学和出仕,只能选择立于学官的今文经学。

江南学者中不乏博通五经的学者,史书有明确记载的有:魏朗"诣太学受五经",韩说"博通五经",贺纯"博极群艺",程曾"著书百余篇,皆五经通难",王充《论衡·正说篇》属于五经驳议。程秉随刘熙学习,博通五经,则刘熙、程秉都是博通五经的学者。

东汉江南的经学家数包含在中原的经学家数之内。《汉书·儒林传》和《后汉书·儒林列传》记述了两汉的经学源流和分类情况。《汉书·儒林传》中班固赞曰:"自武帝立《五经》博士,开弟子员,设科射策,劝以官禄,讫于元始,百有余年,传业者浸盛,支叶蕃滋,一经说至百余万言,大师众至千余人,盖禄利之路然也。初,《书》唯有欧阳,《礼》后,《易》杨,《春秋》公羊而已。至孝宣世,复立大小夏侯《尚书》,大小戴《礼》,施、孟、梁丘《易》,《穀梁春秋》。至元帝世,复立《京氏易》。平帝时,又立《左氏春秋》《毛诗》、逸《礼》、古文《尚书》,所以罔罗遗失,兼而存之,是在其中矣。"①《后汉书·儒林列传》记光武中兴后再立《五经》博士:"《易》有施、孟、梁丘、京氏,《尚书》欧阳、大小夏侯,《诗》齐、鲁、韩,《礼》大小戴,《春秋》严、颜,凡十四博士,太常差次总领焉。"②东汉的经学与西汉的经学师承略有异同,而江南的今文经学类同于东汉的今文经学而有所侧重。东汉立于学官的今文经学中,《易》

---

① [汉]班固撰:《汉书·儒林传》卷八八,中华书局,1962年,第3620—3621页。
② [宋]范晔撰,[唐]李贤等注:《后汉书·儒林列传》卷七九上,中华书局,1965年,第2545页。

有施、孟、梁丘、京氏四家,江南主要流传《京氏易》《孟氏易》;《尚书》有欧阳、大小夏侯三家,江南主要流传《欧阳尚书》;《诗》有齐、鲁、韩三家,江南主要流传《鲁诗》和《韩诗》;《春秋》有严、颜二家,江南也主要是《公羊学》的《严氏春秋》和《颜氏春秋》,偶有《穀梁春秋》。在古文经学中,有关《费氏易》《毛诗》《左传》的研究也蔚然兴盛。作为大一统帝国,东汉的中原学术具有引领性作用,江南经学类同于中原经学,是自然而然的。至于有所侧重,应该是经学本属专门之学,江南经师较少,无法形成百花齐放、百家争鸣局面的缘故。

第二节 孙吴经学制度、人物和成就

长期以来,受两汉江南经学发展落后于中原印象的影响,学者普遍认为孙吴经学仍然是落后的,而学术宗尚也属东汉的流脉,与急遽变化的中原经学面貌不同,具有保守性。实际上,经过对孙吴经学的仔细梳理,不难发现《诗》《书》《春秋》等的学术倾向基本等同于中原经学,虽然《易》学仍属汉易的流脉,与中原流行的王朗《易传》不同,但不能简单地归结为落后和保守,而应该认为江南《易》学胜于中原地区,是吴士维持《易》学优越性的选择。

一、孙吴经学与制度创立

孙吴早期的经学有一部分来源于东汉江南的经学传统。东汉江南的经学面貌,前文已经进行了详细的讨论。孙吴的一些学者,根据年龄和学迹,本来也可称为汉代学者,但他们同情和支持孙吴政权,并积极发挥作用,因此作为孙吴学者来讨论。他们的学术提供了孙吴早期经学的本土资源。孙坚虽然出身江南富春孙氏,但起家于淮泗之间,在南征北战中,有一些淮泗大族追随他进入江南,从而带去了中原的新学风。因此孙吴早期的经学可以分为本土传统和外来输入两个部分。一是本土传统的延续。孙坚、孙策、孙权父子进入江南后,颇能得到当地一些学术大族的拥戴。如会稽虞氏乃《易》学世家,虞翻是会稽虞氏的佼佼者。孙策进占江东时,虞翻积极配合。孙策征会稽时,亲赴虞翻府第,待以交友之礼。虞翻是会稽太守王朗的属吏,劝王朗放弃抵抗孙策,史载"朗会稽太守。孙策渡江略地。朗功曹虞翻以为力不能拒,不如避之"①,又说服豫章太守华歆投降孙策②。孙策继王朗为会稽太守后,仍以虞翻为功曹,代守会稽,并说"今日之事,当与卿共之,勿谓孙策作郡吏相待也"③,信任之情溢于言表。虞翻积极为孙策出谋划策,被孙策称"为吾萧何"④。二是南渡士人的输入。在东汉末年的动乱中,经历了数次人口大迁移,对于江南来说,主要接受了江淮之间的避难者。早在兴平二年(195),孙策开始渡江经营江东,江淮之间不少士人随孙策南迁江东,形成了吴国最早的江淮势力。其后的汉建安四年(199),孙策攻下了皖城,有袁术的"百工及鼓吹部曲三万余人"⑤。建安十八年(213),曹操内迁魏吴边境人民,导致江淮一带十万余户皆南渡江东,学者认为此次迁入的户数最多,有四五十万⑥。曹魏正元二年(255),魏扬州刺史毌丘俭与文钦在淮南起兵讨伐掌权的司马氏,兵败后,淮南有数万人南渡至孙吴的统治区域,但此时的吴国政权已经稳定,南迁北人不足以影响到吴国的政局。总之,吴国的移民主要来自今河南、山东、安徽和苏北地区⑦。

曹丕称帝之时,孙权内忙于征伐山越南蛮,外惧魏蜀连兵入侵,因此说:"二处受敌,于孤为剧,故自抑按,就其封王。"⑧曹魏黄初二年(221)八月,孙权遣使上表称藩,十一月,曹丕册封孙权为吴王。刘晔谏曹丕说:"权虽有雄才,故汉骠骑将军南昌侯耳,官轻势卑。士民有畏中国心,不可强迫

---

① [晋]陈寿撰,[南朝宋]裴松之注,陈乃乾校点:《三国志·魏书·王朗传》卷一三,中华书局,1959年,第407页。
② [晋]陈寿撰,[南朝宋]裴松之注,陈乃乾校点:《三国志·吴书·虞翻传》卷五七,中华书局,1959年,第1318页。
③ [晋]陈寿撰,[南朝宋]裴松之注,陈乃乾校点:《三国志·吴书·虞翻传》卷五七,中华书局,1959年,第1317页。
④ [晋]陈寿撰,[南朝宋]裴松之注,陈乃乾校点:《三国志·吴书·虞翻传》卷五七,中华书局,1959年,第1319页。
⑤ [晋]陈寿撰,[南朝宋]裴松之注,陈乃乾校点:《三国志·吴书·孙策传》卷四六,中华书局,1959年,第1108页。
⑥ 葛剑雄:《中国移民史》第二卷,福建人民出版社,1997年,第281页。
⑦ 葛剑雄:《中国移民史》第二卷,福建人民出版社,1997年,第280页。
⑧ [晋]陈寿撰,[南朝宋]裴松之注,陈乃乾校点:《三国志·吴书·吴主传》卷四七,中华书局,1959年,第1130页。

与成所谋也。不得已受其降,可进其将军号,封十万户侯,不可即以为王也。夫王位,去天子一阶耳,其礼秩服御相乱也。彼直为侯,江南士民未有君臣之义也。我信其伪降,就封殖之,崇其位号,定其君臣,是为虎傅翼也。"[1]果然,孙吴黄武八年(229),孙权正式称帝,改元黄龙。新朝伊始,当然要开始一系列的制度创建,孙吴的经学家参与了历法五德、郊庙朝仪和学校传授等制度的讨论。

(一)历法制定和五德之运

在历法制定和五德之运上,孙吴使用了《乾象历》和土德。依据是黄武二年(223)春正月"改四分,用《乾象历》"[2],《江表传》载"权推五德之运,以为土行用未祖辰腊"[3],又《志林》载:"土行以辰腊,得其数矣。土盛于戌,而以未祖,其义非也。土生于未,故未为坤初。是以《月令》:建未之月,祀黄精于郊,祖用其盛。今祖用其始,岂应运乎?"[4]

在历法制定上,孙权改东汉的《四分历》而用《乾象历》。《乾象历》创始于东汉末年的刘洪,他对《四分历》进行了完善。《四分历》在对西汉的《太初历》进行改革的基础上,于汉元和二年(85)得到颁布实施。《后汉书·律历志》载:"《四分历》本起图谶,最得其正。"[5]南朝宋著名历法家何承天说:"历数之术,若心所不达,虽复通人前识,无救其弊。是以多历年岁,犹未能有定。《四分》于天,出三百年而盈一日,积世不悟,徒云建历之本必先立元,假托谶纬,遂开治乱。此之为弊,亦以甚矣。刘歆《三统法》尤复疏阔,方于《四分》,六千余年又益一日。扬雄心惑其说,采为《太玄》,班固谓之最密,著于《汉志》。司马彪曰:'自太初元年始用《三统历》,施行百有余年。'曾不忆刘歆之生不逮太初,二三君子为历,几乎不知而妄言者欤。元和中谷城门候刘洪始悟《四分》于天疏阔,更以五百八十九为纪法,百四十五为斗分,

---

[1] [晋]陈寿撰,[南朝宋]裴松之注,陈乃乾校点:《三国志·魏书·刘晔传》卷一四,中华书局,1959年,第447页。
[2] [晋]陈寿撰,[南朝宋]裴松之注,陈乃乾校点:《三国志·吴书·吴主传》卷四七,中华书局,1959年,第1129页。
[3] [晋]陈寿撰,[南朝宋]裴松之注,陈乃乾校点:《三国志·吴书·吴主传》卷四七,中华书局,1959年,第1130页。
[4] [晋]陈寿撰,[南朝宋]裴松之注,陈乃乾校点:《三国志·吴书·吴主传》卷四七,中华书局,1959年,第1130页。
[5] [宋]范晔撰,[唐]李贤等注:《后汉书·律历志中》卷九二,中华书局,1965年,第3034页。

而造《乾象法》，又制《迟疾历》以步月行，方于《太初》《四分》，转精密矣。"①孙吴学者阚泽曾学习刘洪《乾象历》，史载："吴中书令阚泽受刘洪《乾象法》于东莱徐岳字公河。故孙氏用《乾象历》，至于吴亡。"②阚泽还对《乾象法》进行注解③，本传亦载其"著《乾象历注》以正时日"④。

在五德之运上，汉初承秦为水德，汉武帝改为土德。东汉又改用火德。曹丕也以土德自命，故年号称黄初。刘备是汉室后裔，故仍火德，尚赤。孙吴先是使用土德，土德尚黄，故有黄武、黄龙（后来改为木德，尚青）。黄武八年（229）夏天，"黄龙见夏口，于是权称尊号，因瑞改元"⑤，遂改称黄龙。又作黄龙大牙，常在中军，是诸军进退的标示，故胡综作《黄龙大牙赋》，曰：

乾坤肇立，三才是生。狼弧垂象，实惟兵精。圣人观法，是效是营，始作器械，爰求厥成。黄、农创代，拓定皇基，上顺天心，下息民灾。高辛诛共，舜征有苗，启有甘师，汤有鸣条。周之牧野，汉之垓下，靡不由兵，克定厥绪。明明大吴，实天生德，神武是经，惟皇之极。乃自在昔，黄、虞是祖，越历五代，继世在下。应期受命，发迹南土，将恢大繇，革我区夏。乃律天时，制为神军，取象太一，五将三门。疾则如电，迟则如云，进止有度，约而不烦。四灵既布，黄龙处中，周制日月，实曰太常，桀然特立，六军所望。仙人在上，鉴观四方，神实使之，为国休祥。军欲转向，黄龙先移，金鼓不鸣，寂然变施，暗谟若神，可谓秘奇。在昔周室，赤乌衔书，今也大吴，黄龙吐符。合契河洛，动与道俱，天赞人和，金曰惟休。⑥

秦始皇推五德之运，以为周是火德，故说"赤乌衔书"，吴称土德，故说"黄龙吐符"，至于书、符，也是河图、洛书一类的图谶而已。

---

① [宋]范晔撰，[唐]李贤等注：《后汉书·律历志下》卷九三，中华书局，1965年，第3081—3082页。
② [南朝梁]沈约撰：《宋书·律历志中》卷一二，中华书局，2018年，第284页。
③ [唐]房玄龄等撰：《晋书·律历志中》卷一七，中华书局，1974年，第503页。
④ [晋]陈寿撰，[南朝宋]裴松之注，陈乃乾校点：《三国志·吴书·阚泽传》卷五三，中华书局，1959年，第1249页。
⑤ [晋]陈寿撰，[南朝宋]裴松之注，陈乃乾校点：《三国志·吴书·胡综传》卷六二，中华书局，1959年，第1414页。
⑥ [晋]陈寿撰，[南朝宋]裴松之注，陈乃乾校点：《三国志·吴书·胡综传》卷六二，中华书局，1959年，第1414页。

(二)郊庙朝仪

在礼仪制度上,赵咨早在黄武元年(222)已劝孙权说:"今日之计,朝廷承汉四百之际,应东南之运,宜改年号,正服色,以应天顺民。"①孙权接受了赵咨的意见,命张昭等撰定朝仪。《吴录》曰:"昭与孙绍、滕胤、郑礼等,采周、汉,撰定朝仪。"②《文士传》载:"(郑)胄字敬先,沛国人。父札,才学博达,权为骠骑将军,以札为从事中郎,与张昭、孙邵共定朝仪。"③孙邵是孙吴首任丞相,张昭是经学家兼重臣,郑札,或误作郑礼,也以才学博通参与其中。另外,阚泽时为尚书,也参与了朝仪的制定:"泽以经传文多,难得尽用,乃斟酌诸家,刊约《礼》文及诸注说以授二宫,为制行出入及见宾仪。"④据此可知,孙吴朝仪制度的建立,主要负责人是孙邵、张昭、滕胤、郑札、阚泽等。

孙吴的郊祀宗庙制度隐晦不彰,难以为人所知。宋代张敦颐说"终吴之世,未暇礼文,宗庙社稷,不见于史"⑤,清王鸣盛也称孙权一代"不郊祀无宗庙",曰:

> 嘉禾元年,注采《江表传》孙权不郊祀事。案《宋书·五行志》云:"权称帝三十年,竟不于建业创七庙,但有父坚庙,远在长沙,而郊禋礼缺。末年虽一南郊,北郊遂无闻焉。三江、五湖、衡、霍、会稽皆吴楚之望,亦不见秩祀,反礼罗阳妖神,以求福助。"窃谓权本僭盗,而郊祀宗庙在汉尚无定制,于权乎何诛?⑥

王鸣盛以为孙吴政权本属僭伪,故于郊祀宗庙不甚重视,而汉代郊庙制度尚无定制,因此不必苛责孙权。事实上,孙吴在五德之运和国史修撰上自认正统,因此其郊庙制度自当存在,但长期沉湮不彰,稽之史乘,尚有

---

① [晋]陈寿撰,[南朝宋]裴松之注,陈乃乾校点:《三国志·吴书·吴主传》卷四七,中华书局,1959年,第1124页。
② [晋]陈寿撰,[南朝宋]裴松之注,陈乃乾校点:《三国志·吴书·张昭传》卷五二,中华书局,1959年,第1221页。
③ [晋]陈寿撰,[南朝宋]裴松之注,陈乃乾校点:《三国志·吴书·吴主传》卷四七,中华书局,1959年,第1143页。
④ [晋]陈寿撰,[南朝宋]裴松之注,陈乃乾校点:《三国志·吴书·阚泽传》卷五三,中华书局,1959年,第1249页。
⑤ [宋]张敦颐撰,张忱石点校:《六朝事迹编类》,上海古籍出版社,1995年,第24页。
⑥ [清]王鸣盛撰,黄曙辉点校:《十七史商榷》卷四二,上海古籍出版社,2016年,第483页。

蛛丝马迹可寻。

一是孙吴的郊祀。《宋书·礼志》说"孙权始都武昌及建业,不立郊兆"[①],又载"孙权初称尊号于武昌,祭南郊告天"[②],说孙权武昌称帝时,已有南郊祭天的仪式。据孙权《告天文》称汉"历年四百三十有四"[③],从西汉开始的公元前206年[④],经过434年,正是孙权即位称帝的黄龙元年(229)。后迁都建业,孙权"自以居非中土,不复修设"[⑤],因此不修郊祀礼。孙吴嘉禾元年(232),群臣奏宜郊祀,孙权以"郊祀当于中土,今非其所"[⑥]为由而拒绝。中土,亦称土中,《尚书·召诰》《周礼·地官·大司徒》皆指洛邑[⑦],即东汉首都洛阳。诸葛亮攻打祁山,魏明帝欲亲征,钟毓谏称"车驾宜镇守中土,以为四方威势之援"[⑧],亦是以洛阳为中土。孙权晚年的太元元年(251)又见祭祀南郊的记载,"至末年太元元年十一月,祭南郊,其地今秣陵县南十余里郊中是也"[⑨],又据何承天"末年虽一南郊,而遂无北郊之礼"[⑩],则终孙权之世,都无北郊祭地之礼。沈约据环济《吴纪》"权思崇严父配天之义,追上父坚尊号为吴始祖"指出"如此说,则权末年所郊,坚配天也,权卒后,三嗣主终吴世不郊祀,则权不享配帝之礼矣"[⑪]。孙吴时亦有东郊礼,《宋书·礼志一》"拜日于东郊"时说"吴时郎陈融奏《东郊颂》,吴时亦行此礼也"[⑫]。

孙吴尚有"腊会"的礼仪。孙休欲诛孙綝,丁奉说:"丞相兄弟友党甚

---

① [南朝梁]沈约撰:《宋书·礼志》卷一四,中华书局,2018年,第374页。
② [南朝梁]沈约撰:《宋书·礼志》卷一六,中华书局,2018年,第459页。
③ [晋]陈寿撰,[南朝宋]裴松之注,陈乃乾校点:《三国志·吴书·吴主传》卷四七,中华书局,1959年,第1135页。
④ [晋]陈寿撰,[南朝宋]裴松之注,陈乃乾校点:《三国志·吴书·赵达传》卷六三,中华书局,1959年,第1425页。书曰:"初,权即尊号,令达作天子之后,当复几年?达曰:'高祖建元十二年,陛下倍之。'"据此可知,孙权认为高祖在位是公元前206年至公元前195年。
⑤ [南朝梁]沈约撰:《宋书·礼志》卷一六,中华书局,2018年,第459页。
⑥ [南朝梁]沈约撰:《宋书·礼六》卷一六,中华书局,2018年,第459页。
⑦ 参见潘明娟:《地中、土中、天下之中概念的演变与认同:基于西周洛邑都城选址实践的考察》,《中国史研究》,2021年第1期。
⑧ [晋]陈寿撰,[南朝宋]裴松之注,陈乃乾校点:《三国志·魏书·钟毓传》卷一三,中华书局,1959年,第399页。
⑨ [南朝梁]沈约撰:《宋书·礼志》卷一四,中华书局,2018年,第374页。
⑩ [南朝梁]沈约撰:《宋书·礼志》卷一六,中华书局,2018年,第459页。
⑪ [南朝梁]沈约撰:《宋书·礼志》卷一六,中华书局,2018年,第460页。
⑫ [南朝梁]沈约撰:《宋书·礼志》卷一四,中华书局,2018年,第377页。

盛,恐人心不同,不可卒制,可因腊会,有陛下兵以诛之也。"①"腊会",《说文解字》说"腊,冬至后三戌,腊祭百神"②,应劭《风俗通义》引《礼传》说"夏曰嘉平,殷曰清祀,周曰大蜡,汉改为腊"③,又说"腊者,猎也,言田猎取禽兽,以祭祀其先祖也。或曰:腊者,接也,新故交接,故大祭以报功也"④。

二是孙吴的宗庙。孙权称帝后,因富春孙氏属于"孤微发迹",故孙权不立七庙,不亲祭祀。孙坚庙建于黄初末(226年左右)⑤,《宋书·礼志》载:"孙权不立七庙,以父坚尝为长沙太守,长沙临湘县立坚庙而已。权既不亲祠,直是依后汉奉南顿故事,使太守祠也。坚庙又见云曰始祖庙,而不在京师。又以民人所发吴芮冢材为屋,未之前闻也。于建邺立兄长沙桓王策庙于朱爵桥南。权疾,太子所祷,即策庙也。"⑥因此,孙权所立的孙坚庙在长沙临湘,曰始祖庙,孙策庙在建业朱雀桥南。

孙权死后,于建业宫东立孙权庙,曰太祖庙,不久新作太庙。《宋书·礼志》载:"权卒,子亮代立。明年正月,于宫东立权庙曰太祖庙,既不在宫南,又无昭穆之序。"⑦《三国志·吴书·韩当传》载:"东兴之役,(韩)综为前锋,军败身死,诸葛恪斩送其首,以白权庙。"⑧东兴之战,《三国志·吴书·孙亮传》明载孙吴建兴元年(252),则孙权死亡次年即有孙权庙。那么孙吴五凤三年(256),"新作太庙,迁太祖神主"⑨,这太庙应该是孙吴政权的太庙,而不止有孙权的太祖庙。因为孙亮被废,孙綝"使光禄勋孟宗告庙废亮,召群司议曰:'少帝荒病昏乱,不可以处大位,承宗庙,以告先帝废之……'"⑩,说宗庙而不言太庙。

孙皓时,又为父亲孙和立庙,史载:"孙皓初立,追尊父和曰文皇帝。皓

---

① [晋]陈寿撰,[南朝宋]裴松之注,陈乃乾校点:《三国志·吴书·丁奉传》卷五五,中华书局,1959年,第1301页。
② [汉]许慎撰,[清]段玉裁注,许惟贤整理:《说文解字注》,凤凰出版社,2007年,第306页。
③ [汉]应劭撰,王利器校注:《风俗通义校注》,中华书局,2010年,第379页。
④ [汉]应劭撰,王利器校注:《风俗通义校注》,中华书局,2010年,第379页。
⑤ [晋]郭颁《世语》云:"魏黄初末,吴人发(吴)芮冢取木,于县立孙坚庙……"参见[北魏]郦道元,陈桥驿校证:《水经注校证》,中华书局,2007年,第895页。
⑥ [南朝梁]沈约撰:《宋书·礼志》卷一六,中华书局,2018年,第484页。
⑦ [南朝梁]沈约撰:《宋书·礼志》卷一六,中华书局,2018年,第484页。
⑧ [晋]陈寿撰,[南朝宋]裴松之注,陈乃乾校点:《三国志·吴书·韩当传》卷五五,中华书局,1959年,第1286页。
⑨ [唐]许嵩撰,张忱石点校:《建康实录》卷三,中华书局,1986年,第73页。
⑩ [晋]陈寿撰,[南朝宋]裴松之注,陈乃乾校点:《三国志·吴书·孙綝传》卷六四,中华书局,1959年,第1448页。

先封乌程侯,即改葬和于乌程西山,号曰明陵,置园邑二百家。于乌程立陵寝,使县令丞四时奉祠。……有司寻又言宜立庙京邑。宝鼎二年,遂更营建,号曰清庙。遣守丞相孟仁、太常姚信等备官僚中军步骑,以灵舆法驾迎神主于明陵,亲引仁拜送于庭。"①又孙吴宝鼎二年(267)秋七月,"使大匠卿薛珝营寝室,号曰清庙"②。孙皓为孙和立庙,也在京城,号曰清庙。

(三)经学传授

孙吴的经学传授方式,可分为官学和私学,官学又分为中央太学和地方官学,而私学是民间讲授。孙吴的宫廷教育,颇可称道。

孙吴的宫廷教育,得益于最高统治者非常重视经学的学习。孙策虽然是戎马出身,但早在占据江东之初,就表现出对经学家的重视。《吴录》载:

> 时有高岱者,隐于余姚,策命出使会稽丞陆昭逆之,策虚己候焉。闻其善《左传》,乃自玩读,欲与论讲。或谓之曰:"高岱以将军但英武而已,无文学之才,若与论《传》而或云不知者,则某言符矣。"又谓岱曰:"孙将军为人,恶胜己者,若每问,当言不知,乃合意耳。如皆辨义,此必危殆。"岱以为然,及与论《传》,或答不知。策果怒,以为轻己,乃囚之。知交及时人皆露坐为请。策登楼,望见数里中填满。策恶其收众心,遂杀之。③

孙策知高岱擅长《左传》,欲与之论讲,可知孙策对《左传》非常熟悉。孙策本心是礼贤下士,却在他人的构陷之下,竟杀死高岱。但察孙策对待高岱的初心,说明孙吴政权伊始,统治者已对学术充满热情,后来宫廷学术的繁荣也由此可见端倪。

孙权对学术的热情丝毫不减乃兄,《吴书》载:

> (赵)咨字德度,南阳人,博闻多识,应对辩捷,权为吴王,擢中大夫,使魏。魏文帝善之,嘲咨曰:"吴王颇知学乎?"咨曰:"吴王浮江万艘,带甲百万,任贤使能,志存经略,虽有余闲,博览书传历史,藉采奇

---

① [南朝梁]沈约撰:《宋书·礼志》卷一六,中华书局,2018年,第484页。
② [唐]许嵩撰,张忱石点校:《建康实录》卷四,中华书局,1986年,第99页。
③ [晋]陈寿撰,[南朝宋]裴松之注,陈乃乾校点:《三国志·吴书·孙策传》卷四六,中华书局,1959年,第1109页。

异,不效诸生寻章摘句而已。"①

赵咨是孙权的使臣,去晋见魏文帝曹丕。曹丕却以嘲笑的语气问孙权是否了解学问,言语之间饱含着轻蔑,意谓江东蛮荒之地,学术自然远远落后于中原。赵咨的答复可谓精彩,说孙权凡有空余时间,都会用来阅读,所阅主要是经史书籍,却不似中原的儒生那般专注于章句之学,而是注重从"书传历史"中"采奇异"。根据孙权与吕蒙等人论学的对话推断,这"奇异"应该是治国治军的奇谋异术。孙权本人颇有学问,常常引用经书:如黄武五年(226),给陆逊回信时用了《尚书》的"予违汝弼,汝无面从"(《虞书·益稷》)句②;又如建安二十年(215),孙权被张辽突袭于逍遥津北,侥幸逃脱,饮酒时,贺齐下席涕泣进言,孙权说:"大惭!谨以克心,非但书诸绅也。"③孙权脱口而出的"书诸绅",即来自《论语·卫灵公》"子张书诸绅"句。

孙权还要求将领多多读书。孙权曾对吕蒙和蒋钦说:"卿今并当涂掌事,宜学问以自开益。"④吕蒙说军务繁忙,无暇读书,孙权说:"孤岂欲卿治经为博士邪?但当令涉猎见往事耳。卿言多务孰若孤,孤少时历《诗》《书》《礼记》《左传》《国语》,惟不读《易》。至统事以来,省三史、诸家兵书,自以为大有所益。如卿二人,意性朗悟,学必得之,宁当不为乎?宜急读《孙子》《六韬》《左传》《国语》及三史。孔子言:'终日不食,终夜不寝以思,无益,不如学也。'光武当兵马之务,手不释卷。孟德亦自谓老而好学。卿何独不自勉勖邪?"⑤孙权的这段自话,证明赵咨答复曹丕的话并非外交虚辞,常见的经史书籍,都在孙吴统治者的阅读范围,但在战争时代,格外突出了史书和兵书的作用,因为史书可以鉴古,兵书利于用师。统治者的读书目的很明确,不是培养学有专长的学者,而是从中寻找治国治军的方法,带有很强的实用主义精神。统治集团对实用性的追求,也影响到文学等审美性艺术在

---

①［晋］陈寿撰,［南朝宋］裴松之注,陈乃乾校点:《三国志·吴书·吴主传》卷四七,中华书局,1959年,第1123—1124页。
②参见［晋］陈寿撰,［南朝宋］裴松之注,陈乃乾校点:《三国志·吴书·吴主传》卷四七,中华书局,1959年,第1133页。
③［晋］陈寿撰,［南朝宋］裴松之注,陈乃乾校点:《三国志·吴书·贺齐传》卷六〇,中华书局,1959年,第1380页。
④［晋］陈寿撰,［南朝宋］裴松之注,陈乃乾校点:《三国志·吴书·吕蒙传》卷五四,中华书局,1959年,第1274页。
⑤［晋］陈寿撰,［南朝宋］裴松之注,陈乃乾校点:《三国志·吴书·吕蒙传》卷五四,中华书局,1959年,第1274—1275页。

吴国的发展。

孙权重视宫廷教育。孙登是孙权的长子,也是孙权所立的第一个太子。黄初二年(221),孙权立孙登为太子,同时也给其配备了很强的师资,史称"选置师傅,铨简秀士,以为宾友,于是诸葛恪、张休、顾谭、陈表等以选入,侍讲诗书,出从骑射"①。太子宾友的主要学术活动是讲授经学和史学。如孙权要求张休向张昭学习《汉书》,再回来教授太子,史载"以张昭有师法,重烦劳之,乃令休从昭受读,还以授登"②,目的是"习知近代之事"③。孙和继孙登被立为太子,他从小也受学于阚泽,被立为太子后,身边也同样集聚了一批孙吴时期的著名学士。史载孙登:"少以母王有宠见爱,年十四,为置宫卫,使中书令阚泽教以书艺。好学下士,甚见称述。赤乌五年,立为太子,时年十九。阚泽为太傅,薛综为少傅,而蔡颖、张纯、封俌、严维等皆从容侍从。"④孙权薨,孙亮即位。关于孙亮的受学事迹,史料阙如。孙亮被孙綝废黜,孙休得立。他"年十三,从中书郎射慈、郎中盛冲受学"⑤,是一位颇好读书的君主:

> 休锐意于典籍,欲毕览百家之言,尤好射雉,春夏之间常晨出夜还,唯此时舍书。休欲与博士祭酒韦曜、博士盛冲讲论道艺,曜、冲素皆切直,布恐入侍,发其阴失,令己不得专,因妄饰说以拒遏之。休答曰:"孤之涉学,群书略遍,所见不少也;其明君暗主,奸臣贼子,古今贤愚成败之事,无不览也。今曜等人,但欲与论讲书耳,不为从曜等始更受学也。纵复如此,亦何所损?君特当以曜等恐道臣下奸变之事,以此不欲令入耳。如此之事,孤已自备之,不须曜等然后乃解也。此都无所损,君意特有所忌故耳。"布得诏陈谢,重自序述,又言惧妨政事。休答曰:"书籍之事,患人不好,好之无伤也。此无所为非,而

---

① [晋]陈寿撰,[南朝宋]裴松之注,陈乃乾校点:《三国志·吴书·孙登传》卷五九,中华书局,1959年,第1363页。
② [晋]陈寿撰,[南朝宋]裴松之注,陈乃乾校点:《三国志·吴书·孙登传》卷五九,中华书局,1959年,第1363页。
③ [晋]陈寿撰,[南朝宋]裴松之注,陈乃乾校点:《三国志·吴书·孙登传》卷五九,中华书局,1959年,第1363页。
④ [晋]陈寿撰,[南朝宋]裴松之注,陈乃乾校点:《三国志·吴书·孙和传》卷五九,中华书局,1959年,第1367—1368页。
⑤ [晋]陈寿撰,[南朝宋]裴松之注,陈乃乾校点:《三国志·吴书·孙休传》卷四八,中华书局,1959年,第1155页。

君以为不宜,是以孤有所及耳。政务学业,其流各异,不相妨也。不图君今日在事,更行此于孤也,良所不取。"布拜表叩头,休答曰:"聊相开悟耳,何至叩头乎!如君之忠诚,远近所知。往者所以相感,今日之巍巍也。《诗》云:'靡不有初,鲜克有终。'终之实难,君其终之。"①

富春孙氏本是孤微发迹,依靠武功起家,而孙吴的几任统治者不仅对经书有深入的阅读,而且特别重视宫廷教育,在文化尚处于贫瘠状态的江南地区,实属难能可贵。

孙吴进行学术传授的学校,既有中央和地方的官学,又有风行已久的私学。孙吴中央官学的建立,应该始于孙权称帝次年的黄龙二年(230)。史载孙权"诏立都讲祭酒,以教学诸子"②,柳诒徵因此说:"南朝之国学,肇自孙吴。"③都讲,余嘉锡《晋辟雍碑考证》总结史书的记载说:"盖博士讲经,初不持本,故每讲一书,辄择高材生一人,使之执书讽诵,然后为之讲解。一章既毕,都讲更质所疑,反复辩难,以晓四座,使众所未了,俱已释然,则不至是非蜂起矣。"④有学者指出,孙权设立的都讲祭酒"仅为宗姓子弟设教"⑤,那么这应该是面向宗室的国子学,而不是太学。孙权劝吕蒙读书时说:"孤岂欲卿治经为博士邪?"⑥可知孙权了解太学,知太学设置经学博士。但孙权时期的博士,现在已不清楚,但确实存在,如支谦(越)即被孙权拜为博士。支谦,《出三藏记集》说他"十岁学书,同时学者皆伏其聪敏。十三学胡书,备通六国语"⑦,《开元释教录》的记载略有不同,说他"十岁学汉书,十三学婆罗门书,并得精妙,兼通六国语音"⑧,《高僧传》说他"博览经籍,莫不精究,世间伎艺,多所综习,遍学异书,通六国语"⑨。支谦学问广博,精通多

---

① [晋]陈寿撰,[南朝宋]裴松之注,陈乃乾校点:《三国志·吴书·孙休传》卷四八,中华书局,1959年,第1159—1160页。
② [晋]陈寿撰,[南朝宋]裴松之注,陈乃乾校点:《三国志·吴书·吴主传》卷四七,中华书局,1959年,第1136页。
③ 柳诒徵:《南朝太学考》,《史学杂志》,1929年第5期。
④ [南朝宋]刘义庆,[南朝梁]刘孝标注,余嘉锡笺疏,周祖谟等整理:《余嘉锡论学杂著》上册,中华书局,2007年,第162页。
⑤ 程元敏:《尚书学史》,华东师范大学出版社,2013年,第882页。
⑥ [晋]陈寿撰,[南朝宋]裴松之注,陈乃乾校点:《三国志·吴书·吕蒙传》卷五四,中华书局,1959年,第1274页。
⑦ [南朝梁]释僧祐撰,苏晋仁、萧炼子点校:《出三藏记集》卷十三,中华书局,1995年,第516页。
⑧ [唐]智昇撰,富世平点校:《开元释教录》卷二,中华书局,2018年,第77页。
⑨ [南朝梁]释慧皎撰,汤用彤校注,汤一玄整理:《高僧传》卷一,中华书局,1992年,第15页。

国语言,当无疑问,但是否熟悉经史,尚不能定。孙权闻支谦博学有才慧而召见之:"因问经中深隐之义。越应机释难,无疑不析。权大悦,拜为博士,使辅导东宫,甚加宠秩。"①根据下文的"经多胡文""《维摩诘》《大般泥洹》《法句》《瑞应本起》等二十七经"②等可知,此经应指佛经,支谦为佛经博士无疑,但据此不能断定孙权世是否有太学和儒家经学博士。

孙休世吴国明确形成了完整的太学制度。孙吴永安元年(258),孙休诏曰:"古者建国,教学为先,所以道世治性,为时养器也。自建兴以来,时事多故,吏民颇以目前趋务,去本就末,不循古道。夫所尚不惇,则伤化败俗,其案古置学官,立五经博士,核取应选,加其宠禄,科见吏之中及将吏子弟有志好者,各令就业。一岁课试,差其品第,加以位赏。使见之者乐其荣,闻之者羡其誉。以敦王化,以隆风俗。"③孙休好学,本传载其"锐意于典籍,欲毕览百家之言"④。根据孙休所说的"自建兴以来,时事多故"等句,建兴是孙亮的首个年号,意谓孙亮即位后,没有重视太学建设,孙休为什么没有说孙权呢,应该是为尊者讳,故从孙亮说起。王国维《汉魏博士考》据《虞翻别传》"奏郑玄解《尚书》违失事曰:'宜命学官定此三事。'又曰:'又玄所注五经,违义尤甚者百六十七事,不可不正。行乎学校,传乎将来,臣窃耻之。'",认为孙吴学校所教为古学,而虞翻在孙权世,"时尚未立五经博士(孙休永安元年始立五经博士),而翻言郑注'行乎学校',盖指民间教授言之。后立博士,韦昭实为祭酒,韦亦古学家也"。⑤《建康实录》卷三《景皇帝》载"是月,诏初置五经博士一人、助教三人"⑥,则博士有五人,助教十五人。韦昭本传说"孙休践阼,为中书郎、博士祭酒"⑦,则孙休下诏后,任命韦昭为博士祭酒,是太学的负责人。又永安四年(261),孙休"欲与博士祭酒韦曜、博士盛冲讲论道艺"⑧,则太学博士有盛冲等人。

---

① [南朝梁]释僧祐撰,苏晋仁、萧炼子点校:《出三藏记集》卷十三,中华书局,1995年,第517页。
② [南朝梁]释僧祐撰,苏晋仁、萧炼子点校:《出三藏记集》卷十三,中华书局,1995年,第517页。
③ [晋]陈寿撰,[南朝宋]裴松之注,陈乃乾校点:《三国志·吴书·孙休传》卷四八,中华书局,1959年,第1158页。
④ [晋]陈寿撰,[南朝宋]裴松之注,陈乃乾校点:《三国志·吴书·孙休传》卷四八,中华书局,1959年,第1160页。
⑤ [清]王国维:《观堂集林》卷四,《王国维全集》第八卷,浙江教育出版社,2009年,第117—118页。
⑥ [唐]许嵩撰,张忱石点校:《建康实录》卷三,中华书局,1986年,第81页。
⑦ [晋]陈寿撰,[南朝宋]裴松之注,陈乃乾校点:《三国志·吴书·韦昭传》卷六五,中华书局,1959年,第1462页。
⑧ [晋]陈寿撰,[南朝宋]裴松之注,陈乃乾校点:《三国志·吴书·孙休传》卷四八,中华书局,1959年,第1159页。

汉代的地方官学,最早是汉武帝令天下郡国皆立学校官,据《汉书·平帝纪》载"郡国曰学,县、道、邑、侯国曰校。校、学置经师一人。乡曰庠,聚曰序。序、庠置《孝经》师一人"①。孙吴延续了东汉中原官员南下就职的地方学校,并加以发扬光大。《北堂书钞》载华峤《后汉书·卫讽(当作飒)传》云:"(卫)讽迁桂阳太守,下车修庠序之教。"②修是就废弛而言,江南旧有学校教育,孙氏宗室也曾劝学,如孙权堂兄孙瑜任丹阳太守,建立地方学校,"济阴人马普笃学好古,瑜厚礼之,使二府将吏子弟数百人就受业,遂立学官,临飨讲肄。是时诸将皆以军务为事,而瑜好乐坟典,虽在戎旅,诵声不绝"③。但孙吴建国后,地方统治者不甚重视教育,地方学官罕有所闻。孙奂是宗室子弟,任江夏太守时,"奂亦爱乐儒生,复命部曲子弟就业,后仕进朝廷者数十人"④。孙吴另有一种官方承认的特殊"私学",随着长沙走马楼吴简的发现,被广泛地揭示出来,此种"私学"即一边服役,一边学习为吏的知识和书画技能等,与经学传授的关系较远,不在本书的考察范围之内⑤。

孙吴的民间私学也颇有可述。民间私学是两汉时期盛行的教育方式,《后汉书·儒林列传》范晔论说"若乃经生所处,不远万里之路,精庐暂建,嬴粮动有千百,其著名高义开门受徒者,编牒不下万人,皆专相传祖,莫或讹杂"⑥。孙吴的民间私学亦复如此。河南徵崇曾在会稽隐居教学,《吴录》载其:"治《易》《春秋左氏传》,兼善内术。本姓李,遭乱更姓,遂隐于会稽,躬耕以求其志。好尚者从学,所教不过数人辄止,欲令其业必有成也。所交结如丞相步骘等,咸亲焉。严畯荐崇行足以厉俗,学足以为师。初见太子登,以疾赐不拜。东宫官僚皆从咨询。太子数访以异闻。"⑦《文士传》记载了华融祖父避乱,居于山阴蕊山下。皇象亦寓居山阴,吴郡张温来向皇象请学。有人告诉张温说:"蕊山下有华德蕤者,虽年少,美有令志,可舍

---

① [汉]班固撰:《汉书·平帝纪》卷一二,中华书局,1964年,第355页。
② [南朝陈]虞世南撰,孔广陶校注:《北堂书钞》卷七四,董治安主编:《唐代四大类书》,清华大学出版社,2003年,第307页。
③ [晋]陈寿撰,[南朝宋]裴松之注,陈乃乾校点:《三国志·吴书·孙瑜传》卷五一,中华书局,1959年,第1206页。
④ [晋]陈寿撰,[南朝宋]裴松之注,陈乃乾校点:《三国志·吴书·孙奂传》卷五一,中华书局,1959年,第1208页。
⑤ 凌文超:《吴简与吴制》,北京大学出版社,2019年,第69—70页。
⑥ [宋]范晔撰,[唐]李贤等注:《后汉书·儒林列传》卷七九下,中华书局,1965年,第2588页。
⑦ [晋]陈寿撰,[南朝宋]裴松之注,陈乃乾校点:《三国志·吴书·程秉传》卷五三,中华书局,1959年,第1249页。

也。"①张温遂止华融家,朝夕谈讲。唐固曾为《国语》《公羊》《穀梁传》作注,在会稽讲授常数十人。孙权为吴王,拜唐固为议郎,自陆逊、张温、骆统等皆拜之。②钱塘范平,"研览坟素,遍该百氏,姚信、贺邵之徒皆从受业"③。会稽孔冲,在任豫章太守时,亦有私学传授。《晋书·许孜传》载东阳人许孜孝友恭让,敏而好学,"年二十,师事豫章太守会稽孔冲,受《诗》《书》《礼》《易》及《孝经》《论语》"④。

汉代的《孝经》与小学是教育的基础。余嘉锡指出:"大抵汉人读书,小学与《孝经》同治,为普通之平民教育;至《论语》,则在小学似随意科,在大学似豫科,无意升学者,此书可不读,故有从闾里书师即已读《论语》者,有从当代经师先读《论语》后习专经者。"⑤《论语》属于教育的进阶,是六艺的预科,六艺属于大学教育。孙权曾问卫尉严畯道:"宁念小时所暗书不?"严畯因诵《孝经》中的"仲尼居"。张昭于是说:"严畯鄙生,臣请为陛下诵之。乃诵'君子之事上',咸以昭为知所诵。"⑥严畯所言是《孝经·开宗明义》"仲尼居,曾子侍"章,张昭所言也是《孝经·事君》中的孔子说"君子之事上也,进思尽忠,退思补过,将顺其美,匡救其恶,故上下能相亲也"。据此可知,严畯、张昭等从小精心学习了《孝经》,亦可推知孙吴的小学教育与汉代基本一样。

二、侨土之间:孙吴经学家结构

根据孙吴经学家的来源,可分为本土成长派和外来输入派,或称本土学者和侨寓学者。有学者考察出孙吴经学家有22人,认为唐固、张昭、张纮、严畯、程秉、徵崇、阚泽、薛综、虞翻、陆绩、潘濬等11人有明确学术记载,而姚信、刘毅、朱育、韦昭、徐整、士燮、射慈、陆凯、周昭、唐滂、顾谭、王

---

① [晋]陈寿撰,[南朝宋]裴松之注,陈乃乾校点:《三国志·吴书·孙綝传》卷六四,中华书局,1959年,第1447页。
② [晋]陈寿撰,[南朝宋]裴松之注,陈乃乾校点:《三国志·吴书·唐固传》卷五三,中华书局,1959年,第1250页。
③ [唐]房玄龄等撰:《晋书·范平传》卷九一,中华书局,1974年,第2346页。
④ [唐]房玄龄等撰:《晋书·许孜传》卷八八,中华书局,1974年,第2279页。
⑤ 参见周勋初:《当代学术研究思辨》,南京大学出版社,1993年,第241页。
⑥ [晋]陈寿撰,[南朝宋]裴松之注,陈乃乾校点:《三国志·吴书·张昭传》卷五二,第1221—1222页。

蕃、吴范等13人,经学活动不详,仅录以备考①。又有学者根据《三国志·吴书》的记载,进行了深入而扎实的勾稽,指出本土学者有陆绩、陆凯、姚信、吴范、沈珩、阚泽、唐固、虞翻、韦昭、华覈、陆玑、朱育等12人;侨寓学者有严畯、刘颖、步骘、张纮、程秉、徵崇、薛综、士燮、马普、张昭、诸葛瑾、射慈、潘濬等13人②。作者勤加搜罗,但也不免疏漏之处,如士燮的祖先在西汉末已迁交趾,不宜被列入侨寓学者,吴范是方术之士,未闻经学行迹,不当在此列。兹在时哲工作的基础上,略加增删,得本土学者14人,侨寓学者12人,并按卒年排序(不明者以学迹推论),述学迹如下。

(一)本土学者

陆绩(188—219),吴郡吴人。本传载其"容貌雄壮,博学多识,星历算数无不该览"③,自称"幼敦《诗》《书》,长玩《礼》《易》"④,早年开始接受扎实的经学教育。他被孙权贬为郁林太守后,"意存儒雅","虽有军事,著述不废,作《浑天图》,注《易》释《玄》,皆传于世"⑤。《隋书·经籍志》著录有"《周易》十五卷,吴郁林太守陆绩注""《周易日月条例》六卷,虞翻、陆绩撰""《扬子太玄经》十卷,陆绩、宋衷注"。

唐固(155?—225),吴郡丹杨人。史载其:"修身积学,称为儒者,著《国语》《公羊》《穀梁传》注,讲授常数十人。权为吴王,拜固议郎,自陆逊、张温、骆统等皆拜之。黄武四年为尚书仆射,卒。"⑥唐固熟悉《春秋》内、外传,给《春秋公羊传》《春秋穀梁传》和《国语》作注。唐固开私学,陆逊、张温是吴郡豪族出身,前往受学,可知名声很大。黄武四年(225)卒时已七十余岁,则生于汉桓帝前期的147—155年。《隋书·经籍志》著录有"《春秋穀梁传》十三卷,吴仆射唐固注""《春秋外传国语》二十一卷,唐固注"。姚振宗

---

①刘运好:《三国·吴经学发展考论》,《孔子研究》,2002年第6期。
②王永平:《孙吴时期江东之经学风尚考论》,首发于《史学集刊》,2003年第4期(后改名《孙吴学术文化风尚考论》,收入《孙吴政治与文化史论》)。
③[晋]陈寿撰,[南朝宋]裴松之注,陈乃乾校点:《三国志·吴书·陆绩传》卷五七,中华书局,1959年,第1328页。
④[晋]陈寿撰,[南朝宋]裴松之注,陈乃乾校点:《三国志·吴书·陆绩传》卷五七,中华书局,1959年,第1329页。
⑤[晋]陈寿撰,[南朝宋]裴松之注,陈乃乾校点:《三国志·吴书·陆绩传》卷五七,中华书局,1959年,第1328—1329页。
⑥[晋]陈寿撰,[南朝宋]裴松之注,陈乃乾校点:《三国志·吴书·阚泽传》卷五三,中华书局,1959年,第1250页。

《三国艺文志》另载有唐固《春秋公羊传注》。

士燮(137—226),字威彦,苍梧广信人。祖先早在王莽之乱时已避居交州,东汉末年为交州刺史,积四十年。本传载士燮"少游学京师,事颍川刘子奇,治《左氏春秋》"①,汉末大乱,士燮因宽厚谦虚待士,"中国士人往依避难者以百数"②。本传说士燮"耽玩《春秋》,为之注解"③,《隋书·经籍志》著录有"《春秋经》十一卷,吴卫将军士燮注"。士燮治郡有方,又不废治学,袁徽致信荀彧说士燮"官事小阕,辄玩习书传,《春秋左氏传》尤简练精微,吾数以咨问传中诸疑,皆有师说,意思甚密"④,则有《左传》之学。姚振宗《三国艺文志》载有士燮《春秋左氏经注》十三卷。袁徽又说"《尚书》兼通古今,大义详备。闻京师古今之学,是非忿争,今欲条《左氏》《尚书》长义上之"⑤,则士燮也是博览古今《尚书》的学者。另外士燮尚有《交州人物志》。

沈珩,字仲山,吴郡吴兴人。生卒年不详。韦昭《吴书》载其"少综经艺,尤善《春秋》内、外传。(孙)权以珩有智谋,能专对,乃使至魏。……文帝善之,乃引珩自近,谈语终日。珩随事响应,无所屈服。……以奉使有称,封永安乡侯,官至少府"⑥,则沈珩不仅擅长《春秋》,而且擅长《国语》。

虞翻(164—233),字仲翔,会稽余姚人。会稽虞氏是《易》学世家,所习乃《孟氏易》学。《虞翻别传》记虞翻奏上《易注》说:"臣高祖父故零陵太守光,少治《孟氏易》,曾祖父故平舆令成,缵述其业,至臣祖父凤为之最密。臣亡考故日南太守歆,受本于凤,最有旧书,世传其业,至臣五世。"⑦但吕思勉《经子解题》说:"孟《易》嫡传,厥惟虞氏。然《三国志·虞翻传注》载翻奏,谓'前人通讲,多玩章句,虽有秘说,于经疏阔'。此实虞氏叛孟氏之明证。

---

① [晋]陈寿撰,[南朝宋]裴松之注,陈乃乾校点:《三国志·吴书·士燮传》卷四九,中华书局,1959年,第1191页。
② [晋]陈寿撰,[南朝宋]裴松之注,陈乃乾校点:《三国志·吴书·士燮传》卷四九,中华书局,1959年,第1191页。
③ [晋]陈寿撰,[南朝宋]裴松之注,陈乃乾校点:《三国志·吴书·士燮传》卷四九,中华书局,1959年,第1191页。
④ [晋]陈寿撰,[南朝宋]裴松之注,陈乃乾校点:《三国志·吴书·士燮传》卷四九,中华书局,1959年,第1191页。
⑤ [晋]陈寿撰,[南朝宋]裴松之注,陈乃乾校点:《三国志·吴书·士燮传》卷四九,中华书局,1959年,第1191—1192页。
⑥ [晋]陈寿撰,[南朝宋]裴松之注,陈乃乾校点:《三国志·吴书·吴主传》卷四七,中华书局,1959年,第1124页。
⑦ [晋]陈寿撰,[南朝宋]裴松之注,陈乃乾校点:《三国志·吴书·虞翻传》卷五七,中华书局,1959年,第1322页。

今所传孟氏易说,盖亦非孟氏之旧矣。"①虞翻将《易注》寄给孔融,孔融回信赞美说:"闻延陵之理《乐》,睹吾子之治《易》,乃知东南之美者,非徒会稽之竹箭也。"②虞翻对《尚书》也比较熟悉,"奏郑玄解《尚书》违失事目"③,对大儒郑玄注《尚书》的过失提出意见。虞翻与孙氏政权关系密切,虞翻正道直言,触犯孙权,被贬谪交州,"虽处罪放,而讲学不倦,门徒常数百人"④,促进了学术又一次在交州的流传。《隋书·经籍志》著录虞翻的著作有"《周易》九卷,吴侍御史虞翻注""《周易日月变例》六卷,虞翻、陆绩撰""《春秋外传国语》二十一卷,虞翻注""《论语》十卷,虞翻注""《扬子太玄经》十四卷,虞翻注""《老子》二卷,虞翻注""《周易集林律历》一卷,虞翻撰""《易律历》一卷,虞翻撰"。另外虞翻尚有《川渎记》。

阚泽(?—243),会稽山阴人。本传载其"家世农夫,至泽好学,居贫无资,常为人佣书,以供纸笔,所写既毕,诵读亦遍"⑤,阚泽出身贫贱,借抄书的机会诵读书籍,又"追师论讲,究览群籍,兼通历数,由是显名"⑥。阚泽颇有学术著作,"以经传文多,难得尽用,乃斟酌诸家,刊约《礼》文及诸注说以授二宫,为制行出入及见宾仪,又著《乾象历注》以正时日"⑦,因此得到了孙权的重视,"每朝廷大议,经典所疑,辄咨访之"⑧,竟以儒学封侯。孙权尝问:"书传篇赋,何者为美?"阚泽欲讽喻以明治乱,称贾谊《过秦论》最善⑨。《吴录》载虞翻说"阚生矫杰,盖蜀之扬雄",又说"阚子儒术德行,亦今之仲

---

① 吕思勉:《经子解题》,《吕思勉全集》,上海古籍出版社,2016年,第127页。
② [晋]陈寿撰,[南朝宋]裴松之注,陈乃乾校点:《三国志·吴书·虞翻传》卷五七,中华书局,1959年,第1320页。
③ [晋]陈寿撰,[南朝宋]裴松之注,陈乃乾校点:《三国志·吴书·虞翻传》卷五七,中华书局,1959年,第1322页。
④ [晋]陈寿撰,[南朝宋]裴松之注,陈乃乾校点:《三国志·吴书·虞翻传》卷五七,中华书局,1959年,第1321页。
⑤ [晋]陈寿撰,[南朝宋]裴松之注,陈乃乾校点:《三国志·吴书·阚泽传》卷五三,中华书局,1959年,第1249页。
⑥ [晋]陈寿撰,[南朝宋]裴松之注,陈乃乾校点:《三国志·吴书·阚泽传》卷五三,中华书局,1959年,第1249页。
⑦ [晋]陈寿撰,[南朝宋]裴松之注,陈乃乾校点:《三国志·吴书·阚泽传》卷五三,中华书局,1959年,第1249页。
⑧ [晋]陈寿撰,[南朝宋]裴松之注,陈乃乾校点:《三国志·吴书·阚泽传》卷五三,中华书局,1959年,第1249页。
⑨ [晋]陈寿撰,[南朝宋]裴松之注,陈乃乾校点:《三国志·吴书·阚泽传》卷五三,中华书局,1959年,第1249页。

舒也"①,将阚泽比喻成扬雄、董仲舒一样的大家,时人推崇之言,莫此为最。《会稽典录》载孙亮时朱育说"其渊懿纯德,则太子少傅山阴阚泽,学通行茂,作帝师儒"②。陈寿《三国志》评说"严(畯)、程(秉)、阚生,一时儒林也"③,代表了后人对阚泽的肯定。《隋书·经籍志》载"《乾象历》三卷,吴太子太傅阚泽撰",又载《乾象历》有阚泽注五卷。

陆凯(198—269),字敬风,吴郡吴人。陆逊之侄。陆凯于孙皓时位至丞相,本传载"虽统军众,手不释书。好《太玄》,论演其意,以筮辄验"④。陆凯著作颇多,《隋书·经籍志》载"《吴先贤传》四卷,吴左丞相陆凯撰""《扬子太玄经》十三卷,陆凯注""《吴丞相陆凯集》五卷"。

姚信,吴郡吴兴人。生卒年不详。曾随范平受学(见下引《晋书·范平传》),官至太常卿,《三国志》无传。《隋书·经籍志》载其有"《周易》十卷,吴太常姚信注""梁有《昕天论》一卷,姚信撰"。姚信另有《士纬新书》十卷。

韦昭(204—273),字弘嗣,吴郡云阳人。本传载其"少好学,能属文"⑤。韦昭主要以史学知名,孙亮即位(252),韦昭为太史令,与华覈、薛莹等撰《吴书》。孙休即位(258),转为中书郎,博士祭酒,并参与校书,上《吴鼓吹铙歌十二曲》。韦昭《国语注》今存,是目前存世的最早注本。韦昭《汉书音义》亦多为颜师古注《汉书》所取资。《隋书·经籍志》载有"《毛诗答杂问》七卷,吴侍中韦昭、侍中朱育等撰""《春秋外传国语》二十二卷,韦昭注""《孝经解赞》一卷,韦昭解""《辩释名》一卷,韦昭撰""《汉书音义》七卷,韦昭撰""《吴书》二十五卷,韦昭撰""《洞记》四卷,韦昭撰""韦昭《官仪职训》一卷"。另外韦昭尚有《孝经注》《三吴郡国志》等。

华覈(219—278),字永先,吴郡武进人。华覈具有深厚的经学修养,孙

---

① [晋]陈寿撰,[南朝宋]裴松之注,陈乃乾校点:《三国志·吴书·阚泽传》卷五三,中华书局,1959年,第1250页。
② [晋]陈寿撰,[南朝宋]裴松之注,陈乃乾校点:《三国志·吴书·虞翻传》卷五七,中华书局,1959年,第1326页。
③ [晋]陈寿撰,[南朝宋]裴松之注,陈乃乾校点:《三国志·吴书·阚泽传》卷五三,中华书局,1959年,第1257页。
④ [晋]陈寿撰,[南朝宋]裴松之注,陈乃乾校点:《三国志·吴书·陆凯传》卷六一,中华书局,1959年,第1400页。
⑤ [晋]陈寿撰,[南朝宋]裴松之注,陈乃乾校点:《三国志·吴书·韦昭传》卷六五,中华书局,1959年,第1460页。

皓称他:"研精坟典,博览多闻,可谓悦礼乐敦诗书者也。"①华覈也是孙吴重要的史学家,曾与韦昭、薛莹等撰《吴书》,又任东观令、右国史。华覈又是文学家,孙皓称其"当飞翰骋藻,光赞时事,以越杨、班、张、蔡之俦"②。《隋书·经籍志》著录有"《东观令华覈集》五卷,录一卷,亡"。

范平(216? —284?),吴郡钱塘人。《晋书》本传载:"其先铚侯馥,避王莽之乱适吴,因家焉。平研览坟素,遍该百氏,姚信、贺邵之徒皆从受业。吴时举茂才,累迁临海太守,政有异能。孙皓初,谢病还家,敦悦儒学。吴平,太康中,频征不起,年六十九卒。有诏追加谥号曰文贞先生,贺循勒碑纪其德行。三子:奭、咸、泉,并以儒学至大官。泉子蔚,关内侯。家世好学,有书七千余卷。远近来读者恒有百余人,蔚为办衣食。蔚子文才,亦幼知名。"③范平大约卒于太康五年(284)稍后,卒时年六十九,应该生于216年左右,主要学术行迹在孙吴期间。范平不仅遍读经学和子学,而且是藏书家,经过两代的积累,到了范蔚时,藏书已达七千余卷。

陆玑,字元恪,吴郡吴人。生卒年不详。《隋书·经籍志》载有"《毛诗草木虫鱼疏》二卷"。④

朱育,会稽山阴人。生卒年不详。《会稽典录》载:"孙亮时,有山阴朱育,少好奇字,凡所特达,依体象类,造作异字千名以上。"⑤《隋书·经籍志》载有"《幼学》二卷,朱育撰",马国翰《玉函山房辑佚书》载有《异字苑》二卷,可知朱育是文字学家。朱育也是经学家,《隋书·经籍志》载有"《毛诗答杂问》七卷,吴侍中韦昭、侍中朱育等撰",应是与韦昭等人回答毛诗问题的合集。朱育也是史学家,《三国志》说"育后仕朝,常在台阁,为东观令,遥拜清河太守,加位侍中,推刺占射,文艺多通"⑥,东观令是藏书的场所,汉代以来也是著史的场所。

---

① [晋]陈寿撰,[南朝宋]裴松之注,陈乃乾校点:《三国志·吴书·华覈传》卷六五,中华书局,1959年,第1467页。
② [晋]陈寿撰,[南朝宋]裴松之注,陈乃乾校点:《三国志·吴书·华覈传》卷六五,中华书局,1959年,第1467页。
③ [唐]房玄龄等撰:《晋书·范平传》卷九一,中华书局,1974年,第2346—2347页。
④ 有关陆玑《诗经》学的研究,参见赵婧:《魏晋〈诗经〉学与四言诗研究》,中国社会科学出版社,2020年,第75—85页。
⑤ [晋]陈寿撰,[南朝宋]裴松之注,陈乃乾校点:《三国志·吴书·虞翻传》卷五七,中华书局,1959年,第1324页。
⑥ [晋]陈寿撰,[南朝宋]裴松之注,陈乃乾校点:《三国志·吴书·虞翻传》卷五七,中华书局,1959年,第1326页。

徐整，字文操，豫章人，曾任吴太常卿，颇有经史著作。经学著作有：《隋书·经籍志》载"《毛诗谱》三卷，吴太常卿徐整撰""《孝经默注》一卷，徐整注"。史学著作有《三五历记》二卷、《通历》二卷、《杂历》五卷、《豫章旧志》八卷、《豫章列士传》三卷等。

兹将孙吴的本土学者依时代先后列表如下（表5）：

表5

姓名	籍贯	生卒年	学术
陆绩	吴郡吴人	188—219	《三国志·吴书·陆绩传》载"幼敦《诗》《书》，长玩《礼》《易》""虽有军事，著述不废，作《浑天图》，注《易》释《玄》"；《隋书·经籍志》著录"《周易》十五卷，吴郁林太守陆绩注""《周易日月条例》六卷，虞翻、陆绩撰""《扬子太玄经》十卷，陆绩、宋衷注"
唐固	吴郡丹杨人	？—225	《三国志·吴书·阚泽传》载"修身积学，称为儒者，著《国语》《公羊》《榖梁传》注，讲授常数十人"；《隋书·经籍志》著录"《春秋榖梁传》十三卷，吴仆射唐固注""《春秋外传国语》二十一卷，唐固注"
士燮	苍梧广信人	137—226	《三国志·吴书·士燮传》载其"治《左氏春秋》"；《隋书·经籍志》著录"《春秋经》十一卷，吴卫将军士燮注"
沈珩	吴郡吴兴人	不详	韦昭《吴书》载其"少综经艺，尤善《春秋》内、外传"
虞翻	会稽余姚人	164—233	孟氏《易》学世家；《隋书·经籍志》著录虞翻的著作有"《周易》九卷，吴侍御史虞翻注""《周易日月变例》六卷，虞翻、陆绩撰""《春秋外传国语》二十一卷，虞翻注""《论语》十卷，虞翻注""《扬子太玄经》十四卷，虞翻注""《老子》二卷，虞翻注""《周易集林律历》一卷，虞翻撰""《易律历》一卷，虞翻撰"
阚泽	会稽山阴人	？—243	《三国志·吴书·阚泽传》载其"刊约《礼》文及诸注说以授二宫，为制行出入及见宾仪，又著《乾象历注》以正时日"；《隋书·经籍志》著录"《乾象历》三卷，吴太子太傅阚泽撰"，又说《乾象历》有阚泽注五卷

续表

姓名	籍贯	生卒年	学术
陆凯	吴郡吴人	198—269	《隋书·经籍志》著录"《吴先贤传》四卷,吴左丞相陆凯撰""《扬子太玄经》十三卷,陆凯注"
姚信	吴郡吴兴人	不详	《隋书·经籍志》著录"《周易》十卷,吴太常姚信注""梁有《昕天论》一卷,姚信撰";另有《士纬新书》十卷
韦昭	吴郡云阳人	204—273	《隋书·经籍志》著录"《毛诗答杂问》七卷,吴侍中韦昭、侍中朱育等撰""《春秋外传国语》二十二卷,韦昭注""《孝经解赞》一卷,韦昭解""《辩释名》一卷,韦昭撰""《汉书音义》七卷,韦昭撰""《吴书》二十五卷,韦昭撰""《洞记》四卷,韦昭撰""韦昭《官仪职训》一卷"
华覈	吴郡武进人	219—278	孙皓称华覈:"研精坟典,博览多闻,可谓悦礼乐敦诗书者也。"华覈曾与韦昭、薛莹等撰《吴书》
范平	吴郡钱塘人	216?—284?	《晋书》本传载其"研览坟素,遍该百氏,姚信、贺邵之徒皆从受业",又"家世好学,有书七千余卷"
陆玑	吴郡吴人	不详	《隋书·经籍志》著录"《毛诗草木虫鱼疏》二卷"
朱育	会稽山阴人	不详	《隋书·经籍志》著录"《幼学》二卷,朱育撰""《毛诗答杂问》七卷,吴侍中韦昭、侍中朱育等撰"
徐整	豫章人	不详	《隋书·经籍志》著录"《毛诗谱》三卷,吴太常卿徐整撰""《孝经默注》一卷,徐整注"。徐整另有《三五历记》《通历》《杂历》《豫章旧志》《豫章列士传》等

(二)侨寓学者

张纮(153—212),字子纲,广陵人。曾赴洛阳游学,后避乱江东。韦昭《吴书》说张纮:"入太学,事博士韩宗,治京氏《易》、欧阳《尚书》,又于外黄从濮阳闿受《韩诗》及《礼记》《左氏春秋》。"[1]张纮另有《孙破虏将军纪颂》《孙讨逆将军纪颂》。

张昭(156—236),字子布,徐州彭城人。本传载"少好学,善隶书,从白

---

[1] [晋]陈寿撰,[南朝宋]裴松之注,陈乃乾校点:《三国志·吴书·张纮传》卷五三,中华书局,1959年,第1243页。

侯子安受《左氏春秋》,博览众书"①,又说晚年"在里宅无事,乃著《春秋左氏传解》及《论语注》"②。张昭的著作,《隋书·经籍志》不载,姚振宗《三国艺文志》载有《春秋左氏传解》《论语注》,应是来自本传记载。

诸葛瑾(174—241),字子瑜,琅琊阳都人。汉末避乱江东,是诸葛亮兄。韦昭《吴书》载:"瑾少游京师,治《毛诗》《尚书》《左氏春秋》。"③

薛综(？—243),沛郡竹邑人。本传载"少依族人避地交州,从刘熙学。士燮既附孙权,召综为五官中郎将,除合浦、交阯太守"④《吴录》载薛综"少明经,善属文,有秀才"⑤。薛综的著作,本传:"凡所著诗赋难论数万言,名曰《私载》,又定《五宗图述》《二京解》,皆传于世。"⑥《隋书·经籍志》著录有"《太子少傅薛综集》三卷,录一卷""薛综注张衡《二京赋》二卷"。姚振宗《三国艺文志》载有《五宗图》一卷,东汉郑玄撰,吴薛综述。

张休(205—245),字叔嗣,彭城人。张休与诸葛恪、顾谭等并为太子孙登僚友,他不仅给太子传授史书,"以《汉书》授登"⑦,而且与大家讨论经学,如"侍太子登讲论道艺"⑧。姚振宗《三国艺文志》载有张休《汉书章条》。

步骘(？—247),字子山,临淮淮阴人。本传载其:"世乱,避难江东,单身穷困,与广陵卫旌同年相善,俱以种瓜自给,昼勤四体,夜诵经传。"⑨韦昭

---

① [晋]陈寿撰,[南朝宋]裴松之注,陈乃乾校点:《三国志·吴书·张昭传》卷五二,中华书局,1959年,第1219页。
② [晋]陈寿撰,[南朝宋]裴松之注,陈乃乾校点:《三国志·吴书·张昭传》卷五二,中华书局,1959年,第1221页。
③ [晋]陈寿撰,[南朝宋]裴松之注,陈乃乾校点:《三国志·吴书·诸葛瑾传》卷五二,中华书局,1959年,第1232页。
④ [晋]陈寿撰,[南朝宋]裴松之注,陈乃乾校点:《三国志·吴书·薛综传》卷五三,中华书局,1959年,第1250页。
⑤ [晋]陈寿撰,[南朝宋]裴松之注,陈乃乾校点:《三国志·吴书·薛综传》卷五三,中华书局,1959年,第1251页。
⑥ [晋]陈寿撰,[南朝宋]裴松之注,陈乃乾校点:《三国志·吴书·薛综传》卷五三,中华书局,1959年,第1254页。
⑦ [晋]陈寿撰,[南朝宋]裴松之注,陈乃乾校点:《三国志·吴书·张休传》卷五二,中华书局,1959年,第1225页。
⑧ [晋]陈寿撰,[南朝宋]裴松之注,陈乃乾校点:《三国志·吴书·诸葛恪传》卷六四,中华书局,1959年,第1429页。
⑨ [晋]陈寿撰,[南朝宋]裴松之注,陈乃乾校点:《三国志·吴书·步骘传》卷五二,中华书局,1959年,第1236页。

《吴书》称:"骘博研道艺,靡不贯览。"①步骘于赤乌中为丞相,"犹诲育门生,手不释书,被服居处有如儒生"②。

射慈(？—253),字孝宗,彭城人。《三国志·吴书·孙奋传》载为"谢慈",裴注称"见《礼论》,撰《丧服图》及《变除》行于世"③。《隋书·经籍志》著录"梁有《丧服变除图》五卷,吴齐王傅射慈撰,亡""《礼记音》二卷,宋中散大夫徐爰撰。梁有郑玄、王肃、射慈、射贞、孙毓、缪炳音各一卷"。知射慈有《礼记音》一卷。侯康《补三国艺文志》载射慈《丧服天子诸侯图》一卷。

诸葛恪(203—253),字元逊,诸葛瑾长子。诸葛恪为一代权臣,"名盛当世"④。本传载其"与顾谭、张休等侍太子登讲论道艺,并为宾友"⑤,诸葛恪能跻身太子友讲论道艺,则经学成就亦有可述。《宋书·五行志》说"故吴之风俗,相驱以急,言论弹射,以刻薄相尚。居三年之丧者,往往有致毁以死。诸葛(恪)患之,著《正交论》,虽不可以经训整乱,盖亦救时之作也"⑥,则诸葛恪也熟悉礼学。诸葛恪在学术上主要以清谈和文学知名。

严畯,字曼才,彭城人。生年不详,卒时已七十八岁。本传载其:"少耽学,善《诗》《书》、三《礼》,又好《说文》。避乱江东,与诸葛瑾、步骘齐名友善。……畯著《孝经传》《潮水论》,又与裴玄、张承论管仲、季路,皆传于世。"⑦

程秉,字德枢,汝南南顿人。本传载:"逮事郑玄,后避乱交州,与刘熙考论大义,遂博通五经。士燮命为长史。权闻其名儒,以礼征秉,既到,拜太子太傅。……著《周易摘》《尚书驳》《论语弼》,凡三万余言。"⑧

---

① [晋]陈寿撰,[南朝宋]裴松之注,陈乃乾校点:《三国志·吴书·步骘传》卷五二,中华书局,1959年,第1236页。
② [晋]陈寿撰,[南朝宋]裴松之注,陈乃乾校点:《三国志·吴书·步骘传》卷五二,中华书局,1959年,第1240页。
③ [晋]陈寿撰,[南朝宋]裴松之注,陈乃乾校点:《三国志·吴书·孙奋传》卷五九,中华书局,1959年,第1374页。
④ [晋]陈寿撰,[南朝宋]裴松之注,陈乃乾校点:《三国志·吴书·诸葛瑾传》卷五二,中华书局,1959年,第1235页。
⑤ [晋]陈寿撰,[南朝宋]裴松之注,陈乃乾校点:《三国志·吴书·诸葛恪传》卷六四,中华书局,1959年,第1429页。
⑥ [南朝梁]沈约撰:《宋书·五行志》卷三〇,中华书局,2018年,第969页。
⑦ [晋]陈寿撰,[南朝宋]裴松之注,陈乃乾校点:《三国志·吴书·严畯传》卷五三,中华书局,1959年,第1247—1248页。
⑧ [晋]陈寿撰,[南朝宋]裴松之注,陈乃乾校点:《三国志·吴书·程秉传》卷五三,中华书局,1959年,第1248页。

徵崇,字子和,河南人。《吴录》载:"治《易》《春秋左氏传》,兼善内术。本姓李,遭乱更姓,遂隐于会稽,躬耕以求其志。好尚者从学,所教不过数人辄止,欲令其业必有成也。所交结如丞相步骘等,咸亲焉。严畯荐崇行足以厉俗,学足以为师。初见太子登,以疾赐不拜。东宫官僚皆从咨询。太子数访以异闻。"①

盛冲,广陵人,曾为吴国郎中、中书侍郎②。盛冲是太子孙休的东宫师傅,史称孙休"年十三,从中书郎射慈、郎中盛冲受学"③,君臣之间又有讲论行为:"春夏之间常晨出夜还,唯此时舍书。休欲与博士祭酒韦曜、博士盛冲讲论道艺。"④盛冲还拒绝朝臣所提议的为诸葛恪立碑的要求,得到了孙休的支持。如此看来,盛冲当是孙休为太子时较有影响的学者,至于他的经学趣味和著作,可惜史料无征。

其他如马普、潘濬、华融、诸葛融、薛莹等人虽有好学或就学的记载,甚至有文学才能的记载,但未见学术行迹,故不列举。

兹将孙吴的侨寓学者依时代先后列表如下(表6):

表6

姓名	籍贯	生卒年	学术
张纮	广陵人	153—212	韦昭《吴书》说张纮"入太学,事博士韩宗,治京氏《易》、欧阳《尚书》,又于外黄从濮阳闿受《韩诗》及《礼记》《左氏春秋》"
张昭	徐州彭城人	156—236	《三国志·吴书·张昭传》载"少好学,善隶书,从白侯子安受《左氏春秋》,博览众书",晚年"乃著《春秋左氏传解》及《论语注》"

① [晋]陈寿撰,[南朝宋]裴松之注,陈乃乾校点:《三国志·吴书·程秉传》卷五三,中华书局,1959年,第1249页。
② [唐]林宝撰,岑仲勉校记:《元和姓纂》卷九,中华书局,1994年,第1349页,载有"[广陵]吴有盛冲,晋有盛彦,事母孝,仕至中书侍郎"。[清]叶昌炽撰,柯昌泗评,陈公柔、张明善点校:《语石·语石异同评》,中华书局,1994年,第9—10页,载:"浙江长兴,近出吴郎中盛冲碑。冲见吴志孙休传。予读碑文,首叙世系,有北海太守之长孙一语。后汉一朝,北海始终为王国,置相而非太守,历历见于史传。古碑文字,容有与史籍制度不合。若史本无可疑,则碑未足信也。罗师已以干支不合疑之,兹又得一证矣。"
③ [晋]陈寿撰,[南朝宋]裴松之注,陈乃乾校点:《三国志·吴书·孙休传》卷四八,中华书局,1959年,第1155页。
④ [晋]陈寿撰,[南朝宋]裴松之注,陈乃乾校点:《三国志·吴书·孙休传》卷四八,中华书局,1959年,第1159页。

续表

姓名	籍贯	生卒年	学术
诸葛瑾	琅琊阳都人	174—241	韦昭《吴书》载"瑾少游京师,治《毛诗》《尚书》《左氏春秋》"
薛综	沛郡竹邑人	？—243	《三国志·吴书·薛综传》载"凡所著诗赋难论数万言,名曰《私载》,又定《五宗图述》《二京解》,皆传于世" 《隋书·经籍志》著录"《太子少傅薛综集》三卷,录一卷""薛综注张衡《二京赋》二卷"
张休	彭城人	205—245	《三国志·吴书·张休传》载张休"以《汉书》授登",又"侍太子登讲论道艺"
步骘	临淮淮阴人	？—247	韦昭《吴书》称"骘博研道艺,靡不贯览",赤乌中为丞相,"犹诲育门生,手不释书,被服居处有如儒生"
射慈	彭城人	？—253	《三国志·吴书·孙奋传》裴注称"见《礼论》,撰《丧服图》及《变除》行于世"; 《隋书·经籍志》著录《丧服变除图》五卷,《礼记音》一卷
诸葛恪	琅琊阳都人	203—253	《三国志·吴书·诸葛恪传》载其"与顾谭、张休等侍太子登讲论道艺,并为宾友"
严畯	彭城人	不详	《三国志·吴书·严畯传》载其"少耽学,善《诗》《书》、三《礼》,又好《说文》"
程秉	汝南南顿人	不详	《三国志·吴书·程秉传》载"逮事郑玄,后避乱交州,与刘熙考论大义,遂博通五经。……著《周易摘》《尚书驳》《论语弼》,凡三万余言"
徵崇	河南人	不详	《吴录》载其"治《易》《春秋左氏传》,兼善内术"
盛冲	广陵人	不详	《三国志·吴书·孙休传》载其"年十三,从中书郎射慈、郎中盛冲受学",又载"(孙)休欲与博士祭酒韦曜、博士盛冲讲论道艺"

综上,孙吴的本土学者共得14人,《三国志·吴书》有本传的有陆绩、唐固、士燮、虞翻、阚泽、陆凯、韦昭、华覈等8人,《晋书》有本传的是范平1人。侨寓学者共得12人,《三国志·吴书》有本传的有张纮、张昭、诸葛瑾、薛综、张休、步骘、诸葛恪、严畯、程秉等9人。

三、今古兼学：孙吴经学的总体面貌

根据《后汉书》《三国志》《晋书》的记载，再结合《隋书·经籍志》的著录情况和清代侯康《补三国艺文志》、姚振宗《三国艺文志》的钩稽索隐，可以知道孙吴的学术领域比较宽阔，在《易》《国语》等具体学术上取得了三国时期最高的成就，而孙吴的学术倾向是今古文兼学，具体来说是《易》学主今文，《书》《诗》《礼》《春秋》学主古文。

（一）《易》学

孙吴的《易》学研究较为发达，研习《易》学的有陆绩、虞翻、姚信、张纮、程秉、徵崇等诸家。《隋书·经籍志》著录了三家，即"《周易》十五卷，吴郁林太守陆绩注""《周易日月变例》六卷，虞翻、陆绩撰""《周易》九卷，吴侍御史虞翻注""《周易》十卷，吴太常姚信注"。另姚振宗《三国艺文志》载有程秉《周易摘》。孙吴《易》学最重要的学者是陆绩、虞翻和姚信三家。程秉《周易摘》，或是要略一类的书，已不知其详。陆绩有《陆氏易解》。陆绩《述玄》认为"夫玄之大义，揲蓍之谓"[1]，陆逊族子陆凯好《太玄》，"论演其意，以筮辄验"[2]，可知他们均属王弼以前的汉儒《易》学，是象数之学。颜延之《庭诰》说"马、陆得其象数"[3]，即以陆绩和东汉大儒马融并举，认为他们是《易》象数之学的代表人物。虞翻的易学，据其《奏上〈易〉注》[4]说"臣闻六经之始，莫大阴阳，是以伏羲仰天县象，而建八卦，观变动六爻为六十四，以通神明，以类万物"，又称"经之大者，莫过于《易》"，阐明了周易作为"六经之始"的重要地位。虞翻称其家族五世治孟氏《易》，学有渊源，又批评"前人通讲，多玩章句，虽有秘说，于经疏阔""所览诸家解不离流俗，义有不当实，辄悉改定"。虞翻对流俗陈陈相因的解释很不满意，同时又有感于"汉初以来，海内英才，其读《易》者，解之率少"，故而自注《周易》传世。虞翻曾示自注《周易》于孔融，孔融答道："闻延陵之理《乐》，睹吾子之治《易》，乃知东南

---

[1] [汉]扬雄撰，[宋]司马光集注，刘韶军点校：《太玄集注》，中华书局，1998年，第229页。
[2] [晋]陈寿撰，[南朝宋]裴松之注，陈乃乾校点：《三国志·吴书·陆凯传》卷六一，中华书局，1959年，第1400页。
[3] [清]严可均编：《全上古三代秦汉三国六朝文·全宋文》卷三六，中华书局，1958年，第2637页。
[4] [晋]陈寿撰，[南朝宋]裴松之注，陈乃乾校点：《三国志·吴书·虞翻传》卷五七，中华书局，1959年，第1322页。

之美者,非徒会稽之竹箭也。又观象云物,察应寒温,原其祸福,与神合契,可谓探赜穷通者也。"①孔融为之激赏,可知虞翻《易注》成就颇高。另外,韦昭也熟悉《易经》,虽未闻有专门著作行世,但《国语解》直接引用了《易书》,如《楚语上》韦注引"《易》曰'日中则昃'",《楚语下》"地事文"韦注引"《易》曰'坤为文'"等,主要还是对《国语》书中的筮法解释,至于具体成就如何,尚待进一步的研究。

(二)《尚书》学

孙吴的《尚书》研究者,明确的有范顺(一作慎)(?—274)和刘毅。《隋书·经籍志》著录:"《尚书义》二卷,吴太尉范顺问、刘毅答。亡。"姚振宗《三国艺文志》载:"范顺《尚书王氏传问》二卷,刘毅《尚书义答》二卷。"姚振宗《三国艺文志》另载有程秉《尚书驳》。范顺应是就王肃注《尚书》发问,刘毅释疑,学者经研究后指出"刘主王肃,范主郑玄,二书为争郑、王优劣而作"②。史书记载吴国学者通《尚书》的还有士燮。袁徽说士燮:"《尚书》兼通古今,大义详备。闻京师古今之学,是非忿争,今欲条《左氏》《尚书》长义上之。"③士燮能摆脱今古文经学的门户纷争,择优而从,可谓有识之士。又程秉"逮事郑玄,后避乱交州"④,则《尚书》学属于古文郑学,程秉是士燮的长史,则士燮的《尚书》也应受郑学的影响。还有虞翻,在《尚书》训诂学上可谓当时巨擘,曾对东汉的郑玄、马融解释《尚书》不满,"奏郑玄解《尚书》违失事目"⑤,曰:

> 伏见故征士北海郑玄所注《尚书》,以《顾命》康王执瑁,古"月"似"同",从误作"同",既不觉定,复训为杯,谓之酒杯;成王疾困凭几,洮颒为濯,以为浣衣成事,"洮"字虚更作"濯",以从其非;又古大篆"卯"字读当为"柳",古"柳""卯"同字,而以为昧;"分北三苗","北"古"别"

---

① [晋]陈寿撰,[南朝宋]裴松之注,陈乃乾校点:《三国志·吴书·虞翻传》卷五七,中华书局,1959年,第1320页。
② 程元敏:《尚书学史》,华东师范大学出版社,2013年,第886页。
③ [晋]陈寿撰,[南朝宋]裴松之注,陈乃乾校点:《三国志·吴书·士燮传》卷四九,中华书局,1959年,第1191—1192页。
④ [晋]陈寿撰,[南朝宋]裴松之注,陈乃乾校点:《三国志·吴书·程秉传》卷五三,中华书局,1959年,第1248页。
⑤ [晋]陈寿撰,[南朝宋]裴松之注,陈乃乾校点:《三国志·吴书·虞翻传》卷五七,中华书局,1959年,第1322页。

字,又训北,言北犹别也。若此之类,诚可怪也。《玉人职》曰天子执瑁以朝诸侯,谓之酒杯;天子颒面,谓之浣衣;古篆"卯"字,反以为昧。甚违不知盖阙之义。于此数事,误莫大焉,宜命学官定此三事。又马融训注亦以为同者大同天下,今经益"金"就作"铜"字,诘训言天子副玺,虽皆不得,犹愈于玄。然此不定,臣没之后,而奋乎百世,虽世有知者,怀谦莫或奏正。又玄所注五经,违义尤甚者百六十七事,不可不正。行乎学校,传乎将来,臣窃耻之。①

虞翻既通于训诂之学,熟悉郑玄的《尚书注》,又说"马融注",也熟悉马融的《尚书注》,应该研习的是古文《尚书》,虽然他的《易》学属于今文经学的《孟氏易》。又张纮治《京氏易》《欧阳尚书》,受《韩诗》及《礼记》《左氏春秋》,属于今古文兼治,《欧阳尚书》是确凿的今文经学。诸葛瑾,治《毛诗》《尚书》《左氏春秋》,则《尚书》应属于古文经学。张昭说"克昌堂构",所据乃今文尚书②。薛综师事刘熙,而刘熙用古文郑学,故薛综应是古文郑学③。

韦昭《国语注》也颇多解《尚书》之处,如《周语》中:"《大誓》曰:'民之所欲,天必从之。'。"韦昭注:"今《周书·大誓》无此言,其散亡乎?"④《楚语上》"于是乎三年默以思道"韦昭注:"《书》曰:'高宗谅暗,三年不言,言乃雍。'"⑤韦昭《国语注》还保留了唐固《尚书》学的只言片语。《楚语上》"武丁于是作《书》"韦昭注:"贾、唐云:'《书》,《说命》也。'昭曰:非也,其时未得傅说。"吴曾祺反驳韦昭说:"《尚书》此数语正在《说命》篇,韦驳唐说非是。"⑥

韦昭依据的《尚书》,据学者考察,应是据伏生所传的今文本⑦。韦昭《楚语》"启有五观"注曰:"启,禹子。五观,启子,太康昆弟也。观,洛汭之地。《书序》曰:'太康失国,昆弟五人,须于洛汭。'。"⑧皮锡瑞《今文尚书考证》说"今文'邦'作'国'"⑨,又《史记·夏本纪》亦作《国》,韦昭所用

---

① [晋]陈寿撰,[南朝宋]裴松之注,陈乃乾校点:《三国志·吴书·虞翻传》卷五七,中华书局,1959年,第1323页。
② 程元敏:《尚书学史》,华东师范大学出版社,2013年,第886页。
③ 程元敏:《尚书学史》,华东师范大学出版社,2013年,第896页。
④ [清]徐元诰撰,王树民、沈长云点校:《国语集解》,中华书局,2002年,第76—77页。
⑤ [清]徐元诰撰,王树民、沈长云点校:《国语集解》,中华书局,2002年,第503页。
⑥ [清]徐元诰撰,王树民、沈长云点校:《国语集解》,中华书局,2002年,第503页。
⑦ 程元敏:《尚书学史》,华东师范大学出版社,2013年,第883—885页。
⑧ [清]徐元诰撰,王树民、沈长云点校:《国语集解》,中华书局,2002年,第484页。
⑨ [清]皮锡瑞撰,盛东铃、陈抗点校:《今文尚书考证》,中华书局,1989年,第488页。

应是今文。

因此,就现有的材料来说,孙吴的《尚书》学今古文兼治,郑王学并存,张昭、张纮、韦昭治今文,程秉、虞翻、诸葛瑾、薛综、范顺(郑学)、刘毅(王学)等治古文,士燮是今古文兼治,则《尚书》古文经学取得了决定性的地位。

(三)《诗》学

孙吴的《诗》学研究,主要是古文经学的《毛诗》。《隋书·经籍志》著录有"《毛诗谱》三卷,吴太常卿徐整撰""《毛诗答杂问》七卷,吴侍中韦昭、侍中朱育等撰""《毛诗草木虫鱼疏》二卷,乌程令吴郡陆玑撰"等三种。至于今文经学的三家诗,仅知张纮所受的《韩诗》。

《毛诗》在孙吴最为流行。程秉曾对孙登说:"婚姻人伦之始,王教之基,是以圣王重之,所以率先众庶,风化天下,故《诗》美《关雎》,以为称首。愿太子尊礼教于闺房,存《周南》之所咏,则道化隆于上,颂声作于下矣。"① 程秉所说的观点,属于《毛诗》学。孙登接受了程秉的意见,可知《毛诗》已经在最高统治层流传。薛综注《二京赋》,解释文句时多引《毛诗》,未见他家诗学。如《东京赋》"渚戏跃鱼,渊游龟蠵"句注:"《毛诗》曰:'王在灵沼,于牣鱼跃。'"② 《东京赋》"敬慎威仪,示民不偷"句注:"《毛诗》曰:'敬慎威仪,视民不佻。'毛苌曰:'佻,偷也。'"③ 《东京赋》"西南其户,匪雕匪刻"句注:"《毛诗》曰:'西南其户,不雕不刻。'"④ 张衡《二京赋》倾向于古文经学,与班固《两都赋》倾向于今文经学不同⑤,薛综选注《二京赋》应有崇尚古文经学的考量。薛综是薛汉后人,家学是《韩诗》,却倾向于《毛诗》,如《周南召南谱》孔颖达疏载:"春秋时,燕、蔡之属,国大而无诗者,薛综答韦昭云:'或时不作诗,或有而不足录。'"⑥ 这是薛综和韦昭讨论郑玄《诗谱》的记录。又薛综述郑玄《五宗图》(详下),则薛综宗尚古文经学的郑玄之学。韦昭治《毛诗》,有著作传世,即韦昭与朱育的《毛诗答杂问》,是就《毛诗》诸问

---

① [晋]陈寿撰,[南朝宋]裴松之注,陈乃乾校点:《三国志·吴书·程秉传》卷五三,中华书局,1959年,第1248页。
② [南朝梁]萧统编,[唐]李善注:《文选》卷三,中华书局,1977年,第55页。
③ [南朝梁]萧统编,[唐]李善注:《文选》卷三,中华书局,1977年,第62页。
④ [南朝梁]萧统编,[唐]李善注:《文选》卷三,中华书局,1977年,第55页。
⑤ 参见曹道衡:《略论〈两都赋〉和〈二京赋〉》,《文学评论》,1992年第3期。
⑥ 《毛诗正义》,[清]阮元校刻:《十三经注疏》清嘉庆刊本,中华书局,2009年,第560页。

题进行问答之作。

韦昭《国语》注多据《毛诗序》。《晋语四》"秦伯赋《鸠飞》"韦昭注:"《鸠飞》,《小雅·小宛》之首章也。……《诗序》云'文公遭骊姬之难,未反而秦姬卒,所以念伤亡人,思成公子'。"①《郑语》"夫国大而有德者近兴,秦仲、齐侯,姜、嬴之儁也,且大,其将兴乎"韦昭注:"《诗序》云:'秦仲始大。'。"②《楚语上》"于是乎作《懿》诗以自儆也"韦昭注:"三君云'《懿》,戒书也',昭谓'《懿》,《诗·大雅·抑》之篇也'。'《懿》'读曰'《抑》',《毛诗序》曰:'《抑》,卫武公刺厉王,亦以自儆也。'。"③

韦昭《国语》注在毛传、郑笺有异同处,更倾向于郑玄。《晋语四》引用了《诗经》"刑于寡妻,至于兄弟,以御于家邦",毛传说"寡妻,适妻也。御,迎也",郑笺说"寡妻,寡有之妻,言贤也。御,治也"④。韦昭注"寡妻,寡有之妻,谓大姒。御,治也"⑤,选择了郑玄的解释。《晋语四》又引《诗经》"惠于宗公,神罔时恫",韦昭注"宗公,大臣也"⑥。但《毛传》释宗公为宗神,郑笺以宗公为大臣,韦昭显然从郑。马瑞辰《毛诗传笺通释》同意毛传之说,指出"《笺》训为大臣,失之"⑦,因此韦注乃踵郑之误。《楚语上》韦昭释《诗经》"弗躬弗亲,庶民弗信"为"言为政不躬亲之,则众民不信"⑧,而《毛传》释为"庶民之言不可信,勿罔上而行也",《郑笺》释为"此言王之政,不躬而亲之,则恩泽不信于众民矣"⑨,则韦昭从郑注。

韦昭《国语》注有时也用三家诗。《晋语四》"秦伯赋《采菽》"韦昭注:"《采菽》,《小雅》篇名,王赐诸侯命服之乐也。"⑩但《毛诗序》说:"刺幽王也。侮慢诸侯,诸侯来朝,不能锡命以礼数,征会之而无信义。君子见微而思古焉。"郑玄笺:"幽王征会诸侯,为合义兵征讨有罪,既往而无之,是于义事不信也。君子见其如此,知其后必见攻伐,将无救也。"王先谦说:"鲁家以为

---

① [清]徐元诰撰,王树民、沈长云点校:《国语集解》,中华书局,2002年,第339—340页。
② [清]徐元诰撰,王树民、沈长云点校:《国语集解》,中华书局,2002年,第476页。
③ [清]徐元诰撰,王树民、沈长云点校:《国语集解》,中华书局,2002年,第502页。
④ 《毛诗正义》卷十六,[清]阮元校刻:《十三经注疏》清嘉庆刊本,中华书局,2009年,第1111页。
⑤ [清]徐元诰撰,王树民、沈长云点校:《国语集解》,中华书局,2002年,第361页。
⑥ [清]徐元诰撰,王树民、沈长云点校:《国语集解》,中华书局,2002年,第362页。
⑦ [清]马瑞辰撰,陈金生点校:《毛诗传笺通释》卷二四,中华书局,1989年,第833页。
⑧ [清]徐元诰撰,王树民、沈长云点校:《国语集解》,中华书局,2002年,第505页。
⑨ 《毛诗正义》卷十二,[清]阮元校刻:《十三经注疏》清嘉庆刊本,中华书局,2009年,第945页。
⑩ [清]徐元诰撰,王树民、沈长云点校:《国语集解》,中华书局,2002年,第339页。

王赐诸侯命服之诗。齐韩未闻。"①则韦昭此处用鲁诗说。《国语·晋语四》"子余使公子赋《黍苗》"韦昭注:"《黍苗》,亦《小雅》,道召伯述职,劳来诸侯也。"②《左传·襄公十九年》杜预注:"《黍苗》,美召伯劳诸侯。"而《毛诗序》说:"刺幽王也。不能膏润天下,卿士不能行召伯之职焉。"因此王先谦《诗三家义集疏》说:"其义盖本三家,与《毛序》异。"③

徐整的《毛诗谱》,今已不得其详,但刘汝霖《郑玄弟子考》指出徐整是郑玄弟子④,则该书应与郑玄《诗谱》性质类似。陆玑的《毛诗草木虫鱼疏》是《毛诗》的博物学研究专著,是现存的孙吴《毛诗》学著作,四库馆臣评论《毛诗草木虫鱼疏》的价值说:"虫鱼草木,今昔异名,年代迢遥,传疑弥甚。玑去古未远,所言犹不甚失真。《诗正义》全用其说,陈启源作《毛诗稽古编》,其驳正诸家,亦多以玑说为据,讲多识之学者,固当以此为最古焉。"⑤

因此,从程秉、唐固、薛综、韦昭、朱育、陆玑等人的《诗经》学来看,《毛诗》学在孙吴取得了主导地位。

(四)《礼》学

孙吴的《礼》学,《隋书·经籍志》著录"梁有《丧服变除图》五卷,吴齐王傅射慈撰,亡",又载"《礼记音》二卷,宋中散大夫徐爰撰。梁有郑玄、王肃、射慈、射贞、孙毓、缪炳音各一卷",知射慈撰《礼记音》一卷。又《三国志·吴书·薛综传》载薛综"定《五宗图述》"⑥,《五宗图》一卷,系郑玄所撰。

孙吴的《礼》学家,据史书可知者有射慈和薛综二人,以射慈最为著名。射慈,《三国志·吴书·孙奋传》称为谢慈,为齐王孙奋的老师和相国,史载"傅相谢慈等谏奋,奋杀之"⑦,裴注引称"慈字孝宗,彭城人,见《礼论》,撰《丧服图》及《变除》行于世"⑧。射慈《礼记音》仅一卷,大概是注明读音一类

---

① [清]王先谦撰,吴格点校:《诗三家义集疏》卷二十,中华书局,1987年,第790页。
② [清]徐元诰撰,王树民、沈长云点校:《国语集解》,中华书局,2002年,第339页。
③ [清]王先谦撰,吴格点校:《诗三家义集疏》卷二十,中华书局,1987年,第806页。
④ 刘汝霖:《汉晋学术编年》,华东师范大学出版社,2010年,第445—446页。
⑤ [清]永瑢等撰:《四库全书总目》,中华书局,1965年,第120页。
⑥ [晋]陈寿撰,[南朝宋]裴松之注,陈乃乾校点:《三国志·吴书·薛综传》卷五三,中华书局,1959年,第1254页。
⑦ [晋]陈寿撰,[南朝宋]裴松之注,陈乃乾校点:《三国志·吴书·孙奋传》卷五九,中华书局,1959年,第1374页。
⑧ [晋]陈寿撰,[南朝宋]裴松之注,陈乃乾校点:《三国志·吴书·孙奋传》卷五九,中华书局,1959年,第1374页。

的著作;其《丧服变除图》,采取徐整问、射慈答的形式,全书基本是两人间的问答,讨论关于丧事的一系列礼仪。马国翰认为:"与徐整答问为多,整当是慈之门人,其书体例亦郑志之类也。"①则徐整亦熟悉礼学。薛综有《五宗图述》一卷,严可均辑有数句,大抵是宗法礼义一类。

薛综的《礼》学,尚有《二京赋注》可以证明。薛综注《西京赋》"增九筵之迫胁"句说:"《周礼》'明堂九筵',今又增之也。"②注《东京赋》"左右玉几,而南面以听矣"句说:"《周礼》曰:'天子左右玉几。'郑玄曰:'左右有几,优至尊也。'"③注《东京赋》"穆穆焉,皇皇焉,济济焉,将将焉"句说:"《礼记》曰:'天子穆穆,诸侯皇皇,大夫济济,士将将。'郑玄曰:'威仪容止之貌。'"④薛综注"正冕带"句说:"冕,所谓平天冠也。言天子素带朱里,谓三皇已来始冕,制有数种。郑玄曰:'长一尺七寸,广八寸,前圆后方,以珠玉饰之也。'"⑤此来自《礼记·玉藻》。总之,与述郑玄《五宗图》类似,薛综继承的是郑玄的《礼》学。

其他学习《礼》学但未闻著作的学者有陆绩,史载他"长玩《礼》《易》";又有张纮,曾从外黄濮阳闿受《礼记》,阚泽"刊约《礼》文及诸注说以授二宫,为制行出入及见宾仪"⑥;另有严畯擅长《三礼》和华覈"悦礼乐敦诗书"⑦。张昭也擅长《礼》学,并参与到《礼》学讨论当中,史载:"应劭议宜为旧君讳,论者皆互有异同,事在《风俗通》。昭著论曰:'……今应劭虽上尊旧君之名,而下无所断齐,犹归之疑云。《曲礼》之篇,疑事无质,观省上下,阙义自证,文辞可为,倡而不法,将来何观?'"⑧又陆逊斥责谢景说:"礼之长于刑久矣,廙以细辩而诡先圣之教,皆非也。君今侍东宫,宜遵仁义以彰德音,若彼之谈,不须讲也。"⑨

---

① [清]马国翰辑:《玉函山房辑佚书》,广陵书社,2004年,第847页。
② [南朝梁]萧统编,[唐]李善注:《文选》卷二,中华书局,1977年,第38页。
③ [南朝梁]萧统编,[唐]李善注:《文选》卷三,中华书局,1977年,第57页。
④ [南朝梁]萧统编,[唐]李善注:《文选》卷三,中华书局,1977年,第57页。
⑤ [南朝梁]萧统编,[唐]李善注:《文选》卷三,中华书局,1977年,第58页。
⑥ [晋]陈寿撰,[南朝宋]裴松之注,陈乃乾校点:《三国志·吴书·阚泽传》卷五三,中华书局,1959年,第1249页。
⑦ [晋]陈寿撰,[南朝宋]裴松之注,陈乃乾校点:《三国志·吴书·华覈传》卷六五,中华书局,1959年,第1467页。
⑧ [晋]陈寿撰,[南朝宋]裴松之注,陈乃乾校点:《三国志·吴书·张昭传》卷五二,中华书局,1959年,第1219—1220页。
⑨ [晋]陈寿撰,[南朝宋]裴松之注,陈乃乾校点:《三国志·吴书·陆逊传》卷五八,中华书局,1959年,第1349页。

值得注意的是,会稽贺氏是东汉著名的《礼》学世家,但史有专传的贺齐,察其本传,以将才著名,而未闻经学[①];贺齐孙贺邵官至中书令、太子太傅,为人高洁耿直,却得罪孙皓而被杀。又检孙吴时期的著录情况,亦无会稽贺氏的学术成果。由此可知贺氏学术于孙吴一代沉晦不彰,待到贺邵子贺循,弃武学文,方才振兴贺氏的《礼》学。贺循精通《礼传》,晋代议《礼》,多从其说[②]。

从《隋书·经籍志》的著录情况来看,孙吴《礼》学成果并不发达,但孙吴君臣颇为知《礼》。孙权很熟悉《礼》学,他对吕蒙自述少时已学《礼记》,又曹丕服丧之际向他求江南珍玩,他说:"彼所求者,于我瓦石耳,孤何惜焉?彼在谅暗之中,而所求若此,宁可与言礼哉!"[③]孙权令阚泽以《礼》学教授二宫,并咨访朝廷礼仪之事。嘉禾六年(237)正月诏令群臣议丧礼:

> 诏曰:"夫三年之丧,天下之达制,人情之极痛也;贤者割哀以从礼,不肖者勉而致之。世治道泰,上下无事,君子不夺人情,故三年不逮孝子之门。至于有事,则杀礼以从宜,要经而处事。故圣人制法,有礼无时则不行。遭丧不奔非古也,盖随时之宜,以义断恩也。前故设科,长吏在官,当须交代,而故犯之,虽随纠坐,犹已废旷。方事之殷,国家多难,凡在官司,宜各尽节,先公后私,而不恭承,甚非谓也。中外群僚,其更平议,务令得中,详为节度。"顾谭议,以为"奔丧立科,轻则不足以禁孝子之情,重则本非应死之罪,虽严刑益设,违夺必少。若偶有犯者,加其刑则恩所不忍,有减则法废不行。愚以为长吏在远,苟不告语,势不得知。比选代之间,若有传者,必加大辟,则长吏无废职之负,孝子无犯重之刑"。将军胡综议,以为"丧纪之礼,虽有典制,苟无其时,所不得行。方今戎事军国异容,而长吏遭丧,知有科禁,公敢干突,苟念闻忧不奔之耻,不计为臣犯禁之罪,此由科防本轻

---

① [晋]陈寿撰,[南朝宋]裴松之注,陈乃乾校点:《三国志·吴书·虞翻传》卷五七,中华书局,1959年,第1326页。书中引注《会稽典录》说朱育答濮阳兴时提及贺齐,认为"其雄姿武毅,立功当世,则后将军贺齐,勋成绩著",亦仅称其武功。
② 阎步克:《品位与职位:秦汉魏晋南北朝官阶制度研究》,中华书局,2009年,第271页。作者据《通典》卷四八《礼八》贺循"从古者'六卿'"这个提法,推测贺循采用的是古文经说,因为六卿属于古文家说。
③ [晋]陈寿撰,[南朝宋]裴松之注,陈乃乾校点:《三国志·吴书·吴主传》卷四七,中华书局,1959年,第1124页。

所致。忠节在国,孝道立家,出身为臣,焉得兼之?故为忠臣不得为孝子。宜定科文,示以大辟,若故违犯,有罪无赦。以杀止杀,行之一人,其后必绝"。丞相雍奏从大辟。其后吴令孟宗丧母奔赴,已而自拘于武昌以听刑。陆逊陈其素行,因为之请,权乃减宗一等,后不得以为比,因此遂绝。①

此次参与者除孙权外,还有顾谭、胡综、顾雍等。

孙权之所以不甚重视《礼》学,应该是战乱年代取权变的态度。他说:"况今奸宄竞逐,豺狼满道,乃欲哀亲戚,顾礼制,是犹开门而揖盗,未可以为仁也。"②可见战乱年代是不能够顾及丧礼的。孙吴灭亡后,晋人曾向吴侍中李仁打听有关孙皓恶行的传闻,史载:

> 吴平后,晋侍中庾峻等问皓侍中李仁曰:"闻吴主披人面,刖人足,有诸乎?"仁曰:"以告者过也。君子恶居下流,天下之恶皆归焉。盖此事也,若信有之,亦不足怪。昔唐、虞五刑,三代七辟,肉刑之制,未为酷虐。皓为一国之主,秉杀生之柄,罪人陷法,加之以惩,何足多罪!夫受尧诛者不能无怨,受桀赏者不能无慕,此人情也。"又问曰:"云归命侯乃恶人横睛逆视,皆凿其眼,有诸乎?"仁曰:"亦无此事,传之者谬耳。《曲礼》曰:视天子由袷以下,视诸侯由颐以下,视大夫由衡,视士则平面,得游目五步之内;视上于衡则傲,下于带则忧,旁则邪。以礼视瞻,高下不可不慎,况人君乎哉?视人君相迕,是乃礼所谓傲慢;傲慢则无礼,无礼则不臣,不臣则犯罪,犯罪则陷不测矣。正使有之,将有何失?"凡仁所答,峻等皆善之,文多不悉载。③

李仁能以《曲礼》应对庾峻的提问,说明他是熟悉《礼》学的。

韦昭《国语注》对《国语》中的礼制多有涉及,兹就"三礼"而言。一是《周礼》。《周语上》"蛮夷要服"韦昭注引"《周礼·行人》职,卫圻之外谓之要

---

① [晋]陈寿撰,[南朝宋]裴松之注,陈乃乾校点:《三国志·吴书·吴主传》卷四七,中华书局,1959年,第1141—1142页。
② [晋]陈寿撰,[南朝宋]裴松之注,陈乃乾校点:《三国志·吴书·吴主传》卷四七,中华书局,1959年,第1115页。
③ [晋]陈寿撰,[南朝宋]裴松之注,陈乃乾校点:《三国志·吴书·孙皓传》卷四八,中华书局,1959年,第1174页。

服"①。《晋语五》韦昭注颇多引用《周礼》,如"乘缦不举,策于上帝"韦昭注"《周礼》'四镇五岳崩,命去乐'"②,又如"国三日哭,以礼焉"韦昭注"《周礼》'国有大灾,三日哭'"③。《晋语九》"下邑之役,董安于多"韦昭注"《周礼》曰'战功曰多'"。④《吴语》"行头皆官师,拥铎拱稽"韦昭注"《周礼》'百人为卒,卒长皆上士'……《周礼》:'听师田以简稽。'"⑤《吴语》"载常建鼓,挟经秉枹"韦昭注"《周礼》曰:'将军执晋鼓。'"⑥二是《仪礼》。《周语中》"敌国宾至,关尹以告"韦昭注"《聘礼》曰:'及境,谒关人,关人问从者几人。'"⑦《晋语六》"赵文子冠,见栾武子"韦昭注"《礼》:'既冠,奠贽于君,遂以贽见于卿(按,应为乡)大夫、先生。'"⑧,即来自《仪礼·士冠礼》:"乃易服,服玄冠,玄端,爵韠,奠挚见于君,遂以挚见于乡大夫、乡先生。"⑨三是《礼记》。《周语上》"夫先王之制:邦内甸服"韦昭注"《王制》曰:'千里之内曰甸。'"⑩《周语上》"阴阳分布,震雷出滞"韦昭注"《明堂月令》曰:'日夜分,雷乃发声。始震雷,蛰虫咸动,启户而出也。'"⑪《晋语九》"以为茧丝乎,抑为保障乎"韦昭注"《礼记》曰:'遇人保者。'"⑫《楚语上》"及其殁也,谓之睿圣武公"韦昭注"《谥法》:'威强睿德曰武。'"⑬《楚语下》"国于是乎烝尝,家于是乎尝祀"韦昭注"《月令》曰:'孟冬,大饮烝。'"⑭《楚语下》"王后亲缲其服"韦昭注"《祭义》云:'夫人缲,三盆,则王后其一盆与。'"⑮《吴语》"句践请盟:一介嫡女,执箕帚以晐姓于王宫"韦昭注"《曲礼》曰:'纳女于天子,曰备百姓。'"⑯《吴语》"去笋侧席而坐,不扫"注"礼,忧者侧席而坐"⑰,此说来自《礼记·曲礼》。

---

① [清]徐元诰撰,王树民、沈长云点校:《国语集解》,中华书局,2002年,第6—7页。
② [清]徐元诰撰,王树民、沈长云点校:《国语集解》,中华书局,2002年,第384页。
③ [清]徐元诰撰,王树民、沈长云点校:《国语集解》,中华书局,2002年,第384页。
④ [清]徐元诰撰,王树民、沈长云点校:《国语集解》,中华书局,2002年,第447页。
⑤ [清]徐元诰撰,王树民、沈长云点校:《国语集解》,中华书局,2002年,第548页。
⑥ [清]徐元诰撰,王树民、沈长云点校:《国语集解》,中华书局,2002年,第549页。
⑦ [清]徐元诰撰,王树民、沈长云点校:《国语集解》,中华书局,2002年,第66—67页。
⑧ [清]徐元诰撰,王树民、沈长云点校:《国语集解》,中华书局,2002年,第387页。
⑨ 《仪礼注疏》卷二,[清]阮元校刻:《十三经注疏》清嘉庆刊本,中华书局,2009年,第2057页。
⑩ [清]徐元诰撰,王树民、沈长云点校:《国语集解》,中华书局,2002年,第6页。
⑪ [清]徐元诰撰,王树民、沈长云点校:《国语集解》,中华书局,2002年,第20页。
⑫ [清]徐元诰撰,王树民、沈长云点校:《国语集解》,中华书局,2002年,第448页。
⑬ [清]徐元诰撰,王树民、沈长云点校:《国语集解》,中华书局,2002年,第502页。
⑭ [清]徐元诰撰,王树民、沈长云点校:《国语集解》,中华书局,2002年,第519页。
⑮ [清]徐元诰撰,王树民、沈长云点校:《国语集解》,中华书局,2002年,第520页。
⑯ [清]徐元诰撰,王树民、沈长云点校:《国语集解》,中华书局,2002年,第539页。
⑰ [清]徐元诰撰,王树民、沈长云点校:《国语集解》,中华书局,2002年,第558页。

孙吴的民间也有《礼》学制度。《宋书·五行志》说："故吴之风俗,相驱以急,言论弹射,以刻薄相尚。居三年之丧者,往往有致毁以死。诸葛(恪)患之,著《正交论》,虽不可以经训整乱,盖亦救时之作也。"[1]则孙吴的民间有三年之丧的礼制,诸葛恪也熟悉《礼》学。自两汉以迄孙吴的江南学者,鲜有人致力于《礼》学研究,而在中原却是显学,尤其是魏晋时期,"《丧服》一卷,卷不盈握,而争说纷然"[2]。何以江南学者不甚重视《礼》学?个中原因,尚待发覆。

(五)《春秋》学

孙吴的《春秋》学在三国之中成就最高,尤其是被称为《春秋外传》的《国语》。《隋书·经籍志》著录有:"《春秋经》十一卷,吴卫将军士燮注""《春秋穀梁传》十三卷,吴仆射唐固注""《春秋外传国语》二十一卷,虞翻注""《春秋外传国语》二十二卷,韦昭注""《春秋外传国语》二十一卷,唐固注"。另姚振宗《三国艺文志》著录有"士燮《春秋左氏经注》十三卷""唐固《春秋公羊传注》""张昭《春秋左氏传解》"。《国语》向来被视为"春秋外传",时人也将其看作《春秋》经学的组成部分。《国语》的注释,明确有虞翻、韦昭和唐固三家的著作流传。除韦昭注仍旧传世外,其他基本亡佚了。有关《国语》的问题,将在讨论韦昭史学的时候专门讨论。东汉江南《春秋》学本来兴盛,孙吴接续并发扬了《春秋》学传统。

孙吴治《春秋》的学者众多,往往内、外传兼擅。孙策熟悉《左传》,知道高岱以《左传》著名,欲与论讲而不得。孙权对吕蒙说自己少时已学《左传》《国语》,劝吕蒙争学《左传》《国语》。前述沈珩"少综经艺,尤善《春秋》内、外传"[3]。沈珩治《春秋》的情况,不知其详,也无目录传世,究竟有无专著,亦不得而知。韦昭注《国语·晋语四》"文公诛观状以伐郑,反其陴"说"昭省内、外传,郑无观状之事"[4],与上述诸家同。韦昭也往往以外传印证内传,如《晋语三》"六年,秦岁定"韦昭注"惠公六年,鲁僖公十五年"[5],又如《晋语

---

[1] [南朝梁]沈约撰:《宋书·五行志》卷三〇,中华书局,2018年,第969页。
[2] [唐]房玄龄等撰:《晋书·礼志》卷一九,中华书局,1974年,第581页。
[3] [晋]陈寿撰,[南朝宋]裴松之注,陈乃乾校点:《三国志·吴书·吴主传》卷四七,中华书局,1959年,第1124页。
[4] [清]徐元诰撰,王树民、沈长云点校:《国语集解》,中华书局,2002年,第356页。
[5] [清]徐元诰撰,王树民、沈长云点校:《国语集解》,中华书局,2002年,第309页。

三》韦昭注"《传》曰'献公娶于贾,无子'。"①,即来自《左传·庄公二十八年》。《郑语》"商契能和合五教"韦昭注"父义母慈兄友弟恭子孝"②,即来自《左传·文公十八年》。

《春秋》三家传,孙吴学者均有著录存世,但以《左传》影响最大。唐固是治《春秋》的名家,注释了《公羊》和《穀梁》二传,另有《国语》注传世,未闻《左传》著作。士燮有《春秋左氏传注》,据本传记载,他"少游学京师,事颍川刘子奇,治《左氏春秋》"③,又称"耽玩《春秋》,为之注解"④。刘子奇即刘陶,汉末大儒,有《春秋训诂》《春秋条例》。士燮《左传》学来自中原,他对《左传》爱好甚深,又能于众家之中取其义所长者从之,亦可谓有辩有识。故陈徽赞扬道:"(士燮)官事小阕,辄玩习书传,《春秋左氏传》尤简练精微,吾数以咨问传中诸疑,皆有师说,意思甚密。"⑤张昭有《春秋左氏传解》,史书又载诸葛瑾、徵崇、张纮均治《左氏春秋》,可见当时《左传》是一门显学,可惜他们的著作都未能传世,无从知其面貌。韦昭《国语解》也颇多因循《左传》之处,已见上文。

《左传》也体现在孙吴君臣的日常政治生活中。华覈针对"盛夏兴工,农守并废"上疏孙皓说"昔鲁隐公夏城中丘,《春秋》书之,垂为后戒。今筑宫为长世之洪基,而犯天地之大禁,袭《春秋》之所书,废敬授之上务"⑥,此袭《春秋》"隐公七年"之"夏,城中丘",《左传》说"书,不时也"⑦。

(六)其他经学著作

《孝经》《论语》和小学著作,是士子进入小学的必读书籍,都属于经学的组成部分,另外还有一些子书,也主要是经学家的著作。

《隋书·经籍志》著录"孝经类"有"《孝经解赞》一卷,韦昭解""《孝经默

---

① [清]徐元诰撰,王树民、沈长云点校:《国语集解》,中华书局,2002年,第254页。
② [清]徐元诰撰,王树民、沈长云点校:《国语集解》,中华书局,2002年,第466页。
③ [晋]陈寿撰,[南朝宋]裴松之注,陈乃乾校点:《三国志·吴书·士燮传》卷四九,中华书局,1959年,第1191页。
④ [晋]陈寿撰,[南朝宋]裴松之注,陈乃乾校点:《三国志·吴书·士燮传》卷四九,中华书局,1959年,第1191页。
⑤ [晋]陈寿撰,[南朝宋]裴松之注,陈乃乾校点:《三国志·吴书·士燮传》卷四九,中华书局,1959年,第1191页。
⑥ [晋]陈寿撰,[南朝宋]裴松之注,陈乃乾校点:《三国志·吴书·华覈传》卷六五,中华书局,1959年,第1466页。
⑦ 《春秋左传正义》卷四,[清]阮元校刻:《十三经注疏》清嘉庆刊本,中华书局,2009年,第3761页。

注》一卷,徐整注"。姚振宗《三国艺文志》载:"韦昭《孝经注》、严畯《孝经传》和孙熙《孝经注》一卷。"《孝经》一书,孙吴的注释者也颇多,曾有韦昭、徐整、严畯和孙熙四家,今均不传。马国翰评韦昭《孝经解赞》曰:"其说衣美不安,据《书》成王崩,康王冕服即位,既事毕反丧服。说食旨不甘,据《曲礼》丧有疾饮酒食肉,训义切实,与郑康成笺《诗》相似。至郊祀后稷以配天,全用郑义,然则书名解赞,或赞郑解也欤?"[1]

《隋书·经籍志》著录"论语类"有"王肃、虞翻、谯周等注《论语》各十卷,亡"。则知虞翻注《论语》十卷。姚振宗《三国艺文志》载"张昭《论语注》、程秉《论语弼》"。

《隋书·经籍志》的著录"字书类"有"《辩释名》一卷,韦昭撰""《幼学》二卷,朱育撰;《始学》十二卷,吴郎中项峻撰"。知朱育撰《幼学》二卷(《旧唐书·经籍志》载《初学篇》一卷,朱嗣卿撰;《新唐书·艺文志》载朱嗣卿《幼学篇》一卷),吴郎中项峻撰《始学》十二卷。姚振宗《三国艺文志》称"朱育《异字苑》二卷"。小学类有韦昭、朱育、项峻、陆机等学者的著作。韦昭《辨释名》一书,马国翰称"以汉刘熙《释名》解有不合者辨而正之",但马氏所辑,皆为韦昭辨官制部分。朱育《幼学》和项峻《始学》应该是蒙学的识字书。朱育《异字苑》可能是研究异体字的著作,属于文字学的范畴。由此可见,朱育是重要的文字学家。朱育是会稽山阴人,《会稽典录》载:"孙亮时,有山阴朱育,少好奇字,凡所特达,依体象类,造作异字千名以上。"[2]

另外,孙吴的子部著述中,儒家类的子书基本是经学家所著。《隋书·经籍志》的著录"《扬子太玄经》十卷,陆绩、宋衷注""梁有《扬子太玄经》十四卷,虞翻注;《扬子太玄经》十三卷,陆凯注""《典语》十卷、《典语》别二卷,并吴中夏督陆景撰。亡""梁有《杨子物理论》十六卷,《杨子大元经》十四卷,并晋征士杨泉撰""《周子》九卷,吴中书郎周昭撰。亡""《顾子新语》十二卷,吴太常顾谭撰"。姚振宗《三国艺文志》亦载殷基《通语》数十篇。孙吴学者颇热衷于扬雄的《太玄经》,《隋书·经籍志》记载了陆绩、虞翻、陆凯和杨泉的撰注。周昭、顾谭、陆景、殷礼均有子书著录,其详情已不可知。马国翰《玉函山房辑佚书》根据陆景《典语》中论文之语,和杨泉《物理论》评《二京赋》之语,将《典语》《物理论》纳入儒家,可资参考。

---

[1] [清]马国翰辑:《玉函山房辑佚书》,广陵书社,2004年,第1591页。
[2] [晋]陈寿撰,[南朝宋]裴松之注,陈乃乾校点:《三国志·吴书·虞翻传》卷五七,中华书局,1959年,第1324页。

综观孙吴学者的经学成就,经学著作最丰富的首推虞翻,刘汝霖《汉晋学术编年》辑有《周易注》十卷、《周易日月条例》六卷、《论语注》十卷、《春秋外传国语注》二十一卷、《太玄经注》十四卷、《京氏易律历注》一卷、《周易集林律历》一卷,以及《孝经注》《郑注五经违失事》,虞翻在《易》《春秋》《论语》《孝经》甚至"五经"上都有所成就。其次当属韦昭,有《毛诗答杂问》七卷、《春秋外传国语注》二十一卷、《孝经解赞》一卷、《辨释名》一卷。韦昭在《毛诗》《国语》《孝经》《论语》等众多经学领域都有造诣。其他兼治众经的学者,有张纮,"治京氏《易》、欧阳《尚书》,又于外黄从濮阳闿受《韩诗》及《礼记》《左氏春秋》"[①];诸葛瑾,"少游京师,治《毛诗》《尚书》《左氏春秋》"[②];徵崇,"治《易》《春秋左氏传》"[③];严畯有《孝经传》,又"善《诗》《书》、三《礼》,又好《说文》"[④];等等。他们虽然博治众经,但《隋书·经籍志》并不著录他们的著作,很可能是其学术成就并不突出。

四、变革之际:孙吴经学保守论的反思

一般认为,孙吴的经学继承了两汉的遗风,总体呈现出保守性倾向。唐晏说:"三国之际,经学已成弩末。况值马、郑之后,多变今从古。然此风于曹魏尤甚。若蜀、吴地僻,今学尚未尽漓,故虞氏之《易》尚出于孟、杨,仲通之《书》犹本于欧、夏,余亦多出今文。惟《诗》一派,蜀、吴多从毛、郑,而魏尚存鲁说。"[⑤]意思说曹魏已多从古文经学,而孙吴仍然多从今文经学。刘师培《南北经学不同论》说:"经术萌芽于西汉,诸儒各守遗经,用则施世,舍则传徒,一经有一经之家法。家法者,即师说之谓也。至于东汉,士习其学,各守师承,而集其大成者,实为郑康成氏。特当此之时,经生崛起于河北,江淮以南治经者鲜。三国之时,经师林立,而南人之说经者有虞翻、包咸、韦昭,然师法相承,仍沿北派;又当此之时有杜预、王肃、王弼诸人(亦大

[①] [晋]陈寿撰,[南朝宋]裴松之注,陈乃乾校点:《三国志·吴书·张纮传》卷五三,中华书局,1959年,第1243页。
[②] [晋]陈寿撰,[南朝宋]裴松之注,陈乃乾校点:《三国志·吴书·诸葛瑾传》卷五二,中华书局,1959年,第1232页。
[③] [晋]陈寿撰,[南朝宋]裴松之注,陈乃乾校点:《三国志·吴书·程秉传》卷五三,中华书局,1959年,第1249页。
[④] [晋]陈寿撰,[南朝宋]裴松之注,陈乃乾校点:《三国志·吴书·严畯传》卷五三,中华书局,1959年,第1247页。
[⑤] [清]唐晏,吴东民点校:《两汉三国学案》"凡例",中华书局,1986年,第5页。

抵北人)以义理说经,与汉儒训诂章句学不同。"①包咸是东汉人,虞翻、韦昭是吴国人,不应并列,但指出的趋势是准确的。唐长孺《读抱朴子推论南北学风的异同》说:"江南自荆州学派星散之后还是继承汉儒传统,全未受什么影响。"②唐长孺考察了虞翻、姚信和陆绩的易学,指出陆绩的《易》学以象数说经,是西京博士之遗绪,属于保守的学说;而《太玄》学也在于占卜,与宋忠扫除象数、发挥义理的新学风不同。唐长孺又指出,虞翻的《易》注是家传《孟氏易》,虞翻对马融、郑玄和宋忠的《易》学都不满意。姚信也有《易》注,姚信是陆逊的外甥,其学应该是陆绩的《易》学。他们共同的特点是重视象数而轻理论,与汉末"荆州学派"的宋忠开始兴起的义理学不同,呈现出江南《易》学的保守性特点。唐长孺还指出,江南盛行天体论的研究,这是汉代盛行的学风,"一到三国却只流行于江南,中原几等于绝响,这也是江南学风近于汉代之一证"③。前贤以扎实的资料精彩地揭示了孙吴经学的总体特点,给人以深刻的启发。但在经学剧变的三国时期,在吴魏紧密的交流当中,孙吴的学风也很难维持汉代原状,不能不表现出新的特点。通过全面地占有孙吴的经学资料,来审视前贤的判断,能够得到不一样的认识。

孙吴有太学制度,有博士官,前文已有所论,但具体设置尚不清楚。王国维《汉魏博士考》指出,虞翻认为郑玄解《尚书》多有违失,惧谬种行乎学校、传乎将来,据此认为孙吴学校所行为古学,孙休时立博士,韦昭为祭酒,也属于古学家④。博士祭酒有韦昭,博士有盛冲,但其他博士官已不清楚。孙吴的学术面貌,前文已经揭示,兹略述如下。《易》有孟氏(虞翻)、京氏(陆绩、姚信)之学。《书》有王学(范顺、刘毅)。《诗》主要是毛诗(韦昭、朱育、徐整、陆玑),偶有《韩诗》(张纮)。《礼》当是郑学(薛综)。《春秋》主要是《左传》(士燮、张昭、诸葛瑾、徵崇、张纮、华覈),也有《公羊》(唐固)、《穀梁》(唐固)。由此看来,孙吴的学术今古文兼存,在《诗》《春秋》方面,古文经学占据了主流地位,《书》应该是王学,《礼》应该是郑学,只有《易》学维持着江南的旧有特点。

---

① 刘师培:《刘申叔遗书》,江苏古籍出版社,1997年,第550页。
② 唐长孺:《魏晋南北朝史论丛》,中华书局,2011年,第351页。
③ 唐长孺:《魏晋南北朝史论丛》,中华书局,2011年,第355页。又有学者指出,吴国的衡制使用汉秤,与魏晋的新秤(量值仅为汉秤1/2)不同,亦可作为孙吴沿袭汉代制度之一证。参见韩吉绍:《魏晋南朝衡制发微》,《历史研究》,2018年第6期。
④ [清]王国维:《观堂集林》卷四,《王国维全集》第八卷,浙江教育出版社,2009年,第117—118页。

汉代的经学传授和江南经学情况，前文已有讨论。江南的今文经学类来自东汉的经学，东汉立于学官的今文经学中，《易》有施、孟、梁丘、京氏四家，江南主要流传《京氏易》；《尚书》有欧阳、大小夏侯三家，江南主要流传《欧阳尚书》；《诗》有齐、鲁、韩三家，江南主要流传《鲁诗》和《韩诗》；《春秋》有严、颜二家，江南也主要是"公羊学"的《严氏春秋》和《颜氏春秋》，偶有《穀梁春秋》。在古文经学中，《费氏易》《毛诗》《左传》的研究也蔚然兴盛。

因此孙吴时期，形成了以古文经学为主的局面，古文经学中以《毛诗》和《左传》的成就最高。

江南虽然僻处东南，开发较晚，但与中原的交流是频繁的（详见下节所列吴魏交流），中原的经学新风自然会流入江南地区，改变了当地的学术宗尚。唐长孺通过《易》学和天体论来论证孙吴学风的保守性，是准确而深刻的。但《易》学和天体论本来是孙吴的优势学问，如虞翻的《易》注构成了唐李鼎祚《周易集解》的主要来源（有学者统计近1300节，约占《周易集解》所录注释的一半），但中原易学，因王弼由崇实而尚虚，由尚象而扫象，而演变为义理之学，又如阚泽的《乾象历》是比东汉《四分历》、曹魏《景初历》更准确的历法（详见本书史学章）。总之，曹魏历法之学落后于孙吴，而曹魏《易》象数研究水平不高，学者不得不另辟路径而转为义理学风。因此在《易》与天体论上，孙吴学者没有汲取中原的意见，主要是出于学术优越感，而在《书》《诗》《春秋》等领域，仍然与中原一样，形成了以古文经学为主导的局面。总之，孙吴的经学风气，与中原经学发展是相似的，即使有不同的一面，也要注意具体学术的成就，不能简单地定性为保守。

第三节　孙吴诗歌状态的经学因素

汉晋之际的诗歌发展在地域上存在着明显的不平衡，这一现象早已为学者所瞩目[①]。汉末中原开始盛行的文人五言诗，到了曹魏和晋初，名家佳作层出不穷，反观孙吴的诗歌创作，不仅存世之作寥寥无几，而且成就也无

[①] 钱志熙说："建安诗风为曹魏独盛，吴蜀两处风流未闻，虽偶有歌诗创作，但仍处于汉代的自然诗歌状态中，实未受建安思潮之推激。西晋平吴之后，北方的诗风与学风才开始流行吴地，于是出现以二陆兄弟为代表的吴地诗人群。"见钱志熙：《魏晋南北朝诗歌史述》，北京大学出版社，2005年，第62页。

足称道。根据逯钦立《先秦汉魏晋南北朝诗》的辑佚情况,仅有薛综《嘲蜀使张奉》、张纯《赋席》、张俨《赋犬》、朱异《赋弩》、诸葛恪《答费祎》、华覈《与薛莹诗》、周昭《与孙奇诗》、孙皓《尔汝歌》等。实际上,薛综诗是四言,属外交场合的游戏之作;张纯、张俨、朱异应朱据之邀作赋,虽是四言体,但似乎不能称作诗;华覈与薛莹的诗是五言,可惜仅存两句。孙皓《尔汝歌》作于入晋之际,属于杂歌谣辞。另有韦昭《吴鼓吹铙歌十二曲》属于模拟魏国而制作的吴国雅乐。孙吴的乐府成就颇有可述,本书的第四章将专门讨论。从孙策占据江南,到太康灭吴,漫长的八十余年间,孙吴传世的诗歌竟这样稀少,而同时期的中原地区,建安时期已涌现出曹氏父子和建安诸子这样优秀的诗人,正始开始又涌现出阮籍、嵇康这样杰出的诗人。那么以建安、正始诗人为代表的中原诗歌繁盛既久、名家辈出,江南的孙吴文人为何没有进行取法并贯彻于自己的创作实际呢?然而,到了太康末年,陆机北赴洛阳途中,创作了著名的《赴洛道中作二首》,达到了当时诗歌的最高成就,及至到了洛阳,更是雄视中朝,被钟嵘《诗品》称为"太康之英",成为西晋诗歌的卓越代表。这种情况与吴魏的政权对立无关,而与孙吴文人的经学家身份有关。

一、政权对立并未影响吴国与中朝的文学交流

孙吴未能取法中朝的诗歌,一般认为吴与魏、晋属于敌国,政权的对立影响了两者的文学交流,但事实如何呢?

孙吴政权是以兴平二年(195)孙策受袁术之命占据江东为起点,以太康元年(280)孙皓投降于西晋为终点,前后延续了八十六年。纵观孙氏的八十六年历史,吴国和魏、晋之间至少有四十年发生战事。兹据史书列表如次(表7):

表7

序次	时间	事件
1	建安十三年(208)	赤壁之战,以孙权胜利而告终
2	建安十四年(209)	七月,曹操从合肥攻吴未遂
3	建安十七年(212)	十月,曹操讨伐孙权,不利而还

续表

序次	时间	事件
4	建安十八年(213)	春,曹操与孙权战于濡须口,破孙权江西营
5	建安十九年(214)	五月,孙权攻克庐江皖城,七月,曹操再征孙权,战于合肥,十月退军
6	建安二十年(215)	八月,孙权围攻合肥,为魏将张辽、李典、乐进等所破,凌统助其突围,贺齐率军迎接,遂免于被俘
7	建安二十一年(216)	十月,曹操讨伐孙权
8	建安二十二年(217)	二月,曹操进攻濡须口,孙权筑濡须城拒守,孙权遣使徐详向曹操请降,三月曹操引军还
9	黄武元年(222)	九月,曹丕兵分三路讨伐孙权,是为"江陵之役""洞口之役"和"濡须之役"
10	黄武二年(223)	三月,吴将朱桓于濡须口击退曹仁
11	黄武三年(224)	八月,曹丕出发征吴,九月,至广陵观江,不战而还
12	黄武四年(225)	八月,魏曹丕自谯循涡入淮,十月至广陵临江观兵,还
13	黄武五年(226)	八月,孙权攻魏江夏郡、襄阳郡不胜
14	黄武六年(227)	孙权攻魏石阳
15	黄武七年(228)	五月至九月,吴魏"石亭之战"
16	黄龙二年(230)	冬,孙权攻合肥城,不胜
17	嘉禾元年(232)	陆逊引兵进攻庐江,不久遁还
18	嘉禾三年(234)	五月,吴蜀联合攻魏。七月,魏曹睿率水师亲征。孙权攻合肥新城,魏将张颖等拒守力战,孙权退兵。八月,曹睿返回许昌
19	嘉禾五年(236)	孙权北伐魏,陆逊、诸葛瑾攻襄阳
20	嘉禾六年(237)	九月,孙权遣朱然围攻江夏郡,被魏胡质击退。十月,孙权遣全琮攻六安,不胜
21	赤乌四年(241)	四月,吴分四路攻魏:一路是诸葛恪攻六安,为司马懿所败;一路是全琮攻淮南,与王凌战于芍陂,败绩;一路是朱然攻樊城,司马懿救樊,吴军遁走;一路是诸葛瑾、步骘攻柤中

续表

序次	时间	事件
22	赤乌六年(243)	诸葛恪袭六安,为避司马懿征讨而由舒改屯柴桑
23	赤乌九年(246)	二月,朱然攻入魏柤中
24	赤乌十三年(250)	十二月,魏将王昶攻江陵、王基攻西陵、州泰攻巫、秭归、房陵,王昶在江陵战胜吴将施绩
25	赤乌十四年(251)	正月,魏将王基、州泰分别战胜吴人
26	太元二年(252)	三月,吴将朱然、朱异与诸葛诞战,不胜。十一月,魏诏三路攻吴:一路是诸葛诞、胡遵攻东兴,一路是王昶攻南郡,一路是毌丘俭攻武昌。十二月,诸葛恪击破东兴一路的魏军,取得了"东关之役"的胜利。其他二路退还
27	建兴二年(253)	三月,诸葛恪发兵攻魏。四月,诸葛恪围魏合肥新城,与魏司马孚、毌丘俭、文钦相拒,七月,在"新城之役"中大败
28	五凤二年(255)	闰正月,孙峻与吕据、留赞袭寿春,魏诸葛诞拒之,孙峻引军还。二月,孙峻击败魏将曹珍,留赞等为魏将蒋班所攻杀。三月,朱异袭安丰不克
29	五凤三年(256)	二月,吴用文钦计,举兵伐魏,以图青、徐
30	太平二年(257)	五月,魏将诸葛诞起兵反,称臣于吴。魏将王基讨叛。陆抗破魏军。六月,朱异袭夏口,孙壹降魏。司马昭率军二十六万征讨,魏将王基、陈骞、石苞、州泰等与吴将文钦、唐咨、全端、全怿等交战。七月,孙綝、朱异等救诸葛诞。吴将朱异屯安丰,为魏州泰等所败,被孙綝斩杀
31	永安七年(264)	二月,陆抗等围攻蜀将罗宪,七月,魏将胡烈救罗宪,陆抗等退兵
32	宝鼎三年(268)	十月,吴出兵荆州之江夏、襄阳,为晋所败。吴出兵交趾,为晋所败。十一月,吴丁奉、诸葛靓与晋司马骏战于合肥
33	建衡二年(270)	正月,丁奉入涡口,为晋将牵弘击败
34	建衡三年(271)	十月,吴破交趾,杀晋守将,置新昌郡、武平郡
35	凤凰元年(272)	八月,孙皓征西陵督步阐,步阐不应,遣陆抗围攻步阐,九月步阐降晋。晋遣杨肇援救步阐,被陆抗击败,步阐亦被灭

续表

序次	时间	事件
36	凤凰三年(274)	九月,吴枳里城为晋所拔,又有江夏之败
37	天纪元年(277)	十二月,夏口督孙慎出兵攻略江夏、汝南
38	天纪二年(278)	十月,晋将应绰伐吴皖城。杜预攻袭吴西陵督张政,孙皓遣刘宪代张政
39	天纪三年(279)	十一月,晋贾充等举二十余万众伐吴
40	天纪四年(280)	吴国屡败,及至三月壬寅,孙皓降,吴灭

在持续的八十多年间,孙吴政权对中原政权的态度,随着局势的不同,时而俯首称臣,时而分庭抗礼,但两国之间的政治交流始终持续。如建安三年(198)左右,曹操为拉拢孙策,拜其为讨逆将军、吴侯。建安四年(199),曹操"乃以弟女配策小弟匡,又为子章取贲女,皆礼辟策弟权、翊,又命扬州刺史严象举权茂才"①。建安二十四年(219),孙权派"校尉梁寓奉贡于汉"②。黄初二年(221),魏文帝曹丕遣使臣往吴求雀头香、大贝、明珠、象牙、犀角、玳瑁、孔雀、翡翠、斗鸭、长鸣鸡等南方的珍稀物品,吴国群臣认为曹魏所求不合礼制,然而孙权却表示:"彼所求者,于我瓦石耳,孤何惜焉?彼在谅暗之中,而所求若此,宁可与言礼哉!"③同年,学者沈珩初任西曹掾,孙权以为其有智谋,能专对,乃使至魏,随事应答魏文帝,无所屈服,以奉使敏达而获得声誉,封永安乡侯,官至少府。《荀勖别传》:"晋司徒阙,武帝问其人于勖,答曰:三公具瞻所归,不可用非其人。昔魏文帝用贾诩为三公,孙权笑之。"④可知当时魏朝的政治动态,孙权是掌握的。嘉禾四年(235),魏遣使臣以马求易珠玑、翡翠、玳瑁,权曰:"此皆孤所不用,而可得马,何苦而不听其交易?"⑤孙皓时期,南北交往也颇见记载。如魏平蜀后,魏国遣使

---

① [晋]陈寿撰,[南朝宋]裴松之注,陈乃乾校点:《三国志·吴书·孙策传》卷四六,中华书局,1959年,第1104页。
② [晋]陈寿撰,[南朝宋]裴松之注,陈乃乾校点:《三国志·吴书·吴主传》卷四七,中华书局,1959年,第1121页。
③ [晋]陈寿撰,[南朝宋]裴松之注,陈乃乾校点:《三国志·吴书·吴主传》卷四七,中华书局,1959年,第1124页。
④ [晋]陈寿撰,[南朝宋]裴松之注,陈乃乾校点:《三国志·魏书·贾诩传》卷十,中华书局,1959年,第332页。
⑤ [晋]陈寿撰,[南朝宋]裴松之注,陈乃乾校点:《三国志·吴书·吴主传》卷四七,中华书局,1959年,第1140页。

向吴国通报此事,曹魏咸熙二年(265),吴国遣使报聘。干宝《晋纪》载"文帝遗吴主书曰:韬神光福德,久劳于外"①。又载纪陟、弘璆奉使如魏,"入境而问讳,入国而问俗"②。又载:"孙皓遣使,诏书赐班罽五十张,绛罽二十张,紫青罽各十五张。"③同年,司马昭去世,吴遣张俨、丁忠赴晋吊丧。《建康实录》卷四《后主》载:"冬十月,使大鸿胪张俨、五官中郎将丁忠于魏吊祭司马文王。后主谓俨曰:'今南北通好,以卿有出境之才,故相屈行。'俨对曰:'皇皇者华,臣蒙其荣,惧无古人延誉之美,谨厉锋锷,思不辱命。'既至,晋贾充、裴秀皆不能屈,羊祜等与结缟带之好。"④

孙吴政权与中原政权的文学和学术交流也常见记载。早在兴平元年(194),孙策已至寿春与中州士人讨论学术,后来孙策对虞翻说道:"孤昔再至寿春,见马日磾及与中州士大夫会,语我东方人多才耳,但恨学问不博,语议之间,有所不及耳。"⑤建安年间,孙权劝吕蒙读书时说:"光武当兵马之务,手不释卷。孟德亦自谓老而好学。卿何独不自勉勖邪?"⑥孙权连曹操好学的事情也知道,当然是吴魏学术往来的结果。魏刘劭《人物志》的"偏至之材"对吴国陆景(250—280)《典语》的"能有偏达"也有影响(参见第二章第三节)。《三国志·吴书·张纮传》载张纮有"诗赋铭诔十余篇"⑦,裴注引《吴书》云:

> 纮见楠榴枕,爱其文,为作赋。陈琳在北见之,以示人曰:"此吾乡里张子纲所作也。"后纮见陈琳作《武库赋》《应机论》,与琳书深叹美之。琳答曰:"自仆在河北,与天下隔,此闲率少于文章,易为雄伯,故使仆受此过差之谭,非其实也。今景兴在此,足下与子布在彼,所谓小巫见大巫,神气尽矣。"纮既好文学,又善楷篆,与孔融书,自书。

---

① [南朝梁]萧统编,[唐]李善注:《文选》卷五八,中华书局,1977年,第799页。
② [晋]陈寿撰,[南朝宋]裴松之注,陈乃乾校点:《三国志·吴书·孙皓传》卷四八,中华书局,1959年,第1165页。
③ [宋]李昉等撰:《太平御览》卷八一六,中华书局,1960年,第3631页。
④ [唐]许嵩撰,张忱石点校:《建康实录》卷四,中华书局,1986年,第92页。
⑤ [晋]陈寿撰,[南朝宋]裴松之注,陈乃乾校点:《三国志·吴书·虞翻传》卷五七,中华书局,1959年,第1318页。
⑥ [晋]陈寿撰,[南朝宋]裴松之注,陈乃乾校点:《三国志·吴书·吕蒙传》卷五四,中华书局,1959年,第1275页。
⑦ [晋]陈寿撰,[南朝宋]裴松之注,陈乃乾校点:《三国志·吴书·张纮传》卷五三,中华书局,1959年,第1246页。

融遗纮书曰:"前劳手笔,多篆书。每举篇见字,欣然独笑,如复睹其人也。"①

陈琳入魏前已经名满天下,他很欣赏张纮的《楠榴枕赋》,并积极传示与人,推崇之意溢于言表。因此江东的文章,中原地区是不难得见的。张纮也读到了陈琳的文章,并致信表达自己的赞美之情,这说明中原文章也在江东传读,文人之间常有书信来往。陈琳在回信中自谦魏国有王朗、吴国有张纮和张昭,相比之下自己不过是了无神气的小巫。据此推知,建安前期,孙吴已颇有些作家闻名中原。这时吴魏两国的文学交流,应该是寻常可见的,而彼此之间的文学批评主要是通过私人书信的形式展开,其中也包含着对艺术的评论,如张纮与孔融即通过书信往复来讨论书法艺术。魏明帝年间,名士李丰亦为江南所知。李丰,曹魏嘉平六年(254)与夏候玄一起被司马师杀害,《世说新语·容止》称"李安国颓唐如玉山之将崩",刘孝标注引《魏略》曰:"李丰……识别人物,海内注意。明帝得吴降人,问江东闻中国名士为谁?以安国对之。……上曰:'丰名乃被于吴、越邪?'。"②

孙吴的文学也受到了中原政权的影响。孙吴在乐府的创制上受曹魏的影响最显而易见。黄初元年(220)十一月,曹丕代汉称帝后策命孙权道:"君化民以德,礼教兴行,是用锡君轩悬之乐。"③萧涤非认为:"既云轩悬之乐,则鼓吹自亦在内。故窃意《魏鼓吹》十二曲,盖尝流入于吴,迨韦昭作《吴鼓吹铙歌十二曲》时,因得从而模仿之。"④但缪袭《魏鼓吹曲》流入孙吴,韦昭得以袭制,这种乐府诗歌的影响是确实存在的。韦昭是史学家,而不是音乐家,因此要创制《吴鼓吹铙歌十二曲》,取巧的办法当然是亦步亦趋地因袭缪袭的格律而自铸新辞,因此萧涤非以他为"乐府填词之初祖"⑤。在乐府诗兴盛的时代,音乐的传播与诗歌的产生有着甚为密切的关系。韦昭的《吴鼓吹铙歌十二曲》,虽然模仿魏缪袭《魏鼓吹曲》,但辞采华丽,并不

---

① [晋]陈寿撰,[南朝宋]裴松之注,陈乃乾校点:《三国志·吴书·张纮传》卷五三,中华书局,1959年,第1246—1247页。
② [南朝宋]刘义庆,[南朝梁]刘孝标注,余嘉锡笺疏,周祖谟等整理:《世说新语笺疏》,中华书局,2007年,第716页。
③ [晋]陈寿撰,[南朝宋]裴松之注,陈乃乾校点:《三国志·吴书·吴主传》卷四七,中华书局,1959年,第1122页。
④ 萧涤非:《汉魏六朝乐府文学史》,人民文学出版社,1984年,第162页。
⑤ 萧涤非:《汉魏六朝乐府文学史》,人民文学出版社,1984年,第161页。

逊色于缪袭之作。

曹操的乐府也很可能在孙吴流传。曹操的《步出夏门行》,《宋书·乐志》收入相和歌,其中有《观沧海》"东临碣石",《晋书·乐志》"拂舞歌"记作《碣石篇》。"拂舞",《宋书·乐志》载:

> 江左初,又有《拂舞》。旧云《拂舞》,吴舞。检其哥,非吴词也。皆陈于殿庭。扬泓《拂舞序》曰:"自到江南,见《白符舞》,或言《白凫鸠舞》,云有此来数十年。察其词旨,乃是吴人患孙皓虐政,思属晋也。"①

如果《碣石篇》是江左《拂舞》的歌辞,则曹操之辞早已传入吴国,并且入乐。逯钦立认为《观沧海》用于瑟调曲,作《步出夏门行》,用于舞曲,作《碣石篇》,用乐不同,名称不同。②

黄初三年(222),孙权与曹丕有明确的文学来往。《文帝纪》裴注引胡冲《吴历》载:

> 帝以素书所著《典论》及诗赋饷孙权,又以纸写一通与张昭。③

但《吴主传》裴注所引胡冲《吴历》提供了更多的信息:

> 权以使聘魏,具上破备获印绶及首级、所得土地,并表将吏功勤宜加爵赏之意。文帝报使,致鼲子裘、明光铠、騑马,又以素书所作《典论》及诗赋与权。④

这是孙权在夷陵之战击破刘备后向曹丕报捷,曹丕给予了赏赐,则应该发生在当年的七八月间。但该年九月曹丕已命曹休率军压迫边境,孙权因扬越蛮夷未平,后方不稳,因此卑辞上书,欲以太子孙登与曹魏宗室通婚,曹丕不允,孙权于是改元黄武,不奉魏室年号以示对抗,曹丕旋即御驾

---

① [南朝梁]沈约撰:《宋书·乐志》卷一九,中华书局,2018年,第600页。
② 参见傅刚:《论曹操的乐府诗写作》,《铜仁学院学报》,2014年第19卷第3期。
③ [晋]陈寿撰,[南朝宋]裴松之注,陈乃乾校点:《三国志·魏书·文帝纪》卷二,中华书局,1959年,第89页。
④ [晋]陈寿撰,[南朝宋]裴松之注,陈乃乾校点:《三国志·吴书·吴主传》卷四七,中华书局,1959年,第1125页。

亲征,政治军事陷入空前紧张状态。因此,孙吴与中原的各种交流也随之遭遇困难。

曹丕《典论·论文》是否对吴国文人产生影响,尚无明确材料可资证明,但胡冲说:"胡冲以为玄、邵、蕃一时清妙,略无优劣。必不得已,玄宜在先,邵当次之。华覈文赋之才,有过于曜,而典诰不及也。"①胡冲对作家擅长文体的评价与曹丕《典论·论文》颇有异曲同工之处。

韦昭也熟悉中原的古诗。张守节《史记正义》载:

> 韦昭云:"古者名男子为丈夫,尊妇妪为大人。"《汉书·宣元六王传》"王遇大人益解,为大人乞骸去"。按大人,宪王外祖母。古诗云"三日断五匹,大人故言迟"是也。②

司马贞《史记索隐》:

> 韦昭云:"古者名男子为丈夫,尊妇妪为丈人。"故《汉书·宣元六王传》所云丈人,谓淮阳宪王外王母,即张博母也。故《古诗》曰"三日断五匹,丈人故言迟"是也。③

《史记正义》和《史记索隐》成书于同时,却互不提及,应该是没有看过对方的书,因此所引韦昭的言论,都有各自的来源,彼此进行了加工而已④。韦昭所说的"三日断五匹,丈人故言迟",实即《孔雀东南飞》中的两句诗,而他称为"古诗"⑤,由此可知,中原的古诗,早已在江南流传并得到文人的学习。

曹道衡也注意到吴国文学受到中原的影响,说:"韦昭作的《吴鼓吹曲》,全仿魏缪袭《魏鼓吹曲》的体裁,但辞采华丽,比缪袭之作并不逊色。

---

① [晋]陈寿撰,[南朝宋]裴松之注,陈乃乾校点:《三国志·吴书·王楼贺韦华传》卷六五,中华书局,1959年,第1470页。
② [汉]司马迁撰,[宋]马骃集解,[唐]司马贞索隐,[唐]张守节正义:《史记·刺客列传》卷八六,中华书局,2014年,第3062页。
③ [汉]司马迁撰,[宋]马骃集解,[唐]司马贞索隐,[唐]张守节正义:《史记·刺客列传》卷八六,中华书局,2014年,第3078页。
④ 中华书局修订本《史记》在该两处只把"古者名男子为丈夫,尊妇妪为丈人"句断为韦昭,余属司马贞、张守节,误。
⑤ 此据刘跃进:《道教在六朝的流传与江南民歌隐语》,《社会科学战线》,1996年第3期。

前引陆喜的《自叙》,明确地说到了他在吴平以前,就模仿蒋济(子通)《万机》而作《审机》。按,蒋济死于嘉平元年(249),缪袭卒于正始六年(245),他们的作品,在吴亡之前已传入南方,而被人模仿,这说明《诗品》说陆机诗出于曹植,可能确是曹植之作在吴亡前已传入南方,陆机早年即已学习,并非到洛阳之后才学习的。同样,据《晋书·文苑·张翰传》,张翰被人称为'江东步兵'是在入洛以前,他是和顾荣一起入洛的。顾荣入洛与陆机同时,应在晋武帝太康十年(289),而阮籍卒年为魏景元四年(263),据此则阮籍的作风和诗文,亦当在魏晋间已传入吴地,对张翰产生影响。"[1]据此可知,曹植、阮籍的诗歌也应在吴亡之前传入吴地,并引起吴国文人的注意。

吴国与中原的诗歌交流确实存在,但据现有材料来看,孙吴文人不甚注重学习建安诗风。孙吴文人的冷漠和无视,导致最终丧失改变诗风的良机,以致整个孙吴期间,诗歌艺术极不发达。直到太康末陆机入洛,才有完整的、成熟的五言诗《赴洛道中作二首》面世,但那时晋灭吴将近十载,国家一统,吴地文人不得不主动地学习中原诗风了。

二、汉代经学传统的深刻影响

既然孙吴政权与中原政权之间的文学交流是通畅的,那么孙吴文人不重视学习中原的诗歌,自然和吴魏政权的对立无关,根本原因是汉代经学传统的深刻影响。

学风的嬗变引导着文风的变革。从学风的传承来看,曹魏的学风继承了东汉末年的新变。东汉末年,荆州未受扰动,成为士子的避难场所,产生了以宋忠为代表的荆州学派,吸引了不少慕学的士子。如李仁"与同县尹默俱游荆州,从司马徽、宋忠等学。撰具传其业,又从默讲论义理"[2]。宋忠解《易》尽管未脱汉易象数的窠臼,但宗旨在于阐明义理,因此研究者认为:"他并不排斥象数,他论及象数的目的在于帮助人们加深对义理的认识……宋忠果断地改变了以往易学旨在探究经文与象数之间联系的易风,

---

[1] 曹道衡:《南朝文学与北朝文学研究》,《曹道衡文集》卷五,中州古籍出版社,2018年,第374—375页。
[2] [晋]陈寿撰,[南朝宋]裴松之注,陈乃乾校点:《三国志·蜀书·李譔传》卷四二,中华书局,1959年,第1026页。

而致力于对经文所蕴含的微言大义的通俗解释。"[1]荆州学派开启了曹魏的新学风,如王弼注《易》专讲义理而尽扫象数。荆州学派的学者多数流入曹魏,传播了经学义理的新学风,也使文学呈现出清峻、通脱的气息。而江南的学风维持着汉代传统学术风气,与中原日益发展的新学风已颇有隔阂。譬如"三玄"之中,《易》有数家注解,唐长孺考察了虞翻、姚信和陆绩的易学,指出其重视象数而轻理论,与汉末荆州学派的宋忠相比较,江南易学存在保守性特征[2];又如《老子》仅见虞翻一家注,梁时已亡,应该影响不大,而中原《老》学流行,不仅有何晏、王弼等人的《老子》注,而且引用《老子》也蔚然成风;又如《庄子》研究,自嵇康、阮籍开始成为中原显学,孙吴未见《庄》学著录,显然亦不为吴人所珍。

与学风的差异类似的是,曹魏和孙吴文人的主要身份也有区别:建安诗人多为独立的文士,而孙吴的作家同时也是经学家。身份的区别意味着作家追求的终极目标不同,如果是文士,则以文学创作作为实现人生价值的津梁,而经学家则以学术研究为主,积有余力才会锻炼诗文。因此独立而纯粹的文人出现,是文学自觉化的一个前提和基础。兹以曹氏父子和建安诸子为例,来考察他们文学创作与学术研究的关系。根据《隋书·经籍志》的记载,三曹七子均有别集著录,但其他著作的情况是:曹操有兵书及《孙子》注,曹丕有《列异传》和《典论》,曹植有《列女传颂》,王粲有《尚书驳问》《汉末英雄记》《去伐论集》,刘桢有《毛诗义问》,徐幹有《中论》。由此可知,建安作家中仅有王粲、刘桢、徐幹等有经学著作留世,而且学术门类狭窄,著作数目寥寥,证明学术并非他们的兴趣所在。虽然当时的文人和学者本无明确的分野,但是文学倾向的强化,反映了他们的人生追求与传统学者的迥异之处。

汉末中原战乱不已,江南得益于长江天堑,基本未受战火连累,因此江南的儒学传统没有遭到冲击。孙吴的文学家受传统学风的影响,仍然以经学著作作为学习和研究的重点。《隋书·经籍志》著录了别集的吴国作家有虞翻、张纮、士燮、薛综、姚信、韦昭、薛莹、杨泉等人,他们同时也是孙吴的著名学者,学术涉猎宽泛,都是贯通诸经的博学之士。虞翻的著作有《周易注》《春秋外传国语注》《论语注》《太玄经注》《周易集林律历》《易律历》等;韦昭的著作有《毛诗答杂问》《春秋外传国语注》《孝经解赞》《辩释名》等;张

---

[1]刘玉建:《两汉象数易学研究》,广西教育出版社,1996年,第609页。
[2]唐长孺:《魏晋南北朝史论丛》,中华书局,2011年,第351—354页。

纮治京氏《易》、欧阳《尚书》，又受《韩诗》《礼记》《左氏春秋》等①；薛莹主要以史学著名，其中《新议》应属子书著作；杨泉有子书《物理论》；等等。孙吴有别集著录的作家，多数也有经学著作，这与曹魏的情况颇为迥异。因此说孙吴的文学创作尚未成为学者的主要追求，与当时曹魏日益明晰的学术分工是有差别的。因此曹道衡说："在三国时期，魏国的文化发展较高，文学和经学的分工也较明显；在南方的吴国，则文人多半亦属经学家。"②

曹氏与孙氏的阶级属性不同。陈寅恪说："蜀、吴两国统治者的阶级性不同。……曹操出身于寒族，以法术为治。……孙吴政权是由汉末江东地区的强宗大族拥戴江东地区具有战斗力之豪族，即当时不以文化见称的次等士族孙氏，借其武力，以求保全，从而组织起来的政权。故孙吴政治社会的势力完全操在地方豪族之手。"③曹操属寒族出身，受到的传统儒学约束相对要轻，如果要代汉自立，当务之急是树立新的学术传统，因此破坏旧学就成了首要任务。陈寅恪指出曹魏"最为重要的是要摧破儒家豪族的精神堡垒，即汉代传统的儒家思想"④。而孙吴政权代表的是江东本土豪族利益，这个集团仍然尊崇汉代儒家思想，在学术上自然要坚持保守雅正的学风。同时在政治考量上，曹操要挟天子对外发号施令，已令外界大为不满，后来曹丕篡汉，大失人心；刘备以宗室远亲的名义，建立蜀国以承汉统，在政治上拉拢汉室的支持者；孙权以汉代正统学风自居，以文化继承者的面貌出现，试图在学术上获得拥护汉室士人的支持，收到笼络人心的效果。因此，蜀汉的将相之才多而学者罕闻，孙吴的学者多而名将贤相略少。

正是孙吴的学风影响和文士学者身份的制约，使孙吴的文学观念也呈现出保守性倾向。检索存世文献，目前尚未发现孙吴文人的文学理论著作。他们的文学观念，零星地深藏于作品与史书的字里行间，有待仔细的勾稽和琢磨，但大体形式不外于直接表达对"文"的看法以及对具体作家作品的评议。陆景《典语》说："所谓文者，非徒执卷于儒生之门，摅笔于翰墨之悉，乃贵其造化之渊，礼乐之盛也。"⑤这是目前能够看到的孙吴文人对"文"的定义的唯一材料。陆景心目中对"文"仍抱守着儒家观念，"执卷于

---

① [晋]陈寿撰，[南朝宋]裴松之注，陈乃乾校点：《三国志·吴书·张纮传》卷五三，中华书局，1959年，第1243页。
② 曹道衡：《南朝文学与北朝文学研究》，《曹道衡文集》卷五，中州古籍出版社，2018年，第363页。
③ 陈寅恪，万绳楠整理：《陈寅恪魏晋南北朝史讲演录》，天津人民出版社，2018年，第22页。
④ 陈寅恪，万绳楠整理：《陈寅恪魏晋南北朝史讲演录》，天津人民出版社，2018年，第9页。
⑤ [宋]李昉等撰：《太平御览》卷五八五，中华书局，1960年，第2636页。

儒生之门,撼笔于翰墨之悉"指的是置身孔门勤学并尽全力于儒学著述,又说"文"最珍贵的方面在于它是造化的渊薮和礼乐的兴盛,这种"造化之渊"的"文"取自《易经》。陆景活跃在孙吴末期,距曹丕去世已经三四十年,《典论·论文》早在黄初三年(222)即已来到江南,却未能产生影响。再如张纮称美陈琳的《武库赋》《应机论》,杨泉评张衡《二京赋》为"文章卓然",华覈与韦昭论文笔的优劣,骆统表理张温的"文章之采",华覈上疏挽救薛莹的"文章尤妙",等等,虽然仅是零章断句,但对具体文学作品和文学家有所品评,而且将作文章的才能作为重要优点来寻求宽赦罪愆,说明当时能文之士还是颇受器重的。在目前可见的材料中,还没有发现对诗歌的品评,结合孙吴寥寥存世的数首诗歌,可以断定孙吴诗歌创作风气之沉潭不彰,主要是保守的学术风气使他们拒绝接受建安诗风,而取法《诗经》的四言体诗又不容易推陈出新,因此诗歌创作对他们来说是件兴味索然的事情。

三、诗体命运的不同遭际

在经学传统的影响下,四言体诗成为自然而然的选择,而统治者以经学思维对待文学,也制约着文人对建安诗风的接受。

从诗体的发展历史来看,汉末建安正值五言体的繁盛时期,涌现了曹植、刘桢等一批五言诗的代表作家,刘勰《文心雕龙·明诗》概括称:"建安之初,五言腾踊:文帝陈思,纵辔以骋节;王徐应刘,望路而争驱。"[1]自四言体为主的《诗经》成为儒家经典,历来文人都以四言"雅颂"为正体,迄两汉四百年未变,而杂言的民间乐府诗往往得不到足够的重视。汉末建安年间,雅正的四言诗势力依然强大,譬如赠答一体,一般发生在严肃的交际场合,基本是四言诗"一统天下";虽然五言诗的创作已经兴盛,但其正统地位并没有得到承认,因此多出现在公宴、乐府等娱乐场合。正是建安诗人在汉末大乱中渐渐培养了通脱、简易的性格,他们才敢于借鉴民间乐府诗,大规模地创制五言体。汉末江南地区并没有受到严重的战争冲击,因而成了中原人士的避难之所,旧有的思想体系也没有遭到破坏,因此吴地文士在《诗经》传统的强大惯性下,依然以创作"雅颂"体的四言诗歌为主。

而吴魏文人的不同身份,导致取法对象的差异,也影响着不同诗体的

---

[1] [南朝梁]刘勰,范文澜注:《文心雕龙注》,人民文学出版社,1958年,第66页。

流行。强调雅正的四言诗多向书本取法,更易为崇尚经学的孙吴文人所选择,即使是依照《汉鼓吹铙歌十八曲》所作的《吴鼓吹铙歌十二曲》,偶尔有一些五言诗,也是赞颂大吴开国的功绩,属于雅乐歌辞。而擅长吟咏的曹魏诗人,既然无意沉埋在书本里研经究典,就会选择到社会生活当中扩展自己的思想和见闻,因此他们不仅能够在枯燥的四言诗园地里别开生面,而且积极接受乐府民歌和文人五言诗的影响,并将眼光投向自然、人生和社会,从而大大地拓展了诗歌主题,丰富了表现技法。

东汉末年,文人五言诗未能在江南流行,还可以从五言诗的产生地区和作者身份上得到解释。陈寅恪说:"东汉时代,其统治阶级除皇室外戚外,要不出阉宦及儒士两类之人,其士人大抵先从师受经传,游学全国文化中心首都洛阳之太学,然后应命征辟,历任中央地方郎吏牧守,以致卿相之高位。中晚以后,此类仕宦通显之士人逐渐归并于少数门族,如汝南袁氏四世三公之例……"[1]首都洛阳是当时的学术中心,吸引着全国各地的学子,同时又是士人们追求宦达梦想的场所,当少数豪门垄断了仕进阶梯,无疑会激起士人们的哀怨,因此文人五言诗主要产生于洛阳地区,是由一系列特殊条件综合决定的。《后汉书·王符传》载:"自和、安之后,世务游宦,当途者更相荐引,而符独耿介不同于俗,以此遂不得升进。"[2]《古诗十九首》中《青青陵上柏》一诗,提到"驱车策驽马,游戏宛与洛。洛中何郁郁,冠带自相索。长衢罗夹巷,王侯多第宅。两宫遥相望,双阙百余尺",所写皆是京都洛阳风致;《今日良宴会》中又有"何不策高足,先据要路津",作者之身份大致也是赴京干谒当道以求仕宦的士人。既为游宦受阻,发为吟咏,颇多哀怨,这样的情景自然不会发生在偏远的江南。而江南既非京畿所在,又未经历汉末中原的战乱,因此既不能引起游子们的兴趣,又无法提供促发凄凉吟咏的题材。即使那些曾经亲历动乱而南渡避难的中原文人,也因在江东整体和平的环境中,或找不到砥砺的知音,或丧失了吟咏的动力,而不得不主动或被动地缄默下去。因此,中原文人的五言诗创作逐渐发展成熟,而孙吴却因客观条件的限制失去了这样的机会。

统治者对待文学的态度也是影响诗风传播的重要因素。曹操和曹丕、曹植不仅亲自参与诗歌的吟咏,颇有佳制行世,而且广延文士开展文学活动。钟嵘《诗品序》称:"降及建安,曹公父子,笃好斯文;平原兄弟,郁为文

---

[1] 陈寅恪:《崔浩与寇谦之》,《金明馆丛稿初编》,生活·读书·新知三联书店,2001年,第142页。
[2] [宋]范晔撰,[唐]李贤等注:《后汉书·王符传》卷四九,中华书局,1965年,第1630页。

栋;刘桢、王粲,为其羽翼。次有攀龙托凤,自致于属车者,盖将百计。彬彬之盛,大备于时矣。"①建安诗人真可谓人才济济,尽一时之选,这无疑要归结于曹操对文人的重视和不遗余力的搜罗。他曾发布求贤令,不再以道德标准作为首要的考察指标,而重视吸收有一介之善者。他也拥有政治家的宽大胸怀,虚怀若谷、不计私仇,陈琳作檄辱及祖上,他没有计较,仍然收入帐下重用。曹丕和曹植身为贵公子,积极参加文学集会,促成了邺下文学活动的繁荣。邺下文学活动"主要有'南皮'、'西园'等游乐聚会以及公宴等诗会"②,涌现了曹丕《芙蓉池作诗》及曹植、王粲、刘桢的《公宴诗》等一系列重要作品,不仅体现了作者对美的感悟和对生活的热爱,而且开拓了诗歌题材,促成了诗体的转变和诗艺的提高③。而孙权集团对文学颇不措意,他和张昭接到了曹丕送来的《典论》和诗赋,但没有给予关注,显然他们对建安文学的繁荣置若罔闻,而特别重视经史之学和实用学术的传播。孙权给太子配备的师傅都是孙吴最优秀的学者,如孙登身边的诸葛恪、张休、顾谭、陈表,孙和周围的阚泽、薛综、张纯等。这些学者大多在《隋书·经籍志》中有别集著录,属于文学家,但他们在太子周围主要从事经史之学的教授,并没有任何文艺活动的记载,相比曹魏统治者对文学的重视程度,孙吴统治者就显得颇为冷漠了。

　　总而言之,经历了汉末乐府和《古诗十九首》诸诗人的努力,建安诗人们明晰了诗歌发展的方向和前途,他们用刚刚兴起的五言诗抒情感怀、互相砥砺,取得了诗艺的巨大进步。这得益于动乱时代的思潮解放和统治集团的开明政治。而孙吴僻在江南,远离中原战乱的直接冲击,统治者在当地传统豪族的支持下,继续坚持汉代儒学,执着于保守的学风,导致了文学观念的落后。统治者重视经学和史学的传授,而不甚措意于文学,因此学者们没有投身文学创作的热情,偶有创作,也是因袭《诗经》"雅颂"四言体,而对中原盛行的建安五言体诗风有意识地选择漠视。如此种种,皆是建安诗风未能在江南寻找到知音的原因。

---

① 钟嵘,曹旭笺注:《诗品笺注》,人民文学出版社,2009年,第12页。
② 傅刚:《魏晋南北朝诗歌史论》,商务印书馆,2017年,第23页。
③ 傅刚:《魏晋南北朝诗歌史论》,商务印书馆,2017年,第23—32页。

第二章　孙吴玄学传统与"二陆遇鬼"

孙吴玄学是在汉末中原的影响下发生发展的,而又在政治衰败中归于消歇。孙吴的清谈名理主要表现为清谈风气的盛行和人物品评的兴起,又在《易》和《太玄》之学上成就斐然。以陆机、陆云为代表的吴士入洛之际的玄谈,偏重于《易》《老》,这是汲取了孙吴玄学传统的资源的原因。

第一节　"二陆遇鬼"说的玄学背景

刘敬叔《异苑》载:

> 陆机初入洛,次河南之偃师。时久结阴,望道左若有民居,因往投宿。见一年少,神姿端远,置《易》投壶。与机言论,妙得玄微。机心服其能,无以酬抗。乃提纬古今,总验名实,此年少不甚欣解。
>
> 既晓便去,税骖逆旅。问逆旅妪,妪曰:"此东数十里无村落,止有山阳王家冢尔。"机乃怪怅。还睇昨路,空野霾云,拱木蔽日。方知昨所遇者,信王弼也。
>
> 一说陆云独行,逗宿故人家。夜暗迷路,莫知所从。忽望草中有火光,云时饥乏,因而诣前。至一家,墙院甚整,便寄宿。见一年少,可二十余,丰姿甚嘉,论叙平生,不异于人,寻共说《老子》,极有辞致。云出,临别语云:"我是山阳王辅嗣。"云出门,回望向处,止是一冢。云始谓俄顷,已经三日,乃大怪怅。①

---

① 李剑国辑释:《唐前志怪小说辑释》修订本,上海古籍出版社,2011年,第539—540页。

遇见王弼的到底是陆机还是陆云,小说家言,传闻异辞,已不可深究。但"二陆"俱善玄谈,史有明征。葛洪《抱朴子》说:"嵇君道曰:'吾在洛,与二陆雕施如意,兄弟并能观,况身于泥蚌之中,识清意于末□之□,诸谈客与二陆言者,辞少理畅,语约事举,莫不豁然,若春日之泮薄冰,秋风之扫枯叶。'"①"二陆"遇到王弼的鬼魂且互相讨论《老子》,这里面隐藏着重要的信息:当时孙吴的玄学比较落后,他们清楚中原的玄学风尚,为了能提高自己的玄学水平,以便在入洛之后与中原名士周旋,必须倾心学习中原的玄学。王弼是正始玄学名家,是孙吴士人入洛之前必须仔细琢磨的对象。唐长孺指出"二陆在入洛之前,在江南的学术环境中对于中原玄学必未深入研究,入洛先后,为了适应京洛谈玄之风可能加以学习"②,又说"陆机入洛已在吴亡后十年,但江南尚无玄学,即二陆虽染习玄风,而现在传世二陆著作均与玄谈无关"③。

与"二陆"同样在途中学习玄学的还有纪瞻和顾荣。《晋书·纪瞻传》载"召拜尚书郎,与(顾)荣同赴洛,在途共论《易》太极",顾荣认为"《老子》云'有物混成,先天地生',诚《易》之太极也。而王氏云'太极天地',愚谓未当",纪瞻不同意他的观点,认为"太极极尽之称,言其理极,无复外形,外形既极,而生两仪"④,以王弼的学说差近。唐长孺指出:"他的太极论乃是讲宇宙构成先后次序,而王弼所讲的太极则是本末体用之辨,也就是顾荣以汉儒的旧说来驳魏晋的玄学。"⑤因此判断他们都没有看过王弼的《老子注》,因为注里明说太极是"冥然不可得而知,而万物由之以成"的混成之物。纪瞻召拜尚书郎是在太安中之后,即303年稍后。他与顾荣赴洛途中议论王弼《易》注的目的,唐长孺分析道:"他们当然了解洛阳的风气正在玄学笼罩之下,自己要到洛阳去做官,不能不先事揣摩,所以即在途中还从事学习,希望不致临时无法对答,为京洛名士所笑。"⑥

---

① [南朝陈]虞世南撰,孔广陶校注:《北堂书钞》卷一〇四,董治安主编:《唐代四大类书》,清华大学出版社,2003年,第414页。
② 唐长孺:《读抱朴子推论南北学风的异同》,《魏晋南北朝史论丛》,中华书局,2011年,第356页。
③ 唐长孺:《读抱朴子推论南北学风的异同》,《魏晋南北朝史论丛》,中华书局,2011年,第356页。
④ [唐]房玄龄等撰:《晋书·纪瞻传》卷六八,中华书局,1974年,第1819—1820页。
⑤ 唐长孺:《读抱朴子推论南北学风的异同》,《魏晋南北朝史论丛》,中华书局,2011年,第357页。
⑥ 唐长孺:《读抱朴子推论南北学风的异同》,《魏晋南北朝史论丛》,中华书局,2011年,第358页。

无论是陆机、陆云遇鬼的传说，还是纪瞻、顾荣论玄的史实，都表露出一个重要的信息，就是孙吴学者对《老子》和《周易》的重视。

兹以"二陆"为例。"二陆"都熟悉《老子》。陆机《赠从兄车骑》称："营魄怀兹土，精爽若飞沉。"①其弟陆云《逸民赋》亦称："载营抱魄，怀元执一。"②"营魄"即来自《老子》的第十章："载营魄抱一，能无离乎。"又陆机《文赋》称"伫中区以玄览"，即来自《老子》的第十章："载营魄抱一，能无离乎？专气致柔，能婴儿乎？涤除玄览，能无疵乎？"陆机《演连珠》说"繁会之音，生于绝弦"③，说繁促的琴音，源于静止的琴弦，体现了《老子》有生于无的思想。

《易》学本是陆氏家传的经学，陆机进行了玄学的改造。如《周易》的"言意之辨"，陆机《文赋》说"恒患意不称物，文不逮意，盖非知之难，能之难也"，他认为创作活动的实质，在于构思出与外物相称的"意"，再以恰当的文辞加以表现，此即来自《易·系辞》的"立象以尽意，设卦以尽情伪，系辞焉以尽其言"。陆机还把《易》的言、意、象概念引用到文学理论中来。如《文赋》"是盖轮扁所不得言，亦非华说之所能精"，指出个体的创作体验无法通过语言文字来表达。钱志熙说："陆机将诗分析成'文''意''物'三个要素，同一个意可以用不同的物象来表达，因此大胆地抽取古诗的意，用自己的言和象去置换。这种创作方法与王弼'得意忘象'的解《易》方法如出一辙，不能不说是受到意象理论的启发。"④陆云也善于《易》学，其《喜霁赋》说"尔乃俯顺习坎，仰炽重离"⑤，显而易见地引卦入文。《世说新语·排调》记载了陆云巧于用《易》的事实："荀鸣鹤、陆士龙二人未相识，俱会张茂先坐。张令共语，以其并有大才，可勿作常语。陆举手曰：'云间陆士龙。'荀答曰：'日下荀鸣鹤。'陆曰：'既开青云睹白雉，何不张尔弓，布尔矢？'荀答曰：'本谓云龙骙骙，定是山鹿野麋，兽弱弩强，是以发迟。'张乃抚掌大笑。"陆云与荀隐的两次问答，皆与《周易》有关，学者指出："'云间陆士龙'，为龙在云中之象，内卦龙为乾或震象，外卦云为坎象，故此句指屯或需。'日下荀鸣鹤'则出自中孚九二爻辞'鸣鹤在阴，其子和之'。……'既开青云睹白雉，何不

---

① [晋]陆机：《赠从兄车骑》，逯钦立辑校：《先秦汉魏晋南北朝诗》卷五，中华书局，1983年，第681—682页。
② [晋]陆云，刘运好校注整理：《陆士龙文集校注》卷一，凤凰出版社，2010年，第5页。
③ [晋]陆机，杨明校笺：《陆机集校笺》，上海古籍出版社，2016年，第487页。
④ 钱志熙：《魏晋诗歌艺术原论》修订本，北京大学出版社，2005年，第225页。
⑤ [晋]陆云，刘运好校注整理：《陆士龙文集校注》卷一，凤凰出版社，2010年，第109页。

张尔弓,布尔矢?'中孚九二处于半坎之中,故有云之象;其亦处半离之中,离可为雉,故有雉象。而离又为矢,坎又为弓,故陆云又有'开尔弓''布尔矢'之言。……'本谓云龙骙骙,定是山鹿野麋'是据屯之象而言。屯内震外坎,云和龙分指屯外卦和内卦之象。麋鹿指屯六三,此爻曰:'即鹿无虞,惟入于林中。'而屯六三与六四、九五互体为艮,艮为山,故荀隐有'山鹿野麋'之言。"①

尽管如此,孙吴玄学总体上成就不高,导致吴国文士与中原的玄学风流之间殊有隔膜。正始名士以何晏为代表服食寒食散。唐长孺《读抱朴子推论南北学风的异同》指出,服散之风,吴亡之前未闻,吴亡之后,此风亦即传入。《晋书·贺循传》载贺循为了拒绝陈敏之命服用寒食散,"及陈敏之乱,诈称诏书,以循为丹杨内史。循辞以脚疾,手不制笔,又服寒食散,露发裸身,示不可用,敏竟不敢逼"②,可为南人效法京洛贵人服散之证。孙吴文士入洛时,仅知道《老子》和《周易》经典的作用,但对正始名士的服食之风是不采纳的。

孙吴士人也不能理解中原名士举止的意义。《世说新语·简傲》载:

> 陆士衡初入洛,咨张公所宜诣,刘道真是其一。陆既往,刘尚在哀制中。性嗜酒,礼毕,初无他言,唯问:"东吴有长柄壶卢,卿得种来不?"陆兄弟殊失望,乃悔往。③

刘道真居丧饮酒以及这番询问,是中朝名士的习惯性行为,陆机、陆云兄弟难以理解这种名士风流,因此后悔前来拜谒。余嘉锡注引葛洪《抱朴子·外篇·讥惑》"余之乡里先德君子,其居重难,或并在衰老,于礼唯应缞麻在身,不成丧致毁者,皆过哀啜粥,口不经甘。时人虽不肖者,莫不企及自勉"句指出:"据抱朴之言,则居丧饮酒,自是京洛间之习俗。盖自阮籍居母丧,饮酒食肉,士大夫慕其放达,相习成风。刘道真任诞之徒,自不免如此。恣情任性,自放于礼法之外耳。非必因有疾,及服寒食散也。抱朴吴人,言其乡先德居丧,莫不守礼。士衡兄弟,吴中旧族,习于礼法,故乍闻道真之

---

① 参见侯洪震:《〈世说新语·排调〉"云间陆士龙"条新解》,《文学遗产》,2021年第3期。
② [唐]房玄龄等撰:《晋书·贺循传》卷六八,中华书局,1974年,第1825页。
③ [南朝宋]刘义庆,[南朝梁]刘孝标注,余嘉锡笺疏,周祖谟等整理:《世说新语笺疏》,中华书局,2007年,第904页。

语,为之骇然失望。"[1]应该说,"二陆"对竹林玄学崇尚放荡恣情的风气并不熟悉。

众所周知,《庄子》受到玄学家的重视和推崇,得益于竹林时期的阮籍和嵇康。庄学属于在政治高压下寻找人生出处的个体主义哲学。以何晏、王弼为代表的正始士人重视对《周易》《老子》的学习,而没有讨论《庄子》的著述。因此,陆机、陆云刚入洛时并没有重视对《庄子》的学习,而孙吴也未见研究《庄子》的记录,说明《庄子》未曾引起吴国文人学者的兴趣。后来陆机《文赋》多处引用《庄子》,应该是太康十年(289)入洛以后亲历中原放达之风、熟悉《庄子》之学后的事情。杜甫《醉歌行》说"陆机二十作《文赋》",《文赋》颇引《庄子》,从学术接受上来看,陆机二十岁尚未入洛,因此《文赋》不应作于吴时。陆机本人"服膺儒术",又对老庄思想情有独钟,并通过《文赋》来协调儒家经典和老庄思想在创作过程中的作用[2],《文赋》作于入洛之后是无可怀疑的。

在入洛吴士中,接受竹林玄学任诞风气的,见于记载的是张翰。张翰是吴郡张氏出身,"有清才,善属文"[3],名列《晋书·文苑传》。张翰自谓山林间人,以旷达为时人所贵,又"任心自适,不求当世"[4],颇有隐士之风。张翰浸淫玄学,也有任诞之气,史载"纵任不拘,时人号为'江东步兵'"[5],"季鹰纵诞一时,不邀名爵,《黄花》之什,浚发神府"[6],则已被比成阮籍。张翰在洛阳意识到中朝的政治气候即将发生剧变,于是决定退隐吴里,"因见秋风起,乃思吴中菰菜、莼羹、鲈鱼脍,曰:'人生贵得适志,何能羁宦数千里以要名爵乎!'遂命驾而归"[7],成为文坛的佳话。由此看来,张翰的任诞更偏向于隐士的自由,而不是对抗礼教的偏执。

孙吴未亡之时,由于受学术风气的影响,吴人并没有学习中原玄学的需求,甚至斥责其为不经之谈,但吴地士人要去中朝做官、结援士类,必须

---

[1] [南朝宋]刘义庆,[南朝梁]刘孝标注,余嘉锡笺疏,周祖谟等整理:《世说新语笺疏》,中华书局,2007年,第905页。
[2] 参见刘跃进主编:《魏晋南北朝卷》,傅璇琮、蒋寅主编:《中国古代文学通论》,人民出版社,2010年,第95页。
[3] [唐]房玄龄等撰:《晋书·文苑传·张翰传》卷九二,中华书局,1974年,第2384页。
[4] [唐]房玄龄等撰:《晋书·文苑传·张翰传》卷九二,中华书局,1974年,第2384页。
[5] [唐]房玄龄等撰:《晋书·文苑传·张翰传》卷九二,中华书局,1974年,第2384页。
[6] [唐]房玄龄等撰:《晋书·文苑传》卷九二,中华书局,1974年,第2407页。
[7] [唐]房玄龄等撰:《晋书·文苑传·张翰传》卷九二,中华书局,1974年,第2384页。

入乡随俗,认真钻研中朝的玄学。正是出于如此迫切地融入学术主流的焦虑,吴地士人们开始研读中原玄学理论家的著作,而王弼的作品涉及《周易》《老子》,江东有深刻的旧学传统,因而其是吴士学习讨论的重点。且不论史书明载着的纪瞻和顾荣关于王弼《易》的讨论,即使满篇荒诞的陆机、陆云遇王弼鬼说《老子》,都是当时吴士赴洛之际钻研玄学的现实反映。"二陆遇鬼"传说的流行,很可能出自中原学者之手,他们惊诧于"二陆"入洛后谈玄的成就,便生造出一段奇闻逸事,客观上反映了中原学者对江南玄学状态的认识。

第二节　汉末中原与江南清谈互动

汉末江南的清谈风气是在蔡邕、陈蕃、许靖、许劭、孔融等中原清谈名士和荆州学派的影响下形成的,而蔡邕、王朗寄迹江南时接触到王充《论衡》,颇加推崇,携至中原,产生了很大影响。因此说,汉末中原与江南地域具有双向互动的关系,共同推动了中原玄学的发展。

一、汉末中原清谈对江南的影响

两汉时期江南的文化学术,是在中原的影响下发生和发展的。得益于两汉之际与中原政治文化的不辍交流,汉末江南的清谈风气得到了一定的发展。东汉末年的中原清谈名士与江南士人有着千丝万缕的联系,江南清谈风气的形成,也与中原清谈名士有着重要的关系。兹撷数例分析如下。

蔡邕,字伯喈,是东汉末期的著名学者,喜好藏书,著述繁富。汉光和元年(178),蔡邕因作《对诏问灾异八事》遭到宦官曹节、尚书令阳球等人的嫉恨,被流放五原,次年四月遇赦,却又得罪了五原太守王智。王智是权阉王甫之弟,蔡邕担心不能免祸,"乃亡命江海,远迹吴会。往来依泰山羊氏,积十二年,在吴"[①]。避祸吴会期间,蔡邕接触到江南士人的著作,而这些作

---

① [宋]范晔撰,[唐]李贤等注:《后汉书·蔡邕传》卷六〇,中华书局,1965年,第2003页。

品尚不为中原所熟悉。因此研究蔡邕的交往与传授事迹,不仅能管窥中原清谈风气如何影响到江南,而且能够了解江南士人对清谈风气的贡献。

首先需要明确蔡邕与清谈的关系,蔡邕是清谈的积极参与者。《世说新语·品藻》说:

> 汝南陈仲举,颍川李元礼二人,共论其功德,不能定先后。蔡伯喈评之曰:"陈仲举强于犯上,李元礼严于摄下。犯上难,摄下易。"仲举遂在三君之下,元礼居八俊之上。①

刘孝标注引姚信《士纬》曰:

> 陈仲举体气高烈,有王臣之节。李元礼忠壮正直,有社稷之能。海内论之未决,蔡伯喈抑一言以变之,疑论乃定也。②

世人讨论陈蕃和李膺的功德,不能论定先后次序,蔡邕各举其性格之一点稍加评论,即折服众议。这属于就人物个性进行品评的方式,体现了蔡邕在清谈方面的重要影响力,颇有清谈领袖的意味。

其次,蔡邕乐于推举清谈后进,尤其在陈留边让一事上最为显著。史书说边让"少辩博,能属文"③,蔡邕极为欣赏他的才华,认为他"宜处高任",因此写信推荐说:

> 窃见令史陈留边让,天授逸才,聪明贤智。……初涉诸经,见本知义,授者不能对其问,章句不能逮其意。心通性达,口辩辞长。非礼不动,非法不言。若处狐疑之论,定嫌审之分,经典交至,检括参合,众夫寂焉,莫之能夺也。④

边让的谈论之才,在当时已经享有盛誉,本传说其"善占射,能辞对,时宾客满堂,莫不羡其风。府掾孔融、王朗并修刺候焉"⑤。士林清谈领袖郭

---

① [南朝宋]刘义庆,[南朝梁]刘孝标注,余嘉锡笺疏,周祖谟等整理:《世说新语笺疏》,中华书局,2007年,第591页。
② [南朝宋]刘义庆,[南朝梁]刘孝标注,余嘉锡笺疏,周祖谟等整理:《世说新语笺疏》,中华书局,2007年,第591页。
③ [宋]范晔撰,[唐]李贤等注:《后汉书·边让传》卷八〇,中华书局,1965年,第2640页。
④ [宋]范晔撰,[唐]李贤等注:《后汉书·边让传》卷八〇,中华书局,1965年,第2646页。
⑤ [宋]范晔撰,[唐]李贤等注:《后汉书·边让传》卷八〇,中华书局,1965年,第2645页。

泰亦多有推崇,《后汉书·郭林宗传》载:

> 谢甄字子微,汝南召陵人也。与陈留边让并善谈论,俱有盛名。每共候林宗,未尝不连日达夜。①

蔡邕推崇边让"心通性达,口辩辞长",而郭泰常常与之夜以继日地谈论。蔡邕、郭泰皆一时之俊彦,因边氏的辩论之才而对其敬重有加,那么蔡邕对清谈的熟悉和支持更不待言了②。

蔡邕对江南的士人颇为赏识。他对王充《论衡》的评价很高,详见下文讨论,又对会稽赵晔表达了称赏之情,《后汉书·赵晔传》载:

> 晔著《吴越春秋》《诗细历神渊》。蔡邕至会稽,读《诗细》而叹息,以为长于《论衡》。邕还京师,传之,学者咸诵习焉。③

《三国志·吴书·虞翻传》裴注引《会稽典录》中朱育之语,说王朗问虞翻会稽有哪些英俊,虞翻对曰:

> 有道山阴赵晔,征士上虞王充,各洪才渊懿,学究道源,著书垂藻,骆驿百篇,释经传之宿疑,解当世之槃结,或上穷阴阳之奥秘,下摅人情之归极。④

如此,在会稽士人看来,赵晔与王充都是以学术著名的。而蔡邕读到《论衡》的时间早于《诗细历神渊》,说明前者的影响力更大。至于说《诗细历神渊》优于《论衡》,应该是《诗细历神渊》属于纬书,符合东汉儒家学术风气的缘故。

另外吴地的顾雍也受到蔡邕的欣赏和指点。蔡邕欣赏顾雍的才华,顾雍仰慕蔡邕的学问,因有师徒之谊。《江表传》说:"雍从伯喈学,专一清静,敏而易教。伯喈贵异之,谓曰:'卿必成致,今以吾名与卿。'故雍与伯喈同

---

① [宋]范晔撰,[唐]李贤等注:《后汉书·郭林宗传》卷六八,中华书局,1965年,第2230页。
② 本段受到牟润孙《论魏晋以来之崇尚谈辩及其影响》的启发,见牟润孙:《注史斋丛稿》增订本,中华书局,2009年,第170—171页。
③ [宋]范晔撰,[唐]李贤等注:《后汉书·儒林列传·赵晔传》卷七九,中华书局,1965年,第2575页。
④ [晋]陈寿撰,[南朝宋]裴松之注,陈乃乾校点:《三国志·吴书·虞翻传》卷五七,中华书局,1959年,第1325页。

名,由此也。"① 又《吴录》说:"雍字元叹,言为蔡雍之所叹,因以为字焉。"②顾雍后来官至孙吴丞相,清初王夫之对他评价甚高。据上可知,蔡邕与江南的士人多有来往,利用避难的机会从容阅读了一些江南学者的著作,对江南学术情况有了一定的了解。

总之,蔡邕在中原颇有名望,避祸吴会时,不仅吸收了《论衡》那样的异端思想,而且亲自教授学生。蔡邕本人对谈辩的热爱,自然会影响到他与江南士人的交流,因此说江南清谈风气的发生与发展,蔡邕具有重要的作用。

汉末的清谈领袖与江南士人的接触,非止蔡邕一人,还有陈蕃、许劭、许靖等。初唐王勃《滕王阁序》有"徐孺下陈蕃之榻"句,反映的正是陈蕃与徐穉的交往。陈蕃是东汉末年的清流领袖,与李膺、王畅同名,时人誉为"不畏强御陈仲举"③,曾任豫章太守,而徐穉是豫章南昌人,应该是陈蕃任职豫章时结识。范晔《后汉书》李贤注引谢承《后汉书》称徐穉:

> 稚少为诸生,学《严氏春秋》《京氏易》《欧阳尚书》,兼综风角、星官、算历、《河图》《七纬》、推步、变易,异行矫时俗,闾里服其德化。有失物者,县以相还,道无拾遗。四察孝廉,五辟宰辅,三举茂才也。④

徐穉涉历广博,主治今文经学,精通纬书和阴阳五行,以杰出的道德修养为时人所称誉,陈蕃、胡广也评价其"德行纯备,著于人听"⑤。至于陈蕃与徐穉是否有清谈交流,今已不得而知,但陈蕃与江南士人的交流,有利于中原学风的南渐,从而推动了江南清谈的发展。

再如汝南许劭,善于品题人物,"故天下言拔士者,咸称许、郭"⑥,既以许列郭前,则许劭地位略显尊崇;其与从兄许靖俱有高名,"好共覈论乡党人物,每月辄更其品题,故汝南俗有'月旦评'焉"⑦。汉末曾避居广陵,徐州

---

① [晋]陈寿撰,[南朝宋]裴松之注,陈乃乾校点:《三国志·吴书·顾雍传》卷五二,中华书局,1959年,第1226页。
② [晋]陈寿撰,[南朝宋]裴松之注,陈乃乾校点:《三国志·吴书·顾雍传》卷五二,中华书局,1959年,第1226页。
③ [宋]范晔撰,[唐]李贤等注:《后汉书·党锢列传》卷六七,中华书局,1965年,第2186页。
④ [宋]范晔撰,[唐]李贤等注:《后汉书·徐穉传》卷五三,中华书局,1965年,第1746页。
⑤ [宋]范晔撰,[唐]李贤等注:《后汉书·徐穉传》卷五三,中华书局,1965年,第1746—1747页。
⑥ [宋]范晔撰,[唐]李贤等注:《后汉书·许劭传》卷六八,中华书局,1965年,第2234页。
⑦ [宋]范晔撰,[唐]李贤等注:《后汉书·许劭传》卷六八,中华书局,1965年,第2235页。

刺史陶谦礼之甚厚，许劭知其非真心遇士，又到曲阿投扬州刺史刘繇，"及孙策平吴，劭与繇南奔豫章而卒"①。根据这些材料，可以考出许劭在江南地区的活跃时间。汉中平五年(188)冬十月，徐州黄巾起事，朝廷以陶谦为徐州刺史，击破黄巾军。汉初平四年(193)，即董卓被诛的次年，诏拜陶谦为徐州牧。据上可以推测，许劭寄居广陵是在188—193年。又孙策平吴，是在初平四年(193)，而许劭卒于豫章，是在兴平二年(195)，总之在188—195年，许劭的活动区域主要在江南地区，身为清谈领袖，自然会影响到江南的清谈风气。

又如许靖，是许劭的从兄，亦以清谈著名，曾避难在会稽郡和吴郡，汉建安元年(196)南奔交州。《三国志·蜀书·许靖传》载："许靖字文休，汝南平舆人。少与从弟劭俱知名，并有人伦臧否之称。……靖从兄陈相炀，又与伷合规，靖惧诛，奔伷。伷卒，依扬州刺史陈祎。祎死，吴郡都尉许贡、会稽太守王朗素与靖有旧，故往保焉。靖收恤亲里，经纪振赡，出于仁厚。孙策东渡江，皆走交州以避其难，靖身坐岸边，先载附从，疏亲悉发，乃从后去，当时见者莫不叹息。既至交阯，交阯太守士燮厚加敬待。"②许靖乃中原名士，"爱乐人物，诱纳后进，清谈不倦"③，播越江南地区，自然也传播了清谈风气。

孔融也是汉末联系中原与吴地学术的一个重要人物。孔融善于谈论，少时即已应对敏捷，《九州春秋》谓之"高谈教令，盈溢官曹，辞气温雅，可玩而诵"④，察其情境，似处高堂之上，置身群僚当中，从容谈论，辞气温雅，倾动朝野。他尝对虞翻《易注》表达了赞美：

> 翻与少府孔融书，并示以所著《易注》。融答书曰："闻延陵之理《乐》，睹吾子之治《易》，乃知东南之美者，非徒会稽之竹箭也。又观象云物，察应寒温，原其祸福，与神合契，可谓探赜穷通者也。"会稽东

---

① [宋]范晔撰，[唐]李贤等注：《后汉书·许劭传》卷六八，中华书局，1965年，第2235页。
② [晋]陈寿撰，[南朝宋]裴松之注，陈乃乾校点：《三国志·蜀书·许靖传》卷三八，中华书局，1959年，第963—964页。
③ [晋]陈寿撰，[南朝宋]裴松之注，陈乃乾校点：《三国志·蜀书·许靖传》卷三八，中华书局，1959年，第967页。
④ [晋]陈寿撰，[南朝宋]裴松之注，陈乃乾校点：《三国志·魏书·崔琰传》卷一二，中华书局，1959年，第371页。

部都尉张纮又与融书曰:"虞仲翔前颇为论者所侵,美宝为质,雕摩益光,不足以损。"①

由此可见,孔融与虞翻、张纮等通过书信共同讨论学术,孔融是中朝名士,乐于推举后进,江南士人因此愿意与之结交。

孔融又与盛宪有过交往,虞预《会稽典录》说:

> 盛宪,字孝章,初为台郎,常出游,逢一童子,容貌非常,宪怪而问之,是鲁国孔融,年十余岁。宪下车执融手,载以归舍,与融谈宴,结为兄弟,升堂拜母曰:"可贺宪,母昔有宪,宪今有弟。"②

盛宪与孔融是忘年之交,皆善谈论。《会稽典录》又载:

> 宪字孝章,器量雅伟,举孝廉,补尚书郎,稍迁吴郡太守,以疾去官。孙策平定吴、会,诛其英豪,宪素有高名,策深忌之。初,宪与少府孔融善,融忧其不免祸,乃与曹公书曰:"岁月不居,时节如流,五十之年,忽焉已至。公为始满,融又过二,海内知识,零落殆尽,惟会稽盛孝章尚存。其人困于孙氏,妻孥湮没,单子独立,孤危愁苦,若使忧能伤人,此子不得复永年矣。《春秋传》曰:'诸侯有相灭亡者,桓公不能救,则桓公耻之。'今孝章实丈夫之雄也,天下谭士依以扬声,而身不免于幽执,命不期于旦夕,是吾祖不当复论损益之友,而朱穆所以绝交也。公诚能驰一介之使,加咫尺之书,则孝章可致,友道可弘也。今之少年,喜谤前辈,或能讥平孝章;孝章要为有天下大名,九牧之民所共称叹。燕君市骏马之骨,非欲以骋道里,乃当以招绝足也。惟公匡复汉室,宗社将绝,又能正之,正之之术,实须得贤。珠玉无胫而自至者,以人好之也,况贤者之有足乎?昭王筑台以尊郭隗,隗虽小才,而逢大遇,竟能发明主之至心,故乐毅自魏往,剧辛自赵往,邹衍自齐

---

① [晋]陈寿撰,[南朝宋]裴松之注,陈乃乾校点:《三国志·吴书·虞翻传》卷五七,中华书局,1959年,第1320页。又见《艺文类聚》卷五五载:"后汉孔融答虞仲翔书曰:'示所著《易传》,自商瞿以来,舛错多矣,去圣弥远,众说骋辞。曩闻延陵之理乐,今睹吾君之治《易》,知东南之美者,非但会稽之竹箭焉。又观象云物,察应寒温,本祸福,与神会契,可谓探赜穷道者已。方世清,圣上求贤者,梁丘以卦筮宁世,刘向以《洪范》昭名,想当来翔,追踪前烈,相见乃尽,不复多陈。'"[唐]欧阳询撰,汪绍楹校:《艺文类聚》,上海古籍出版社,1999年,第986页)
② [宋]李昉等撰:《太平御览》卷四〇九,中华书局,1960年,第1888页。

往。向使郭隗倒县而王不解,临溺而王不拯,则士亦将高翔远引,莫有北首燕路者矣。凡所称引,自公所知,而有云者,欲公崇笃斯义也,因表不悉。"由是征为骑都尉。制命未至,果为权所害。子匡奔魏,位至征东司马。①

盛宪在江南享有盛名,可能不肯与孙策合作,因此遭到孙策的忌恨,孔融担心其被杀,因此上书曹操请求救援。孔融说天下的谈辩士大夫,依靠盛孝章的评论而得以扬名,肯定了盛宪的人物品评,这与汉末中原流行的品鉴风气是一致的。

论人重视仪容风度,属于人物品鉴,这也是清谈的表现方式。《世说新语·容止》刘孝标注引《吴志》:

> 汉使者刘琬语人曰:"吾观孙氏兄弟,虽并有才秀明达,皆禄胙不终。唯中弟孝廉,形貌魁伟,骨体不恒,有大贵之表。"②

这是中原使者衔命前往江南谒见孙策和孙权,根据他们的仪表来预示将来命运的记载,仅能说明中原士人将习惯的对仪容风度的欣赏移植到江南人士身上,但看不出江南士人的态度,这有赖于其他材料的支持。韦昭《吴书》说:

> 张纯字元基,少厉操行,学博才秀,切问捷对,容止可观。③

又张勃《吴录》说:

> 滕胤年十二,孤单茕独,为人白皙,威仪可观。每正朔朝会修觐,在位大臣见者莫不叹赏。④

滕胤少时尚在汉末中原,其仪容已为人赏识,后在吴地朝觐,孙吴大臣

---

①［晋］陈寿撰,［南朝宋］裴松之注,陈乃乾校点:《三国志·吴书·孙韶传》卷五一,中华书局,1959年,第1214—1215页。
②［南朝宋］刘义庆,［南朝梁］刘孝标注,余嘉锡笺疏,周祖谟等整理:《世说新语笺疏》,中华书局,2007年,第730页。
③［宋］李昉等撰:《太平御览》卷三八九,中华书局,1960年,第1800页。
④［宋］李昉等撰:《太平御览》卷三八九,中华书局,1960年,第1800页。

亦为惊叹。而张纯系吴郡人，史臣不仅赞扬他的道德和才学，而且提及应对敏捷、容止可观的优点，而这两者与谈辩、品鉴有关。上述材料足以说明汉末吴地士人赞赏仪容的方法与中原的人物品鉴已是一致，应是受后者的影响。

汉末荆州学派对江东士人也产生了影响。汉末中原大乱，荆州未受扰动，刘表开立学官，招抚儒士，当时俊才辐辏，尤以宋忠最为知名。荆州学派尊重古文，而更注意《易》与《太玄》，学术成果早已流传到江南地区。会稽虞翻对宋忠的解《玄》深为不满，《翻别传》载其上奏说：

> 经之大者，莫过于《易》。自汉初以来，海内英才，其读《易》者，解之率少。至孝灵之际，颍川荀谞号为知《易》。……若乃北海郑玄，南阳宋忠，虽各立注，忠小差玄而皆未得其门……又以宋氏解《玄》，颇有谬错，更为立法，并著《明杨》《释宋》以理其滞。①

会稽虞氏自零陵太守虞光至玄孙虞翻，五世传《易》，诚乃《易》学世家。虞翻认为宋忠解《太玄经》多有谬误，因此决定亲自作注。具体的学术争议暂且不论，但宋忠所体现的新的学术倾向，是流传到江东的，因此虞翻能够看到并予以反驳。

陆绩晚虞翻二十三岁，对宋忠的《太玄》有过评论，他在《述玄》中说：

> 镇南将军刘景升遣梁国成奇修好鄙州，奇将《玄经》自随。时虽幅写一通，年尚暗稚，甫学《书》《毛诗》，王谊人事，未能深索玄道真，故不为也。后数年专精读之，半岁间粗览其意，于是草创注解，未能也。章陵宋仲子为作《解诂》，后奇复衔命寻盟，仲子以所解付奇与安远将军彭城张子布，绩得览焉。②

初平三年（192），孙坚在与刘表的战斗中身亡，从此双方结怨。建安元年（196），刘表起立学校，招选才俊。后遣使成奇修好孙吴，随身携有《玄经》，则时间应在建安元年（196）之后。陆绩生于汉中平四年（187）前后，其

---

① [晋]陈寿撰，[南朝宋]裴松之注，陈乃乾校点：《三国志·吴书·虞翻传》卷五七，中华书局，1959年，第1322—1323页。
② 陆绩：《全三国文》卷六八，[清]严可均编：《全上古三代秦汉三国六朝文》，中华书局，1958年，第1423页。

时十一二岁,故自称暗稚。据此可知,荆州学派宋忠的《太玄解诂》早经成奇流传到江南。因此王瑶说:"可知此时老、孔并称,学者喜治《易》及《太玄》之风,皆已盛于一时;而宋忠为荆州大师,即以擅长《易》《玄》著称。南齐王僧虔《诫子书》以'荆州八帙'为'言家口实',知荆州之学,正为后来清谈家所祖述;而为上接东汉古文经学,下开魏晋玄谈的枢纽。"①

远在南海的交州学派也值得重视,这是以交趾士燮为首而形成的一个学术派别。前述许靖曾南奔交州,受到了交趾太守士燮的厚待。而交州士人中,刘熙是比较有名的一位,生年不详,建安初避乱至交州,著有《释名》。据其《序》,此书是对"名号雅俗,各方名(多)殊"②的情况,提出"名之于实,各有义类,百姓日称而不知其所以之意,故撰天地、阴阳、四时、邦国、都鄙、车服、丧纪,下及民庶应用之器,论叙指归,谓之《释名》,凡二十七篇"③,因此《释名》也是名实之学的重要著作。刘熙在建安中往来苍梧、南海之间,教授门徒数百人,深刻影响着交州学风。孙吴的学者程秉、薛综等俱出自刘熙门下,前者著有《周易摘》《论语弼》,后者以礼学名世,著有《五宗图》,已见前述。

二、王充《论衡》对中原清谈的影响

王充的《论衡》,最早为中原士人所欣赏,根据现存文献的记载,应以蔡邕避祸江南时为最早。刘跃进根据《灵帝纪》中的敕书,推知得罪王智、亡命吴会事发生在光和二年(179)④,直到汉永汉元年(189)蔡邕为董卓所辟,被迫进京赴任,因此说蔡邕在吴地的生活时间应该介于179—189年。葛洪《抱朴子》载:

> 王充所著《论衡》,北方都未有得之者。蔡伯喈常到江东,得之,叹为高文,恒爱玩而独秘之。及还中国,诸儒觉其谈更远,搜求其帐中,果得《论衡》。⑤

---

① 王瑶:《中古文学史论》,北京大学出版社,1998年,第35—36页。
② [东汉]刘熙撰,[清]毕沅疏证、王先谦补:《释名疏证补》,中华书局,2008年,第1页。
③ [东汉]刘熙撰,[清]毕沅疏证、王先谦补:《释名疏证补》,中华书局,2008年,第1页。
④ 刘跃进:《蔡邕行年考略》,《文史》,2003年第1期,亦收入刘跃进:《秦汉文学论丛》,凤凰出版社,2008年,第225页。
⑤ [唐]欧阳询撰,汪绍楹校:《艺文类聚》卷五五,上海古籍出版社,1999年,第987页。

《后汉书·王充传》李贤注引《抱朴子》与此说法相似,略增补了一些细节:

> 时人嫌蔡邕得异书,或搜求其帐中隐处,果得《论衡》,抱数卷持去。邕丁宁之曰:"唯我与尔共之,勿广也。"①

李贤注又引袁山松《书》②也记载了类似《抱朴子》的事实,袁山松略晚于葛洪,或沿袭葛洪之说,但增补了王朗的事迹,曰:

> 充所作《论衡》,中土未有传者,蔡邕入吴始得之,恒秘玩以为谈助。其后王朗为会稽太守,又得其书,乃还许下,时人称其才进。或曰,不见异人,当得异书。问之,果以《论衡》之益,由是遂见传焉。③

总之,蔡邕返回中原后谈玄日进,时人甚为怀疑,从枕中搜查出秘藏的王充《论衡》。据史书记载,王充从洛阳返归故乡后"屏居教授",那么应有不少门徒传播其思想,他的理论在会稽地区应该具有相当的影响力,但在蔡邕返回中原的永汉元年(189)之前,中原士人似乎并不清楚此书的存在,正因为蔡邕的关系,《论衡》才得以为众人所知,流传于世。

同样受到《论衡》沾溉的还有王朗。王朗是王肃的父亲,其《易》学在魏时立于学官,是颇具影响力的学者。王朗就任会稽太守期间始读到《论衡》,回到中原后才华精进。王朗在献帝播迁西京时与赵昱说服陶谦"遣使奉承王命"④,事情发生在初平元年(190)董卓裹挟献帝迁长安时,王朗此举获得嘉奖,受命担任会稽太守,这说明王朗在初平元年(190)前尚未接触到《论衡》⑤。王朗在会稽太守任上命虞翻为功曹,并询问会稽地区的英俊,虞翻为之列举甚众(已见前引)。建安元年(196),王朗为孙策所擒,《汉晋春秋》说:"孙策之始得朗也,谴让之。使张昭私问朗,朗誓不屈,策忿而不敢

---

① [宋]范晔撰,[唐]李贤等注:《后汉书·王充传》卷四九,中华书局,1965年,第1629页。
② 曹道衡指出袁山松《书》即晋袁山松《后汉书》,参见曹道衡:《略论南朝学术文艺的地域差别》,《中古文史丛稿》《曹道衡文集》卷二,中州古籍出版社,2018年,第53页。
③ [宋]范晔撰,[唐]李贤等注:《后汉书·王充传》卷四九,中华书局,1965年,第1629页。
④ [晋]陈寿撰,[南朝宋]裴松之注,陈乃乾校点:《三国志·魏书·王朗传》卷一三,中华书局,1959年,第407页。
⑤ 有学者认为蔡邕《独断》已引《论衡》句,又考证《独断》作于建宁五年(172)左右,认为蔡邕亡命吴会始得《论衡》是错误的,参见邵毅平:《论衡研究》,复旦大学出版社,2009年,第143页。

害也,留置曲阿。建安三年,太祖表征朗,策遣之。"①自初平元年(190)到建安三年(198)的近十年间,王朗生活在江南地区,与张昭等人有过交往,其学术应对孙吴有一定的影响。

综上所论,《论衡》流播到中原并发生影响,不会早于永汉元年(189)。王充生于汉建武三年(27),据《抱朴子·内篇·自序》称王充年六十作《论衡》,则《论衡》完稿或在汉章和元年(87)年左右②。蔡邕入吴之时,此书写竣已近百年,江南士人著作不为中原所知如此。

王充的《论衡》在汉末中原已享有盛誉,除了蔡邕秘为宝笈、王朗以此进益外,孔融亦引为谈资。据《后汉书》本传记载,孔融少时聪敏,善于谈辩,曾以通家子弟的名义获得李膺接见,又当众折挫太中大夫陈韪。路粹奏书说孔融:

> 前与白衣祢衡跌荡放言,云:"父之与子,当有何亲?论其本意,实为情欲发耳。子之与母,亦复奚为?譬如寄物瓴中,出则离矣。"③

此话绝非孔融的独创,而是出自《论衡·物势篇》:"夫天地合气,人偶自生也;犹夫妇合气,子则自生也。夫妇合气,非当时欲得生子,情欲动而合,合而生子矣。"④总之,作为汉末清谈领袖之一的孔融,受到《论衡》的影响是毫无疑义的。而孔融接触《论衡》,很可能是得益于蔡邕的介绍,史书说他与蔡邕长期保持着友好的关系:"与蔡邕素善,邕卒后,有虎贲士貌类于邕,融每酒酣,引与同坐,曰:'虽无老成人,且有典刑。'"⑤孔融对蔡邕的感情如此深厚,且两人均善于清谈,蔡邕远迹吴会获得异书,孔融不容不知了。

那么,《论衡》对于清谈名理到底有怎样的影响呢?《论衡》影响到刘劭的《人物志》,而《人物志》在名理学史上具有重要的地位,汤用彤说:

---

① [晋]陈寿撰,[南朝宋]裴松之注,陈乃乾校点:《三国志·魏书·王朗传》卷一三,中华书局,1959年,第408页。
② 邵毅平以为写定于建初年间(76—84年),见邵毅平:《论衡研究》第一章,复旦大学出版社,2009年,第143页。
③ [宋]范晔撰,[唐]李贤等注:《后汉书·孔融传》卷七〇,中华书局,1965年,第2278页。
④ 黄晖撰:《论衡校释》,中华书局,1990年,第144页。
⑤ [宋]范晔撰,[唐]李贤等注:《后汉书·孔融传》卷七〇,中华书局,1965年,第2277页。

> 刘邵之书,集当世识鉴之术。论形容则尚骨法。昔王充既论性命之原,遭遇之理,继说骨相,谓察表候以知命,犹察斗斛以知容。其原理与刘邵所据者同也。①

刘劭在讨论人物的品鉴时,多借助《论衡》的方法。刘劭还发展了王充"天道自然无为"的思想,提出政治上"君道无为"、观察人物重视"平淡无味"等观点。正始年间的阮籍也间接受到王充的影响。阮籍的父亲是阮瑀,名列建安七子,据《魏书》记载,他曾受学于蔡邕。尽管王充对宗教神学持有尖锐的批判立场,未必能够得到世守儒学的蔡邕接受,但《论衡》新颖的观点和玄化的倾向,使蔡邕十分惊异,因此引为"谈助",加以推广。阮瑀从蔡邕受学,应该受到这种影响,这也构成了阮籍玄学活动的学术渊源。同时,魏代玄学家关于性情的讨论,如王弼说"圣人茂于人者神明也,同于人者五情也"②,释《乾》卦"利贞者,性情也"说"不性其情,何能久行其正"③,等等,也应该受到《论衡》之《率性篇》和《本性篇》的影响,如《本性篇》说"人性有善有恶,犹人才有高有下也"④等。贺昌群指出"王充分性为上、中、下三等,以为人性之有善有恶,犹人才之有高有下。后来钟会等之才性四本论,似接踵于王充"⑤。王瑶《玄学与清谈》说王充的非谶纬除迷信的态度,会激发怀疑和批评的精神,从而对杂有阴阳家言的儒术经生不满,引导学术趋于简化,进而接近抽象的讨论,这正是"正始玄风的前导"。总之,汉末清谈风气的形成乃至魏晋名理之学的发展,王充的思想具有重要的作用。

通过上文的考察,大体可以得到这样的认识:汉末江南的清谈风气,是在中原清谈名家影响下发生、发展的;中原士人迁官或避祸至江南,与当地士人进行交往,传播了中原的新风气;这些士人接触到江南的新学术,也使《论衡》的价值得到了彰显,将其携带到中原并大加推崇,《论衡》的辩论才能和崭新思想,推动了中原的清谈风气乃至魏晋名理之学的发展。因此说汉末魏初新学术的发展,是中原和江南士人共同努力推动的结果。

---

① 汤用彤撰,汤一介等导读:《魏晋玄学论稿》,上海古籍出版社,2001年,第4页。
② [晋]陈寿撰,[南朝宋]裴松之注,陈乃乾校点:《三国志·魏书·王弼传》卷二八,中华书局,1959年,第795页。
③ [魏]王弼,楼宇烈校释:《王弼集校释》,中华书局,1980年,第217页。
④ 黄晖撰:《论衡校释》,中华书局,1990年,第142页。
⑤ 贺昌群:《魏晋清谈思想初论》,《贺昌群文集》卷二,商务印书馆,2003年,第61页。

第三节　孙吴清谈名理与正始先声

汉末以来的清谈名理,经何晏、王弼发展至魏晋玄学,正始、竹林和元康,各有特点、各具面貌,构成了玄学发展史上的三个重要阶段。而孙吴的玄学发展情况似显落寞,导致学者认为江南并无玄学,而玄学不兴的原因是孙吴士人沿袭汉儒保守的旧学风(参见唐长孺《读抱朴子推论南北学风的异同》)。事实上,孙吴接受了汉魏清谈名理的影响,形成了类似中原的玄学风气,表现为清谈风气的盛行和人物品评的兴起,并且在《易》《老》之学上取得重要的成就,构成了汉末清谈向正始玄学发展过程中不可忽视的环节。因此,系统地描述孙吴清谈名理的面貌,准确把握其在中原玄学形成过程中的作用,对于全面理解三国时期的玄学发展历程具有重要的意义。

一、清谈风气的盛行

根据前文的揭示,汉末江南的清谈风气,是在中原名家影响下发生的,中原士人如蔡邕、陈蕃、郭泰、许劭、孔融等迁官或避祸江南,与当地士人进行交往,传播了中原的新学风,虞翻、顾雍、张纮、盛宪、滕胤等江南名士均受其沾溉。孙权接受曹丕的吴王封号之初,吴魏之间的交流尚有迹可循。如黄初三年(222),孙权与曹丕有书信往来,《魏书·文帝纪》裴注引胡冲《吴历》说:"帝以素书所著《典论》及诗赋饷孙权,又以纸写一通与张昭。"①《吴书·吴主传》中裴注引《吴历》也有类似的材料:"权以使聘魏,具上破备获印绶及首级、所得土地,并表将吏功勤宜加爵赏之意。文帝报使,致鼲子裘、明光铠、騑马,又以素书所作《典论》及诗赋与权。"②但是黄初五年(224)后战争频仍,吴魏士人的交流日渐稀疏。虽然孙吴的清谈风气继承了汉末学

---

①[晋]陈寿撰,[南朝宋]裴松之注,陈乃乾校点:《三国志·魏书·文帝纪》卷二,中华书局,1959年,第89页。
②[晋]陈寿撰,[南朝宋]裴松之注,陈乃乾校点:《三国志·吴书·吴主传》卷四七,中华书局,1959年,第1125页。

风的余脉,但与中原的清谈风气已经日益疏远。

孙吴清谈的重要人物,有沈友(176—204)、暨艳(？—224)、张温(193—230)、诸葛恪(203—253)等,其他如顾邵、虞俊、朱据、孙桓等,也是一时之秀。

沈友是吴郡人,十一岁时遇到巡行风俗的华歆,因对答得体受到赞赏。《吴录》载华歆见而异之,呼其登车共语,沈友拒绝道:"君子讲好,会宴以礼,今仁义陵迟,圣道渐坏,先生衔命,将以裨补先王之教,整齐风俗,而轻脱威仪,犹负薪救火,无乃更崇其炽乎!"①华歆闻之颇为惭愧,感叹道:"自桓、灵以来,虽多英彦,未有幼童若此者。"②当然,沈友十一岁时,时为汉中平三年(186),灵帝尚在世,华歆不得预闻谥号,或经后人加工,但沈友善于谈论早已闻名。《吴录》还说他有笔、舌、刀"三妙":

> 弱冠博学,多所贯综,善属文辞。兼好武事,注《孙子兵法》。又辩于口,每所至,众人皆默然,莫与为对,咸言其笔之妙,舌之妙,刀之妙,三者皆过绝于人。权以礼聘,既至,论王霸之略,当时之务,权敛容敬焉。陈荆州宜并之计,纳之。正色立朝,清议峻厉,为庸臣所谮,诬以谋反。权亦以终不为己用,故害之,时年二十九。③

沈友的能力得到了孙权的敬佩,但其为人正直、措辞严厉,终于得罪了庸臣,又为孙权猜忌,不幸遇害,卒于建安九年(204),正处于孙吴政权的早期。

孙吴清谈人物中,最具影响力的当推暨艳和张温。他们同在选曹,掌握选举重任,而主持选举必须注意人物批评。暨艳重视以清议臧否取材,史称"艳性狷厉,好为清议,见时郎署混浊淆杂,多非其人,欲臧否区别,贤愚异贯。弹射百僚,核选三署,率皆贬高就下,降损数等,其守故者十未能一,其居位贪鄙,志节污卑者,皆以为军吏,置营府以处之"④。陆瑁与暨艳

---

① [晋]陈寿撰,[南朝宋]裴松之注,陈乃乾校点:《三国志·吴书·吴主传》卷四七,中华书局,1959年,第1117页。
② [晋]陈寿撰,[南朝宋]裴松之注,陈乃乾校点:《三国志·吴书·吴主传》卷四七,中华书局,1959年,第1117页。
③ [晋]陈寿撰,[南朝宋]裴松之注,陈乃乾校点:《三国志·吴书·吴主传》卷四七,中华书局,1959年,第1117页。
④ [晋]陈寿撰,[南朝宋]裴松之注,陈乃乾校点:《三国传·吴书·张温传》卷五七,中华书局,1959年,第1330—1331页。

的书信说"若令善恶异流,贵汝颍月旦之评,诚可以厉俗明教,然恐未易行也"①,又说"宜远模仲尼之泛爱,中则郭泰之弘济,近有益于大道也"②。陆瑁认为汉末汝颍的那种品评人物的方式,已经不易实行,因此认为采取孔子的爱人和郭泰的宽容方式,才能有利于现实政治。孙权秉承忘过记功、以功覆过的选士宗旨,暨艳主管选曹,不解此旨,清浊甚明,最终获罪自杀。张温也具辩论之才,骆统上表为张温辩白说"然其弘雅之素,英秀之德,文章之采,论议之辨,卓跞冠群,炜晔曜世,世人未有及之者也"③。张温的论辩才能,骆统加以推举,说明当时将善于论辩当作特殊才能看待。然而黄武三年(224),暨艳坐检核三署郎官事被诬自杀,张温受牵连而遭废黜终生。暨艳案研究已多,表面上是暨艳面对积弊,用药过猛而得罪朝野,实质上涉及江东大族与淮泗集团的矛盾。孙权因群情激愤和维护淮泗集团政治利益的需要而加罪暨、张,并非出于对谈辩的惩罚。虽然孙权本人不好谈辩,但当时清谈风气盛行,清谈之士多具才能,不能不加以笼络利用,如诸葛恪是清谈名家,曾得到过孙权的赏识,《世说新语·排调》载:"权见而奇之,谓瑾曰:'蓝田生玉,真不虚也!'"。④又如李肃,"少以才闻,善论议,臧否得中,甄奇录异,荐述后进,题目品藻,曲有条贯,众人以此服之。权擢以为选曹尚书,选举号为得才"⑤。

孙吴能辩之士中,以诸葛恪最为著名。其父诸葛瑾也善谈论。《建康实录》载诸葛瑾"汉末,避难渡江""为人善谭论谏谕,未尝切谔人主,粗陈指归,有未合则言他事,物类相求,帝亦解悟"⑥。诸葛恪曾是孙登的太子宾友,孙权去世后受诏辅政。《江表传》称他"少有才名,发藻岐嶷,辩论应机,

---

① [晋]陈寿撰,[南朝宋]裴松之注,陈乃乾校点:《三国志·吴书·陆瑁传》卷五七,中华书局,1959年,第1337页。
② [晋]陈寿撰,[南朝宋]裴松之注,陈乃乾校点:《三国志·吴书·陆瑁传》卷五七,中华书局,1959年,第1337页。
③ [晋]陈寿撰,[南朝宋]裴松之注,陈乃乾校点:《三国志·吴书·陆瑁传》卷五七,中华书局,1959年,第1332页。
④ [南朝宋]刘义庆,[南朝梁]刘孝标注,余嘉锡笺疏,周祖谟等整理:《世说新语笺疏》,中华书局,2007年,第915页。
⑤ [晋]陈寿撰,[南朝宋]裴松之注,陈乃乾校点:《三国志·吴书·步骘传》卷五二,中华书局,1959年,第1238页。
⑥ [唐]许嵩撰,张忱石点校:《建康实录》卷二,中华书局,1986年,第48页。

莫与为对"①,《吴录》称"恪长七尺六寸,少须眉,折頞广额,大口高声"②。《世说新语·排调》载:

> 诸葛瑾为豫州,遣别驾到台,语云:"小儿知谈,卿可与语。"连往诣恪,恪不与相见。后于张辅吴坐中相遇,别驾唤恪:"咄咄郎君。"恪因嘲之曰:"豫州乱矣,何咄咄之有?"答曰:"君明臣贤,未闻其乱。"恪曰:"昔唐尧在上,四凶在下。"答曰:"非唯四凶,亦有丹朱。"于是一坐大笑。③

程炎震考证说:"黄龙元年,瑾为豫州牧。张昭嘉禾五年卒。当在此八年中。恪死时年五十一,是时三十上下矣。"④则此事发生在229—236年,属于孙吴政权的前期。诸葛恪自小即有才名,聪慧伟岸,又天赋"大口高声",而善于辩论,无人能够抗衡,曾指责汉末士林领袖郭林宗说:"林宗隐不修遁,出不益时,实欲扬名养誉而已。街谈巷议以为辩,讪上谤政以为高。时俗贵之歙然,犹郭解、原涉见趋于曩时也。后进慕声者,未能考之于圣王之典,论之于先贤之行,徒惑华名,咸竞准的,学之者如不及,谈之者则盈耳,中人犹不觉,童蒙安能知。"⑤(《抱朴子·外篇·正郭》)诸葛恪指责郭林宗进退都无裨于世,反而邀名逐誉,后学之士惑于他的论辩才能和毁谤朝政,却不能认真核考儒家典籍和先贤举止,显然是对郭林宗的否定,主要出于对邀名、谤政等违反儒家标准的行为的不满。诸葛恪的论辩才能也引起蜀国人士的关注,《三国志·蜀书·费祎传》载:"亮以初从南归,以祎为昭信校尉使吴。孙权性既滑稽,嘲啁无方,诸葛恪、羊衜等才博果辩,论难锋至,祎辞顺义笃,据理以答,终不能屈。"⑥

其他清谈的能手,如虞俊、朱据、顾邵、蒋干等曾引领一时风气。《会稽

---

① [晋]陈寿撰,[南朝宋]裴松之注,陈乃乾校点:《三国志·吴书·诸葛恪传》卷六四,中华书局,1959年,第1429页。
② [晋]陈寿撰,[南朝宋]裴松之注,陈乃乾校点:《三国志·吴书·诸葛恪传》卷六四,中华书局,1959年,第1429页。
③ [南朝宋]刘义庆,[南朝梁]刘孝标注,余嘉锡笺疏,周祖谟等整理:《世说新语笺疏》,中华书局,2007年,第915—916页。
④ [南朝宋]刘义庆,[南朝梁]刘孝标注,余嘉锡笺疏,周祖谟等整理:《世说新语笺疏》,中华书局,2007年,第915—916页。
⑤ 杨明照撰:《抱朴子外篇校笺》下,中华书局,1997年,第472页。
⑥ [晋]陈寿撰,[南朝宋]裴松之注,陈乃乾校点:《三国志·蜀书·费祎传》卷四四,中华书局,1959年,第1060—1061页。

典录》说虞俊"至吴,与张温、朱据等会清谈干云,温等敬服,于是吴中盛为俊谈"[1]。孙桓是孙吴宗室,史载他"仪容端正,器怀聪朗,博学强记,能论议应对,权常称为宗室颜渊"[2]。顾邵是顾雍的长子,知人善任,为时所称,史载他"博览书传,好乐人伦"[3],则擅长人物评价。顾雍曾随避怨来吴的蔡邕学琴书,熟悉中原的清谈风气,而顾邵也颇受影响,史载:"初,钱唐丁谞出于役伍,阳羡张秉生于庶民,乌程吴粲、云阳殷礼起乎微贱,邵皆拔而友之,为立声誉……谞至典军中郎,秉云阳太守,礼零陵太守,粲太子少傅。世以邵为知人。"[4]顾邵为出身低微的人物立声誉,最后皆能成才,得到了舆论的肯定。而其中的殷礼,曾随张温出使蜀国,诸葛亮很是欣赏,赞叹道:"东吴菰芦中乃有奇伟如此人。"[5]顾邵之识人由此管窥一斑。又有濮阳兴,陈留人,早年父亲避乱江东,本人也是"少有名理"[6]。另有蒋干,《江表传》说"(蒋)干有仪容,以才辩见称,独步江淮之间,莫与为对"[7],有仪容、善才辩,与中原的情况颇为相似。

二、"人物志"与人物品评

汉末人物品评的兴起,主要是针砭当时名不副实的选举现状,名士如许劭、许靖等人的品评,在当时具有很大的影响力。人物品评旨在"综核名实",有利于设官分职和量才授官,推动了名理之学的发展。汤用彤指出《人物志》是"汉代品鉴风气之结果……惟其书宗旨,要以名实为归"[8],吴地"人物志"的兴起,正是人物品评发展的结果。

孙吴时期的"人物志",姚振宗《三国艺文志》辑录有士燮《交州人物

---

[1] [宋]李昉等撰:《太平御览》卷四九一,中华书局,1960年,第2247页。
[2] [晋]陈寿撰,[南朝宋]裴松之注,陈乃乾校点:《三国志·吴书·宗室传》卷五一,中华书局,1959年,第1217页。
[3] [晋]陈寿撰,[南朝宋]裴松之注,陈乃乾校点:《三国志·吴书·顾邵传》卷五二,中华书局,1959年,第1229页。
[4] [晋]陈寿撰,[南朝宋]裴松之注,陈乃乾校点:《三国志·吴书·顾邵传》卷五二,中华书局,1959年,第1229页。
[5] [宋]李昉等撰:《太平御览》卷一〇〇〇,中华书局,1960年,第4426页。
[6] [唐]许嵩撰,张忱石点校:《建康实录》卷四,中华书局,1986年,第90页。
[7] [晋]陈寿撰,[南朝宋]裴松之注,陈乃乾校点:《三国志·吴书·周瑜传》卷五四,中华书局,1959年,第1265页。
[8] 汤用彤撰:《读〈人物志〉》,《魏晋玄学论稿》,上海古籍出版社,2001年,第11页。

志》、谢承《会稽先贤传》、陆凯《吴先贤传》、徐整《豫章列士传》、张胜《桂阳先贤画赞》、陆胤《广州先贤传》等。又有殷基《通语》数十篇，学者认为很可能也是《人物志》一类的书籍①。《人物志》对吴人的影响，亦可征之陆景(250—280)《典语》。《典语》说："夫料才核能，治世之要也。凡人之才，用有所周，能有偏达，自非圣人，谁兼资百行，备贯众理乎？故明君圣主，裁而用焉。昔舜命群司，随才守位；汉述功臣，三杰异称；况非此俦，而可备责乎？且造父善御，师旷知音，皆古之至奇也。使其探事易伎，是彼此俱屈，何则？才有偏达也。人之才能，率皆此类，不可不料也。若任得其才，才堪其任，而国不治者，未之有也。"②陆景的"才有偏达"正是《人物志》的讨论核心③。《隋书·经籍志》之"名家"收录了两部吴人的著作：一是《士纬新书》十卷，姚信撰；一是《姚氏新书》二卷。汤用彤以后者与《士纬》相似而猜测其出于姚信之手。姚信的生卒年不详，但生活在孙吴时期无疑，此书作年不详，当成于孙吴前期，比之前列"人物志"类著作，应该是受到了时代风气影响。余敦康指出《士纬新书》《姚氏新书》"是两部品题人物的专著"④。汤用彤说："至若姚信，乃吴选部尚书，而《士纬》现存佚文，如论及人性物性，称有清高之士，平议之士，品评孟子、延陵、扬雄、马援、陈仲举、李元礼、孔文举，则固品题人物之作也。《意林》引有一条曰：'孔文举金性太多，木性不足，背阴向阳，雄倬孤立。'其说极似《人物志·九征篇》所载。"⑤他又说："《人物志》为正始前学风之代表作品，故可贵也。其后一方因学理之自然演进，一方因时势所促成，遂趋于虚无玄远之途，而鄙薄人事。"⑥姚信之书与《人物志》应出于同时，也可视为正始前学风的代表。马国翰评《士纬》曰："如以吴季札让国为开篡杀之路，非所谓从忠教也；谓扬雄智似蘧瑗而高不及，谓周勃之勋不如霍光说，皆覈确书中。推尊孟子亦识仁义为中正之途，而其论清高之士，则以老庄为上、君平子贡为下，儗非其伦，此所以不能醇乎儒术也。"⑦则《士纬》已表露出崇尚老庄的倾向，显示出正始、竹林玄风的端倪。

---

① 李学勤主编，王志平：《中国学术史·三国、两晋、南北朝卷》下，江西教育出版社，2001年，第678页。
② [清]严可均编：《全上古三代秦汉三国六朝文·全三国文》，中华书局，1958年，第1432页。
③ 参见徐昌盛：《论建安时代偏才论的兴起》，《石河子大学学报（哲学社会科学版）》，2020年第4期。
④ 余敦康：《魏晋玄学史》，北京大学出版社，2004年，第40页。
⑤《读〈人物志〉》，汤用彤撰：《魏晋玄学论稿》，上海古籍出版社，2001年，第9页。
⑥《读〈人物志〉》，汤用彤撰：《魏晋玄学论稿》，上海古籍出版社，2001年，第14页。
⑦ [清]马国翰辑：《玉函山房辑佚书》，广陵书社，2004年，第2754页。

孙吴也效法曹魏建立九品中正制度。九品中正制度,出于黄初元年(220)吏部尚书陈群的建议,制定九品官人之法,设置郡中正,品第郡人,而中正由本郡推举现任朝官担任。这项制度是在汉末乡里清议的基础上发展演变而来,是名士清议与朝廷选举统一的产物。孙吴也如法炮制,《襄阳记》载:

> 襄阳习温为荆州大公平。大公平,今之州郡。(潘)秘过辞于温,问曰:"先君(潘濬)昔日君侯当为州里议主,今果如其言,不审州里谁当复相代者?"温曰:"无过于君也。"后秘为尚书仆射,代温为公平,甚得州里之誉。①

唐长孺据潘濬卒于赤乌二年(239),以为大公平的设置应在赤乌之前,又据《吴九真太守谷朗碑》推断谷朗为桂阳郡中正也当在赤乌中②,则早在孙吴前期,人物选举也沿袭曹魏的做法。

胡综的《宾友目》是孙吴前期人物品评的代表。《宾友目》是胡综因太子孙登的要求所作,主旨是评议太子宾友,辞曰:"英才卓越、超逾伦匹,则诸葛恪。精识时机,达幽究微,则顾谭。凝辨宏达、言能释结,则谢景。究学甄微,游夏同科,则范慎。"③也许是因为溢美过当,羊衜很是不满,驳道:"元逊才而疏,子嘿精而狠,叔发辨而浮,孝敬深而狭。"④羊衜的话虽然在后来得到了验证,但却因开罪诸葛恪等人而遭到疏远。孙登对这些士人也表达了看法,他临终上疏孙权评议道:"诸葛恪才略博达,器任佐时。张休、顾谭、谢景,皆通敏有识断,入宜委腹心,出可为爪牙。范慎、华融矫矫壮节,有国士之风。羊衜辩捷,有专对之材。刁玄优弘,志履道真。裴钦博记,翰采足用。蒋修、虞翻,志节分明。凡此诸臣,或宜廊庙,或任将帅,皆练时

---

① [晋]陈寿撰,[南朝宋]裴松之注,陈乃乾校点:《三国传·吴书·潘濬传》卷六一,中华书局,1959年,第1399页。
② 《东汉末期的大姓名士》,唐长孺:《魏晋南北朝史论拾遗》,中华书局,2011年,第48页。
③ [晋]陈寿撰,[南朝宋]裴松之注,陈乃乾校点:《三国志·吴书·孙登传》卷五九,中华书局,1959年,第1364页。
④ [晋]陈寿撰,[南朝宋]裴松之注,陈乃乾校点:《三国志·吴书·孙登传》卷五九,中华书局,1959年,第1364页。

事,明习法令,守信固义,有不可夺之志。"①除胡综和孙登的评议外,周昭对当时的名士顾谭、诸葛恪、步骘、严畯、张休等也有评论,说:"然论其绝异,未若顾豫章、诸葛使君、步丞相、严卫尉、张奋威之为美也。《论语》言'夫子恂恂然善诱人',又曰'成人之美,不成人之恶',豫章有之矣。'望之俨然,即之也温,听其言也厉',使君体之矣。'恭而安,威而不猛',丞相履之矣。学不求禄,心无苟得,卫尉、奋威蹈之矣。"②孙登还斟酌诸人优劣称"诸论者因各叙其优劣。初,先卫尉,次丞相,而后有使君也"③,以严畯为上,步骘其次,诸葛恪最后。步骘于赤乌九年(246)代陆逊为丞相,次年去世,则此文应作于此两年间(246—247年),属孙吴中期。

三、正始玄学的先声

建安二十四年(219),曹操诛杀"有惑众才"④的魏讽,此后谈辩之士屡受摧抑,名士如诸葛诞和邓飏等即因"修浮华,合虚誉"⑤而被魏明帝免去官职。魏氏三祖不仅对谈辩之风深恶痛绝,而且以诛杀绝仕等手段昭告天下⑥。孙吴统治者虽然不赞成谈辩,但出于笼络人才的需要,也不得不表现出容人之量。因此孙吴谈辩兴起虽晚,但发展的环境却优于中原,反而为正始玄学的来临提供了理论基础。汤用彤指出玄学生成的两个主要因素,一是"研究《周易》《太玄》等而发展出的一种'天道观'"⑦,二是"当代偏于人事政治方面的思想,如现存刘劭《人物志》一类那时所谓'形名'派的理论,

---

① [晋]陈寿撰,[南朝宋]裴松之注,陈乃乾校点:《三国志·吴书·孙登传》卷五九,中华书局,1959年,第1365页。
② [晋]陈寿撰,[南朝宋]裴松之注,陈乃乾校点:《三国志·吴书·步骘传》卷五二,中华书局,1959年,第1240—1241页。
③ [晋]陈寿撰,[南朝宋]裴松之注,陈乃乾校点:《三国志·吴书·步骘传》卷五二,中华书局,1959年,第1241页。
④ [晋]陈寿撰,[南朝宋]裴松之注,陈乃乾校点:《三国志·魏书·武帝纪》卷一,中华书局,1959年,第52页。
⑤ [晋]陈寿撰,[南朝宋]裴松之注,陈乃乾校点:《三国志·魏书·诸葛诞传》卷二八,中华书局,1959年,第769页。
⑥ 《论魏晋以来之崇尚谈辩及其影响》,牟润孙:《注史斋丛稿》增订本,中华书局,2009年,第178—182页。
⑦ 《魏晋思想的发展》附录,汤用彤撰:《魏晋玄学论稿》,上海古籍出版社,2001年,第116页。

并融合三国时流行的各家之学"①。这里主要讨论《易》与《太玄》之学。

荆州学派中坚宋忠有《易注》和《太玄经注》，余英时说"荆州学之内容今已不能详知，然其《易》与《太玄》之新注为汉晋间天道观转变之关键所在，王弼、何晏之形上学即承此而起，此今人之定论也"②。《易》和《太玄》之学，孙吴的传统颇为深厚，学术成果也很丰硕。《易》学，《隋书·经籍志》著录孙吴有陆绩、虞翻和姚信三家之注，又有虞翻、陆绩撰《周易日月变例》；曹魏有王肃、董遇、王弼、荀煇之注。《太玄》学，《隋书·经籍志》著录孙吴有陆绩、虞翻和陆凯三家之注；曹魏仅有王肃一家。《隋书·经籍志》的著录固然不能反映当时学术的全貌，但三国学者的著作流传到梁、唐之际，没有被历史淘汰，亦能说明它们的价值。虞翻（164—233）、陆绩（187—219）正始前已去世，陆凯（198—269）、姚信（207？—267？）虽生年略晚，但正始前学问已成，则正始之前《易》和《太玄》已风靡孙吴。其后有范望因宋忠、陆绩注而作《太玄经义注》四万余言，杨泉虽未作注，却仿撰《太玄经》十四卷，两人虽经历太康平吴，但均不仕晋朝，则后期《太玄经》不绝如缕、尚有余风。值得注意的是，曹魏除王肃、董遇属于正始之前学者，王弼出身已晚，由于早慧正始年间崭露头角，荀煇后已入晋，均为正始之后学者。因此，正始前的《易》和《太玄》之学，孙吴取得了突出的成就。

孙吴学风受到了荆州学派的影响。虞翻《易》注继承的是家学，当时很是有名，曾寄予孔融阅示，孔融回信赞赏道："闻延陵之理《乐》，睹吾子之治《易》，乃知东南之美者，非徒会稽之竹箭也。又观象云物，察应寒温，原其祸福，与神合契，可谓探赜穷通者。"③虞翻批评"北海郑玄，南阳宋忠，虽各立注，忠小差玄而皆未得其门，难以示世"④，尽管虞翻并不认同宋忠的《易》注，但接触到荆州学派的新学风是显而易见的。而陆绩将流传到江东的宋忠《太玄经》合而注之，对荆州学派的熟悉不言而喻。汤用彤按地域分三国《易》学为三项，即江东虞翻、陆绩，荆州宋忠和北方郑玄、荀融，指出："荆州一派见解最新，江东一带也颇受这种新经义的影响，北派最旧，大多传习汉

---

① 《魏晋思想的发展》附录，汤用彤撰：《魏晋玄学论稿》，上海古籍出版社，2001年，第116页。
② 余英时：《士与中国文化》，上海人民出版社，2013年，第307页。
③ [晋]陈寿撰，[南朝宋]裴松之注，陈乃乾校点：《三国志·吴书·虞翻传》卷五七，中华书局，1959年，第1320页。
④ [晋]陈寿撰，[南朝宋]裴松之注，陈乃乾校点：《三国志·吴书·虞翻传》卷五七，中华书局，1959年，第1322页。

儒的'象数'。"①他又说："当时讲《易经》的又多同时注意《太玄》。宋忠对扬子《太玄》《法言》两书，素称名家。虞翻、陆绩辈既是《易》学专门，也都诵习《太玄》，可以为证。何晏、王弼史书推论他们是'玄宗之祖'，两人皆深于《易》学，更是不用说了。"②再根据王弼是王粲的侄孙，而王粲又为刘表所重，汤用彤指出"王弼实际就是上承荆州一派《易》学'新经义'的大师"③。则当时孙吴与中原共同受到了荆州学派的影响，而孙吴《易》学的成就，又成为王弼《易》学借鉴和反思的对象。

从文献著录的情况来看，孙吴的《老子》学构成了汉末至正始年间《老子》学重要的环节。"有无本末"是正始玄学的主要命题，"有无"即来自《老子》，何晏、王弼注《老子》据此进行了发挥和升华。《隋书·经籍志》著录了有关三国期间的《老子》学著作，确凿的有虞翻、何晏、王弼和钟会的注，另何、王有《老子杂论》一卷，羊祜亦有《老子》注解，但不详成书时期。除虞翻外，孙吴的老学著作尚有范望《老子注训》三卷，范望另有《太玄解》。范望曾任吴尚书郎，后来入晋，其成书已晚，姑置勿论。虞翻生于汉延熹七年（164），卒于孙吴嘉禾二年（233），卒时正是曹魏青龙元年，时何晏未壮，王弼尚幼，因此虞翻对《老子》的重视开启了正始玄学之先声。据姚振宗《三国艺文志》辑录，与虞翻同时的钟繇（151—230），《世说新语·言语》刘孝标注引《魏志》载其"家贫好学，为《周易》《老子训》"④，则当是年少时作，《老子训》应成于汉时，文献仅一见，影响应不大。姚著亦载董遇《老子训》、张揖《老子注》，但不见《隋书·经籍志》记载，应是成就不及虞翻，遂早早亡佚；又董遇卒于明帝时，张揖于曹魏太和年间为博士，与虞翻卒年大体相当，虞翻卒时年已七十，应是最长。王弼"年十余，好老氏，通辩能言"⑤，王弼生于黄初七年（226），即使以十岁计，也在青龙四年（236），时虞翻已逝，而王弼注《老子》更在其后。至于何晏的《老子注》也晚于王弼，《世说新语·文学》载："何平叔注《老子》，始成，诣王辅嗣。见王《注》精奇，乃神伏曰：'若斯人，可与

---

① 《魏晋思想的发展》附录，汤用彤撰：《魏晋玄学论稿》，上海古籍出版社，2001年，第113页。
② 《魏晋思想的发展》附录，汤用彤撰：《魏晋玄学论稿》，上海古籍出版社，2001年，第113页。
③ 《魏晋思想的发展》附录，汤用彤撰：《魏晋玄学论稿》，上海古籍出版社，2001年，第113页。
④ [南朝宋]刘义庆，[南朝梁]刘孝标注，余嘉锡笺疏，周祖谟等整理：《世说新语笺疏》，中华书局，2007年，第85页。
⑤ [晋]陈寿撰，[南朝宋]裴松之注，陈乃乾校点：《三国志·魏书·王弼传》卷二八，中华书局，1959年，第795页。

论天人之际矣!'因以所注为《道德二论》。"①何晏注不及王弼,已经本人论定,《隋书·经籍志》已不著录,如今残存佚文一则,余嘉锡亦指出"观其持论,理甚肤浅,不及王《注》远矣"②。《隋书·经籍志》亦载钟会注《老子道德经二卷》,钟会乃钟繇幼子,显系家学,钟会长王弼一岁,成书不当早于王弼,成就更不能及。《隋书·经籍志》又载:"梁有《老子道德经》二卷,晋太傅羊祜解释。"③羊祜(221—278)的《老子》注解,与何晏、钟会、王弼等一样旨在"皆明虚极无为理家理国之道"④,属于正始玄学兴起后的产物。总之,汉末自马融、郑玄以来,到正始年间的何晏、王弼,其间出现若干种《老子》注,《隋书·经籍志》仅载虞翻一家,其他皆已湮灭,则知虞翻《老子注》价值最大,而自曹丕代汉,三国局面形成后,又以虞翻《老子注》面世最早。惜乎虞注久佚,无法了解其对何、王的具体影响,但虞翻素被称为汉《易》三大家的殿军,是王弼《易》注的批评对象,王弼作为易学家了解虞翻的《易》学,那么作为《老》学家则不容不知虞翻的《老》学。总之,根据中原正始玄学代表何晏、王弼对《老子》的重视,从汉末以来的《老子》注传统来看,以虞翻为代表的孙吴《老》学成就构成了重要的环节。

曹魏正始之前《老》学的衰微,与特定的时代政治背景相关,很大程度上受到了道教的牵连。曹操是攻破张角的黄巾太平道起家,又击败了张鲁的五斗米道,因此严格限制道教的发展。曹丕说"刘德治淮南王狱,得《枕中鸿宝苑秘书》,及子向,咸共奇之,信黄白之术可成,谓神仙之道可致。卒亦无验,乃以罹罪也"⑤,进一步揭露了历史上神仙方术的虚妄,证明道教的不可据信。曹植《辩道论》说"本所以集之于魏国者,诚恐斯人之徒,接奸诡以欺众,行妖慝以惑民,故聚而禁之也"⑥,可见曹操羁縻五斗米道的初衷。曹丕亦禁止祠祀老子,黄初三年(222)下令说老子亭"恐小人谓此为神,妄往祷祝,违犯常禁,宜宣告吏民,咸使知闻"⑦。道教以老子为教主,尊其为

---

① [南朝宋]刘义庆,[南朝梁]刘孝标注,余嘉锡笺疏,周祖谟等整理:《世说新语笺疏》,中华书局,2007年,第234页。
② [南朝宋]刘义庆,[南朝梁]刘孝标注,余嘉锡笺疏,周祖谟等整理:《世说新语笺疏》,中华书局,2007年,第235页。
③ [唐]魏徵等撰:《隋书·经籍志》卷三四,中华书局,2019年,第1136页。
④ [前蜀]杜光庭撰:《道德真经广圣义》卷五,明正统道藏本。
⑤ 魏宏灿校注:《曹丕集校注》,安徽大学出版社,2009年,第340页。
⑥ [三国魏]曹植,赵幼文校注:《曹植集校注》,中华书局,2016年,第278页。
⑦ 魏宏灿校注:《曹丕集校注》,安徽大学出版社,2009年,第369页。

"老君","巨鹿张角奉事黄、老,以妖术教授"①,因此道教受到了严格的限制,那么《老》学的命运可想而知。与曹魏相反,道教在孙吴颇有市场。孙吴统治者信奉巫觋,《神弦歌》本是祭祀地方杂神的俗乐,却被用于宗庙登歌而替代了雅乐;孙权本人也笃信方术,吕蒙病重,孙权亲自探视并命道士为之请命。葛玄是丹阳句容人,大约卒于赤乌七年(244),所撰《道德经序》(《太平御览》作《五千文序》)当在正始之前,这是孙吴现存的《老》学资料,反映了孙吴早期的《老》学情况。《序》称"老子体自然而然,生乎太无之先,起乎无因,经历天地终始不可称载。终乎无终,穷乎无穷,极乎无极,故无极也"②,对"无"的强调,正是正始玄学的核心;又说"余先师有言:精进研之,则声参太极……"③,则师承有序,可见江南道教《老》学传授的一脉相承。

孙吴政权早期注重《老》学是有特殊的思想背景的。魏、蜀政权信奉法家思想,曹操和诸葛亮都是法家代表人物。《三国志·魏书》本传称曹操"揽申、商之法术,该韩、白之奇策"④,《晋书·傅玄传》载"近者魏武好法术,而天下贵刑名;魏文慕通达,而天下贱守节"⑤,诸葛亮批评"老子长于养性,不可以临危难"⑥,自然不会以老子思想理政用兵,诸葛亮践行法家思想,曾亲自为后主刘禅抄写《申子》《韩非子》等书,陈寿说他"立法施度,整理戎旅,工械技巧,物究其极,科教严明,赏罚必信,无恶不惩,无善不显,至于吏不容奸,人怀自厉,道不拾遗,强不侵弱,风化肃然也"⑦。孙权统治时期却是以黄老无为思想为主。孙登临死上疏孙权称"愿陛下弃忘臣身,割下流之恩,修黄老之术"⑧,提倡黄老无为之治,反对法家思想,"窃闻郡县颇有荒残,民物凋弊,奸乱萌生,是以法令繁滋,刑辟重切"⑨,又说"为政听民,律令与时

---

① [宋]司马光编著,[元]胡三省音注,"标点资治通鉴小组"校点:《资治通鉴》卷五十八,中华书局,1956年,第1864页。
② 王卡点校:《老子道德经河上公章句》,中华书局,1993年,第313页。
③ 王卡点校:《老子道德经河上公章句》,中华书局,1993年,第313—314页。
④ [晋]陈寿撰,[南朝宋]裴松之注,陈乃乾校点:《三国志·魏书·武帝纪》卷一,中华书局,1959年,第55页。
⑤ [唐]房玄龄等撰:《晋书·傅玄传》卷四七,中华书局,1974年,第1317—1318页。
⑥ [三国]诸葛亮,段熙仲、闻旭初编校:《诸葛亮集》,中华书局,2014年,第48页。
⑦ [晋]陈寿撰,[南朝宋]裴松之注,陈乃乾校点:《三国志·蜀书·诸葛亮传》卷三五,中华书局,1959年,第930页。
⑧ [晋]陈寿撰,[南朝宋]裴松之注,陈乃乾校点:《三国志·吴书·孙登传》卷五九,中华书局,1959年,第1365页。
⑨ [晋]陈寿撰,[南朝宋]裴松之注,陈乃乾校点:《三国志·吴书·孙登传》卷五九,中华书局,1959年,第1366页。

推移,诚宜与将相大臣详择时宜,博采众议,宽刑轻赋,均息力役,以顺民望……蠲除苛烦,爱养士马,抚循百姓"①,所举措施皆属黄老思想。诸葛恪说"今闻众人或以百姓尚贫,欲务闲息"②,这是孙权死后欲有作为的言辞,证明"闲息"原是孙权统治时期的国策。陆凯上疏孙皓说"先帝笃尚朴素,服不纯丽,宫无高台,物不雕饰,故国富民充,奸盗不作"③,皆可窥见孙权实施的是黄老治国思想。

《庄子》是在以阮籍、嵇康为代表的竹林玄学兴起后才得到学者的重视。正始玄学时期,《庄子》作用并不重要,尽管史载裴徽、刘邵多次与何晏共说《老》《庄》及《易》,但是正始时期的文献没有《庄》学著作,谈论也不涉《庄》学。相反地,何晏对庄子还颇有微词。余敦康说"何晏推崇《周易》《老子》,这是事实,但对庄子的思想却有贬辞。东晋的王坦之著《废庄论》,曾援引了荀子、扬雄、何晏三人的言论作为自己的依据"④,《废庄论》引扬雄说"庄周放荡而不法",何晏说"鬻庄躯,放玄虚,而不周乎时变"⑤,是以批判的态度指向庄子。扬雄是《太玄经》的作者,何晏是正始玄学的主要倡导者和实际领袖人物,正始年间以尚书主持选举,天下士子靡然而从,他们对《庄子》颇有微词,《庄》学命运可想而知。《庄子》在当时的作用,应是经典训注的取资,章太炎《原道下》说"其后独王弼能推庄生意,为《易略例》"⑥,《周易略例》颇采《庄》学;《明象》讲言、象、意关系提及"犹蹄者所以在兔,得兔而忘蹄;筌者所以在鱼,得鱼而忘筌也"⑦,即来自《庄子·外物》;《明象》说"自统而寻之,物虽众,则知可以执一御也;由本以观之,义虽博,则知可以一名举也"⑧,即来自《齐物论》。而《庄子》地位提升,并且进入士人的日常生活,则仰赖嵇康、阮籍的推举,学者指出:"正始名士的言谈、著述重在老子,而

---

①[晋]陈寿撰,[南朝宋]裴松之注,陈乃乾校点:《三国志·吴书·孙登传》卷五九,中华书局,1959年,第1366页。
②[晋]陈寿撰,[南朝宋]裴松之注,陈乃乾校点:《三国志·吴书·诸葛恪传》卷六四,中华书局,1959年,第1437页。
③[晋]陈寿撰,[南朝宋]裴松之注,陈乃乾校点:《三国志·吴书·陆凯传》卷六一,中华书局,1959年,第1405页。
④余敦康:《魏晋玄学史》,北京大学出版社,2004年,第68页。
⑤[唐]房玄龄等撰:《晋书·王坦之传》卷七五,中华书局,1974年,第1965页。
⑥上海人民出版社编,王培军、马勇整理:《章太炎全集》,上海人民出版社国故论衡先校本、校定本,2017年,第122页。
⑦[魏]王弼,楼宇烈校释:《王弼集校释》,中华书局,1980年,第609页。
⑧[魏]王弼,楼宇烈校释:《王弼集校释》,中华书局,1980年,第591页。

无关乎庄子。发现并复活庄子,进而由重老转向重庄的是正始以后的竹林名士。竹林名士中提倡庄子且于玄学有成的除了嵇康,还有同时的阮籍和向秀,但比较而言,首推嵇康。嵇康不仅公然标榜'老子、庄周,吾之师也',而且其一系列言论几乎都是对庄子思想的发挥,在当时具有开风气之先的意义,直接促成了庄子其人其学在魏晋的兴盛。"[1]正是在高平陵政变后,"名教与自然的结合发生了危机,关于自我意识与精神境界的问题突出为首位"[2],因此汤一介说"何、王思想多以《老子》为据,而嵇、阮思想更近庄周"[3],这与老子偏于社会政治而庄子属生命哲学有关。总之,正始年间的《庄子》尚没有得到理论层面的重视。根据侯康《补三国艺文志》、姚振宗《三国艺文志》以及史书的记载,孙吴既没有《庄》学著作传世,也没有士人论《庄》的记录,足以说明中原经高平陵政变的政治高压后发展起来的竹林玄学,已经与江南殊途,正式进入了独立发展的阶段。

在中原士人避祸或迁官南下的影响下,孙吴的清谈名理具有如此丰富的面貌和重要的成就,却长期未能引起学者的重视。在建构玄学发展史时,汉末清谈向正始玄学演进的五十多年时间,实际上是处于真空的状态,既未深入探讨董卓之乱后清谈士人星散后给不同地域的影响,也没措意了解各个地域清谈名理的发展历程。孙吴清谈名理的发展正提供了一个重新认识玄学发展史的范例。

第四节　吴末政治与玄学传统消歇

清谈名理是玄学的早期形式。孙吴有着与中原同样的清谈名理传统,但终吴一朝,既未见正始玄学的有无本末的讨论,又没有接受竹林玄学的新变,而前期的清谈名理发展也趋于停滞。孙吴后期的人才选举名不副实,吴亡之后,以陆机和葛洪为代表的吴士对名理之学的废弛进行了深刻的反思,揭示了孙吴玄学中衰的政治和历史原因。

---

[1] 史向前:《嵇康与魏晋玄学思潮》,《安徽大学学报(哲学社会科学版)》,2007年第4期。
[2] 余敦康:《魏晋玄学史》,北京大学出版社,2004年,第68页。
[3] 汤一介:《郭象与魏晋玄学》增订本,中国人民大学出版社,2016年,第138页。

一、名实废弛与孙吴后期玄学传统的消歇

正始年间,经过何晏的提倡和王弼的标举,中原已经发展到正始玄学,但孙吴由于文化、政治等原因不仅没有参与这个进程,而且前期的清谈名理发展也趋于停滞。孙吴也没有接受竹林玄学的影响。根据侯康《补三国艺文志》、姚振宗《三国艺文志》以及史书的记载,孙吴既没有《庄》学著作传世,也未闻士人论《庄》的记录。因秋风起而思菰菜、莼羹、鲈鱼的张翰,性格放纵不拘,时人比为阮籍,号称"江东步兵"(《世说新语·任诞》),这说明至迟在吴末,阮籍的作风也已传入吴地,对张翰产生了影响,但没有促进玄学的发展,也可窥见吴人对待竹林玄学的态度。吴人未能接受竹林玄学的新变,原因有多种,政治的变迁导致士人心态的分野尤其值得一提。神凤元年(252),孙权去世,孙吴政治趋于混乱,进入了政权的后期;而嘉平元年(249),司马懿发动政变,掌握了权力,曹魏也进入新的时期。竹林玄学是在司马氏诛戮名士的高压环境下形成的,依附曹爽的何晏等名士悉遭诛戮,人怀畏惧,因此嵇、阮等人浸淫《庄》学,试图从中寻找出精神出路,士人不得不回避政治,追求个体精神的自由,从而堕入玄虚一途,而孙吴政治虽趋于混乱,但对士人的态度还是一如既往地没有区别,因此吴、魏士人的精神发展殊途,应该是吴士拒绝竹林玄学的主要原因。

正是因为与正始玄学的隔阂和对竹林玄学的拒斥,孙吴的清谈名理不仅没有发展至正始玄学,而且原有的传统也趋向没落。刘熙《释名》是名实之学的要著,在名理学发展史上具有重要的地位。孙吴韦昭狱中上疏称:"见刘熙所作《释名》,信多佳者,然物类众多,难得详究,故时有得失,而爵位之事,又有非是。愚以官爵,今之所急,不宜乖误。因自忘至微,又作《官职训》及《辩释名》各一卷,欲表上之。"[1]此事发生于孙吴凤凰二年(273),距吴亡只有七年,《释名》是汉末的名作,中原已入晋,玄学已酝酿新的阶段,韦昭还在孜孜为旧学术的代表作注,可见孙吴后期的玄学发展的确停滞了。

当然,孙吴后期的人物品评尚未断绝,如陈寿《三国志》"评曰"引吴光禄勋薛莹评论当时人物云"薛莹称王蕃器量绰异,弘博多通;楼玄清白节

---

[1] [晋]陈寿撰,[南朝宋]裴松之注,陈乃乾校点:《三国志·吴书·韦昭传》卷六五,中华书局,1959年,第1463页。

操,才理条畅；贺邵厉志高洁,机理清要；韦曜笃学好古,博见群籍,有记述之才"①,又引中书令胡冲的评价曰"胡冲以为玄、邵、蕃一时清妙,略无优劣。必不得已,玄宜在先,邵当次之。华覈文赋之才,有过于曜,而典诰不及也"②。薛莹评价王蕃、楼玄、贺邵和韦昭,风格平淡质实,胡冲据此排以座次,尚具前期品评风气之流脉。然而即便如此,现在能够找到的相关材料也是凤毛麟角,遑论主持品评颇有名望的人物。玄学的发展一旦趋于消歇,文献提供的信息自然稀少,然而正是前后期同样材料出现频率的巨大差异,更能凸显这种状态的存在。

孙吴学习曹魏建立中正选官制度,至迟从赤乌年间,就设置中正主持州郡人物品评,孙皓时期仍然维持这一做法,如谷朗之为荆州大中正在孙皓元兴、宝鼎间(264—268年),但唐长孺指出:"大姓、冠族在地方上享有优先选拔的权利……汉代衣冠子弟垄断州郡掾属的惯例,在孙吴仍然继续。"③既然州郡大姓操纵着人才的选举,那么通过拔擢子弟来壮大门户、扩充权势自然是他们的首选。事实正是如此,葛洪《抱朴子·外篇》之《崇教》《穷达》两篇对此现象针砭尤烈,详见下文。如此,中正的品评与人物的实际能力就难能一致了,九品中正制度,本意是解决选举中名实不副的问题,但也极容易沦为大姓豪门操纵选举的工具。总之,品评之风的寥落和中正选官的失当也意味着名实关系的废弛。

太康元年(280),孙吴灭亡,江南重归于中朝版图。亡国的历史巨变激起了吴地士人的深刻反思。至于孙吴亡国的具体原因,不是本书关注的重点,但其中关涉到孙吴晚期玄学的一个侧面,即对名实之学废弛的反思。陆机与葛洪是吴晋之交的重要文人,都生于吴地,陆机亲历亡国之痛,葛洪在吴亡不久后出生,属于当时人记时事,因此他们的反思更能深入问题的本质。

陆机的名篇《辨亡论》突出地提出了孙吴用人不顾名实的问题。他论及孙吴创业之始,首先提到的是任用贤才:

---

① [晋]陈寿撰,[南朝宋]裴松之注,陈乃乾校点:《三国志·吴书·王楼贺韦华传》卷六五,中华书局,1959年,第1470页。
② [晋]陈寿撰,[南朝宋]裴松之注,陈乃乾校点:《三国志·吴书·王楼贺韦华传》卷六五,中华书局,1959年,第1470页。
③《东汉末期的大姓名士》,唐长孺:《魏晋南北朝史论拾遗》,中华书局,2011年,第50页。

故豪彦寻声而响臻,志士希光而景骛,异人辐辏,猛士如林。于是张昭为师傅;周瑜、陆公、鲁肃、吕蒙之俦,入为腹心,出作股肱;甘宁、凌统、程普、贺齐、朱桓、朱然之徒奋其威,韩当、潘璋、黄盖、蒋钦、周泰之属宣其力;风雅则诸葛瑾、张承、步骘以名声光国,政事则顾雍、潘濬、吕范、吕岱以器任干职,奇伟则虞翻、陆绩、张温、张惇以讽议举正,奉使则赵咨、沈珩以敏达延誉,术数则吴范、赵达以禨祥协德;董袭、陈武杀身以卫主,骆统、刘基强谏以补过。谋无遗谞,举不失策。①

接着说:

夫吴,桓王基之以武,太祖成之以德,聪明叡达,懿度弘远矣。其求贤如不及,恤民如稚子,接士尽盛德之容,亲仁罄丹府之爱。拔吕蒙于戎行,试潘濬于系虏。推诚信士,不恤人之我欺;量能授器,不患权之我逼。执鞭鞠躬,以重陆公之威;悉委武卫,以济周瑜之师。卑宫菲食,以丰功臣之赏;披怀虚己,以纳谋士之算。故鲁肃一面而自托,士燮蒙险而致命。高张公之德,而省游田之娱;贤诸葛之言,而割情欲之欢;感陆公之规,而除刑法之烦;奇刘基之议,而作三爵之誓;屏气踧踖,以伺子明之疾;分滋损甘,以育凌统之孤;登坛慷慨,归鲁子之功;削投恶言,信子瑜之节。是以忠臣竞尽其谋,志士咸得肆力,洪规远略,固不厌夫区区者也。②

正是能够拔擢贤才、各尽其用,又政治清明、开诚布公,因此忠臣志士勠力同心,孙吴的基业得以奠定。这里包含着名实关系,既重视流传的名誉并以此访求贤能,又重视实际的才能,故而能够从行伍和俘虏中挑选人才。应该说,孙吴前期既重名又求实,名实关系得到了妥善处理。这也能在孙和的事迹中得到验证。孙和(224—253)曾是太子,史称"好文学,善骑射,承师涉学,精识聪敏,尊敬师傅,爱好人物"③他选人重视名实一致,史

---

① [南朝梁]萧统编,[唐]李善注,《文选》卷五三,中华书局,1977年,第736—737页。
② [南朝梁]萧统编,[唐]李善注,《文选》卷五三,中华书局,1977年,第739—740页。
③ [晋]陈寿撰,[南朝宋]裴松之注,陈乃乾校点:《三国志·吴书·孙和传》卷五九,中华书局,1959年,第1368页。

载"访咨朝臣,考绩行能,以知优劣,各有条贯"①,通过询问朝臣、考核实绩等多种举措来判断人选优劣,很有条理。

但到孙皓专政后期,名实关系紊乱,任人唯亲,直接导致孙吴政权的灭亡。孙皓执政初期,当时一些元老大臣尚用事,"元首虽病,股肱犹良",国家尚在正常运转,陆机说:"降及归命之初,典刑未灭,故老犹存。大司马陆公以文武熙朝,左丞相陆凯以謇谔尽规,而施绩、范慎以威重显,丁奉、钟离斐以武毅称,孟宗、丁固之徒为公卿,楼玄、贺邵之属掌机事,元首虽病,股肱犹存。"②到了孙皓执政末期,元老大臣们相继谢世,孙皓任用宠臣,专断政权,最终导致国家覆亡,陆机判断说:"爰及末叶,群公既丧,然后黔首有瓦解之志,皇家有土崩之衅,历命应化而微,王师蹑运而发,卒散于阵,民奔于邑,城池无藩篱之固,山川无沟阜之势,非有工输云梯之械,智伯灌激之害,楚子筑室之围,燕人济西之队,军未浃辰而社稷夷矣。虽忠臣孤愤,烈士死节,将奚救哉!"③这到底是什么原因呢?陆机说:"夫曹刘之将非一世所选,向时之师无曩日之众,战守之道抑有前符,险阻之利俄然未改,而成败贸理,古今诡趣,何哉?彼此之化殊,授任之才异也。"④不是军队、战具弱于以往,而是"授任之才异",即任用非人的缘故。统治者亲近嬖宠,任人无关名实,这是孙吴末期清谈名理消歇的重要原因。钱穆在分析刘劭《人物志》出现的时代背景时说:"为何到东汉末年,产生了黄巾、董卓之乱,终于导致三国分裂?不容得当时人不觉悟到政治上之失败,其理由即因于政治上用人之不够理想。故退一步先从人物方面作研究,庶可希望在政治上能用到合理想、合条件之人。此亦可谓是一个反本穷源的想法。"⑤陆机强调用人不当,指出不顾名实,实际上是面对汉末类似的时代背景,他的反思是基于与刘劭同样的问题。

葛洪也对吴国灭亡的原因进行了深切反思。葛洪,丹阳人,生于太康五年(284),比陆机晚二十三岁,未曾经历易代之痛。所著《抱朴子·外篇》成书于东晋初年,时距吴亡近四十年,入晋吴士鲜有存者,他对吴亡的反思

---

① [晋]陈寿撰,[南朝宋]裴松之注,陈乃乾校点:《三国志·吴书·孙和传》卷五九,中华书局,1959年,第1368页。
② [南朝梁]萧统编,[唐]李善注,《文选》卷五三,中华书局,1977年,第738页。
③ [南朝梁]萧统编,[唐]李善注,《文选》卷五三,中华书局,1977年,第738—739页。
④ [南朝梁]萧统编,[唐]李善注,《文选》卷五三,中华书局,1977年,第739页。
⑤ 《略述刘邵〈人物志〉》,钱穆:《中国学术思想史论丛》三,生活·读书·新知三联书店,2009年,第56—57页。

具有总结的性质。他在《崇教》和《穷达》中将吴之晚年与东汉末年相提并论,指出共同的问题是"望冠盖以选用,任朋党之华誉,有师友之名,无拾遗之实"①,"举士也必附己者为前,取人也必多党者为决。而附己者不必足进之器也,同乎我故不能遗焉;而多党者不必逸群之才也,信众口故谓其可焉"②,人才的选择多是官僚子弟,并且朋党勾结,互相吹捧,所任之人的名誉与实际能力是不符合的。《吴失》引其师郑隐教诲的话,说:"吴之晚世,尤剧之病:贤者不用,滓秽充序,纪纲弛紊,吞舟多漏。贡举以厚货者在前,官人以党强者为右。匪富匪势,穷年无翼。德清行高者,怀英逸而抑沦;有才有力者,蹑云物以官跻。主昏于上,臣欺于下。不党不得,不竞不进。背公之俗弥剧,正直之道遂坏。"③总结起来,葛洪所指责的吴末弊病,最主要的一点是贤能不用,结党营私,所以《博喻》说"名美而实不副者,必无没世之风;位高而器不称者,不免致寇之败"④,指出了问题的关键在于名不副实,也就是名实之学的废弛。

二、孙吴玄学传统消歇的原因探析

孙吴清谈风气的炽盛和名理之学的风行,尤其是《易》注和《太玄》注的丰硕成果及《老子》注的最早出现,如果任由学术自然而然地发展,本来有可能与中原同步演进至正始玄学。但是曹丕代汉称帝这一重大历史事件改变了学术发展的进程。曹丕称帝之初,孙权接受了曹丕的吴王封号,不过是明确了君臣关系,吴魏之间的交流不受影响。但是不久孙权改元黄武,不奉中原年号,曹丕深为不满,兴兵征讨,但毕竟还有回旋的余地,彼时吴国"犹与魏文帝相往来,至后年乃绝"⑤,具体的例子是黄初三年(222)孙权与曹丕有书信往来,胡冲《吴历》说:"帝以素书所著《典论》及诗赋饷孙权,又以纸写一通与张昭。"⑥黄初三年(222),孙权称王,与魏、蜀鼎足而立,

---

① 杨明照撰:《抱朴子外篇校笺》上,中华书局,1991年,第162页。
② 杨明照撰:《抱朴子外篇校笺》下,中华书局,1997年,第628页。
③ 杨明照撰:《抱朴子外篇校笺》下,中华书局,1997年,第142页。
④ 杨明照撰:《抱朴子外篇校笺》下,中华书局,1997年,第258页。
⑤ [晋]陈寿撰,[南朝宋]裴松之注,陈乃乾校点:《三国志·吴书·吴主传》卷四七,中华书局,1959年,第1126页。
⑥ [晋]陈寿撰,[南朝宋]裴松之注,陈乃乾校点:《三国志·魏书·文帝纪》卷二,中华书局,1959年,第89页。

曹丕自然不能容忍，于是吴魏断绝交往，互不通使。稽考曹魏文、明和齐王芳三帝与孙权的传记，从黄初四年（223）至正始十年（249）的二十六年间，其中十三年有战争的记载，如此吴魏长期互为敌国，士人交流自然困难（但不是没有，参见第一章第三节），那么黄初以来的中原玄学发展难以为吴人所知晓，遑论正始玄学的新变了。事实上，黄初以后的孙吴玄学发展，仍然维持着建安年间的惯性，但已经缺乏新鲜血液的输入，从而日益趋向停滞。因此，政治变局导致吴魏学术交流的困难，是孙吴玄学发展趋于停滞的客观原因。

玄学发展停滞，只是缺少新思想新学术的注入，尚可以维持原貌，何以走向消歇呢？这就不能不归因于孙吴清谈士人的相继谢世。最早组成孙吴清谈士人的主要有两部分，一部分是中原士人如蔡邕、陈蕃、郭泰、许劭、孔融等迁官或避祸江南，影响了虞翻、顾雍、张纮、盛宪、滕胤、沈友等江南名士，另一部分是兴平二年（195）后，南迁江东的侨寓士人，如鲁肃、张昭、胡综、薛综等。这些人有的去世甚早，如张纮卒于建安十七年（212），顾雍、薛综和胡综同卒于赤乌六年（243），滕胤最晚，卒于太平元年（256），总之在孙权去世［神凤元年（252）］前后，开创孙吴玄学的侨寓和本籍士人基本谢世，孙吴玄学失去了与中原的联系，自然很难得到新的发展。后来孙吴成长起来的暨艳、张温、陆瑁、诸葛恪①等著名清谈士人，也在孙权去世前后辞世，其中最晚的诸葛恪，卒于建兴二年（253）。总之，构成清谈家的三部分士人，无论是早期受中原影响的吴国士人和中原南迁的侨寓士人，还是孙吴本土成长起来的士人，到了孙权统治末期，基本都离开了人世。清谈士人的凋零，是造成孙吴玄学消歇的直接原因。

孙吴玄学消歇的直接原因可以归结为吴魏政治变局和清谈士人谢世，但最根本的原因还在于孙吴统治者受实用主义思想的影响，对玄学持反感的态度。

孙吴统治者对谈辩殊不以为然，早在孙策时代已是如此。前述盛宪善于谈论，在江南享有盛名，孔融曾说天下的谈辩士大夫，依靠盛孝章的评论而得以扬名，肯定了盛宪的人物品评，这与汉末中原流行的品鉴风气是一致的。但盛宪遭到孙策的忌恨，终于被杀。虞翻和陆绩都以《易》学知名，都不为孙权所喜。虞翻因得罪孙权，政治上并不得意，且主要以《易》学著名，偏偏孙权又不喜《易》，常自谓"孤少时历《诗》《书》《礼记》《左传》《国

---

①诸葛恪父诸葛瑾于建安五年（200）避乱江东，诸葛恪生于建安八年（203），故为本土成长士人。

语》，惟不读《易》"①。而陆绩虽应孙权征辟为奏曹掾，但"以直道见惮，出为郁林太守，加偏将军，给兵二千人"②，因正直不容于朝而遭贬谪。孙皓更容不得赞誉中原之美的言论。《资治通鉴》之《晋纪》载晋泰始元年(265)："春，三月，吴主使光禄大夫纪陟、五官中郎将洪璆与徐绍、孙彧偕来报聘。绍行至濡须，有言绍誉中国之美者，吴主怒，追还，杀之。"③孙策、孙权虽然内心并不赞同清谈风气，但出于笼络人才的需要，尚具容人之量④，到了孙皓末期，清谈士人早已凋谢，风气亦早衰歇，不复有所忧虑，故能肆无忌惮了。孙吴的大臣也有对谈论表达了不满。陆逊(183—245)崇尚礼学，对曹魏的刑名之学深为不满，史载：

> 南阳谢景善刘廙先刑后礼之论，逊呵景曰："礼之长于刑久矣，廙以细辩而诡先圣之教，皆非也。君今侍东宫，宜遵仁义以彰德音，若彼之谈，不须讲也。"⑤

谢景供职于东宫，是太子僚属，因喜欢刘廙的先刑后礼论，遭到了呵斥。先刑后礼、刑名之学是曹魏的学术特点，而陆逊是江东旧族，重视礼制，自然不能容忍这种学风。尤可注意的是，除了学术层面的刑礼先后外，陆逊对"细辩"也予以责备，以为琐碎的谈辩违背圣人的教训。而孙吴的士人中，也颇有持同样态度的。如吴晋之际的杨泉，他在《物理论》中说"夫虚无之谈，尚其华藻，无异春鼃秋蝉聒耳而已"⑥，旗帜鲜明地反对当时中原的玄学思潮，反映了孙吴后期一类士人的观点。

孙吴统治者对待玄学的态度，究其根源，是实用主义学术观念影响的结果。据赵咨出使中原应对魏文帝的说法，孙权"博览书传历史，藉采奇

---

① [晋]陈寿撰，[南朝宋]裴松之注，陈乃乾校点：《三国志·吴书·吕蒙传》卷五四，中华书局，1959年，第1274—1275页。
② [晋]陈寿撰，[南朝宋]裴松之注，陈乃乾校点：《三国志·吴书·陆绩传》卷五七，中华书局，1959年，第1328页
③ [宋]司马光编著，[元]胡三省音注，"标点资治通鉴小组"校点：《资治通鉴》卷七九，中华书局，1956年，第2491页。
④ 皇权对人物品评的压制，是与士人争夺人才控制权，参见胡宝国《杂传与人物品评》："魏西晋时期九品中正制度的建立与完善，目的就是要将东汉以来士人控制的品评权力收归国家。"(胡宝国：《汉唐间史学的发展》修订本，北京大学出版社，2014年，第135页)
⑤ [晋]陈寿撰，[南朝宋]裴松之注，陈乃乾校点：《三国志·吴书·陆逊传》卷五八，中华书局，1959年，第1349页。
⑥ [吴]杨泉撰：《物理论》，《丛书集成初编本》(第594册)。

异,不效诸生寻章摘句"①,属于热爱读书的君主,但目的很功利,即"藉采奇异",这种"奇异"不是什么奇闻逸事,而是施政用兵的奇招异术。他不仅自己博览群书,而且要求太子、将领勤于学习。孙登甫立为太子,孙权便要求孙登读《汉书》,"以张昭有师法,重烦劳之,乃令休从昭受读,还以授登"②,请太子宾友张休受读于张昭,再回来教授太子,目的是"习知近代之事"③。《吴书》吕蒙本传记载,孙权曾对吕蒙和蒋钦说:"卿今并当涂掌事,宜学问以自开益。"④吕蒙认为军务繁忙,无暇读书,孙权说"孤岂欲卿治经为博士邪?但当令涉猎见往事耳……至统事以来,省三史、诸家兵书,自以为大有所益"⑤,格外突出了史书和兵书的作用,以史可以鉴古,兵书利于用师。统治者的读书目的很明确,不是培养学有专长的学者,而是从中寻找治国治军的方法,带有很强的实用主义精神。这种实用性的追求,显然影响到文学等审美性艺术在吴国的发展。因此同时代的谢承颇为不满,他在《与步子山书》中说:"但日讲攻战进取之方,教进退疾徐之节耳。《易》《诗》《礼》《乐》《春秋》不复开箧。"⑥谢承曾撰有《后汉书》,是当时的史学家,他在与步骘的私人书信中发牢骚,情况当是属实。总之,孙吴统治者青睐的是可以鉴今的史书和应付战争的兵书。

在这种实用主义的学术思想指导下,孙吴后期的君臣对中原流行的探讨有无本末的正始玄学和追求个性精神解放的竹林玄学,自然没有兴趣。孙吴前期清谈名理的盛行,是出于团结各类士人勠力朝政、同心抗敌的需要,因为汉末以来清谈名理盛行,当时士人靡然从风,统治者没有必要在用人之际因小失大,更何况风气炽盛也非短期所能扭转的。孙坚和孙策、孙权父子始终不肯预流,其实是统治者态度的一种反映。

①[晋]陈寿撰,[南朝宋]裴松之注,陈乃乾校点:《三国志·吴书·吴主传》卷四七,中华书局,1959年,第1123—1124页。
②[晋]陈寿撰,[南朝宋]裴松之注,陈乃乾校点:《三国志·吴书·孙登传》卷五九,中华书局,1959年,第1363页。
③[晋]陈寿撰,[南朝宋]裴松之注,陈乃乾校点:《三国志·吴书·孙登传》卷五九,中华书局,1959年,第1363页。
④[晋]陈寿撰,[南朝宋]裴松之注,陈乃乾校点:《三国志·吴书·吕蒙传》卷五四,中华书局,1959年,第1274页。
⑤[晋]陈寿撰,[南朝宋]裴松之注,陈乃乾校点:《三国志·吴书·吕蒙传》卷五四,中华书局,1959年,第1274—1275页。
⑥[清]严可均《全上古三代秦汉三国六朝文·全吴文》谓辑自《太平御览》卷二九七,但核中华书局影印版《太平御览》仅有"示攻战进取之方,教进退疾徐之节也"句([宋]李昉等撰:《太平御览》卷四九一,中华书局,1960年,第1372页)。

综上可知,孙吴前期的清谈名理颇为兴盛,甚至表露出正始玄学的端倪,却没有随中原发展到正始玄学,而且旧有的清谈名理发展也趋于停滞终至消歇,直接原因可以归结为两个方面,一是孙权称王改元后吴魏互为敌国,导致文化交流日益困难,二是侨寓士人和本籍士人中的清谈家在孙权去世前后相继谢世,造成了清谈人才的匮乏,但最根本原因还是孙吴统治者秉持实用主义的观念,对玄学持反感的态度。

第三章　孙吴史学发展与史家文学

孙吴时期的史学情况,包括史官制度和史学研究等,尚处于晦暗不明的状态,亟待系统的清理。孙吴时期,共进行过三次国史编纂,形成了韦昭的《吴书》。西晋兴起了私撰吴国史的热潮,其中的核心是孙吴正统的问题,而私撰吴国史又具有重要的文学价值。孙吴后期的史学达到了较高的成就,又史学家多数是文学家,因此史家文学成为孙吴突出的文学现象。

第一节　孙吴史官制度和史学研究

孙吴的史官制度和史学研究,存世材料寥寥,考虑到吴承汉制,结合汉魏的史学传统进行分析,大致能够知晓孙吴的史学面貌。

一、孙吴的史官机构

孙权晚年,始有官修史书编纂的记录。孙吴的史官机构和史官设置,史书记载不甚清楚。钱仪吉《三国会要》卷二十五《职官》载:

> 吴置左右国史,(韦曜以侍中领左国史,华覈以东观领右国史,莹等参同。盖以他官兼之。《国山碑》有国史莹、覈。《薛综传》:右国史华覈上疏曰:"大皇帝末年,命太史令丁孚、郎中项峻始撰《吴书》。少帝时,更差韦曜、周昭、薛莹、梁广及臣五人,访求往事,所共撰立。"《史通》则云:"后曜独终其书,定为五十五卷。")东观令及左右丞,(周处为左丞,见《晋书》。据《国山碑》云:"中书东观令史立信中郎将苏建

书。"知吴东观属中书。今按碑言:阊立东观,口纪实言,建设坟典;似此官孙皓时始立。又《天发神谶碑》称兰台东观令。《孙皓传》言东观案图,则掌秘书,疑通职也。)主书令史。(魏第八品,又有主图、主谱令史。)①

又洪饴孙《三国职官表》认为孙吴史官机构由太史令负责,又设置左、右国史掌修史书。他们的讨论基本反映了孙吴史学的实际情况。

(一)太史令

太史令旧有撰史的职责。西汉的太史令如司马谈、司马迁父子,虽然说"文史星历近乎卜祝"(司马迁《报任安书》)②,但同时负有撰写史书的职责。司马谈《论六家要旨》表现了对先秦学术的精通,而司马谈、司马迁父子的《太史公书》,更是表明了他们对历史的熟悉。西汉太史令原是太常的属官,《汉书·百官公卿表》载:"奉常,秦官,掌宗庙礼仪,有丞。景帝中六年更名太常。属官有太乐、太祝、太宰、太史、太卜、太医六令丞。"③太史令负有收受郡国计书的职责,掌握天下之事。《汉书·司马迁传》颜师古注引如淳曰:"《汉仪注》太史公,武帝置,位在丞相上。天下计书先上太史公,副上丞相,序事如古《春秋》。"④司马迁《报任安书》说:"百年之间,天下遗文古事靡不毕集。太史公仍父子相继纂其职。"⑤汉昭帝后,太史令不再负责收受郡国计书,主要负责天文历法的天官职能。东汉太史令的职责比较明确,《后汉书·百官志》载:"太史令一人,六百石。本注曰:掌天时、星历。凡岁将终,奏新年历。凡国祭祀、丧、娶之事,掌奏良日及时节禁忌。凡国有瑞应、灾异,掌记之。丞一人。明堂及灵台丞一人,二百石。本注曰:二丞,掌守明堂、灵台。灵台掌候日月星气,皆属太史。"⑥《晋书·礼志》说"汉仪,太史每岁上其年历,先立春、立夏、大暑、立秋、立冬常读五时令"⑦,又说"汉仪,

---

① [清]钱仪吉撰:《三国会要》,上海古籍出版社,2006年,第522页。
② [汉]班固撰:《汉书·司马迁传》卷六二,中华书局,1962年,第2732页。
③ [汉]班固撰:《汉书·百官公卿表》卷一九,中华书局,1962年,第726页。
④ [汉]班固撰:《汉书·司马迁传》卷六二,中华书局,1962年,第2709页。
⑤ [汉]班固撰:《汉书·司马迁传》卷六二,中华书局,1962年,第2723页。
⑥ [宋]范晔撰,[唐]李贤等注:《后汉书·百官志》卷一一五,中华书局,1965年,第3572页。
⑦ [唐]房玄龄等撰:《晋书·礼志》卷一九,中华书局,1974年,第587页。

每月旦,太史上其月历,有司侍郎尚书见读其令,奉行其正"①,可知,太史令专掌天时、星象、历法、瑞应、灾异诸事。太史令当然属于史官,《后汉书·光武帝纪》载:"群臣奏言:'地祇灵应而朱草萌生。孝宣帝每有嘉瑞,辄以改元,神爵、五凤、甘露、黄龙,列为年纪,盖以感致神祇,表彰德信。是以化致升平,称为中兴。今天下清宁,灵物仍降。陛下情存损挹,推而不居,岂可使祥符显庆,没而无闻?宜令太史撰集,以传来世。'帝不纳。常自谦无德,每郡国所上,辄抑而不当,故史官罕得记焉。"②东汉的史书修撰另有机构,兰台、东观本是东汉的藏书之处,后成了修史的场所。刘知幾说"汉氏中兴,明帝以班固为兰台令史,诏撰《光武本纪》及诸列传、载记"③,又说"斯则兰台之职,盖当时著述之所也"④。杨终、杜抚、班固、贾逵等人都以校书郎身份在兰台校书修史。汉章帝之后,东观藏书丰富,故替代兰台成为著史场所。刘知幾说:"自章、和已后,图籍盛于东观。凡撰汉记,相继在乎其中,而都为著作,竟无它称。"⑤东汉最著名的太史令是张衡,他不仅精通天文、阴阳、历算等,还撰有《二京赋》,属于文学大家。史书说张衡二任太史令,"自去史职,五载复还"⑥,则太史令一仍西京之旧,属于史职,但不担负撰史的任务。曹魏承汉,太史令职亦如此。《三国志·魏书·文帝纪》裴注引《魏书》曰:"丙戌,令史官奏修重、黎、羲、和之职,钦若昊天,历象日月星辰以奉天时。"⑦裴注引《献帝传》载太史丞许芝向魏王曹丕说魏代汉的谶纬:"臣职在史官,考符察征,图谶效见,际会之期,谨以上闻。"⑧孙吴的情况亦复如此,韦昭注《国语·周语上》"瞽史教诲"说:"史,太史也。掌阴阳、天时、礼法之书,以相教诲者。"⑨韦昭曾任太史令,所言之职责更具权威性。

---

① [唐]房玄龄等撰:《晋书·礼志》卷一九,中华书局,1974年,第594页。
② [宋]范晔撰,[唐]李贤等注:《后汉书·光武帝纪》卷一,中华书局,1965年,第82—83页。
③ [唐]刘知幾,[清]浦起龙通释,王煦华整理:《史通通释》卷一一,上海古籍出版社,2009年,第286页。
④ [唐]刘知幾,[清]浦起龙通释,王煦华整理:《史通通释》卷一一,上海古籍出版社,2009年,第286页。
⑤ [唐]刘知幾,[清]浦起龙通释,王煦华整理:《史通通释》卷一一,上海古籍出版社,2009年,第286—287页。
⑥ [宋]范晔撰,[唐]李贤等注:《后汉书·张衡传》卷五九,中华书局,1965年,第1898页。
⑦ [晋]陈寿撰,[南朝宋]裴松之注,陈乃乾校点:《三国志·魏书·文帝纪》卷二,中华书局,1959年,第58页。
⑧ [晋]陈寿撰,[南朝宋]裴松之注,陈乃乾校点:《三国志·魏书·文帝纪》卷二,中华书局,1959年,第65页。
⑨ [清]徐元诰撰,王树民、沈长云点校:《国语集解》,中华书局,2002年,第12页。

孙吴时期的太史令,据洪饴孙《三国职官表》载,秩六百石,官六品,也主管天时、星象、历法、占卜等。太史令的属官有太史丞和太史郎。太史丞的依据是《吴书·赵达传》的记载:"太史丞公孙滕少师事达,勤苦累年,达许教之者有年数矣,临当喻语而辄复止。"①太史郎的依据也是《吴书·赵达传》的记载,赵达对公孙滕说"吾先人得此术,欲图为帝王师,至仕来三世,不过太史郎,诚不欲复传之"②,知赵达做过太史郎。又《吴书·陆凯传》载"太史郎陈苗奏皓久阴不雨,风气回逆,将有阴谋,皓深警惧云"③,亦是一证。根据上述史料可知,掌管天时、星象、历法、占卜等,属于太史令的本分。再通过对《三国志·吴书》的梳理,我们认为太史令也继承了西汉太史令的撰史职能,承担了修史的任务。因为华覈救韦昭时说他凭借儒学才能"得与史官,貂蝉内侍"④,韦昭曾任太史令,故称"史官",后为侍中,故说"貂蝉内侍",则知此时太史令与两汉一样都是史官,而韦昭属于吴国最重要的史学家。

孙吴的太史令,目前可以考知的有吴范、丁孚、韦昭、陈卓、陈苗等人。

吴范(?—226),会稽上虞人。吴范本传载:"(吴范)以治历数,知风气,闻于郡中。举有道,诣京都,世乱不行。会孙权起于东南,范委身服事,每有灾祥,辄推数言状,其术多效,遂以显名。……终皆如言。其占验明审如此。权以范为骑都尉,领太史令,数从访问,欲知其决。"⑤吴范以方术著名,跟随孙权时,以能说灾祥深得孙权的倚重。陆机《辨亡论》历数有吴一代知名人士,说"术数则吴范、赵达以机祥协德"⑥,则吴范与赵达属术士的杰出代表。因此孙权任命吴范为太史令,主要管理天文、星象、历法、占卜等工作。根据后人的辑佚,吴范的著作有《黄帝四神历》,当属于历法。吴

---

① [晋]陈寿撰,[南朝宋]裴松之注,陈乃乾校点:《三国志·吴书·赵达传》卷六三,中华书局,1959年,第1424页。
② [晋]陈寿撰,[南朝宋]裴松之注,陈乃乾校点:《三国志·吴书·赵达传》卷六三,中华书局,1959年,第1425页。
③ [晋]陈寿撰,[南朝宋]裴松之注,陈乃乾校点:《三国志·吴书·陆凯传》卷六一,中华书局,1959年,第1404页。
④ [晋]陈寿撰,[南朝宋]裴松之注,陈乃乾校点:《三国志·吴书·韦昭传》卷六五,中华书局,1959年,第1463页。
⑤ [晋]陈寿撰,[南朝宋]裴松之注,陈乃乾校点:《三国志·吴书·吴范传》卷六三,中华书局,1959年,第1421—1422页。
⑥ [晋]陈寿撰,[南朝宋]裴松之注,陈乃乾校点:《三国志·吴书·三嗣主传》卷四八,中华书局,1959年,第1180页。

范未闻有著述之才,当然无法担负撰史的责任。

丁孚,生卒年、籍贯俱不详。《吴书·薛莹传》载华覈上疏曰:"大吴受命,建国南土。大皇帝末年,命太史令丁孚、郎中项峻始撰《吴书》。"①孙权末年,命太史令丁孚、郎中项峻始撰《吴书》,这是孙吴本国史的第一次撰作。丁孚虽是太史令,却无讨论天文、星象、历法、占卜的记载,而著有《汉仪》,属于地道的史学家。这说明到了孙权统治末期,随着孙权对本国史撰作的重视,太史令的职能侧重点由方术转向著史,当然也可能是方术之士难寻,不得已用史学家。方术本是秘密之学,《吴书》仅记录了吴范、刘惇、赵达三位,吴范"秘惜其术,不以至要语(孙)权。权由是恨之"②,刘惇"宝爱其术,不以告人,故世莫得而明也"③,赵达"宝惜其术,自阚泽、殷礼皆名儒善士,亲屈节就学,达秘而不告……权问其法,达终不语,由此见薄,禄位不至"④,前述公孙滕少已就学赵达,赵达许教已久,却"临当喻语而辄复止"⑤。《南齐书·礼志》载:"吴则太史令丁孚拾遗汉事,蜀则孟光、许慈草建众典。"⑥则丁孚进行了前代典章制度的整理。姚振宗《三国艺文志》说:"《礼志》谓拾遗汉事者,指丁孚《汉仪》之书。"⑦丁孚《汉仪》是汉代职官著作,最早著录于《新唐书·艺文志二》,曰"丁孚《汉官仪式选用》一卷",《史略》省作《汉官仪式》。但韦昭说"孚、峻俱非史才,其所撰作,不足纪录"⑧,否定了丁孚的史学才能,不知何故。《隋书·经籍志》载"韦昭《官仪职训》一卷",韦昭也有职官著作,两者都熟悉职官,或是文人相轻罢。

韦昭(204—273),吴郡云阳人,著有《云阳赋》《因狱吏上辞》《博弈论》《吴鼓吹铙歌十二曲》等文学作品,《隋书·经籍志》载:"又有《韦昭集》二卷,

---

① [晋]陈寿撰,[南朝宋]裴松之注,陈乃乾校点:《三国志·吴书·薛莹传》卷五三,中华书局,1959年,第1256页。
② [晋]陈寿撰,[南朝宋]裴松之注,陈乃乾校点:《三国志·吴书·吴范传》卷六三,中华书局,1959年,第1422页。
③ [晋]陈寿撰,[南朝宋]裴松之注,陈乃乾校点:《三国志·吴书·刘惇传》卷六三,中华书局,1959年,第1424页。
④ [晋]陈寿撰,[南朝宋]裴松之注,陈乃乾校点:《三国志·吴书·赵达传》卷六三,中华书局,1959年,第1424—1425页。
⑤ [晋]陈寿撰,[南朝宋]裴松之注,陈乃乾校点:《三国志·吴书·赵达传》卷六三,中华书局,1959年,第1424页。
⑥ [南朝梁]萧子显撰:《南齐书》卷九,中华书局,2019年,第127页。
⑦ [清]姚振宗:《三国艺文志》,《二十五史补编》,开明书店印行,1936年,第34页。
⑧ [晋]陈寿撰,[南朝宋]裴松之注,陈乃乾校点:《三国志·吴书·薛莹传》卷五三,中华书局,1959年,第1256页。

录一卷,亡。"据此可知,韦昭是重要的文学家。孙亮即位的建兴元年(252),韦昭任太史令,与华覈、薛莹等撰《吴书》。韦昭本传载:"孙亮即位,诸葛恪辅政,表曜为太史令,撰《吴书》,华覈、薛莹等皆与参同。"①《吴书·薛莹传》载华覈上疏称:"至少帝时,更差韦曜、周昭、薛莹、梁广及臣五人,访求往事,所共撰立,备有本末。"②华覈又称韦昭"亦汉之史迁也"③。可知,韦昭是以擅长写作而担任太史令,负责《吴书》的编纂。

陈卓,生卒年、籍贯俱不详。《隋书·天文志》载:"三国时,吴太史令陈卓,始列甘氏、石氏、巫咸三家星官,著于图录。"④《开元占经》曰:"吴太史令陈卓作《浑天论》,与王蕃大同。"⑤陈卓的作品,见载于《隋书·经籍志》的有:"《天文集占》十卷,晋太史令陈卓定;陈卓《四方宿占》一卷;《五星占》一卷,陈卓撰;《天官星占》十卷,陈卓撰,梁有《石氏星经》七卷,陈卓记。"知陈卓于吴亡入晋后继续担任太史令,善于星占,精通天文星象。

陈苗,生卒年、籍贯俱不详。《隋书·天文志》载"吴太史令陈苗云:'先贤制木为仪,名曰浑天。'"⑥则陈苗担任过太史令。又前引《陆凯传》载"太史郎陈苗奏皓久阴不雨,风气逆回,将有阴谋,皓深警惧云"⑦,则陈苗也担任过太史郎。

据上可知,孙权时的太史令有吴范、丁孚,孙亮时太史令有韦昭,孙皓时的太史令有陈卓、陈苗等。

(二)左、右国史

孙吴从事史书编撰的有左、右国史。左、右国史的命名,或来自"左史记言,右史记事"(《汉书·艺文志》),而左、右国史的设置,当始于孙皓时。《史通·史官建置》说:"吴归命侯时,有左右二国史之职,薛莹为其左,华覈

---

① [晋]陈寿撰,[南朝宋]裴松之注,陈乃乾校点:《三国志·吴书·韦昭传》卷六五,中华书局,1959年,第1461—1462页。
② [晋]陈寿撰,[南朝宋]裴松之注,陈乃乾校点:《三国志·吴书·薛莹传》卷五三,中华书局,1959年,第1256页。
③ [晋]陈寿撰,[南朝宋]裴松之注,陈乃乾校点:《三国志·吴书·韦昭传》卷六五,中华书局,1959年,第1463页。
④ [唐]魏徵等撰:《隋书·天文志》卷一九,中华书局,2019年,第558页。
⑤ [清]钱仪吉撰:《三国会要》卷六《天运四》引《开元占经》,上海古籍出版社,2006年,第160页。
⑥ [唐]魏徵等撰:《隋书·天文志》卷一九,中华书局,2019年,第573页。
⑦ [晋]陈寿撰,[南朝宋]裴松之注,陈乃乾校点:《三国志·吴书·陆凯传》卷六一,中华书局,1959年,第1404页。

为其右。"①天玺元年(276)的《禅国山碑》说"国史莹、覈",则当时薛莹、华覈为左、右国史。孙吴的左、右国史的任职人选,目前知道的左国史有韦昭、薛莹,右国史有华覈。《史通·史官建置》说"周处自左国史迁东观令"②,不知依据何在,检《晋书·周处传》载"仕吴为东观左丞"③,左国史或为东观左丞之误。左、右国史的任职时期和序列:韦昭任左国史,因屡忤旨于凤凰二年(273)被孙皓杀害,薛莹继任为左国史;右国史,仅知宝鼎二年(267),华覈任右国史。

韦昭、华覈、薛莹都是著名学者,韦昭、华覈的经学成就已见前述,而在史学和文学上也颇有可述,薛莹主要是史学家和文学家,在经学上无所成就。韦昭的文学成就已见前述。华覈(219—278),吴郡武进人,现存作品有《与薛莹诗》《车赋》《奏荐陆胤》《谏吴王皓盛夏兴工疏》《奉诏草对》等。《隋书·经籍志》载:"又有《东观令华覈集》五卷,录一卷,亡。"薛莹(220?—282),沛郡竹邑人,现存作品有《献诗》《答华永先诗》《后汉纪赞》等。《吴书·薛莹传》载华覈上疏称:"(薛)莹涉学既博,文章尤妙,同寮之中,莹为冠首。"④本传载:"太康三年卒。著书八篇,名曰《新议》。"⑤《隋书·经籍志》载:"《晋散骑常侍薛莹集》三卷。"

(三)东观令

孙吴虽然没有关于秘书机构的记载,但也有相当于秘书机构职能的东观令,归中书令管辖。

孙吴的中书部门与史职也有重要的联系。中书机构"掌赞诏命,记会时事,典作文书"⑥,负责皇帝公文的写作⑦,一般妙选文学通识之士。吴国虽然未闻中书监,但有中书令,洪饴孙《三国职官表》考出陈恂、阚泽、孙宏、

---

① [唐]刘知幾,[清]浦起龙通释,王煦华整理:《史通通释》卷一一,上海古籍出版社,2009年,第289页。
② [唐]刘知幾,[清]浦起龙通释,王煦华整理:《史通通释》卷一一,上海古籍出版社,2009年,第289页。
③ [唐]房玄龄等撰:《晋书·周处传》卷五八,中华书局,1974年,第1570页。
④ [晋]陈寿撰,[南朝宋]裴松之注,陈乃乾校点:《三国志·吴书·薛莹传》卷五三,中华书局,1959年,第1256页。
⑤ [晋]陈寿撰,[南朝宋]裴松之注,陈乃乾校点:《三国志·吴书·薛莹传》卷五三,中华书局,1959年,第1256页。
⑥ [唐]杜佑撰,王文锦等点校:《通典·职官三》卷二一,中华书局,1988年,第561页。
⑦ [晋]陈寿撰,[南朝宋]裴松之注,陈乃乾校点:《三国志·吴书·孙綝传》卷六四,中华书局,1959年,第1450页。

杨融、纪陟、宏璆、钟离牧、董朝、胡冲、张尚、贺邵、石伟等人；又有中书仆射，元兴元年(264)置，韦昭曾任此职；又有中书丞，有丁晏、华覈、陈声等；又有中书郎，参与《吴书》修撰的有韦昭、薛莹、周昭等人。在孙皓之前，中书机构负责图书的典藏。孙权病重时，孙权潘夫人询问中书令吕后专制的事情，史载"权不豫，夫人使问中书令孙弘吕后专制故事"①。潘夫人询问中书令历史事件，应该是中书令掌管史籍的缘故。孙亮多次去中书机构查看孙权的档案，《吴历》载："亮数出中书视孙权旧事，问左右侍臣：'先帝数有特制，今大将军问事，但令我书可邪！'"②《建康实录》亦载："自后常出中书省视先帝故事，诘问左右曰：'先帝数有特诏，今大将军关事，但令我书可耶！'"③则中书机构确实是保存史料的地方。孙休即位后，韦昭为中书郎、博士祭酒，依刘向故事，校订众书，上《吴鼓吹铙歌十二曲》。又吕壹曾任中书典校④，史载"吕壹、秦博为中书，典校诸官府及州郡文书"⑤，典校即负责校对文书，进一步地，就应有校对书籍的职能了。以上材料足以说明在孙皓前，中书机构已经承担了东观令的职能。又《吴书·薛莹传》说薛莹"初为秘府中书郎"⑥，有人认为"秘府"是"指掌机要的中书省"⑦。《吴书·韦昭传》载韦昭所撰《洞记》等书，乞上秘府。有时，中书郎又称"秘府郎"，如薛莹是"秘府中书郎"，又如华覈"以文学入为秘府郎，迁中书丞。……后迁东观令，领右国史"⑧。

孙吴的中书机构负责典藏，亦可征之曹魏的中书省设置。曹魏的中书省原属秘书省，曹丕即位后，从秘书省分置出中书省，由中书令掌尚书奏事，主要是草拟诏令，而改秘书令为秘书监，重新主管"艺文图籍之事"，这

---

①［晋］陈寿撰，［南朝宋］裴松之注，陈乃乾校点：《三国志·吴书·妃嫔传》卷五〇，中华书局，1959年，第1199页。
②［晋］陈寿撰，［南朝宋］裴松之注，陈乃乾校点：《三国志·吴书·孙亮传》卷四八，中华书局，1959年，第1154页。
③［唐］许嵩撰，张忱石点校：《建康实录》卷三，中华书局，1986年，第75页。
④参见［晋］陈寿撰，［南朝宋］裴松之注，陈乃乾校点：《三国志·吴书·陆逊传》卷五八，中华书局，1959年，第1352页。
⑤［晋］陈寿撰，［南朝宋］裴松之注，陈乃乾校点：《三国志·吴书·顾雍传》卷五二，中华书局，1959年，第1226页。
⑥［晋］陈寿撰，［南朝宋］裴松之注，陈乃乾校点：《三国志·吴书·薛莹传》卷五三，中华书局，1959年，第1254页。
⑦牛润珍：《汉至唐初史官制度的演变》，河北教育出版社，1999年，第93页。
⑧［晋］陈寿撰，［南朝宋］裴松之注，陈乃乾校点：《三国志·吴书·华覈传》卷六五，中华书局，1959年，第1464—1467页。

就是王肃所说的"魏之秘书即汉之东观"①。《唐六典》载"至魏明帝太和中，始置著作郎及佐郎，隶中书省，专掌国史。至晋惠帝元康二年，改隶秘书省"②，可知曹魏中书省还掌修撰国史的责任，著作郎和佐著作郎的设立，就是为国史修撰做准备的，则秘书省负责图书的收藏与整理，中书省著作局负责国史的修撰。因此，孙吴的中书机构负责典藏和撰写史书，是完全合理的。

孙权时代已有东观场所。《宋书·五行志》载："吴孙权赤乌十二年四月，有两乌衔鹊堕东馆。权使领丞相朱据燎鹊以祭。案刘歆说，此羽虫之孽，又黑祥也。视不明，听不聪之罚也。是时权意溢德衰，信谗好杀，二子将危，将相俱殆。睹妖不悟，加之以燎，昧道之甚者也。明年，太子和废，鲁王霸赐死，朱据左迁，陆议忧卒，是其应也。东馆，典教之府，鹊堕东馆，又天意乎。"③此东馆即东观。《建康实录》亦载赤乌十二年（249）："夏四月，两乌衔鹊坠于东观。丙寅，诏骠骑将军朱据领丞相，燎鹊以祭。此羽虫之孽，又黑祥。视不明、听不聪之罚也。东观，典校之府，实天意焉。"④《宋书·五行志》载："吴孙皓天纪三年八月，建业有鬼目菜生工黄狗家，依缘枣树，长丈余，茎广四寸，厚二分。又有䕲菜生工吴平家，高四尺，如枇杷形，上圆径一尺八寸，下茎广五寸，两边生叶，绿色。东观案图，名鬼目作芝草，䕲菜作平虑。遂以狗为侍芝郎，平为平虑郎，皆银印青绶。"⑤时人发现异物，不明所以，要到东观去查阅图书。但目前考察出的东观令，皆出自孙皓时，故《三国会要·职官》说东观令："似此官孙皓时始立。"⑥孙皓时的东观令设置，据《禅国山碑》说"中书东观令史立信中郎将苏建书"，知东观令隶属于中书机构。任东观令者，除华覈外，还有朱育、周处等。朱育，《会稽典录》载："育后仕朝，常在台阁，为东观令，遥拜清河太守，加位侍中，推刺占射，文艺多通。"⑦又钟离牧任濡须督，"深以进取可图，而不敢陈其策，与侍中东观令朱

---

① [宋]李昉等撰：《太平御览》卷二三三，中华书局，1960年，第1107页。
② [唐]李林甫等撰，陈仲夫点校：《唐六典》卷九，中华书局，2014年，第281页。
③ [南朝梁]沈约撰：《宋书·五行志》卷三二，中华书局，2018年，第1027页。
④ [唐]许嵩撰，张忱石点校：《建康实录》卷二，中华书局，1986年，第57页。
⑤ [南朝梁]沈约撰：《宋书·五行志》卷三二，中华书局，2018年，第1022页。
⑥ [清]钱仪吉撰：《三国会要》，上海古籍出版社，2006年，第522页。
⑦ [晋]陈寿撰，[南朝宋]裴松之注，陈乃乾校点：《三国志·吴书·虞翻传》卷五七，中华书局，1959年，第1326页。

育宴,慨然叹息"①,亦在孙皓时。周处,《吴书·周鲂传》载"子处,亦有文武才干,天纪中为东观令、无难督"②,则在孙吴末期任东观令。东观又有左、右丞。如周处"仕吴为东观左丞"③。刘知幾说"周处自左国史迁东观令",应以东观左丞迁令,而非左国史。华覈为东观令,领右国史,参与撰写《吴书》。周处为东观左丞,并撰集《吴书》。那么东观既是藏书的场所,又是撰史的场所。

孙吴的东观令专掌图书艺文之事,相当于曹魏秘书监。东汉管理秘府图书的工作,最初由兰台令史承担。兰台令史是少府的属官,秩六百石④,职责是"掌奏及印工文书"⑤,而"后汉公卿所撰,始集公府,乃上兰台"⑥,因此兰台掌握了丰富的材料;又"职校定文字",主管校雠秘书图籍,故成了修史的场所,刘知幾说"汉氏中兴,明帝以班固为兰台令史,诏撰《光武本纪》及诸列传、载记"⑦,又说"斯则兰台之职,盖当时著述之所也"⑧。杨终、杜抚、班固、贾逵等人都以校书郎身份在兰台校书修史。汉章帝之后,东观藏书丰富,故替代兰台成为著史场所。刘知幾说"自章、和已后,图籍盛于东观。凡撰汉记,相继在乎其中,而都为著作,竟无它称"⑨,华峤《后汉书》说"学者称东观为老氏藏室,道家蓬莱山"⑩。刘珍、马融、李尤、张衡、蔡邕等人都有校书东观的经历,经过几代人的努力,陆续编纂成了反映当朝史的《东观汉记》。《东观汉记》本名《汉记》,南北朝时期始称《东观汉记》。孙吴

---

① [晋]陈寿撰,[南朝宋]裴松之注,陈乃乾校点:《三国志·吴书·钟离牧传》卷六〇,中华书局,1959年,第1394页。
② [晋]陈寿撰,[南朝宋]裴松之注,陈乃乾校点:《三国志·吴书·周鲂传》卷六〇,中华书局,1959年,第1392页。
③ [唐]房玄龄等撰:《晋书·周处传》卷五八,中华书局,1974年,第1570页。
④ 陈君据应劭《风俗通》"兰台令史六人,秩百石,掌书劾奏",认为兰台令史俸禄百石,又引《汉官名秩》六百石官赐钱七千,兰台令史赐钱三千,则兰台令史非六百石(陈君:《东汉社会变迁与文学演进》,中国社会科学出版社,2012年,第133页)。
⑤ [宋]范晔撰,[唐]李贤等注:《后汉书·百官志》卷一一六,中华书局,1965年,第3600页。
⑥ [唐]刘知幾,[清]浦起龙通释,王煦华整理:《史通通释》卷二〇,上海古籍出版社,2009年,第555页。
⑦ [唐]刘知幾,[清]浦起龙通释,王煦华整理:《史通通释》卷一一,上海古籍出版社,2009年,第286页。
⑧ [唐]刘知幾,[清]浦起龙通释,王煦华整理:《史通通释》卷一一,上海古籍出版社,2009年,第286页。
⑨ [唐]刘知幾,[清]浦起龙通释,王煦华整理:《史通通释》卷一一,上海古籍出版社,2009年,第286—287页。
⑩ [宋]李昉等撰:《太平御览》卷二三三,中华书局,1960年,第1106页。

东观令的职责,孙皓回答华覈的上表时说:"得表,以东观儒林之府,当讲校文艺,处定疑难,汉时皆名学硕儒乃任其职,乞更选英贤。闻之,以卿研精坟典,博览多闻,可谓悦礼乐敦诗书者也。当飞翰骋藻,光赞时事,以越杨、班、张、蔡之畴,怪乃谦光,厚自菲薄,宜勉修所职,以迈先贤,勿复纷纷。"①《禅国山碑》说"阁立东观,口纪实言,建设坟典",可见其主要负责图书的收藏和整理,提供疑难问题的解释。如《三国志》孙皓传载:"有鬼目菜生工人黄耇家……东观案图,名鬼目作芝草。"②稽之中原,虽无东观令的设置,但魏晋秘书省是图书的典藏机构,整理图书、编撰图书目录是秘书省的主要职责。《隋书·经籍志序》说:"魏氏代汉,采掇遗亡,藏在秘书中、外三阁。魏秘书郎郑默,始制《中经》,秘书监荀勖,又因《中经》,更著《新簿》,分为四部,总括群书。一曰甲部,纪六艺及小学等书;二曰乙部,有古诸子家、近世子家、兵书、兵家、术数;三曰丙部,有史记、旧事、皇览簿、杂事;四曰丁部,有诗赋、图赞、汲冢书,大凡四部合二万九千九百四十五卷。但录题及言,盛以缥囊,书用缃素。至于作者之意,无所论辩。"③郑默《魏中经簿》是在秘书郎任上完成的。

魏蜀吴史官制度的形成,与对汉制的沿革有关。《晋书·职官志》载:"孙吴、刘蜀,多依汉制,虽复临时命氏,而无悉旧章。"④吴蜀沿袭汉制较多,而曹魏改革较多。有学者指出:"曹魏在东汉官制基础上多所改易,颇有革命之象;蜀汉沿守东汉官制;孙吴多循西汉,个别方面用东汉官制作补充。这样,在史官制度上亦出现了三种形态,即曹魏著作官制、蜀汉秘书官制和孙吴太史及左、右国史官制。蜀汉秘书官制完全沿袭东汉,可以说是东汉秘书制度之苟延残喘。孙吴太史掌史事沿袭西汉,左、右国史依据《汉书》所言'左、右史'而名,如西汉内、外朝官,东观令史亦参与修撰吴史,犹如东汉。"⑤孙吴时期,以太史令负责史书的编纂,说明史学与天文、历法、占卜未甚分别,相比曹魏的秘书著作制度,是史学不专门的表现。

相比曹魏来说,吴蜀的官制是很不完善的,其更加重视政治和军事的

---

① [晋]陈寿撰,[南朝宋]裴松之注,陈乃乾校点:《三国志·吴书·华覈传》卷六五,中华书局,1959年,第1467—1468页。
② [晋]陈寿撰,[南朝宋]裴松之注,陈乃乾校点:《三国志·吴书·孙皓传》卷四八,中华书局,1959年,第1173页。
③ [唐]魏徵等撰:《隋书·经籍志》卷三二,中华书局,2019年,第1026页。
④ [唐]房玄龄等撰:《晋书·职官志》卷二四,中华书局,1974年,第724页。
⑤ 牛润珍:《汉至唐初史官制度的演变》,河北教育出版社,1999年,第79—80页。

需要,在文化、教育等方面的官制则因陋就简。因此搜检洪饴孙《三国职官表》①,可以看到曹魏的很多职官,在吴蜀是无考的。就上公的丞相、太保、太傅、大司马而言,丞相"掌丞天子,助理万机",魏蜀吴俱设;太傅"掌以善导,无常职",吴仅诸葛恪一人可考;太保"训护人主,道以德义",曹魏太保有郑冲,吴蜀俱无;大司马"掌武事司主也",魏蜀吴俱设,吴国共有九人;大将军"掌征伐背叛",魏蜀吴俱设,吴国有十人。说明吴国的官制重视实用,武备优先,而不甚重视文章道德。

二、孙吴的史官职能和史学成就

孙吴的史官职能包括收藏和整理图书、撰写国史和前代史。但孙吴的私人撰史也比较发达,涌现了谢承《后汉书》等著作。官修史和私撰史共同代表了孙吴的史学成就。

(一)收藏和整理图书

吴国的秘阁藏书整理工作,目前可知的有时任中书郎的韦昭。甘露三年(258),孙休以韦昭为中书郎、博士祭酒,"命曜依刘向故事,校定众书"②。中书机构有校书的职责,与秘书机构密切相关。可惜吴国文献不足征,只好稽之魏晋。曹丕从秘书省分置出中书省,由中书令掌尚书奏事,而改秘书令为秘书监,主管"艺文图籍之事",因此王肃说"魏之秘书即汉之东观"③。西晋时的荀勖任秘书监,"与中书令张华依刘向《别录》,整理记籍"④,正是这种职能的延续。侯康《补三国艺文志》载有《吴图籍》,或是孙吴图书的目录。刘向和班固等两汉著名的目录学家,在孙吴颇有影响,如陆喜模仿他们的作品。《晋书·陆喜传》载陆喜:"少有声名,好学有才思。尝为自叙,其略曰:'刘向省《新语》而作《新序》,桓谭咏《新序》而作《新论》。余不自量,感子云之《法言》而作《言道》,睹贾子之美才而作《访论》,观子政《洪范》而作《古今历》,鉴蒋子通《万机》而作《审机》,读《幽通》《思玄》《四

---

① 本段所引皆来自[清]洪饴孙撰:《三国职官表》,《二十五史补编》,开明书店印行,1936年。
② [晋]陈寿撰,[南朝宋]裴松之注,陈乃乾校点:《三国志·吴书·韦昭传》卷六五,中华书局,1959年,第1462页。
③ [宋]李昉等撰:《太平御览》卷二三三,中华书局,1960年,第1107页。
④ [唐]房玄龄等撰:《晋书·荀勖传》卷三九,中华书局,1974年,第1154页。

愁》而作《娱宾》《九思》,真所谓忍愧者也。'其书近百篇。"[1]因此吴国史官熟悉目录学,并收藏和整理图书。

(二)撰写国史

孙吴的官修国史共有三次,形成了署名韦昭的《吴书》。

第一次官修《吴书》,是在太元元年(251)。《吴书·薛莹传》载华覈上疏请求召回被流放的薛莹说:"大吴受命,建国南土。大皇帝末年,命太史令丁孚、郎中项峻始撰《吴书》。孚、峻俱非史才,其所撰作,不足纪录。"[2]《史通·古今正史》据此说:"吴大帝之季年,始命太史令丁孚、郎中项峻撰《吴书》。孚、峻俱非史才,其文不足纪录。"[3]则早在孙权晚年的时候,已经组织太史令丁孚、郎中项峻等编撰《吴书》。丁孚、项峻编纂《吴书》时已有可供参考的史料。《志林》载"项竣、丁孚时已有注记"[4],《三国志·蜀书·后主传》陈寿评曰:"国不置史,注记无官,是以行事多遗,灾异靡书。"[5]"注记"是古史的体裁,亦称"记注",属帝王起居注、实录一类的史料[6]。同时,中书机构也保留了大量的档案。《吴历》载:"亮数出中书视孙权旧事,问左右侍臣:'先帝数有特制,今大将军问事,但令我书可邪!'"[7]孙亮看到的孙权旧事,即由中书机构保存。另外,当时也有记载和赞美吴主功绩的文献,如张纮(153—212)的《孙破虏将军纪颂》《孙讨逆将军纪颂》,见诸韦昭《吴书》所载:"权初承统,春秋方富,太夫人以方外多难,深怀忧劳,数有优令辞谢,付属以辅助之义。纮辄拜笺答谢,思惟补察。每有异事密计及章表书记,与四方交结,常令纮与张昭草创撰作。纮以破虏有破走董卓,扶持汉室之勋;

---

[1] [唐]房玄龄等撰:《晋书·陆喜传》卷五四,中华书局,1974年,第1486页。
[2] [晋]陈寿撰,[南朝宋]裴松之注,陈乃乾校点:《三国志·吴书·薛莹传》卷五三,中华书局,1959年,第1256页。
[3] [唐]刘知幾,[清]浦起龙通释,王煦华整理:《史通通释》卷一二,上海古籍出版社,2009年,第322页。
[4] [晋]陈寿撰,[南朝宋]裴松之注,陈乃乾校点:《三国志·吴书·吴主传》卷四七,中华书局,1959年,第1132页。
[5] [晋]陈寿撰,[南朝宋]裴松之注,陈乃乾校点:《三国志·蜀书·后主传》卷三三,中华书局,1959年,第902页。
[6] 朱希祖《汉十二世著纪考》说"注记"非颜师古、王应麟所谓之"起居注",其为太史职掌,亦称"著记",又据《汉著记》说主记天变,兼论天人相应之事,故卷数繁多,而入于春秋类,属于编年体。参见朱渊清编:《朱希祖史学史选集》,中西书局,2019年,第210—219页。
[7] [晋]陈寿撰,[南朝宋]裴松之注,陈乃乾校点:《三国志·吴书·孙亮传》卷四,中华书局,1959年,第1154页。

讨逆平定江外,建立大业,宜有纪颂以昭公义。既成,呈权,权省读悲感,曰:'君真识孤家门阀阅也。'乃遣纮之部。"①此说明孙吴政权早期已有孙坚、孙策的材料。

第二次官修《吴书》是在建兴元年(252)。韦昭本传载:"孙亮即位,诸葛恪辅政,表曜为太史令,撰《吴书》,华覈、薛莹等皆与参同。"②知参与者有韦昭、华覈和薛莹。另有周昭,史载其:"与韦曜、薛莹、华覈并述《吴书》,后为中书郎,坐事下狱,覈表救之,孙休不听,遂伏法云。"③又有梁广,据《史通·古今正史》载:"(吴)少帝时,更敕韦曜、周昭、薛莹、梁广、华覈访求往事,相与记述。并作之中,曜、莹为首。"④因此第二次修《吴书》,明确参与者有韦昭、周昭、薛莹、梁广及华覈等人。韦昭为太史令,前面又说"韦氏作史",则韦昭是主要负责人。据《中兴书录》说"项峻撰《吴书》,韦昭续成之,五十五卷"⑤,则知韦昭是在项峻等人的《吴书》的基础上编撰。薛莹有《条例吴事》,所谓"条例"是指作者撰史前制订的关于史书书法、史书结构的规定⑥,则薛莹编纂《吴书》时做了很多纲领性工作⑦。此时撰写的《吴书》"备有本末"⑧,则孙亮之前的吴史很可能基本完成了。

第三次官修《吴书》似在凤凰二年(273)以后。韦昭仍是主事者、薛莹是完成者。韦昭因获罪远徙,华覈上疏救理说"《吴书》虽已有头角,叙赞未述。昔班固作《汉书》,文辞典雅,后刘珍、刘毅等作《汉记》,远不及固,叙传尤劣。今《吴书》当垂千载,编次诸史,后之才士论次善恶,非得良才如曜

---

① [晋]陈寿撰,[南朝宋]裴松之注,陈乃乾校点:《三国志·吴书·张纮传》卷五,中华书局,1959年,第1244页。
② [晋]陈寿撰,[南朝宋]裴松之注,陈乃乾校点:《三国志·吴书·韦昭传》卷六五,中华书局,1959年,第1461—1462页。
③ [晋]陈寿撰,[南朝宋]裴松之注,陈乃乾校点:《三国志·吴书·步骘传》卷五二,中华书局,1959年,第1242页。
④ [唐]刘知幾,[清]浦起龙通释,王煦华整理:《史通通释》卷一二,上海古籍出版社,2009年,第322页。
⑤ [宋]王应麟纂:《玉海》卷四六,江苏古籍出版社、上海书店,1987年,第866页。
⑥ 参见胡宝国:《经史之学》,《汉唐间史学的发展》修订本,北京大学出版社,2014年,第35页。
⑦ 《文心雕龙·史传》说"邓粲《晋纪》,始立条例",认为史书中的条例来自东晋邓粲《晋纪》,应该是不准确的。
⑧ [晋]陈寿撰,[南朝宋]裴松之注,陈乃乾校点:《三国志·吴书·薛莹传》卷五三,中华书局,1959年,第1256页。

者,实不可使阙不朽之书"①。孙皓外放薛莹领兵,华覈上疏说"昭、广先亡,曜负恩蹈罪,莹出为将,复以过徙,其书遂委滞,迄今未撰奏"②。周昭、梁广的死亡,韦昭的获罪和薛莹的从戎,导致《吴书》的编纂陷于停顿,因此华覈请求孙皓召回薛莹再缵前功。孙皓遂召回薛莹,"使卒垂成之功,编于前史之末"③。《史通·古今正史》说:"当归命侯时,昭、广先亡,曜、莹徙黜,史官久阙,书遂无闻。覈表请召曜、莹续成前史,其后曜独终其书,定为五十五卷。"④事实上,《吴书》也不由韦昭最终完成,韦昭死后主要由薛莹负责此事。但韦昭是《吴书》的主要负责人,尽管华覈、薛莹做了很多工作,仍不隐没韦昭的贡献,故仍署名韦昭。因此《隋书·经籍志》载:"《吴书》二十五卷,韦昭撰。本五十五卷,梁有,今残缺。"⑤沈家本说:"韦在时书尚未成,华、薛续成之也。……《史通》云曜终其书,殊非事实。惟书非成于韦之手,而仍属之于韦者,大约此书体例皆韦手定。不为孙和作纪,乃其一端。韦在时稿本已具,特未裁定奏上耳,故书之成也,华、薛皆不敢居以为功,华、薛二传亦不言作《吴书》也。"⑥

根据孙吴三次国史的编撰情况,能够了解纪主选择、传主设置、史书体例等一系列问题。

韦昭《吴书》以黄武元年(222)开元,这从吴国首任丞相孙邵的传记设置情况可以推知。孙邵(163—225),字长绪,北海人。黄武元年至四年(222—225)任丞相。虞喜《志林》曰:"吴之创基,邵为首相,史无其传,窃常怪之。尝问刘声叔。声叔博物君子也,云:'推其名位,自应立传。项竣、丁孚时已有注记,此云与张惠恕不能。后韦氏作史,盖惠恕之党,故不见

---

①[晋]陈寿撰,[南朝宋]裴松之注,陈乃乾校点:《三国志·吴书·韦昭传》卷六五,中华书局,1959年,第1464页。
②[晋]陈寿撰,[南朝宋]裴松之注,陈乃乾校点:《三国志·吴书·薛莹传》卷五三,中华书局,1959年,第1256页。
③[晋]陈寿撰,[南朝宋]裴松之注,陈乃乾校点:《三国志·吴书·薛莹传》卷五三,中华书局,1959年,第1256页。
④[唐]刘知幾,[清]浦起龙通释,王煦华整理:《史通通释》卷一二,上海古籍出版社,2009年,第322页。
⑤[唐]魏徵等撰:《隋书·经籍志》卷三三,中华书局,2019年,第1083页。
⑥[清]沈家本:《三国志注所引书目》,徐世虹主编:《沈家本全集》第六卷,中国政法大学出版社,2010年,第656页。

书.'"①根据刘声叔的观点,丁孚、项峻已立《孙邵传》,只是孙邵与张温的关系不佳,而韦昭与张温关系融洽,因此韦昭主持修史时故意舍弃孙邵传。丞相不入史传,前史有先例,《史通·杂说下》说"汉代青翟、刘舍,位登丞相,而班史无录"②。韦昭熟悉《汉书》,著有《汉书音义》,因此这样的处理方式沿袭的是班固《汉书》的体例。至于孙邵未能入传的原因,《吴录》载:"黄武初为丞相,威远将军,封阳羡侯。张温、暨艳奏其事,邵辞位请罪,权释令复职。"③孙邵曾受到张温的弹奏,很可能是"坐三署混浊,丞相失职事"④,以致孙邵一度辞去宰相。韦昭《吴书》不为孙邵立传,陈寿一仍韦昭之旧,沿袭不改。

韦昭在世时《吴书》的完成情况是:"已有头角,叙赞未述"(华覈《上疏救曜》)⑤。《三国志·吴书·王楼贺韦华传》陈寿评说:"薛莹称王蕃器量绰异,弘博多通;楼玄清白节操,才理条畅;贺邵厉志高洁,机理清要;韦曜笃学好古,博见群籍,有记述之才。"⑥则"叙赞"应由薛莹统稿完成⑦。陈寿撰《吴书》,主要参考了韦昭《吴书》,其中"薛莹称"自然是薛莹的"赞"。又《韦昭传》载"皓欲为父和作纪,曜执以和不登帝位,宜名为传"⑧,亦可证《吴书》属于纪传体史书。

周昭参与了韦昭《吴书》的编纂,其论顾邵、诸葛瑾、步骘、严畯、张承的部分,反映了韦书的史论面貌。《三国志·吴书·张顾诸葛步传》载:"颖川周昭著书称步骘及严畯等曰:'古今贤士大夫所以失名丧身倾家害国者,其由非一也,然要其大归,总其常患,四者而已。急论议一也,争名势二也,重朋

---

① [晋]陈寿撰,[南朝宋]裴松之注,陈乃乾校点:《三国志·吴书·吴主传》卷四七,中华书局,1959年,第1132页。
② [唐]刘知幾,[清]浦起龙通释,王煦华整理:《史通通释》卷一八,上海古籍出版社,2009年,第495页。
③ [晋]陈寿撰,[南朝宋]裴松之注,陈乃乾校点:《三国志·吴书·吴主传》卷四七,中华书局,1959年,第1131—1132页。
④ 田余庆:《暨艳案及相关问题——再论孙吴政权的江东化》,《秦汉魏晋史探微》重订本,中华书局,2011年,第303页。
⑤ [晋]陈寿撰,[南朝宋]裴松之注,陈乃乾校点:《三国志·吴书·韦昭传》卷六五,中华书局,1959年,第1464页。
⑥ [晋]陈寿撰,[南朝宋]裴松之注,陈乃乾校点:《三国志·吴书·王楼贺韦华传》卷六五,中华书局,1959年,第1470页。
⑦ 参见张子侠:《〈吴书〉作者考辨》,《史学史研究》,2008年第2期。
⑧ [晋]陈寿撰,[南朝宋]裴松之注,陈乃乾校点:《三国志·吴书·韦昭传》卷六五,中华书局,1959年,第1462页。

党三也，务欲速四也。急论议则伤人，争名势则败友，重朋党则蔽主，务欲速则失德，此四者不除，未有能全也。当世君子能不然者，亦比有之，岂独古人乎！然论其绝异，未若顾豫章、诸葛使君、步丞相、严卫尉、张奋威之为美也。《论语》言"夫子恂恂然善诱人"，又曰"成人之美，不成人之恶"，豫章有之矣。"望之俨然，即之也温，听其言也厉"，使君体之矣。"恭而安，威而不猛"，丞相履之矣。学不求禄，心无苟得，卫尉、奋威蹈之矣。此五君者，虽德实有差，轻重不同，至于趣舍大检，不犯四者，俱一揆也。昔丁谓出于孤家，吾粲由于牧竖，豫章扬其善，以并陆、全之列，是以人无幽滞而风俗厚焉。使君、丞相、卫尉三君，昔以布衣俱相友善，诸论者因各叙其优劣。初，先卫尉，次丞相，而后有使君也；其后并事明主，经营世务，出处之才有不同，先后之名须反其初，此世常人所决勤薄也。至于三君分好，卒无亏损，岂非古人交哉！又鲁横江昔杖万兵，屯据陆口，当世之美业也，能与不能，孰不愿焉？而横江既亡，卫尉应其选，自以才非将帅，深辞固让，终于不就。后徙九列，迁典八座，荣不足以自曜，禄不足以自奉。至于二君，皆位为上将，穷富极贵。卫尉既无求欲，二君又不称荐，各守所志，保其名好。孔子曰"君子矜而不争，群而不党"，斯有风矣。又奋威之名，亦三君之次也，当一方之戍，受上将之任，与使君、丞相不异也。然历国事，论功劳，实有先后，故爵位之荣殊焉。而奋威将处此，决能明其部分，心无失道之欲，事无充诎之求，每升朝堂，循礼而动，辞气謇謇，罔不惟忠。叔嗣虽亲贵，言忧其败，蔡文至虽疏贱，谈称其贤。女配太子，受礼若吊，慷忾之趋，惟笃人物，成败得失，皆如所虑，可谓守道见机，好古之士也。若乃经国家，当军旅，于驰骛之际，立霸王之功，此五者未为过人。至其纯粹履道，求不苟得，升降当世，保全名行，邈然绝俗，实有所师。故粗论其事，以示后之君子。'"①周昭所列举的五个人物，与陈寿《吴书》的《张顾诸葛步传》相仿，应该是第二次修《吴书》的人员，周昭卒于永安四年（261），不及第三次修《吴书》。周昭此论也足以说明了第二次修《吴书》已经"备有本末"了。

有学者认为韦昭《吴书》有"使臣列传"。《三国志·吴书》的《是仪胡综传》只述是仪、胡综二人，而陈寿评有是仪、徐详、胡综三人，根据《三国志》的体例，凡不立传而附见他传者，虽有事迹可称，评中皆不及之，而徐详"无传有评"，不合体例，因此徐详当有传，或是被列入《吴书》的"使臣列传"。

---

① [晋]陈寿撰，[南朝宋]裴松之注，陈乃乾校点：《三国志·吴书·张顾诸葛步传》卷五二，中华书局，1959年，第1240—1242页。

至于陈寿《三国志·吴书》不录徐详传,使臣照例有夸美本朝的话语,或是徐详使魏的应对之辞,难以为新朝接受。陈寿正魏伪吴之后,吴国使臣在名分上不得称为国家使臣,因此陈寿要废弃"使臣列传"。[1]事实上,《三国志·吴书·是仪胡综传》有:"徐详者字子明,吴郡乌程人也,先综死。"[2]徐详传至为简略,顺序亦移至胡综之下,与陈寿评的是仪、徐详、胡综顺序不同,而传目中只有是仪、胡综,疑徐详传遭到了删削,具体原因尚待讨论。钱大昕《十驾斋养新录》卷第六《徐详当有传》说:"意详自有传,而偶逸之。《综传》末数语则出自后人附益也。"[3]又是仪、胡综虽有对外工作经历,但真正做过使臣的是仪,嘉禾三年(234)他出使蜀国申固盟好,奉使称意,而胡综应无出使经历,唯黄龙元年(229)与蜀使陈震结盟而作《中分天下盟文》,其他功绩是伪作吴质降文和发现隐蓄的诈降。徐详"数通使命",建安二十二年(217)受命"诣曹公请降"[4],做过使臣,但史书仅此一例,尚不足以称为"使臣列传"。《胡综传》说胡综"与是仪、徐详俱典军国密事"[5],应该涉及国家和军事情报一类的工作,很多秘不示人,史官也就无从记载了。

(三)前代史编纂

孙吴的学者也注重前代史的编纂。在通史上,有韦昭的《洞纪》,据《隋书·经籍志》载:

> 《洞记》四卷,韦昭撰。记庖牺已来,至汉建安二十七年。

又韦昭本传载:

> 囚昔见世间有古历注,其所纪载既多虚无,在书籍者亦复错谬。囚寻按传记,考合异同,采摭耳目所及,以作《洞纪》,起自庖牺,至于秦、汉,凡为三卷,当起黄武以来,别作一卷,事尚未成。[6]

---

[1]参见曲柄睿:《韦昭〈吴书〉原有"使臣列传"》,《江海学刊》,2018年第5期。
[2][晋]陈寿撰,[南朝宋]裴松之注,陈乃乾校点:《三国志·吴书·是仪胡综传》卷六二,中华书局,1959年,第1418页。
[3][清]钱大昕:《十驾斋养新录》卷第六,陈文和主编:《嘉定钱大昕全集》增订本,凤凰出版社,2016年,第181页。
[4][晋]陈寿撰,[南朝宋]裴松之注,陈乃乾校点:《三国志·吴书·吴主传》卷四七,中华书局,1959年,第1120页。
[5][晋]陈寿撰,[南朝宋]裴松之注,陈乃乾校点:《三国志·吴书·是仪胡综传》卷六二,中华书局,1959年,第1413页。
[6][晋]陈寿撰,[南朝宋]裴松之注,陈乃乾校点:《三国志·吴书·韦昭传》卷六五,中华书局,1959年,第1462—1463页。

又刘知幾《史通·表历》说:"若诸子小说,编年杂记,如韦昭《洞纪》、陶弘景《帝代年历》,皆因表而作,用成其书。"①则《洞纪》属于编年史。关于《洞纪》的性质,唐燮军在对《洞纪》辑佚时发现内容"多系发生于周汉之际的日食星变,以及与日食星变相对应的人世变故"②。《洞纪》是孙权称王以前的历史记载,黄武以来,惜未完成而韦昭被杀。韦昭《洞纪》很能说明孙吴文人的正朔观,我们将在下一节有深入的讨论。

江南早有"历"一类的史书。王充《论衡·超奇》记载了东汉江南有周长生,说:"且近自以会稽言之。周长生者,文士之雄也。……长生之才,非徒锐于牒牍也,作《洞历》十篇,上自黄帝,下至汉朝,锋芒毛发之事,莫不纪载,与太史公《表》《纪》相似类也。上通下达,故曰《洞历》。然则长生非徒文人,所谓鸿儒者也。"③周长生的《洞历》是一部编年史。孙吴太常卿徐整有《三五历记》《通历》《杂历》,《三五历记》记载了盘古开天辟地的传说,它们很可能是通史一类的著作。胡冲的《吴历》是记载吴国的编年史。胡冲,孙吴时任中书令,入晋后为尚书郎、吴郡太守,私撰《吴历》,成书日期当在晋时。《吴历》颇能补裨韦昭《吴书》,学者指出孙坚的卒年是初平二年(191),纠正了韦昭《孙坚传》的错误,孙翊妻徐氏计除妫览、戴员以报夫仇,补韦昭《宗室传》之未备④。因此《吴历》在诸家私撰吴史中最具价值,后为裴松之所利用。

在断代史上,《隋书·经籍志》著录了吴人的两种东汉史书:

《后汉书》一百三十卷,无帝纪,吴武陵太守谢承撰。
《后汉记》六十五卷,本一百卷,梁有,今残缺。晋散骑常侍薛莹撰。

则知吴国的东汉断代史有谢承《后汉书》、薛莹《后汉记》等。

谢承《后汉书》是第一部私撰的后汉史书。史载"(谢夫人)弟承拜五

---

① [唐]刘知幾,[清]浦起龙通释,王煦华整理:《史通通释》卷三,上海古籍出版社,2009年,第50页。
② 唐燮军:《符瑞、时政与韦昭〈洞纪〉》,《史家行迹与史书构造:以魏晋南北朝佚史为中心的考察》,浙江大学出版社,2014年,第23页。
③ 黄晖撰:《论衡校释》,中华书局,1990年,第613—614页。
④ 参见唐燮军:《张勃〈吴录〉对孙吴国史的重构及其边缘化》,《史林》,2015年第4期。

官郎中,稍迁长沙东部都尉、武陵太守,撰《后汉书》百余卷"①。《会稽典录》载:"承字伟平,博学洽闻,尝所知见,终身不忘。"②谢承,字伟平,会稽山阴人。他是孙权第一任妻子谢夫人的胞弟,起家五官郎中,这是个清贵的职位。五官、左、右是吴国的三署,各以中郎将统领郎官,起源于汉,魏吴承之。郎有郎中、中郎、侍郎等名目,无员数,来自掌举、征拜、任子诸途。郎官日在帝王左右,宿卫扈从,有被甄选升进的便利条件。所以三署实际上是吴国官员养成和储备机构,是贵游子弟麇集之所。③谢承《后汉书》是鸿篇巨制,在规模上,有一百三十卷;在体例上,谢承应当是依照《汉书》的体例,则有纪、表、志、传。《史通·自叙》说"始在总角,读班、谢两《汉》,便怪《前书》不应有《古今人表》,《后书》宜为更始立纪"④,《史通·书志》称"《百官》《舆服》,谢拾孟坚之遗"⑤,这便指出谢承因袭了班固的体例,但谢承有《舆服志》,班固实无。周天游《八家后汉书辑注·序》因此说:"既然更始尚且要补立本纪,谢《书》岂能无帝纪?倘若谢《书》无帝纪,刘知幾又岂能默然不置一辞?可见《隋志》所言,乃谢《书》帝纪于隋初曾散佚罢了。谢《书》不仅纪、志、传俱全,而且又有所创新。如阅《史通》可知,谢《书》有《舆服》《百官》二志。前者源于《东观汉记》之《车服志》,后者则出自《汉书·百官公卿表》,然皆别立新目,并为《续汉书》所仿效。另据明陈禹谟本《书钞》,知谢《书》又有《兵志》及《风教传》,为当时史书所仅见。此二目虽不能遽作定论,然而从谢《书》佚文推断,范《书》传目中之《东夷列传》,毫无疑义本之于谢《书》。而《独行》《方术》《逸民》《列女》诸传也可能仿谢《书》而设,并非范晔所独创。"⑥在内容上,谢承详细地搜集了忠义和隐逸之士,而不考虑他们的名位,《史通·杂说下》指出"姜诗、赵壹,身止计吏,而谢《书》有传"⑦等。

---

① [晋]陈寿撰,[南朝宋]裴松之注,陈乃乾校点:《三国志·吴书·吴主权谢夫人传》卷五〇,中华书局,1959年,第1196页。
② [晋]陈寿撰,[南朝宋]裴松之注,陈乃乾校点:《三国志·吴书·吴主权谢夫人传》卷五〇,中华书局,1959年,第1197页。
③ 参见田余庆《暨艳案及相关问题——再论孙吴政权的江东化》,《秦汉魏晋史探微》重订本,中华书局,2011年,第303页。
④ [唐]刘知幾,[清]浦起龙通释,王煦华整理:《史通通释》卷一〇,上海古籍出版社,2009年,第268页。
⑤ [唐]刘知幾,[清]浦起龙通释,王煦华整理:《史通通释》附录,上海古籍出版社,2009年,第582页。
⑥ 周天游辑注:《八家后汉书辑注》前言,上海古籍出版社,1986年,第5—6页。
⑦ [唐]刘知幾,[清]浦起龙通释,王煦华整理:《史通通释》卷一八,上海古籍出版社,2009年,第495页。

谢承《后汉书》的失传,当然是范晔《后汉书》流行并取而代之。《史通·烦省》说:"谢承尤悉江左,京洛事缺于三吴。"①《史通·杂说下》又说:"谢承《汉书》偏党吴越。"②谢承尤熟悉和重视江东史事,这自然与他身处孙吴,利用江东史料更多,而所见中原史料不博有关。

薛莹《后汉记》亦是私撰,本有一百卷,梁时尚完整,唐初已经残缺。薛莹,现存《后汉纪赞》,顾名思义,是编纂《后汉记》的产物。薛莹《后汉记》散佚较为严重,唐初已不完整,因此后世的评论较少,无从考其面貌,周天游《八家后汉书辑注》所录不过数则而已。

刘勰对谢承和薛莹的东汉史书评价不高,《文心雕龙·史传》说"薛、谢之作,疏谬少信",批评两人的史著体例多疏,妄断以己意,故难以采信。

孙吴的前代史编纂,或有袁晔的《献帝春秋》。史载:"(广陵袁)迪孙晔,字思光,作《献帝春秋》,云迪与张纮等俱过江,迪父绥为太傅掾,张超之讨董卓,以绥领广陵事。"③张纮与孙策相识,曾为孙策制定了占领江南再图进取的策略。孙策于兴平二年(195)受命渡江,次年自领会稽太守,以张纮为谋臣,则张纮过江当在建安元年(196)。袁迪与张纮俱过江,而袁晔是袁迪之孙,则袁晔当生于吴时,属于吴国史学家,《献帝春秋》作于吴时是极有可能的。《隋书·经籍志》载"《献帝春秋》二十卷,袁晔撰",并将其置于魏晋之际的张璠之后,袁晔或已入晋。

(四)撰写杂传和地理

杂传,泛指正史以外的人物传记,是东汉时期兴起的题材,受到了人物品评风气的影响,以东汉到东晋最为繁荣。杂传包容广泛,有郡书、家传、名士传、良吏传等。孙吴的郡书至为兴盛,《隋书·经籍志》著录有:

《会稽先贤传》七卷,谢承撰。
《吴先贤传》四卷,吴左丞相陆凯撰。

---

① [唐]刘知幾,[清]浦起龙通释,王煦华整理:《史通通释》卷九,上海古籍出版社,2009年,第246页。
② [唐]刘知幾,[清]浦起龙通释,王煦华整理:《史通通释》卷一八,上海古籍出版社,2009年,第492页。
③ [晋]陈寿撰,[南朝宋]裴松之注,陈乃乾校点:《三国志·吴书·陆瑁传》卷五,中华书局,1959年,第1337页。

《豫章列士传》三卷,徐整撰。

《桂阳先贤画赞》一卷,吴左中郎张胜撰。

另外还有被山《曹瞒传》一卷[1],士燮《交州人物志》,陆胤《广州先贤传》一卷,等等。

最早的郡书是赵岐的《三辅决录》,赵岐是京兆长陵人,因此郡书具有本地人记乡贤的特点,有一定的天时地利人和之便。谢承是会稽人,故有《会稽先贤传》;陆凯是吴郡人,故有《吴先贤传》;徐整是豫章人,故有《豫章列士传》;士燮久居交州,故有《交州人物志》;陆胤是吴人,曾任交州刺史,广州先于黄武五年(226年)从交州分出南海、苍梧、郁林、高凉四郡组成,旋又除广州复为交州,永安七年(264)复分交州置广州,陆胤作《广州先贤传》当在孙皓统治时期。

孙吴的地理志,《隋书·经籍志》著录有:

《娄地记》一卷,吴顾启期撰。

《会稽土地记》一卷,朱育撰。

《南州异物志》一卷,吴丹阳太守万震撰。

《扶南异物志》一卷,朱应撰。

另外还有康泰《吴时外国传》《扶南记》,薛莹《荆扬已南异物志》,韦昭《三吴郡国志》,朱育《会稽记》四卷(《会稽土地记》或是《会稽记》的组成部分),徐整《豫章旧志》八卷,虞翻《川渎记》,严畯《潮水论》,沈莹《临海水土异物志》一卷,薛珝《异物志》,等等。其中康泰《吴时外国传》《扶南记》,朱应《扶南异物志》,万震《南州异物志》,等等,向达《汉唐间西域及海南诸国古地理书叙录》中有所介绍。

吴人对先贤的追述之作也颇多,在杂传一类,分别记述各地的先贤烈士的事迹,有扬州之会稽、吴郡、豫章,荆州之桂阳,交州,广州,等等。对地方贤士追述的增多,当是江南文化的发展,促成了各地自我认同意识加强的结果。同样地,孙吴地理书写作的发达,既是江南深度开发的结果,又是自我地域认同意识的呈现。地理书记录了孙吴辖境内多个地区的山川、特

---

[1] [晋]陈寿撰,[南朝宋]裴松之注,陈乃乾校点:《三国志·魏书·武帝纪》卷一,中华书局,1959年,第2页。

产等,促进了异物志的兴起。至于同朱应一起出使扶南的康泰,还写有《外国传》,此书久佚,《隋书·经籍志》已不载,大概记述的是域外的风土人情。

三、孙吴史学的研究与传播

孙吴的史学研究和传播中,以《春秋》与《汉书》的成就最高、流传最广。

(一)《春秋》《左传》和《国语》的研究

《左传》和《国语》,后世认为是史书,但在孙吴的时候,《左传》是《春秋》的注解,《国语》是《春秋》的外传,都是与《春秋》经密切相关,因此既是经典的传注,又是史书的注解。

有关《春秋》类研究,《隋书·经籍志》著录有:

> 《春秋经》十一卷,吴卫将军士燮注。
> 《春秋穀梁传》十三卷,吴仆射唐固注。
> 《春秋外传国语》二十一卷,虞翻注。
> 《春秋外传国语》二十二卷,韦昭注。
> 《春秋外传国语》二十一卷,唐固注。

另外姚振宗《三国艺文志》还录有士燮《春秋左氏经注》十三卷,唐固《春秋公羊传注》,张昭《春秋左氏传解》,顾启期《春秋大夫谱》十三卷。

孙吴治《春秋》的学者颇多。韦昭《吴书》称沈珩"少综经艺,尤善《春秋》内、外传"[1]。沈珩治《春秋》的情况,不知其详,也无目录传世,究竟有无专著,亦不得而知,沈珩亦精于《国语》研究。《春秋》三家,孙吴学者均有著录存世。唐固当是治《春秋》的名家,注释了《公羊》和《穀梁》二传,另有《国语》注传世。《左传》在东汉已在江南流传,陈钦、陈元、陈坚卿三代为治《左传》的名家。士燮有《春秋左氏传注》十三卷,据本传记载,他"少游学京师,事颍川刘子奇,治《左氏春秋》"[2],又称"耽玩《春秋》,为之注解"[3]。士燮《左

---

[1] [晋]陈寿撰,[南朝宋]裴松之注,陈乃乾校点:《三国志·吴书·吴主传》卷四七,中华书局,1959年,第1124页。
[2] [晋]陈寿撰,[南朝宋]裴松之注,陈乃乾校点:《三国志·吴书·士燮传》卷四九,中华书局,1959年,第1191页。
[3] [晋]陈寿撰,[南朝宋]裴松之注,陈乃乾校点:《三国志·吴书·士燮传》卷四九,中华书局,1959年,第1191页。

传》之学承袭中原,他对《左传》爱好甚深,能于众家之中取择胜义而从,可谓有辩有识。故陈徽赞扬道:"(士燮)官事小阕,辄玩习书传,《春秋左氏传》尤简练精微,吾数以咨问传中诸疑,皆有师说,意思甚密。"①张昭有《春秋左氏传解》,史书又载诸葛瑾、程秉、张纮均治《左氏春秋》,可见当时《左传》是一门显学,可惜都未能传世,不得知其面貌。《国语》向来被视为《春秋外传》,享受经的地位,对它的注释,除沈珩外,《隋书·经籍志》著录有虞翻、韦昭和唐固三家。除韦昭注传世外,其他基本亡佚,《玉函山房辑佚书》还载录唐固注《国语》的残章断句。

孙策早在初据江东之时,就表现出对文士的重视。《吴书》本传引《吴录》称:

> 时有高岱者,隐于余姚,策命出使会稽丞陆昭逆之,策虚己候焉。闻其善《左传》,乃自玩读,欲与论讲。或谓之曰:"高岱以将军但英武而已,无文学之才,若与论《传》而或云不知者,则某言符矣。"又谓岱曰:"孙将军为人,恶胜己者,若每问,当言不知,乃合意耳。如皆辨义,此必危殆。"岱以为然,及与论《传》,或答不知。策果怒,以为轻己,乃囚之。知交及时人皆露坐为请。策登楼,望见数里中填满。策恶其收众心,遂杀之。②

孙策有心与《左传》名家高岱讨论《左传》,可惜高岱未能推心置腹,得罪孙策,终于不免于祸。

孙权劝吕蒙读书时说:

> 孤岂欲卿治经为博士邪?但当令涉猎见往事耳。卿言多务孰若孤,孤少时历《诗》《书》《礼记》《左传》《国语》,惟不读《易》。至统事以来,省三史、诸家兵书,自以为大有所益。如卿二人,意性朗悟,学必得之,宁当不为乎?宜急读《孙子》《六韬》《左传》《国语》及三史。孔

---

① [晋]陈寿撰,[南朝宋]裴松之注,陈乃乾校点:《三国志·吴书·士燮传》卷四九,中华书局,1959年,第1191页。
② [晋]陈寿撰,[南朝宋]裴松之注,陈乃乾校点:《三国志·吴书·孙策传》卷四六,中华书局,1959年,第1109页。

子言"终日不食,终夜不寝以思,无益,不如学也。"光武当兵马之务,手不释卷。孟德亦自谓老而好学。卿何独不自勉勖邪?[①]

孙权也熟悉《左传》《国语》,并敦促吕蒙学习,可知孙吴君臣比较重视对《左传》《国语》的学习。统治者的重视也是促进《春秋》经传研究的重要动力。

(二)《汉书》的传播与研究

《汉书》是魏晋南北朝最重要的典籍之一。东汉的《汉书》研究著作,有服虔和应劭的音义,到了三国时期,《汉书》注颇多,颜师古《汉书叙例》提到二十二家,东汉有三家,西晋有三家,东晋有两家,其余十四家属于三国时期,可见三国时期是《汉书》研究的第一个高峰期。正因如此,西晋的晋灼总结《汉书》的研究成果,于是将众人所注集为一部,是为《汉书集注》[②]。《汉书集注》也是第一部明确的史书集解著作。

《汉书》在孙吴已经有广泛的流传和深入的研究。孙权重视《汉书》教育,给子弟配备了强大的教学力量。《吴书·孙登传》载孙权"欲登读《汉书》,习知近代之事,以张昭有师法,重烦劳之,乃令(张)休从昭受读,还以授登"[③]。可见张昭精于《汉书》,并有"师法"。其子张休也以《汉书》教授孙登,裴松之注引《吴书》谓张休"进授,指摘文义,分别事物,并有章条"[④],则张休是《汉书》名家,姚振宗《三国艺文志》辑有张休《汉书章条》,今天已经见不到他的著作。张昭、张休父子是《汉书》学世家,虽然未见著作传世,但其讲授是有师说和教本的。孙吴的《汉书》研究也很深入。《隋书·经籍志》载"《汉书音义》七卷,韦昭撰",可知韦昭给《汉书》进行过注音和释义的工作。韦昭《汉书音义》现已不存,但仍有片段传世,如《文选》卷三四曹植《七启》李善注引《汉书》"傅昭仪少为才人",韦昭注"才伎人也"[⑤]。张温有《三

---

① [晋]陈寿撰,[南朝宋]裴松之注,陈乃乾校点:《三国志·吴书·吕蒙传》卷五四,中华书局,1959年,第1274—1275页。
② 参见陈君:《润色鸿业:〈汉书〉文本的形成与早期传播》,北京大学出版社,2020年,第150—154页。
③ [晋]陈寿撰,[南朝宋]裴松之注,陈乃乾校点:《三国志·吴书·孙登传》卷五九,中华书局,1959年,第1363页。
④ [晋]陈寿撰,[南朝宋]裴松之注,陈乃乾校点:《三国志·吴书·张休传》卷五二,中华书局,1959年,第1225页。
⑤ [南朝梁]萧统编,[唐]李善注:《文选》卷三四,中华书局,1977年,第488页。

史略》,当时的"三史"指《史记》《汉书》《东观汉记》,则张温对《汉书》做过辑要的工作。《汉书》还成为孙吴史家的著史典范。华覈上疏说"班固作《汉书》,文辞典雅。后刘珍、刘毅等作《汉记》,远不及固"[1],那么华覈修撰《吴书》,应当取资于《汉书》。《史通·书志》称"《百官》《舆服》,谢拾孟坚之遗"[2],谢承编《后汉书》也因袭了《汉书》的体例。可见吴人当时比较重视《汉书》,班固记事,典雅精赡,素有美名,吴人看重,本是情理之中的事。另外,《南齐书·礼志》载"吴则太史令丁孚拾遗汉事"[3],知丁孚有《汉事拾遗》一类的著作。

《史记》在当时虽然没有取得与《汉书》同等的地位,但也引起了学者的注意。如孙权劝吕蒙"省三史",又前揭张温有《三史略》,华覈称韦昭"亦汉之史迁也"[4],等等,皆说明当时《史记》已经流传于士人之中。

至于汉代历史的整理,孙吴学者进行了"要""略"这样的删节工作。《隋书·经籍志》有"《三史略》二十九卷,吴太子太傅张温撰",应该是张温对《史记》《汉书》《东观汉记》的删略。另据马国翰《玉函山房辑佚书》载"吴环济《帝王要略》一卷",应是对历代帝王的传记汇编。"要"和"略"本意是遴选最重要的事迹成书,早在汉代已有,如《隋书·经籍志》记载了汉桂阳太守卫飒的《史要》十卷,说"约《史记》要言,以类相从"[5],另外,魏国鱼豢有《典略》八十九卷,说明史书文繁事多,简要成为当时的共同追求,学者指出是受到经学简约之风的影响[6]。

据上可知,东吴的史学家众多,史著也丰富,表现形式和题材多样,有的是删略前代史书,有的是给史书作注,有的撰写杂传和地理志,有的参与编写前代和当代正史,它们共同塑造了孙吴史学的繁荣局面。

---

[1] [晋]陈寿撰,[南朝宋]裴松之注,陈乃乾校点:《三国志·吴书·韦昭传》卷六五,中华书局,1959年,第1464页。
[2] [唐]刘知幾,[清]浦起龙通释,王煦华整理:《史通通释》卷一二,上海古籍出版社,2009年,第582页。
[3] [南朝梁]萧子显撰:《南齐书》卷九,中华书局,2019年,第127页。
[4] [晋]陈寿撰,[南朝宋]裴松之注,陈乃乾校点:《三国志·吴书·韦昭传》卷六五,中华书局,1959年,第1463页。
[5] [唐]魏徵等撰:《隋书·经籍志》卷三二,中华书局,2019年,第1089页。
[6] 胡宝国:《〈三国志〉裴注》,《汉唐间史学的发展》修订本,北京大学出版社,2014年,第80页。

四、天文历法的研究

吴国的太史令吴范、丁孚、陈卓、陈苗都是天文历法专家。天文历法本是太史令的职责所在,属于孙吴史官工作的重要内容。孙吴在天文历法上取得了重要的成就,这在三国时期是独特而突出的。孙吴的天文学著作,《隋书·经籍志》著录"《浑天象注》一卷,吴散骑常侍王蕃撰""梁有《昕天论》一卷,姚信撰"。另外,侯康《补三国艺文志》载有葛衡《浑天仪注》。孙吴的历法学著作,《隋书·经籍志》著录"梁有《乾象历》五卷,汉会稽都尉刘洪等注;又有阚泽注五卷,又《乾象五星幻术》一卷。亡""《乾象历》三卷,吴太子太傅阚泽撰""《历术》一卷,吴太史令吴范撰""《周易集林律历》一卷,虞翻撰""《易律历》一卷,虞翻撰"。虞翻的《周易集林律历》与《易律历》应是一书。侯康《补三国艺文志》载有吴范《黄帝四神历》。算数是天文历法的基础,孙吴的算数著作,侯康《补三国艺文志》载有阚泽《九章》。

颁布历法是每个王朝追求正朔的重要举措。秦代汉初使用《颛顼历》,汉武帝改为《太初历》,东汉章帝时改用《四分历》。三国时期曹魏的历法情况是,曹丕称帝后本想用《黄初历》,未定而崩,明帝作《太和历》,景初元年(237)用杨伟的《景初历》。晋朝建立后,仍用《景初历》,改名为《泰始历》。《景初历》提出计算交食亏起方位角和食分的方法,在日食推算和预报的科学化道路上迈出了重要的一步①。孙吴建国后,黄武二年(223)正月,孙权改《四分历》而用《乾象历》。《乾象历》是天文学家刘洪创造的历法,大约形成于建安十一年(206),是孙吴一直沿用的历法,是三国时最为精确和先进的历法,也是"我国划时代的历法之一,而为后代历法的规范"②。蜀汉刘备自谓汉朝宗室,据《晋书·律历志》载"其刘氏在蜀,仍汉《四分历》"③,知蜀汉没有制定历法。另外,三国时期是数学家辈出的时代,而主要的数学家群体出自孙吴,如赵达、吴范、阚泽、陆绩、王蕃、赵爽等④,另外,孙吴赵爽的《周髀算经注》与曹魏刘徽的《九章算术注》并称为三国时期最具影响力的数学著作。

---

① 王奎、谭良啸:《三国时期的科学技术》,社会科学文献出版社,2011年,第1页。
② 陈遵妫:《中国天文学史》上,上海人民出版社,2006年,第148页。
③ [唐]房玄龄等撰:《晋书·律历志》卷一七,中华书局,1974年,第503页。
④ 根据王奎、谭良啸《三国时期的科学技术》所列八位数学家,除徐岳、刘徽属于曹魏外,其他六位都是孙吴的数学家,第26—39页。

刘洪(约135—210),属于汉代宗室之后,曾在江南做过会稽东部都尉。《博物志》载刘洪"笃信好学,观乎六艺群书意,以为天文数术,探赜索隐,钩深致远,遂专心锐思"①,袁山松《后汉书》说刘洪"善算,当世无偶,作《七曜术》。及在东观,与蔡邕共述《律历记》,考验天官。及造《乾象术》,十余年,考验日月,与象相应,皆传于世"②。《乾象历》具有重要的成就,《晋书·律历志》说"洪术为后代推步之师表"③,学者指出有十方面的成就,兹撷取最重要的两点略述如下:一是提高了回归年长度的精度。《乾象历》的一回归年为365.24618日,不仅比东汉《四分历》的365.25日更精确,而且比曹魏《黄初历》的365.25599日、《景初历》的365.24688日更接近回归年的实值(365.24219日)。二是缩短了朔望月的长度,提高了历法的精度。《乾象历》的朔望月的长度是29.53054日,东汉《四分历》的是29.53085日,而现代科学计算的结果是29.53059日。④

五、天体论

《晋书·天文志》说:"古言天者有三家,一曰盖天,二曰宣夜,三曰浑天。"⑤汉代的宇宙天体说,主要是浑天说、盖天说和宣夜说。浑天说产生于汉武帝时期,认为"天如鸡子,地如鸡中黄,孤居于天内,天大而地小"⑥,主张天体好像鸡蛋壳,地居天内好像鸡蛋黄,学者依据此说制作了浑天仪。盖天说可能起源于周初,认为"言天似盖笠,地法覆盘,天地各中高外下"⑦,认为天像无柄的伞,地像倒置的盘子,类似于天圆地方。盖天说亦叫周髀说,《周髀算经》是研究盖天说的主要资料。宣夜说应产生于东汉初期,认为"天了无质,仰而瞻之,高远无极,眼瞢精绝,故苍苍然也……日月众星,自然浮生虚空之中,其行其止皆须气焉"⑧,认为众星自由地飘浮在无边的虚空之中,气体构成无限的宇宙,是气化宇宙的观点。因此蔡邕总结说:

---
① [宋]范晔撰,[唐]李贤等注:《后汉书·律历志》卷九二,中华书局,1965年,第3043页。
② [宋]范晔撰,[唐]李贤等注:《后汉书·律历志》卷九二,中华书局,1965年,第3043页。
③ [唐]房玄龄等撰:《晋书·律历志》卷一七,中华书局,1974年,第503页。
④ 王奎、谭良啸:《三国时期的科学技术》,社会科学文献出版社,2011年,第18—21页。
⑤ [唐]房玄龄等撰:《晋书·天文志》卷一一,中华书局,1974年,第278页。
⑥ [唐]房玄龄等撰:《晋书·天文志》卷一一,中华书局,1974年,第281页。
⑦ [唐]房玄龄等撰:《晋书·天文志》卷一一,中华书局,1974年,第278页。
⑧ [唐]房玄龄等撰:《晋书·天文志》卷一一,中华书局,1974年,第279页。

"论天体者三家,宣夜之学,绝无师法。《周髀》(按,即盖天说)术数具存,考验天状,多所违失。惟浑天仅得其情,今史官所用候台铜仪,则其法也。"[1]

孙吴天文学的学者,有主张浑天说的陆绩、王蕃、葛衡,主张盖天说的姚信,主张宣夜说的杨泉,等等。

陆绩是浑天说的杰出代表,著有《浑天仪说》,绘有《浑天图》,并作浑象和浑仪。陆绩是易学家,属于《孟氏易》传人。《孟氏易》注重解释天象。陆绩的宇宙观接受了扬雄等人的浑天说。《宋书·天文志》说"汉末吴人陆绩善天文,始推浑天意"[2]。陆绩《浑天仪说》认为:"天之形状,圆周浑然,运于无穷,故曰'浑'。……天大地小,天绕地,半覆地上,半周地下,譬如卵白之绕黄也。"[3]马国翰曰:"言天者不出浑天、盖天、宣夜三家,姚与虞耸主盖天,虞喜不取其说而主于宣夜。"[4]《宋书·天文志》说:"陆绩造浑象,其形如鸟卵。"[5]葛洪说:"诸论天者虽多,然精于阴阳者少。张平子、陆公纪之徒,咸以为推步七曜之道,以度历象昏明之证候,校以四八之气,考以漏刻之分,占晷景之往来,求形验于事情,莫密于浑象者也。"[6]另外,王蕃也主张浑天说,著有《浑天象说》,并制作浑天仪。《宋书·天文志》说:"王蕃者,庐江人,吴时为中常侍,善数术,传刘洪《乾象历》。依《乾象法》而制浑仪。"[7]《隋书·经籍志》亦著录:"《浑天象注》一卷,吴散骑常侍王蕃撰。"因此《隋书·天文志》说:"至吴时,陆绩、王蕃,并要修铸。绩小有异,蕃乃事同。"[8]又说:"北极五星,钩陈六星,皆在紫宫中。北极,辰也。其纽星,天之枢也。……贾逵、张衡、蔡邕、王蕃、陆绩,皆以北极纽星为枢。"[9]吴国又有葛衡,造有浑天仪,《晋阳秋》载:"吴有葛衡字思真,明达天官,能为机巧,作浑天,使地居于中,以机动之,天转而地止,以上应晷度。"[10]

姚信主张"昕天说",实际上属于"盖天说"。姚信系陆绩外甥,其《易

---

[1] [南朝梁]沈约撰:《宋书·天文志》卷二三,中华书局,2018年,第731页。
[2] [南朝梁]沈约撰:《宋书·天文志》卷二三,中华书局,2018年,第732页。
[3] [清]严可均:《全上古三代秦汉三国六朝文·全三国文》,中华书局,1958年,第1422页。
[4] [清]马国翰辑:《玉函山房辑佚书》,广陵书社,2004年,第2916页。
[5] [南朝梁]沈约撰:《宋书·天文志》卷二三,中华书局,2018年,第735页。
[6] [唐]房玄龄等撰:《晋书·天文志》卷一一,中华书局,1974年,第281页。
[7] [南朝梁]沈约撰:《宋书·天文志》卷二三,中华书局,2018年,第732页。
[8] [唐]魏徵等撰:《隋书·天文志》卷一九,中华书局,2019年,第575页。
[9] [唐]魏徵等撰:《隋书·天文志》卷一九,中华书局,2019年,第584页。
[10] [晋]陈寿撰,[南朝宋]裴松之注,陈乃乾校点:《三国志·吴书·赵达传》卷六三,中华书局,1959年,第1426页。

注》亦近于《孟氏易》。《隋书·经籍志》载"梁有《昕天论》一卷,姚信撰"。《宋书·天文志》载姚信论冬夏寒暖的起因:"冬至极低,而天运近南,故日去人远,而斗去人近,北天气至,故冰寒也。夏至极起,而天运近北,斗去人远,日去人近,南天气至,故炎热也。极之立时,日行地中浅,故夜短,天去地高,故昼长也。极之低时,日行地中深,故夜长,天去地下浅,故昼短也。然则天行寒依于浑,夏依于盖也。"①

杨泉主张宣夜说。杨泉是吴人,入晋后不仕,是为处士,著有《物理论》。他在宣夜说的基础上有所发展,重申了"天无体"的思想。《物理论》指出"皓天元气也,皓然而已,无他物也"②,而"星者,元气之英也"③。这是用气来解释宇宙,有朴素的唯物主义思想。宣夜说固然不是事实,但具有重要的理论价值。

虞喜(281—356)是晋人,曾作《安天论》,属于吴国天体论的流脉,因为其族祖虞耸曾作《穹天论》,《宋书·天文志》载"喜族祖河间太守耸又立《穹天论》云"④,可见虞喜的天体论出于家学,虞耸的《穹天论》应出现在孙吴时期,主张"天形穹窿如鸡子,幕其际周接四海之表,浮于元气之上"⑤。

总之,"浑天""盖天""宣夜"之说,是当时人们对于天体的不同认识,属于人类认识的某种阶段。唐长孺指出天体论颇流行于汉代,至三国只在江南流行,中原几等于绝响,故知江南学术近于汉代也。

第二节　孙吴国史修撰的正统观念与文学成就

孙吴统治者组织过三次官修国史,形成了韦昭的《吴书》。吴国灭亡后,蜀人陈寿据韦昭《吴书》而私撰《吴书》(亦称《吴志》)⑥,但陆云是同时代人,其在与陆机的信中称"陈寿《吴书》",其名应是《吴书》。陈寿《吴书》流

---

① [南朝梁]沈约撰:《宋书·天文志》卷二三,中华书局,2018年,第738页。
② [晋]杨泉撰:《物理论》,孙星衍《平津馆丛书》本,商务印书馆,1939年,第1页。
③ [晋]杨泉撰:《物理论》,孙星衍《平津馆丛书》本,商务印书馆,1939年,第2页。
④ [南朝梁]沈约撰:《宋书·天文志》卷二三,中华书局,2018年,第738页。
⑤ [清]马国翰辑:《玉函山房辑佚书》,广陵书社,2004年,第2919页。
⑥《宋书·天文志》卷二三载"吴孙亮太平元年九月壬辰,太白犯南斗,《吴志》所书也"([南朝梁]沈约撰:《宋书·天文志》卷二三,中华书局,2018年,第749页),又说"故《国志》又书于吴"([南朝梁]沈约撰:《宋书·天文志》卷二三,中华书局,2018年,第749页),则已据《三国志》称《吴志》。

传之后,吴人兴起了私撰吴国史的热潮,应是出于对陈寿《吴书》"正魏伪吴"立场的不满。西晋私撰的吴国史,有案可稽的有陈寿《吴书》、周处《吴书》、张勃《吴录》、胡冲《吴历》、环济《吴纪》、顾荣《吴事》[①]、"二陆"《吴书》(未成)和虞溥《江表传》等。陈寿《吴书》尚存,韦昭、张勃、胡冲和虞溥的吴史著作,亦有丰富的遗文传世,已经引起了学者的注意,产生了一系列辑佚和考证的成果[②]。私撰吴国史具有官方和民间两种不同的史料来源,不仅增广了异闻,而且丰富了细节,从而提升了史学著作的文学性。在吴国史的修撰中,吴人不仅塑造了"三方之王"的新型正统观,而且赓续了沉寂已久的文章不朽观念,尤其是首次提出了史著不朽的观点。

一、孙吴官修《吴书》的正统建构

孙吴时期正式的国史编撰有三次,分别开始于太元元年(251)、建兴元年(252)、凤凰二年(273)左右,最终形成了署名韦昭的《吴书》,已见前一节讨论。吴国三次组织编修国史的目的之一是通过史书建构"正统"。

孙吴官修国史最关键的是正统塑造。王夫之《读通鉴论》说:"蜀汉之义正,魏之势强,吴介其间,皆不敌也。"[③]蜀汉是帝室胄胤,有血统优势,曹魏是仿尧舜禅代,名为天命历数所归,且定都土中洛阳。孙吴既无血统又无天统,甚至孙坚、孙策曾是僭臣袁术的将领,名义上极为不利,因此孙吴的正统塑造比蜀汉、曹魏更加艰难。然而吴人有塑造吴国正统的强烈意愿,陆机由此提出了"吴亦龙飞""三方之王""三主鼎足"的说法,即三国俱

[①]陆云《与兄平原书》二十六说:"义高家事正当付令文耳。弟彦长昔作《吴事》,云三十卷,可令钦求。谨启。"刘运好《陆士龙文集校注》认为"彦长"当为"彦先"(第1121页)。
[②]类似的成果有熊明《汉魏六朝杂传集》,陈博《韦昭〈吴书〉考》(《文献》1996年第3期),唐燮军《韦昭〈吴书〉三题》(《书目季刊》第43卷第3期,2009年12月),唐燮军《张勃〈吴录〉对孙吴国史的重构及其边缘化》(《史林》2015年第4期),陈娅妮《晋代非吴地著史者的孙吴历史书写——以〈吴纪〉〈江表传〉为中心》(《东吴学术》2019年第3期),台湾学者王文进《论〈江表传〉中的南方立场与东吴意象》(《成大中文学报》第46期,2014年9月)、《论裴松之〈三国志注〉中的"三吴之书"》(《东华汉学》第22期,2015年12月),陈俊伟《韦昭〈吴书〉之国族本位与人物书写》(《东华汉学》第25期,2017年6月),日本学者满田刚《关于韦昭〈吴书〉》(《创价大学人文论集》第16期,2004年)、《胡冲〈吴历〉辑本》(《创价大学人文论集》第24期,2012年)、《环济〈吴纪〉辑本》(《东洋哲学研究所纪要》第29号,2014年)、《关于虞溥〈江表传〉》(《创价大学人文论集》第30期,2018年),等等。
[③][清]王夫之撰,舒士彦点校:《读通鉴论》,中华书局,1975年,第267页。

是正统的观点,这是当时的新型正统观。

韦昭《吴书》注重塑造正统。正统问题始终是孙吴君臣的关切重点。祭祀天地是昭示正统的仪式。孙权的南郊祭天,第一次是黄龙元年(229)在武昌南郊祭天,第二次是太元元年(251)在建业秣陵县南十余里郊中。据何承天"末年虽一南郊,而遂无北郊之礼"[1],则终孙权之世,都无北郊祭地之礼。沈约据环济《吴纪》"权思崇严父配天之义,追上父坚尊号为吴始祖"指出"如此说,则权末年所郊,坚配天也。权卒后,三嗣主终吴世不郊祀,则权不享配帝之礼矣"[2]。王鸣盛《十七史商榷》称孙权一代"不郊祀无宗庙",说:

> 嘉禾元年,注采《江表传》孙权不郊祀事。案《宋书·五行志》云:"权称帝三十年,竟不于建业创七庙,但有父坚庙,远在长沙,而郊禋礼缺。末年虽一南郊,北郊遂无闻焉。三江、五湖、衡、霍、会稽皆吴楚之望,亦不见秩祀,反礼罗阳妖神,以求福助。"窃谓权本僭盗,而郊祀宗庙在汉尚无定制,于权乎何诛?[3]

王鸣盛以为孙吴政权本属僭伪,故于郊祀、宗庙不甚重视,而汉代郊庙制度尚无定制,因此不必苛责孙权。事实上,孙吴在五德之运和国史修撰上自认正统,因此其郊庙制度自当存在,但由于统治者的不重视,长期沉湮不彰,但稽之史乘,尚有蛛丝马迹可以追寻。又嘉禾三年(234),薛综《嘲蜀使张奉》说"无口为天,有口为吴,君临万邦,天子之都"[4],虽属嘲戏,但正统之意昭然。孙皓塑造正统的意识强烈,对符瑞和谶语深信不疑,故有华里之行、封禅国山碑和改土德为金德的举措[5]。

韦昭《洞纪》尤能说明吴人的正统诉求。《隋书·经籍志》载《洞纪》"记庖

---

[1] [南朝梁]沈约撰:《宋书·礼志》卷一六,中华书局,2018年,第459页。
[2] [南朝梁]沈约撰:《宋书·礼志》卷一六,中华书局,2018年,第460页。
[3] [清]王鸣盛撰,黄曙辉点校:《十七史商榷》卷四二,上海古籍出版社,2016年,第483页。
[4] [晋]陈寿撰,[南朝宋]裴松之注,陈乃乾校点:《三国志·吴书·薛综传》卷五三,中华书局,1959年,第1250页。
[5] 参见宫宅洁:《魏·蜀·吴的正统论》,京都大学人文科学研究所附属汉字情报研究所编:《三国从鼎立到统一——史书碑文的阅读》,东京:研文出版,2008年。渡边义浩:《孙吴的正统性与国山碑》,《三国志研究》第2号,2007年。

牺已来,至汉建安二十七年"①,又韦昭本传说:"囚昔见世间有古历注,其所纪载既多虚无,在书籍者亦复错谬。囚寻按传记,考合异同,采撷耳目所及,以作《洞纪》,起自庖牺,至于秦、汉,凡为三卷,当起黄武以来,别作一卷,事尚未成。"②《洞纪》记载了孙权称吴王以前的历史,而黄武以来的部分计划一卷,但未及完成而韦昭被杀。韦昭《洞纪》很能说明孙吴文人的正朔观。《洞纪》的"纪"本有正统之意。《史通·本纪》说:"纪之为体,犹《春秋》之经,系日月以成岁时,书君上以显国统。"③《资治通鉴·晋纪》载:"吴主欲为其父作纪,昭曰:'文皇不登极位,当为传,不当为纪。'。"④有学者指出:"韦昭将《洞纪》上限定在庖羲氏时代的这种编排,其实也是对孙吴官方自称正统所在的自觉回应,隐含着对孙吴政统与上古三代秦汉一脉相承的自我标榜,亦即为吴与魏、蜀争正统。"⑤又建安实有二十五年,名为二十七年,韦昭显然拒绝认可曹魏的黄初年号,认为曹魏是伪政权,吴国直接承继汉代的正统,从而确立吴国的正统地位。韦昭《国语解叙》说:"建安、黄武之间,故侍御史会稽虞君,尚书仆射丹阳唐君,皆英才硕儒,洽闻之士也,采撷所见,因贾为主而损益之。"⑥韦昭此处亦以黄武接续建安,与《洞纪》的正朔观念一致。《建康实录》卷一载:"明年冬十月,曹丕代汉称魏,号黄初元年,而权江东犹称建安。"⑦《建康实录》的纪年有建安二十六、二十七、二十八年的记载。而新出土的长沙走马楼吴简,有"建安二十六年""建安二十七年"的纪年,但学者指出这些纪年系追改,其实220—222年,孙吴"亦步亦趋地遵奉了北方的延康和黄初年号,直到黄初三年(222年)十月。走马楼吴简中的建安纪年简,都是黄武以后追述前事时所写的,用延长建安年号的方法来遮掩孙吴尊奉曹魏法统的历史"⑧。《鄂城汉三国六朝铜镜》中的吴人铜镜,

---

①[唐]魏徵等撰:《隋书·经籍志》卷三三,中华书局,2019年,第1089页。
②[晋]陈寿撰,[南朝宋]裴松之注,陈乃乾校点:《三国志·吴书·韦昭传》卷六五,中华书局,1959年,第1462—1463页。
③[唐]刘知幾,[清]浦起龙通释,王煦华整理:《史通通释》卷二,上海古籍出版社,2009年,第34页。
④[宋]司马光编著,[元]胡三省音注,"标点资治通鉴小组"校点:《资治通鉴》卷八十,中华书局,1956年,第2532页。
⑤唐燮军:《符瑞、时政与韦昭〈洞纪〉》,《史家行迹与史书构造:以魏晋南北朝佚史为中心的考察》,浙江大学出版社,2014年,第28页。
⑥[清]徐元诰撰,王树民、沈长云点校:《国语集解》,中华书局,2002年,第595页。
⑦[唐]许嵩撰,张忱石点校:《建康实录》卷一,中华书局,1986年,第20页。
⑧罗新:《走马楼吴简中的建安纪年简问题》,《文物》,2002年第10期。

当时所铸并无建安二十五至二十七年的纪年,而是用延康、黄初的年号。据此可知,建安二十六、二十七年的纪年,完全是吴人对历史的追认,属于孙吴建立正统观念的产物。

韦昭的《吴书》虽遭后人的删改(如韦昭《吴鼓吹铙歌十二曲》称"武烈皇帝""大皇帝",而裴注引韦昭《吴书》却称坚、权),但仍能看到塑造正统的努力。兹以吴人最为重视的瑞应图谶问题为例。韦书载富春孙氏发迹前的祥瑞说:"坚世仕吴,家于富春,葬于城东。冢上数有光怪,云气五色,上属于天,曼延数里。众皆往观视。父老相谓曰:'是非凡气,孙氏其兴矣!'及母怀妊坚,梦肠出绕吴昌门,寤而惧之,以告邻母。邻母曰:'安知非吉征也。'。"①又载孙坚攻入洛阳得传国玺似有神助:"坚军城南甄官井上,旦有五色气,举军惊怪,莫有敢汲。坚令人入井,探得汉传国玺,文曰'受命于天,既寿永昌',方圜四寸,上纽交五龙,上一角缺。"②又载赵咨劝孙权说"今日之计,朝廷承汉四百之际,应东南之运,宜改年号,正服色,以应天顺民"③,这与孙权《告天文》强调"权生于东南"同受当时流行的"黄旗紫盖见于东南,终有天下者,荆、扬之君乎"④的谶语影响。有学者认为韦昭《吴书》有《祥瑞志》⑤,祥瑞自然是为孙氏政权的正统性而设。

孙氏还注重通过修史来构建血统。《吴书》将孙坚、孙和等纳入帝纪,反映了孙氏内部血统承续的脉络。第一次修国史,《吴录》说孙权"尊坚庙曰始祖,墓曰高陵"⑥,又谥孙坚为"武烈皇帝"⑦,当有《武烈皇帝纪》。又《北堂书钞》卷六九"公府舍人"条"张温请恭祖"载"《吴书·武烈皇帝纪》云,张温

---

① [晋]陈寿撰,[南朝宋]裴松之注,陈乃乾校点:《三国志·吴书·孙坚传》卷四六,中华书局,1959年,第1093页。
② [晋]陈寿撰,[南朝宋]裴松之注,陈乃乾校点:《三国志·吴书·孙坚传》卷四六,中华书局,1959年,第1099页。
③ [晋]陈寿撰,[南朝宋]裴松之注,陈乃乾校点:《三国志·吴书·孙权传》卷四七,中华书局,1959年,第1124页。
④ [晋]陈寿撰,[南朝宋]裴松之注,陈乃乾校点:《三国志·吴书·孙皓传》卷四八,中华书局,1959年,第1168页。
⑤ 唐燮军:《韦曜〈吴书〉三题》,《书目季刊》,2009年第43卷第3期。
⑥ [晋]陈寿撰,[南朝宋]裴松之注,陈乃乾校点:《三国志·吴书·孙坚传》卷四六,中华书局,1959年,第1101页。
⑦ [晋]陈寿撰,[南朝宋]裴松之注,陈乃乾校点:《三国志·吴书·孙坚传》卷四六,中华书局,1959年,第1101页。

为车骑将军,温请幽州刺史陶恭祖,恭祖轻其事"①,则此《吴书》应是吴国史官所编的当朝国史,确有孙坚纪。第二次修国史,孙权去世,谥曰大皇帝,当有《大皇帝纪》。《建康实录》亦以孙权为太祖,为吴之始帝。韦昭《吴鼓吹铙歌十二曲》说《摅武师》者,言大皇帝卒武烈之业而奋征也"②,说明孙权直继孙坚。第三次修国史,当时孙休去世,谥曰景皇帝,应有《景皇帝纪》。又如《韦昭传》载"皓欲为父和作纪,曜执以和不登帝位,宜名为传……皓以为不承用诏命,意不忠尽"③,孙皓要求修国史,很大程度上是为父亲争太庙的地位,后来追谥其父孙和为文皇帝,当有《文皇帝纪》。孙皓与舅何植书称"天匪亡吴,孤所招也。瞑目黄壤,当复何颜见四帝乎"④,孙皓提到的"四帝",到底是自己构造的孙权、孙亮、孙休、孙和,还是当时公认的孙坚、孙权、孙亮、孙休,尚待研究。陈寿撰《三国志》,降"纪"为"传",如孙坚为"孙破虏传",孙权为"吴主传",孙亮、孙休、孙皓为"三嗣主传",尊曹操为《武帝纪》、曹丕为《文帝纪》,反映了晋朝人的正统观念和传承意识。

二、"三方之王":私撰吴国史的正统塑造

从吴到晋,吴国史经历了官修到私撰的过程。西晋私撰吴国史蔚然兴起,成为魏晋史学令人瞩目的事件。西晋私撰的吴国史,有案可稽的有陈寿《吴书》、周处《吴书》⑤、张勃《吴录》、胡冲《吴历》、环济《吴纪》⑥、顾荣《吴事》、"二陆"《吴书》和虞溥《江表传》等,极大地丰富了吴国历史的景观。

陈寿《吴书》由私撰而入正史,影响最大。《华阳国志·后贤志·陈寿传》

---

① [南朝陈]虞世南撰,孔广陶校注:《北堂书钞》卷六九,董治安主编:《唐代四大类书》,清华大学出版社,2003年,第289页。
② [南朝梁]沈约撰:《宋书·乐志四》卷二二,中华书局,2018年,第713页。
③ [晋]陈寿撰,[南朝宋]裴松之注,陈乃乾校点:《三国志·吴书·韦昭传》卷六五,中华书局,1959年,第1462页。
④ [晋]陈寿撰,[南朝宋]裴松之注,陈乃乾校点:《三国志·吴书·孙皓传》卷四八,中华书局,1959年,第1177页。
⑤ [唐]房玄龄等撰:《晋书·周处传》卷五八,中华书局,1974年,第1571页。书中说"处著《默语》三十篇及《风土记》,并撰集《吴书》",但早已不流传,具体情况尚不清楚。
⑥ 《隋书·经籍志》载"《吴纪》九卷,晋太学博士环济撰",晋太学博士环济的《吴纪》是编年史,但存世材料较少,日本学者满田刚有《环济〈吴纪〉辑本》(《东洋哲学研究所纪要》第29号,2014年)可资参考。

载:"吴平后,寿乃鸠合三国史,著魏、吴、蜀三书六十五篇,号《三国志》。"①《晋书·陈寿传》载:"撰《魏吴蜀三国志》,凡六十五篇。时人称其善叙事,有良史之才。"②《隋书·经籍志》载:"《三国志》六十五卷,《叙录》一卷。晋太子中庶子陈寿撰,宋太中大夫裴松之注。"③又说:"及三国鼎峙,魏氏及吴,并有史官。晋时,巴西陈寿删集三国之事,唯魏帝为纪,其功臣及吴、蜀之主,并皆为传,仍各依其国,部类相从,谓之《三国志》。寿卒后,梁州大中正范頵表奏其事,帝诏河南尹、洛阳令,就寿家写之。"④《晋书·陈寿传》载:"梁州大中正、尚书郎范頵等上表曰:'昔汉武帝诏曰"司马相如病甚,可遣悉取其书",使者得其遗书,言封禅事,天子异焉。臣等案故治书侍御史陈寿作《三国志》,辞多劝诫,明乎得失,有益风化。虽文艳不若相如,而质直过之。愿垂采录。'于是诏下河南尹、洛阳令就家写其书。"⑤据此可知,陈寿入晋后私撰《三国志》,待其死后,朝廷派人就其家抄写《三国志》,于是私撰史得到了官方的承认。

陈寿《吴书》虽系因袭韦昭《吴书》而成,但以"正魏伪吴"的立场进行了调整。陈寿于西晋时撰《三国志》,自然以魏为正统。陈寿正统观念最明显的表现是纪魏而传吴蜀。前揭《隋书·经籍志》载:"晋时,巴西陈寿删集三国之事,唯魏帝为纪,其功臣及吴、蜀之主,并皆为传。"⑥因此《史通·列传》说:"陈寿《国志》载孙、刘二帝,其实纪也,而呼之曰传。"⑦钱大昕《廿二史考异》卷十七《三国志三》"太元二年四月,权薨"条案:"《蜀志》称先主、后主而不名,吴主权、亮、休、皓皆斥其名;蜀先主称殂,而吴主称薨,此承祚书法之别也。"⑧承祚即陈寿。赵翼《廿二史札记》说吴蜀:"于本国之君之即位,必记明魏之年号……必系以魏年,更欲以见正统之在魏也。正统在魏,则晋之承魏为正统,自不待言。"⑨

陈寿的正统意识还体现在故意隐匿史实和有意为魏晋回护。刘知幾

---

①[晋]常璩撰,任乃强校注:《华阳国志校补图注》,上海古籍出版社,1987年,第634页。
②[唐]房玄龄等撰:《晋书·陈寿传》卷八二,中华书局,1974年,第2137页。
③[唐]魏徵等撰:《隋书·经籍志》卷三三,中华书局,2019年,第1083页。
④[唐]魏徵等撰:《隋书·经籍志》卷三三,中华书局,2019年,第1085页。
⑤[唐]房玄龄等撰:《晋书·陈寿传》卷八二,中华书局,1974年,第2138页。
⑥[唐]魏徵等撰:《隋书·经籍志》卷三三,中华书局,2019年,第1085页。
⑦[唐]刘知幾,[清]浦起龙通释,王煦华整理:《史通通释》卷一,上海古籍出版社,2009年,第42页。
⑧[清]钱大昕,方诗铭、周殿杰校点:《廿二史考异》,上海古籍出版社,2004年,第304页。
⑨[清]赵翼,王树民校证:《廿二史札记校证》卷六,中华书局,2013年,第125页。

已经注意到陈寿等人不敢直书司马懿之败和司马昭弑君。《史通·直书》说："当宣、景开基之始,曹马构纷之际,或列营渭曲,见屈武侯,或发仗云台,取伤成济。陈寿、王隐咸杜口而无言,陆机、虞预各栖毫而靡述。"① 赵翼《廿二史札记》更是直接指出:"盖寿修书在晋时,故于魏晋革易之处,不得不多所回护。而魏之承汉,与晋之承魏,一也,既欲为晋回护,不得不先为魏回护。……曹魏则立本纪,蜀吴二主则但立传,以魏为正统,二国皆僭窃也。"②

陈寿的正统观念也体现在对各国史书规模的安排上。陈寿《三国志》所依据的王沈《魏书》有48卷,韦昭《吴书》有55卷,但《三国志》中《魏书》有30卷,《吴书》仅20卷,可见陈寿删减《吴书》最多。陈寿不仅删除了公孙渊对孙权称臣的上表③,还删除了吴国的谶纬符瑞,因此学者说陈寿"刻意压抑吴国称霸的天命依据"④。陈寿当然也有所增补,比如《魏赐九锡文》属于曹丕对孙权的封赐文,陈寿所补体现了魏国的正统观。

现在可知的八部私撰吴国史当中,有五部出于吴人之手,即周处、张勃、胡冲、顾荣、"二陆"等。吴人私撰吴国史的动机,应是对陈寿《吴书》"正魏伪吴"的不满。陈寿《三国志》本是私撰,死后晋惠帝命人就其家抄写,其中的《吴书》大约在此时流传于世,故而为吴人所知晓。陈寿卒于晋元康七年(297),张勃《吴录》的成书时间一般认为不早于晋永宁年间(301—302年)⑤,又陆云多次写信与陆机讨论《吴书》的修撰,故时间大约在永宁二年(302)夏之后。由此可以推知,吴人重修吴国史,应是由陈寿《吴书》流传而激发,是吴魏正统之争的产物。

张勃《吴录》坚持了吴国正统的立场。《吴录》载:

> 大皇帝大会饮宴,下马迎鲁肃,肃入拜起,礼之,谓言:"子敬,孤持鞍下马相迎,足以显未?"肃趋进曰:"未也。"众咸愕然。既坐,徐举鞭曰:"愿麾下威德加于四海,然后以安车、软轮征肃,始当显耳。"帝

---

① [唐]刘知幾,[清]浦起龙通释,王煦华整理:《史通通释》卷七,上海古籍出版社,2009年,第180页。
② [清]赵翼,王树民校证:《廿二史札记校证》卷六,中华书局,2013年,第124页。
③ [晋]陈寿撰,[南朝宋]裴松之注,陈乃乾校点:《三国志·魏书·公孙渊传》卷八,中华书局,1959年,第254—255页。
④ 王文进:《论裴松之〈三国志注〉中的"三吴之书"》,《东华汉学》,2015年第22期。
⑤ 参见唐燮军:《张勃〈吴录〉对孙吴国史的重构及其边缘化》,《史林》,2015年第4期。

抚掌欢笑。①

> 皓字元宗,一名彭祖,大皇帝孙也。景帝崩,皓嗣位,为晋所灭,封归命侯。②

张勃称孙权为"大皇帝",孙休为"景帝",还称孙坚为"武烈皇帝"、孙策为"长沙桓王",跟陈寿《吴书》的孙破虏、孙讨逆、吴主、"三嗣主"不同。《吴录》记载了孙权的《告天文》,这是孙吴标榜正统的重要文献,曰:

> 皇帝臣权敢用玄牡昭告于皇皇后帝:汉享国二十有四世,历年四百三十有四,行气数终,禄祚运尽,普天弛绝,率土分崩。孽臣曹丕遂夺神器,丕子叡继世作慝,淫名乱制。权生于东南,遭值期运,承乾秉戎,志在平世,奉辞行罚,举足为民。群臣将相,州郡百城,执事之人,咸以为天意已去于汉,汉氏已绝祀于天,皇帝位虚,郊祀无主。休征嘉瑞,前后杂沓,历数在躬,不得不受。权畏天命,不敢不从,谨择元日,登坛燎祭,即皇帝位。惟尔有神飨之,左右有吴,永终天禄。③

有学者指出《吴录》的笔法和框架与陈寿《吴书》截然不同,不仅为孙吴诸帝设置"纪",而且调整了传主的取舍标准和列传的内部构造。具体来说,《吴录》增加了不少人物的传记,并且形成了合传、类传的方式,又扩充了卷帙规模,以30卷的篇数,与魏国史的规模等同。为了尊崇故国,《吴录》收录了陈寿不录的孙策、孙权、孙休的文诰,并且条录瑞应,说明孙氏称帝乃天命所归。④

"二陆"讨论《吴书》编纂时明确表达了对韦昭《吴书》和陈寿《吴书》的不满。陆云在与陆机的两封书信中讨论了《吴书》的编纂。《与兄平原书》二十五说:

> 云再拜:诲欲定《吴书》,云昔尝已商之兄,此真不朽事。恐不与十分好书。同是出千载事,兄作必自与昔人相去。《辨亡》则已是《过

---

① [宋]李昉等撰:《太平御览》卷三五九,中华书局,1960年,第1652页。
② [南朝宋]刘义庆,[南朝梁]刘孝标注,余嘉锡笺疏,周祖谟等整理:《世说新语笺疏》,中华书局,2007年,第918页。
③ [晋]陈寿撰,[南朝宋]裴松之注,陈乃乾校点:《三国志·吴书·吴主传》卷四七,中华书局,1959年,第1135—1136页。
④ 参见唐燮军:《张勃〈吴录〉对孙吴国史的重构及其边缘化》,《史林》,2015年第4期。

秦》对事，求当可得耳。陈寿《吴书》，有《魏赐九锡文》及《分天下文》，《吴书》不载。又有严、陆诸君传，今当写送。兄体中佳者，可并思诸应作传。及作彼见人赞叙者，当与令伯论吴百官次第、公卿名伯，略尽识，少交当具。顷作颂，及吴事，有怆然。且公传未成，诸人所作，多不尽理。兄作之，公私并叙，且又非常业。从云，兄来作之。今略已成，甚复可惜事少，功夫亦易耳。犹可得五十卷。谨启。①

《与兄平原书》二十七说：

云再拜：《吴书》是大业，既可垂不朽，而非兄述，此一国事遂亦失。兄诸列人皆是名士，不知姚公足为作传不？可著《儒林》中耳。不大识唐子正事，愚谓常侍便可连于尚书传下。书定自难，云少作书，至今不能令成，日见其不易。前数卷为时有佳语，近来意亦殊已莫莫，犹当一定之。恐不全，此七卷无，意复望增。欲作文章六七纸，卷十分，可令皆如今所作辈，为复差徒尔。文章诚不用多，苟卷必佳，便谓此为足。今见已向四卷，比五十可得成，但恐胸中成疢尔。恐兄胸疾，必述作人，故计兄凡著此之自损，胸中无缘不病。作书犹差易，赞叙亦复无几。年岁限之，犹当小复。谨启。②

陆机、陆云兄弟已经见到韦昭和陈寿的《吴书》，其中说陈寿《吴书》收录了"《魏赐九锡文》及《分天下文》"，经稽核，即曹丕《策孙权九锡文》和胡综《中分天下盟文》，又说"《吴书》不载"，则指韦昭的《吴书》不载此两文。陆云认为陆机述《吴书》是保留吴国史实的功臣，勉励陆机的《吴书》应不同于昔人，显然是对既有的吴国史不甚满意。"二陆"准备重写一部《吴书》，主要工作表现在以下三个方面。一是补作志、表。所谓"百官次第、公卿名伯"，当指《百官志》《公卿表》，这是陈寿《吴书》所无的志、表。二是重作人物传记。如陆逊的传记"诸人所作，多不尽理"，陆机对现有的《陆逊传》不满意，故拟重作。三是增补人物传记和调整传主设置。姚信，陈寿《吴书》无传，陆云认为应有传，宜入《儒林传》；唐固，陈寿《吴书》将之与张纮、严

---
① [晋]陆云，刘运好校注整理：《陆士龙文集校注》卷八，凤凰出版社，2010年，第1117—1118页。
② [晋]陆云，刘运好校注整理：《陆士龙文集校注》卷八，凤凰出版社，2010年，第1122—1123页

畯、程秉、阚泽、薛综同列,陈寿评又说"严、程、阚生,一时儒林也"①,可知唐固入《儒林传》,陆云认为他宜入《尚书传》。

陆机提出了魏、蜀、吴均属正统的新型正统观。前揭韦昭《洞纪》以吴接汉,不承认黄初年号,陆机身仕晋朝,提出"三方之王"来塑造吴国正统,这无疑是明智之举。陆机始任著作郎即撰《顾谭传》,顾谭是吴郡顾氏才俊,则陆机对吴国的历史人物已经有过深入的思考。陆机《顾谭传》遗文尚在,《三国志·吴书·顾谭传》卷五二裴注说:

> 陆机为谭传曰:宣太子正位东宫,天子方隆训导之义,妙简俊彦,讲学左右。时四方之杰毕集,太傅诸葛恪等雄奇盖众,而谭以清识绝伦,独见推重。自太尉范慎、谢景、羊徽之徒,皆以秀称其名,而悉在谭下。②

陆机为谋晋官而撰文称孙权为天子,尊吴之心十分明显。晋元康六年(296),潘岳为贾谧作诗赠陆机说:"三雄鼎足,孙启南吴。南吴伊何,僭号称王。大晋统天,仁风遐扬。伪孙衔璧,奉土归疆。"③(《为贾谧作赠陆机诗》)潘岳、贾谧等人称吴国为"僭号"和"伪孙"。陆机回应说"爰兹有魏,即宫天邑。吴实龙飞,刘亦岳立"④(《答贾长渊诗》其四),认为魏、蜀、吴三足鼎立,意思说三国都是正统,很显然是对贾谧等人"伪吴"立场的不满。随后的元康七、八年间(297—298年),贾谧以秘书监身份主持"《晋书》限断"议,首先面临的是晋统承续问题,当时的正统问题的舆论环境可想而知。陆机《辨亡论》也说:"昔三方之王也,魏人据中夏,汉氏有岷、益,吴制荆、杨而掩交、广。"⑤北齐的李德林看得非常准确,说:"士衡自尊本国,诚如高议,欲使三方鼎峙,同为霸名……正司马炎兼并,许其帝号。魏之君臣,吴人并以为戮贼,亦宁肯当涂之世,云晋有受命之征?"⑥陆机的观点在当时不是孤

---

①[晋]陈寿撰,[南朝宋]裴松之注,陈乃乾校点:《三国志·吴书·张严程阚薛传》卷五三,中华书局,1959年,第1257页。
②[晋]陈寿撰,[南朝宋]裴松之注,陈乃乾校点:《三国志·吴书·顾谭传》卷五二,中华书局,1959年,第1231页。
③[晋]潘岳:《为贾谧作赠陆机诗》,逯钦立辑校:《先秦汉魏晋南北朝诗》卷四,中华书局,1983年,第629页。
④[晋]陆机:《答贾谧诗》,逯钦立辑校:《先秦汉魏晋南北朝诗》卷五,中华书局,1983年,第673页。
⑤[南朝梁]萧统编,[唐]李善注:《文选》卷五三,中华书局,1977年,第739页。
⑥[唐]魏徵等撰:《隋书·李德林传》卷四二,中华书局,2019年,第1355页。

立的,段灼上书晋武帝时说"西有不臣之蜀,东有僭号之吴,三主鼎足,并称天子"①,西晋刘颂也说"孙氏为国,文武众职,数拟天朝……魏氏虽正位居体,南面称帝,然三方未宾,正朔有所不加,实有战国相持之势"②。

三、事异文详:孙吴国史的文学新貌及其本土资源

诸家吴史多出于私撰,它们提供了历史事件的不同侧面,增添了丰富的情节和细节,增强了史书的文学性,充当了后世小说的渊薮,塑造了史家文学的新貌。究其原因,吴地丰富的本土史学资源是取之不竭的资源,而吴人强烈的正统观念是导致异闻纷纭的心理动机。

(一)丰富曲折的情节异同

诸家吴史对同一历史事件的不同记载,是文学书写的宝贵资源。如诸葛恪被杀,属于孙吴政治的大事,史书记载颇有异同,能够充分揭示诸家吴史的不同面貌。陈寿《吴书》载:

> 及将见,驻车宫门,峻已伏兵于帷中,恐恪不时入,事泄,自出见恪曰:"使君若尊体不安,自可须后,峻当具白主上。"欲以尝知恪。恪答曰:"当自力入。"散骑常侍张约、朱恩等密书与恪曰:"今日张设非常,疑有他故。"恪省书而去。未出路门,逢太常滕胤,恪曰:"卒腹痛,不任入。"胤不知峻阴计,谓恪曰:"君自行旋未见,今上置酒请君,君已至门,宜当力进。"恪踌躇而还,剑履上殿,谢亮,还坐。设酒,恪疑未饮,峻因曰:"使君病未善平,当有常服药酒,自可取之。"恪意乃安,别饮所赍酒。酒数行,亮还内。峻起如厕,解长衣,著短服,出曰:"有诏收诸葛恪!"恪惊起,拔剑未得,而峻刀交下。张约从旁斫峻,裁伤左手,峻应手斫约,断右臂。武卫之士皆趋上殿,峻云:"所取者恪也,今已死。"悉令复刃,乃除地更饮。③

胡冲《吴历》载:

---

① [唐]房玄龄等撰:《晋书·段灼传》卷四八,中华书局,1974年,第1342页。
② [唐]房玄龄等撰:《晋书·刘颂传》卷四六,中华书局,1974年,第1294—1295,1297页。
③ [晋]陈寿撰,[南朝宋]裴松之注,陈乃乾校点:《三国志·吴书·诸葛恪传》卷六四,中华书局,1959年,第1439页。

张约、朱恩密疏告恪,恪以示滕胤,胤劝恪还,恪曰:"峻小子何能为邪!但恐因酒食中人耳。"乃以药酒入。[①]

滕胤到底是劝勉还是阻止诸葛恪呢?陈寿、胡冲的记载完全不同。孙盛《三国异同评》认为《吴历》记载更准确:"恪与胤亲厚,约等疏,非常大事,势应示胤,共谋安危。然恪性强梁,加素侮峻,自不信,故入,岂胤微劝,便为之冒祸乎?《吴历》为长。"[②]

又如孙峻杀诸葛恪时孙亮的表现,各家吴史的记载情况如次。前引陈寿《吴书》说:"酒数行,亮还内。峻起如厕。"张勃《吴录》说:"峻提刀称诏收恪,亮起立曰:'非我所为!非我所为!'乳母引亮还内。"[③]胡冲《吴历》说:"峻先引亮入,然后出称诏。"[④]胡冲与陈寿都说孙亮不在场,而张勃认为孙亮在场,裴松之据此评论道:"峻欲称诏,宜如本传及《吴历》,不得如《吴录》所言。"[⑤]诸葛恪是一代权臣,竟被诛戮,实乃大事,参与者众多,而被杀的过程传闻不同若此,可见还原历史本来的面貌是何其困难!

又如孙登次子孙英之死,陈寿《吴书》说"五凤元年,英以大将军孙峻擅权,谋诛峻,事觉自杀,国除"[⑥],但胡冲《吴历》说"孙和以无罪见杀,众庶皆怀愤叹,前司马桓虑因此招合将吏,欲共杀峻立英,事觉,皆见杀,英实不知"[⑦],胡冲提供的细节应属客观事实。

据此可知,私撰吴国史具有重要的史料价值,为历史事件提供了不同的侧面,陈寿《吴书》向以简略为人所称誉,但也不免有"失在于略,时有所

---

① [晋]陈寿撰,[南朝宋]裴松之注,陈乃乾校点:《三国志·吴书·诸葛恪传》卷六四,中华书局,1959年,第1439页。
② [晋]陈寿撰,[南朝宋]裴松之注,陈乃乾校点:《三国志·吴书·诸葛恪传》卷六四,中华书局,1959年,第1439—1440页。
③ [晋]陈寿撰,[南朝宋]裴松之注,陈乃乾校点:《三国志·吴书·诸葛恪传》卷六四,中华书局,1959年,第1440页。
④ [晋]陈寿撰,[南朝宋]裴松之注,陈乃乾校点:《三国志·吴书·诸葛恪传》卷六四,中华书局,1959年,第1440页。
⑤ [晋]陈寿撰,[南朝宋]裴松之注,陈乃乾校点:《三国志·吴书·诸葛恪传》卷六四,中华书局,1959年,第1440页。
⑥ [晋]陈寿撰,[南朝宋]裴松之注,陈乃乾校点:《三国志·吴书·孙登传》卷五九,中华书局,1959年,第1366页。
⑦ [晋]陈寿撰,[南朝宋]裴松之注,陈乃乾校点:《三国志·吴书·孙登传》卷五九,中华书局,1959年,第1366页。

脱漏"①（裴松之《上〈三国志〉注表》）的弊病。私撰吴国史一定程度上弥补了它的缺陷，裴松之《上〈三国志〉注表》说"或同说一事而辞有乖杂，或出事本异，疑不能判，并皆抄内以备异闻"②，私撰吴国史能够促使读者最大限度地接近历史真实。四库馆臣在《三国志》的提要中说裴松之受诏作注，约有六端，其中有"引诸家之论，以辨是非""参诸书之说，以核讹异""传所有之事，详其委曲""传所无之事，补其阙佚"等，亦可用来说明私撰吴国史的重要意义。

（二）细腻动人的细节描写

诸家吴史记载的细节，充满了文学意味。如孙坚杀南阳太守张咨本末，陈寿《吴书》说：

> 南阳太守张咨闻军至，晏然自若。坚以牛酒礼咨，咨明日亦答诣坚。酒酣，长沙主簿入白坚："前移南阳，而道路不治，军资不具，请收主簿推问意故。"咨大惧欲去，兵陈四周不得出。有顷，主簿复入白坚："南阳太守稽停义兵，使贼不时讨，请收出案军法从事。"便牵咨于军门斩之。郡中震栗，无求不获。③

胡冲《吴历》载：

> 初坚至南阳，咨既不给军粮，又不肯见坚。坚欲进兵，恐有后患，乃诈得急疾，举军震惶，迎呼巫医，祷祀山川。遣所亲人说咨，言病困，欲以兵付咨。咨闻之，心利其兵，即将步骑五六百人诣营省坚。坚卧与相见。无何，卒然而起，按剑骂咨，遂执斩之。④

胡冲《吴历》补充了孙坚对张咨不满的原因，提供了孙坚杀张咨的不同

---

① [晋]陈寿撰，[南朝宋]裴松之注，陈乃乾校点：《三国志·上三国志注表》，中华书局，1959年，第1471页。
② [晋]陈寿撰，[南朝宋]裴松之注，陈乃乾校点：《三国志·上三国志注表》，中华书局，1959年，第1471页。
③ [晋]陈寿撰，[南朝宋]裴松之注，陈乃乾校点：《三国志·吴书·孙坚传》卷四六，中华书局，1959年，第1096页。
④ [晋]陈寿撰，[南朝宋]裴松之注，陈乃乾校点：《三国志·吴书·孙坚传》卷四六，中华书局，1959年，第1098页。

说法,从而丰富了历史情节。陈寿隐匿了孙坚杀张咨的原因,实际上加强了孙坚诛杀张咨的罪过,而胡冲增补的材料,客观上维护了吴国创业的名声。两人的材料选择实际上体现了不同正统观念的影响。

又王叡被孙坚诛杀,陈寿《吴书》记载简略,说:"荆州刺史王叡素遇坚无礼,坚过杀之。"但张勃《吴录》补充道:

> 叡先与坚共击零、桂贼,以坚武官,言颇轻之。及叡举兵欲讨卓,素与武陵太守曹寅不相能,扬言当先杀寅。寅惧,诈作案行使者光禄大夫温毅檄,移坚,说叡罪过,令收行刑讫,以状上。坚即承檄勒兵袭叡。叡闻兵至,登楼望之,遣问欲何为,坚前部答曰:"兵久战劳苦,所得赏,不足以为衣服,诣使君更乞资直耳。"叡曰:"刺史岂有所吝?"便开库藏,使自入视之,知有所遗不。兵进及楼下,叡见坚,惊曰:"兵自求赏,孙府君何以在其中?"坚曰:"被使者檄诛君。"叡曰:"我何罪?"坚曰:"坐无所知。"叡穷迫,刮金饮之而死。①

王叡对孙坚无礼的原因和孙坚杀王叡的经过于此纤毫毕现。

诸家吴史的细节描写,以《江表传》最为精彩,最富有文学意味。

陈寿《吴书》说徐盛因得罪蒋钦,常忧虑对方害己,但蒋钦却盛赞徐盛:"初,钦屯宣城,尝讨豫章贼。芜湖令徐盛收钦屯吏,表斩之,权以钦在远不许,盛由是自嫌于钦。曹公出濡须,钦与吕蒙持诸军节度。盛常畏钦因事害己,而钦每称其善。盛既服德,论者美焉。"②陈寿只是陈述了事实和结论,但《江表传》提供了具体生动的细节:

> 权谓钦曰:"盛前白卿,卿今举盛,欲慕祁奚邪?"钦对曰:"臣闻公举不挟私怨,盛忠而勤强,有胆略器用,好万人督也。今大事未定,臣当助国求才,岂敢挟私恨以蔽贤乎!"权嘉之。③

陈寿的处理固然符合史书的需要,但《江表传》的描写更能展现蒋钦的

---

① [晋]陈寿撰,[南朝宋]裴松之注,陈乃乾校点:《三国志·吴书·孙坚传》卷四六,中华书局,1959年,第1097页。
② [晋]陈寿撰,[南朝宋]裴松之注,陈乃乾校点:《三国志·吴书·蒋钦传》卷五五,中华书局,1959年,第1287页。
③ [晋]陈寿撰,[南朝宋]裴松之注,陈乃乾校点:《三国志·吴书·蒋钦传》卷五五,中华书局,1959年,第1287页。

高尚品德,属于文学性的表达方法。

同样的,陈寿《吴书》载孙权:"自行酒到泰前,命泰解衣,权手自指其创痕,问以所起。泰辄记昔战斗处以对,毕,使复服,欢宴极夜。其明日,遣使者授以御盖。"①陈寿的叙述平淡质实,不能打动人心,而《江表传》的记载更为细腻,曰:

> 权把其臂,因流涕交连,字之曰:"幼平,卿为孤兄弟战如熊虎,不惜躯命,被创数十,肤如刻画,孤亦何心,不待卿以骨肉之恩,委卿以兵马之重乎!卿吴之功臣,孤当与卿同荣辱,等休戚。幼平意快为之,勿以寒门自退也。"即敕以己常所用御帻青缣盖赐之。坐罢,住驾,使泰以兵马导从出,鸣鼓角作鼓吹。②

孙权对周泰的感情和倚重的心情,感人至深。

公孙渊称藩于吴,孙权遣使臣张弥、许晏封之为燕王,但公孙渊斩杀吴使,并献首于魏明帝,孙权怒不可遏,欲亲征公孙渊。《江表传》记载孙权的怒言:

> 朕年六十,世事难易,靡所不尝,近为鼠子所前却,令人气涌如山。不自截鼠子头以掷于海,无颜复临万国。就令颠沛,不以为恨。③

孙权的盛怒之貌,至今读来如在目前。

其他如孙坚攻入洛阳城,《江表传》载"旧京空虚,数百里中无烟火。坚前入城,惆怅流涕"④,忧国的英雄形象呼之欲出。孙权自逍遥津遇险归来后,君臣一席对话如在眼前,《江表传》载:"权征合肥还,为张辽所掩袭于津北,几至危殆。齐时率三千兵在津南迎权。权既入大船,会诸将饮宴,齐下

---

① [晋]陈寿撰,[南朝宋]裴松之注,陈乃乾校点:《三国志·吴书·周泰传》卷五五,中华书局,1959年,第1288页。
② [晋]陈寿撰,[南朝宋]裴松之注,陈乃乾校点:《三国志·吴书·周泰传》卷五五,中华书局,1959年,第1288页。
③ [晋]陈寿撰,[南朝宋]裴松之注,陈乃乾校点:《三国志·吴书·吴主传》卷四七,中华书局,1959年,第1139页。
④ [晋]陈寿撰,[南朝宋]裴松之注,陈乃乾校点:《三国志·吴书·孙坚传》卷四六,中华书局,1959年,第1099页。

席涕泣而言曰:'至尊人主,常当持重。今日之事,几至祸败,群下震怖,若无天地,愿以此为终身诫。'权自前收其泪曰:'大惭! 谨以克心,非但书诸绅也。'"①孙权即位后,对赤壁之战主降的张昭等人的奚落也跃然纸上,《江表传》载:"权既即尊位,请会百官,归功周瑜。昭举笏欲褒赞功德,未及言,权曰:'如张公之计,今已乞食矣。'昭大惭,伏地流汗。"②

如是种种,《江表传》的记载仿佛重现了历史现场,使人物栩栩如生、犹在眼前,具有重要的文学价值。当然,《江表传》来源于地方史料,采纳了很多民间传说,因此颇多不准确的地方。裴占荣《虞仲翔先生年谱》指出:"裴松之注《三国志》,所引书五六十部,惟《江表传》为多谬误,诸如:(一)《孙策传》注载张津死于孙策之前。(二)孙策尽识韩当宾客。(三)《孙匡传》误引孙朗为孙匡。此等过失,悉由松之自举出者,则《江表传》之纪录群言,并不精核,于以可见。"③虽然《江表传》的史料不够准确,一定程度上减少了史学价值,但客观上塑造了史家文学的新貌。

(三)小说创造的不竭源泉

诸家吴史也成为后世小说的创造资源。如孙策杀于吉之事,《江表传》载:

> 时有道士琅邪于吉,先寓居东方,往来吴会,立精舍,烧香读道书,制作符水以治病,吴会人多事之。策尝于郡城门楼上,集会诸将宾客,吉乃盛服杖小函,漆画之,名为仙人铧,趋度门下。诸将宾客三分之二下楼迎拜之,掌宾者禁呵不能止。策即令收之。诸事之者,悉使妇女入见策母,请救之。母谓策曰:"于先生亦助军作福,医护将士,不可杀之。"策曰:"此子妖妄,能幻惑众心,远使诸将不复相顾君臣之礼,尽委策下楼拜之,不可不除也。"诸将复连名通白事陈乞之,策曰:"昔南阳张津为交州刺史,舍前圣典训,废汉家法律,尝著绛帕头,鼓琴烧香,读邪俗道书,云以助化,卒为南夷所杀。此甚无益,诸

---

① [晋]陈寿撰,[南朝宋]裴松之注,陈乃乾校点:《三国志·吴书·贺齐传》卷六〇,中华书局,1959年,第1380页。
② [晋]陈寿撰,[南朝宋]裴松之注,陈乃乾校点:《三国志·吴书·张昭传》卷五二,中华书局,1959年,第1222页。
③ 裴占荣编:《虞仲翔先生年谱》,《国立北平图书馆馆刊》,1933年第7卷第1号。

君但未悟耳。今此子已在鬼箓,勿复费纸笔也。"即催斩之,县首于市。诸事之者,尚不谓其死而云尸解焉,复祭祀求福。①

而孙策之死,陈寿《吴书》说:"会为故吴郡太守许贡客所杀。先是,策杀贡,贡小子与客亡匿江边。策单骑出,卒与客遇,客击伤策。"②胡冲《吴历》却说:"策既被创,医言可治,当好自将护,百日勿动。策引镜自照,谓左右曰:'面如此,尚可复建功立事乎?'椎几大奋,创皆分裂,其夜卒。"③《搜神记》糅合了《江表传》和《吴历》的记载并加以发挥道:"策既杀于吉,每独坐,仿佛见吉在左右,意深恶之,颇有失常。后治创方差,而引镜自照,见吉在镜中,顾而弗见,如是再三,因扑镜大叫,创皆崩裂,须臾而死。"④陈寿记载的应该是历史事实,但胡冲说成是孙策不满毁容而死,干宝进而说孙策因杀于吉而遭遇鬼祟,充满了神秘色彩。

私撰吴国史展现了独特的文学面貌,这得益于丰富的吴国地方史料。吴国地方史料最多的是郡书和地志,它们记载了吴国地方的人物和风貌。在郡书上,谢承是会稽人,故有《会稽先贤传》;陆凯是吴郡人,故有《吴先贤传》;徐整是豫章人,故有《豫章列士传》;士燮久居交州,故有《交州人物志》;陆胤曾任广州刺史,因有《广州先贤传》。在地志上,有顾启期《娄地记》、朱育《会稽土地记》、万震《南州异物志》、薛莹《荆扬已南异物志》、韦昭《三吴郡国志》、徐整《豫章旧志》、沈莹《临海水土异物志》等。察其成书,有的是为家乡所作,有的是为任职之地而作。《江表传》也是汲取吴国地方史料而成,但作者虞溥是中朝人士,曾在鄱阳内史任上大修学校,"注《春秋经》《传》,撰《江表传》及文章诗赋数十篇"⑤,其子虞勃,"过江上《江表传》于元帝,诏藏于秘书"⑥。虞溥所撰《江表传》是其于西晋在江南任职时所撰,有学者据《晋书·武帝纪》载太康十年(289)十一月,"改诸王国相为内史",

---

① [晋]陈寿撰,[南朝宋]裴松之注,陈乃乾校点:《三国志·吴书·孙策传》卷四六,中华书局,1959年,第1110页。
② [晋]陈寿撰,[南朝宋]裴松之注,陈乃乾校点:《三国志·吴书·孙策传》卷四六,中华书局,1959年,第1109页。
③ [晋]陈寿撰,[南朝宋]裴松之注,陈乃乾校点:《三国志·吴书·孙策传》卷四六,中华书局,1959年,第1112页。
④ [晋]陈寿撰,[南朝宋]裴松之注,陈乃乾校点:《三国志·吴书·孙策传》卷四六,中华书局,1959年,第1112页。
⑤ [唐]房玄龄等撰:《晋书·虞溥传》卷八二,中华书局,1974年,第2141页。
⑥ [唐]房玄龄等撰:《晋书·虞溥传》卷八二,中华书局,1974年,第2141页。

指出虞溥任职江南不早于太康十年(289)[1]，又有学者据《晋书·虞溥传》的"有白乌集于郡庭"，结合《宋书·符瑞志》的"元康四年十月,白乌见鄱阳"，认为《江表传》"大抵始作于晋惠帝元康四年(294)前后"[2]。而汉代以来地方官有每年上"郡国地志"的制度，《隋书·经籍志》说"(汉)武帝时,计书既上太史,郡国地志,固亦在焉"[3]，这是虞溥编撰《江表传》的前提。虞溥是鄱阳内史，当然能接触到"郡国地志"，吴国地方上确实保存了大量的史料，为史家的文学创作提供了丰富资源。

这些地方史料中蕴含了吴人的立场和感情。前揭胡冲《吴历》对孙坚杀张咨进行了回护。东晋孙盛敏锐地指出："《江表传》之言，当是吴人欲专美之辞。"[4]更有学者指出《江表传》的"东吴立场"，表现在:美化孙坚称霸江东，在赤壁之战中强调孙吴统帅的骁勇和谋略，在孙刘荆州之夺中，刻画刘备的无能与贪婪，等等[5]。虞溥本无赞美吴国的必要，《江表传》所载的情况，当是吴国史料的本来面貌，故学者说："虽由晋吏虞溥所编，藉以搜集当地民情，故表面上看似由北方立场来定位南方江表偏夷之视野，实际上其内容却保存着江东地区人士话语之原貌。"[6]

私撰吴国史在民间生长，不受官方意志和规范的约束，因此能够自由表达立场、尽情融合史料，又适逢江南地方史书的蓬勃兴盛，更加注重异说、情节、细节等，从而形成了与东汉魏晋官方史学迥然不同的新面貌。

四、"不朽之书":吴国史修撰与著述观念更新

凤凰二年(273)，韦昭因屡屡触忤吴主孙皓，终于获罪下狱。华覈为救韦昭上疏说："今《吴书》当垂千载，编次诸史，后之才士论次善恶，非得良才

---

[1] 参见王文进:《论〈江表传〉中的南方立场与东吴意象》，《成大中文学报》，2014年第46期。
[2] 参见唐燮军:《史家行迹与史书构造:以魏晋南北朝佚史为中心的考察》，浙江大学出版社，2014年，第58—59页。
[3] [唐]魏徵等撰:《隋书·经籍志》卷三三，中华书局，2019年，第1116页。
[4] [晋]陈寿撰，[南朝宋]裴松之注，陈乃乾校点:《三国志·蜀书·先主传》卷三二，中华书局，1959年，第879页。
[5] 王文进:《论〈江表传〉中的南方立场与东吴意象》，《成大中文学报》，2014年第46期。
[6] 王文进:《论"赤壁意象"的形成与流转——"国事""史事""心事""故事"的四重奏》，《成大中文学报》，2010年第28期。

如曜者,实不可使阙不朽之书。"①华覈指出《吴书》是"不朽之书",当垂名千载。无独有偶,大约在晋太安元年(302),"二陆"就《吴书》进行书信讨论。陆云《与兄平原书》二十五说"颙欲定《吴书》,云昔尝已商之兄,此真不朽事""出千载事",陆云《与兄平原书》二十七说"《吴书》是大业,既可垂不朽",陆云将《吴书》的编纂当作流誉千载、垂名不朽的事业。在吴人的心目中,史著不朽是当时的共同观念,但如果放在汉晋的视野中去观察,史著不朽的观念却是吴人的戛戛独造。

　　追求不朽是当时文人学士的共同心理,也鲜明地体现在"二陆"的观念之中。儒家的"三不朽",陆机在前述史书"立言"之外,还明确讨论了"立德"和"立功",其《豪士赋序》曰:"夫立德之基有常,而建功之路不一,何则?修心以为量者存乎我,因物以成务者系乎彼。"②"三不朽"最早见于《左传》,即"大上有立德,其次有立功,其次有立言,虽久不废,此之谓不朽"③。孔颖达《春秋左传正义》解释说:"立德,谓创制垂法,博施济众,圣德立于上代,惠泽被于无穷。……立功,谓拯厄除难,功济于时。……立言,谓言得其要,理足可传……其身既没,其言尚存。"④"立德"属于尧舜禹汤文武周孔等古代圣人的事业,只有"拯厄除难、功济于时"的"立功"和"言得其要、理足可传"的"立言"才是文人学者现实的追求。东汉最早关注"三不朽"的当是史学家班固。其《答宾戏》说"故太上有立德,其次有立功。夫德不得后身而特盛,功不得背时而独彰"⑤,又说:"近者陆子优游,《新语》以兴;董生下帷,发藻儒林;刘向司籍,辨章旧闻;扬雄覃思,《法言》《太玄》。皆及时君之门闱,究先圣之壸奥,婆娑乎术艺之场,休息乎篇籍之囿,以全其质,而发其文,用纳乎圣德,烈炳乎后人,斯非亚与!"⑥东汉后期,"三不朽"开始引起文人学士的普遍关注。王符《潜夫论》说:"夫生于当世,贵能成大功,太上有立德,其下有立言。"⑦建安时期的徐幹《中论》说:"故司空颍川荀爽论之,以为古人有言,'死而不朽',谓太上有立德,其次有立功,其次有立言,其身殁

---

① [晋]陈寿撰,[南朝宋]裴松之注,陈乃乾校点:《三国志·吴书·韦昭传》卷六五,中华书局,1959年,第1463页。
② [唐]房玄龄等撰:《晋书·陆机传》卷五四,中华书局,1974年,第1473页。
③ 《春秋左传正义》卷三五,[清]阮元校刻:《十三经注疏》清嘉庆刊本,中华书局,2009年,第4297页。
④ 《春秋左传正义》卷三五,[清]阮元校刻:《十三经注疏》清嘉庆刊本,中华书局,2009年,第4297页。
⑤ [清]严可均:《全上古三代秦汉三国六朝文·全后汉文》卷二五,中华书局,1958年,第609页。
⑥ [清]严可均:《全上古三代秦汉三国六朝文·全后汉文》卷二五,中华书局,1958年,第610页。
⑦ [汉]王符,[清]王继培笺,彭铎校正:《潜夫论笺校正》,中华书局,2014年,第608页。

矣,其道犹存,故谓之不朽。夫形体者,人之精魄也;德义令闻者,精魄之荣华也。君子爱其形体,故以成其德义也。夫形体,固自朽弊消亡之物,寿与不寿,不过数十岁;德义立与不立,差数千岁,岂可同日言也哉"。①尤其值得一提的是曹丕、曹植兄弟,他们地位尊崇、才华横溢,能够振臂一呼、应者云集。曹丕重视"立言",《典论·论文》说"盖文章,经国之大业,不朽之盛事",又《与王朗书》说"唯立德扬名,可以不朽,其次莫如著篇籍"②,将"立言"次于"立德"而取代"立功"的地位。曹植谓"立功"重于"立言",《求自试表》说"太上立德,其次立功,盖功德者所以垂名也"③,又《与杨德祖书》说"吾虽薄德,位为藩侯,犹庶几勠力上国,流惠下民,建永世之业,流金石之功,岂徒以翰墨为勋绩,辞赋为君子哉"④,曹植反驳了曹丕的说法,实际上是争储关键期兄弟矛盾的体现⑤。及至西晋,"三不朽"依然为人们所重视。杜预是晋初的重臣,平吴事毕,"既立功之后,从容无事,乃耽思经籍,为《春秋左氏经传集解》"⑥,是"立功"之后潜心"立言"。如是种种,皆可说明汉末至西晋时期,"三不朽"成为当时文人学士的关注重点。在这种思潮的影响下,以"二陆"为代表的吴人讨论"三不朽",自在情理之中。

私撰史书传之不朽的观念早已有之,但在史学独立之前,史学家重在攀附儒家经典,并非关注史书本身。司马迁《报任安书》中说所纂《史记》要"藏之名山,传之其人通邑大都"⑦,其目的自然是传之后世,但《太史公自叙》明说《史记》是模仿《春秋》而作。班固《汉书·叙传》也说:"固以为唐虞三代,《诗》《书》所及,世有典籍,故虽尧舜之盛,必有典谟之篇,然后扬名于后世,冠德于百王,故曰'巍巍乎其有成功,焕乎其有文章也!'"⑧班固将《汉书》与儒家经典相提并论,意在"扬名于后世"。班昭《东征赋》亦说"唯令德为不朽兮,身既没而名存"⑨。迁、固的著史主要是追慕儒家经典,而非

---

① [汉]徐幹,孙启治解诂:《中论解诂》,中华书局,2014年,第265页。
② [晋]陈寿撰,[南朝宋]裴松之注,陈乃乾校点:《三国志·魏书·文帝纪》卷二,中华书局,1959年,第88页。
③ [晋]陈寿撰,[南朝宋]裴松之注,陈乃乾校点:《三国志·魏书·陈思王植》卷一九,中华书局,1959年,第569页。
④ [三国魏]曹植,赵幼文校注:《曹植集校注》卷一,中华书局,2016年,第227—228页。
⑤ 参见傅刚:《论建安文学批评的发生》,《文学评论》,2019年第1期。
⑥ [唐]房玄龄等撰:《晋书·杜预传》卷三四,中华书局,1974年,第1031页。
⑦ [汉]班固撰:《汉书·司马迁传》卷三二,中华书局,1962年,第2735页。
⑧ [汉]班固撰:《汉书·叙传》卷一百下,中华书局,1962年,第4235页。
⑨ [清]严可均:《全上古三代秦汉三国六朝文·全后汉文》卷九六,中华书局,1958年,第987页。

依靠文章本身扬名传世。胡宝国《文史之学》说:"固然司马迁在'报任安书'中也说过自己写《史记》是'鄙没世而文采不表于后也',但他主要的目的还是要'究天人之际,通古今之变'。东汉末年,荀悦在《汉纪》中说:'夫立典有五志焉:一曰达道义,二曰章法式,三曰通古今,四曰著功勋,五曰表贤能。'他所说的著史的目的全在政治方面,没有掺杂个人因素。这种认识至少在魏晋以后不具有普遍意义。魏晋以后私人撰史风起云涌,当与时人著史以求不朽的认识有很大关系。"①胡先生从著史目的来讨论,亦从另一角度说明汉与魏晋之不同。随着魏晋史学的独立,史部著作骤增,史书不朽才进入文人学者的视野。

曹丕提出了"文章不朽",曹丕的文章本指属辞、著论,再由刘劭加入史著而延伸至著述,文章因此贯穿了集部、子部和史部。王充《论衡·对作》说:"非作也,亦非述也,论也。论者,述之次也。五经之兴,可谓作矣。太史公书、刘子政序、班叔皮传,可谓述矣。桓山君《新论》,邹伯奇《检论》,可谓论矣。今观《论衡》《政务》,桓、邹之二论也,非所谓作也。"②"五经"称"作",出于圣人之手。司马迁、刘向、班彪(即《史记后传》,后班固续成《汉书》)的史书谓"述"。王充说"论"又次于"述",主要是子书。曹丕《典论论文》认为"文章"是"经国之大业,不朽之盛事"③,这不是孤立的说法,得到了桓范的呼应。桓范是曹丕的近臣,其《世要论·序作》说"夫著作书论者,乃欲阐弘大道,述明圣教,推演事义,尽极情类,记是贬非,以为法式。当时可行,后世可修。且古者富贵而名贱废灭,不可胜记,唯篇论倜傥之人,为不朽耳。夫奋名于百代之前,而流誉于千载之后,以其览之者益,闻之者有觉故也。岂徒转相放效,名作书论,浮辞谈说,而无损益哉"④,也强调"著作书论"的"不朽"和"流誉于千载"。曹丕的文章主要指著论和属辞。《典论·论文》说"奏议宜雅,书论宜理,铭诔尚实,诗赋欲丽",又说"唯干著论,成一家言",其《与吴质书》说徐幹"著《中论》二十余篇,成一家之言。辞义典雅,足传于后,此子为不朽矣"⑤,则文章既有诗赋铭诔,又有奏议书论,另有子书

---

① 胡宝国:《汉唐间史学的发展》修订本,北京大学出版社,2014年,第61页。
② 黄晖撰:《论衡校释》卷二九,中华书局,1990年,第1180—1181页。
③ [南朝梁]萧统编,[唐]李善注:《文选》卷五二,中华书局,1977年,第720页。本段下引同。
④ [清]严可均:《全上古三代秦汉三国六朝文·全三国文》卷三七,中华书局,1958年,第1263页。
⑤ [南朝梁]萧统编,[唐]李善注:《文选》卷四二,中华书局,1977年,第591页。

《中论》，前者为"文"，后两者是广义的"论"①。稽之曹丕的创作，其重点在诗赋和子书《典论》。胡冲《吴历》说"帝以素书所著《典论》及诗赋饷孙权"②，曹丕将自己的诗赋和《典论》赠给孙权，可知诗赋和子书属于曹丕的得意之作，也是曹丕文章观念的显证。徐幹重视著论，而不重视诗赋，因此"废诗赋颂铭赞之文，著《中论》之书二十篇"③。夏侯惠推荐刘劭时说"文章之士爱其著论属辞"④，刘劭本人的文章确有子书《人物志》这一著论之作和《赵都赋》《许都赋》《洛都赋》等属辞之作，与曹丕同辙，这并不意外，因为刘劭是太子曹丕的舍人，属于曹丕的近臣。但刘劭进一步突出了史著的地位，这是前所未有的。刘劭《人物志·流业》说"文章之材，国史之任也"⑤，又说"能属文著述，是谓文章，司马迁、班固是也"⑥。刘劭认为文章包括了属文和著述，而著述包括了《史记》《汉书》等史书。刘劭以《史记》《汉书》为"述"的思想源于王充《论衡》。刘劭的著述比曹丕的著论多了史著，因为刘劭突出的史著尚不在曹丕"文章不朽"之列。实际上，曹丕标举文章的"立言"不朽，虽属于孤明先发，但亦是空谷足音，久无嗣响。我们遍检《三国志》和严可均《全三国文》等存世文献，曹魏士人的不朽观念仍然集中在"立功"领域。即使是曹丕，即位后三次举兵伐吴，虽然无功而返，但"立功"之意判然，而"立言"之论靡闻。《搜神记》载魏明帝曾下诏三公说："先帝昔著《典论》，不朽之格言，其刊石于庙门之外及太学，与石经并，以永示来世。"⑦《搜神记》的记载是否可信暂且不论，但魏明帝的"不朽之格言"不过是祖述曹丕的主张而已，不能作为讨论的依据。

吴国史家最早明确提出了"史著不朽"的观念。孙吴第三次修撰国史，华覈上疏孙皓请求召回薛莹续成《吴书》时说"（薛）莹涉学既博，文章尤妙，

---

① 吴光兴：《"文"与"论"：文本位"文章"新概念的一次分化》，中国社会科学院文学研究所编：《中国社会科学院文学研究所学刊》2011，中国社会科学出版社，2012年，第153页。吴光兴说："'文'就是诗、赋等组成的一个类别的大名；而'论'本身经常充当一种体裁的名称，同时又充当高于一个体裁的类别的大名。"
② [晋]陈寿撰，[南朝宋]裴松之注，陈乃乾校点：《三国志·魏书·文帝纪》卷二，中华书局，1959年，第89页。
③ [汉]徐幹，孙启治解诂：《中论解诂》，中华书局，2014年，第395页。
④ [晋]陈寿撰，[南朝宋]裴松之注，陈乃乾校点：《三国志·魏书·刘劭传》卷二一，中华书局，1959年，第619页。
⑤ [魏]刘邵撰，[西凉]刘昞注：《人物志》，中国书店，2019年，第40页。
⑥ [魏]刘邵撰，[西凉]刘昞注：《人物志》，中国书店，2019年，第37—38页。
⑦ [晋]陈寿撰，[南朝宋]裴松之注，陈乃乾校点：《三国志·魏书·齐王芳纪》卷四，中华书局，1959年，第118页。

同僚之中,莹为冠首。今者见吏,虽多经学,记述之才,如莹者少"①,又前揭华覈上疏挽救韦昭说"今《吴书》当垂千载,编次诸史,后之才士论次善恶,非得良才如曜者,实不可使阙不朽之书"②。薛莹和韦昭俱是文学家,他们在《隋书·经籍志》中都有别集,但华覈说薛莹的"文章尤妙",主要突出了"记述之才",即指《吴书》的写作才能。西晋的"二陆"是文学名家,称编《吴书》是"真不朽事""出千载事"和"可垂不朽",这既是对华覈观点的呼应,又是对史著地位的确认。与此相对比的是曹魏国史的编纂。曹魏国史编纂也有三次。《史通·古今正史》说:"魏史,黄初、太和中始命尚书卫觊、缪袭草创纪传,累载不成,又命侍中韦诞、应璩、秘书监王沈、大将军从事中郎阮籍、司徒右长史孙该、司隶校尉傅玄等,复共撰定。其后王沈独就其业,勒成《魏书》四十四卷。其书多为时讳,殊非实录。"③《晋书·王沈传》载:"好书,善属文。大将军曹爽辟为掾,累迁中书门下侍郎。及爽诛,以故吏免。后起为治书侍御史,转秘书监。正元中,迁散骑常侍、侍中,典著作。与荀顗、阮籍共撰《魏书》,多为时讳,未若陈寿之实录也。"④据此,第一次是曹丕、曹叡时期,参加者有卫觊、缪袭等,只是粗粗写成了纪传,但未竟功;第二次是曹髦时期,参加者有韦诞、应璩、王沈、阮籍、孙该、傅玄、荀顗等,开始于正元二年(255);第三次是王沈"独就其业",在景元二年(261)后、咸熙二年(265)前⑤。《魏书》编纂的史臣基本是文学家,但未有讨论"史著不朽"的记载。

"二陆"突出"史著不朽",实是对曹丕思想的发展,很快为晋人所广泛接受。"二陆"继承了曹丕的"文章不朽"观念。刘跃进指出:"《历代名画记》引陆机言论云:'丹青之兴,比雅颂之述作,美大业之馨香,宣物莫大于言,存形莫善于画。'所谓'美大业之馨香',与曹丕《典论·论文》所说的'盖文章,经国之大业,不朽之盛事'的观念有相近的地方,说明二人都很强调文

---

① [晋]陈寿撰,[南朝宋]裴松之注,陈乃乾校点:《三国志·吴书·薛莹传》卷五三,中华书局,1959年,第1256页。
② [晋]陈寿撰,[南朝宋]裴松之注,陈乃乾校点:《三国志·吴书·韦昭传》卷六五,中华书局,1959年,第1464页。
③ [唐]刘知幾,[清]浦起龙通释,王煦华整理:史通通释》卷一二,上海古籍出版社,2009年,第321页。
④ [唐]房玄龄等撰:《晋书·王沈传》卷三九,中华书局,1974年,第1143页。
⑤ 参见朱维铮:《王沈〈魏书〉的考证》,《复旦学报》,2013年第2期。

学艺术的社会价值和文化传承的作用。"①"二陆"与曹丕一样,也关注诗赋与子书,如陆云《与兄平原书》三说"海颂,兄意乃以为佳,甚以自慰……佳文章已足垂不朽"②,又葛洪《抱朴子》说"陆平原作《子书》未成,吾门生有在陆君军中,常在左右,说陆君临亡,曰:'穷通,时也;遭遇,命也。古人贵立言,以为不朽。吾所作《子书》未成,以此为恨耳。'"③。但"二陆"在编纂《吴书》时突出了"史著不朽"观念,这是前所未有的,属于当时的独造。从此之后,"史著不朽"成为文人关注的重点。东晋王隐对祖纳说:"当晋未有书,而天下大乱,旧事荡灭,君少长五都,游宦四方,华裔成败,皆当闻见,何不记述而有裁成?应仲远作《风俗通》,崔子真作《政论》,蔡伯喈作《劝学篇》,史游作《急就章》,犹皆行于世,便成没而不朽。仆虽无才,非志不立,故疾没世而无闻焉,所以自强不息也。况国史明乎得失之迹,俱取散愁,此可兼济,何必围棋然后忘忧也!"④王隐将国史视为"没而不朽"的事情。宋文帝令裴松之注《三国志》:"松之鸠集传记,增广异闻,既成奏上。上善之,曰:'此为不朽矣。'"⑤刘宋何法盛看到郗绍《晋中兴书》说"卿名位贵达,不复俟此延誉。我寒士,无闻于时,如袁宏、干宝之徒,赖有著述,流声于后"⑥,何法盛将郗绍与袁宏、干宝等史家并列,说明经过魏晋学者的努力,史著流名不朽已经成为人们的共识。

何以"史著不朽"会由吴地史家提出?这自然是吴国史学发达的结果。孙吴的史学成就在三国之中最为杰出。前述蜀国"国不置史,记注无官,是以行事多遗,灾异靡书",蜀汉不置史官,导致史学不甚发达,但也有谯周《古史考》《蜀本纪》、陈术《益部耆旧传》及《志》、王崇《蜀书》等史学著作,并孕育了陈寿这样的著名史学家⑦,但《隋书·经籍志》所载蜀国史著仅有谯周《古史考》。魏国虽然有专门的史学机构秘书监和著作省,并且进行了三次国史编纂,但魏国史学著作并不多见。检核《隋书·经籍志》,明确为魏人编纂的有7部,即王沈《魏书》、鱼豢《典略》、无名氏《海内先贤传》、周斐《汝南

---

① 刘跃进:《"二陆"的悲情与创作》,《文学史的张力》,复旦大学出版社,2021年,第444页。
② [晋]陆云,刘运好校注整理:《陆士龙文集校注》卷八,凤凰出版社,2010年第1142—1143页。
③ [宋]李昉等撰:《太平御览》六百二,中华书局,1960年,第2709页。
④ [唐]房玄龄等撰:《晋书·祖纳传》卷六二,中华书局,1974年,第1698页。又见[唐]房玄龄等撰:《晋书·王隐传》卷八二,中华书局,1974年,第2142页。
⑤ [南朝梁]沈约撰:《宋书·裴松之传》卷六四,中华书局,2018年,第1861页。
⑥ [唐]李延寿撰:《南史·徐广传》卷三三,中华书局,1975年,第859页。
⑦ 参见牛润珍:《汉至唐初史官制度的演变》,河北教育出版社,1999年,第96—101页。

先贤传》、苏林《陈留耆旧传》、魏文帝《列异传》、嵇康《圣贤高士传赞》等。明确为吴人的有12部,即韦昭《吴书》、谢承《后汉书》、薛莹《后汉记》、韦昭《洞记》、谢承《会稽先贤传》、陆凯《吴先贤传》、徐整《豫章列士传》、张胜《桂阳先贤画赞》、顾启期《娄地记》、朱育《会稽土地记》、万震《南州异物志》、朱应《扶南异物志》等。《隋书·经籍志》所载史书当然不能完全反映三国时的面貌,但吴国史书历经三百年汰洗后仍然传世,说明质量比较可靠,虽然记载魏国的一些史著成书于魏时还是晋时尚可讨论,但吴国的史学发达毫无疑问。正是史学发达的传统,入晋吴人才会自觉萌发私撰吴国史的意愿。

综上所述,孙吴国史的官修私撰,竟是如此的意蕴丰富,不仅促进了史家文学的发展,而且推动了著述观念的更新。孙吴的史学著作在当时最为发达,最突出的体现是郡书和地志的繁多,无论是官方还是民间,都有丰富的典藏。孙吴国史的生命力旺盛,直到唐初编《隋书·经籍志》,尚颇多存于天壤之间。孙吴国史蕴含的种种特点,倘若没有深入切实的细致研究,则很难得到准确的揭示,既有的曹魏学术中心的观念也就无法得到破除,要恢复历史的本来面貌、重新理清文史发展的脉络任重而道远。

第三节　孙吴的史家文学与文史融合

陆机被钟嵘《诗品》称为"太康之英",属于文学家的杰出代表,入晋后任著作郎,参与《晋帝纪》《惠帝起居注》《晋惠帝百官表》的写作和"《晋书》限断"的讨论,又有《洛阳记》《吴书》(未成)等史书和《辨亡论》《五等论》等著名史论,具有杰出的史学才能和卓越的史学成就。陆机兼具文学家和史学家的身份,与孙吴史家善文的传统有关,同属于经史分离时期文史融合的表现。东汉的史学地位提高,兰台、东观的史臣,参与到官修史书的写作,自然需要兼备写作才能。东汉文章的写作主体是史学家,这构成了东汉文史融合的基本特色。同时,孙吴学者虞翻《易》注和韦昭《国语解》体现了以史注经的新特点,说明文史融合与经史分离、史学独立的过程密切相关。

一、陆机的史学才能及其成就

陆机向来是被当作文学家看待,其实他也是杰出的史学家,且担任了著作郎这样重要的史职。他与陆云反复讨论《吴书》的修撰,并且做了实际的工作,他们具有借助史书名垂不朽的共识。

陆机具有史学才能。陆机于元康八年(298)担任著作郎,始到职即撰《顾谭传》。王隐《晋书》说:"陆士衡以文学为秘书监虞濬所请,为著作郎。"①陆机《吊魏武帝文》"序"云:"元康八年,机始以台郎出补著作,游于秘阁。"②虞濬与陆机曾为太子府同僚,对陆机的史学才能颇为了解,因此延请陆机担任著作郎。

陆机参与了"《晋书》限断"的讨论。晋惠帝登基后,于元康七、八年(297—298)组织了"《晋书》限断"的讨论③,这是西晋时期继晋武帝后的第二次议立"《晋书》限断"。晋武帝时第一次议立"《晋书》限断",主要有从正始起年和从嘉平起年的意见,一从司马懿受明帝遗诏辅政,一从诛灭曹爽集团后总执军政大权,主要考虑了司马氏实际掌权的情况。陆机的此次"《晋书》限断"的议论尚有残存:

> 三祖实终为臣,故书为臣之事,不可不如传,此实录之谓也。而名同帝王,故自帝王之籍,不可以不称纪,则追王之义。④

陆机以司马懿、司马师、司马昭未登帝位,须依传的写法,但又名同帝王,亦须名纪,便是以传写纪的手法。陆机的议论渊源有自,韦昭编《吴书》时,"吴主欲为其父作纪,昭曰:'文皇不登极位,当为传,不当为纪。'"⑤。韦昭拒绝了孙皓以孙和为帝的要求,理由是孙和未登帝位。陈寿《三国志》以曹魏为正统,故以曹操、曹丕、曹叡、曹芳、曹髦、曹奂为纪,而以蜀汉的刘备、刘禅和孙吴的孙坚、孙策、孙权、孙亮、孙休、孙皓为传。陈寿虽然将吴

---

① [唐]徐坚等:《初学记》卷一二,中华书局,1962年,第299页。
② [清]严可均:《全上古三代秦汉三国六朝文·全晋文》,中华书局,1958年,第2029页。
③ 参见徐昌盛:《〈文章流别集〉与魏晋学术新变》,上海交通大学出版社,2021年,第68页。
④ [晋]陆机,杨明校笺:《陆机集校笺》,上海古籍出版社,2016年,第971页。
⑤ [宋]司马光编著,[元]胡三省音注,"标点资治通鉴小组"校点:《资治通鉴》卷八十,中华书局,1956年,第2532页。

蜀最高统治者定为传体,但实为纪体,属于以纪写传的手法。刘知幾《史通·本纪》说:"陆机《晋书》,列纪三祖,直序其事,竟不编年。年既不编,何纪之有?"①又《史通·古今正史》说:"晋史,洛京时,著作郎陆机始撰《三祖纪》,佐著作郎束晳又撰十志。会中朝丧乱,其书不存。"②刘知幾批评了陆机《三祖纪》以传写纪的处理手法,是未能理解陆机在易代之后正朔纷争的特殊环境中不得不采取调和的办法。

陆机"《晋书》限断"议的意旨在《隋书·李德林传》卷四二中尚有保存。李德林答魏收书曰:

> 摄之与相,其义一也。故周公摄政,孔子曰"周公相成王";魏武相汉,曹植曰"如虞翼唐"。或云高祖身未居摄,灼然非理。摄者专赏罚之名,古今事殊,不可以体为断。陆机见舜肆类上帝,班瑞群后,便云舜有天下,(不)须格于文祖也,欲使晋之三主异于舜摄。窃以为舜若尧死,狱讼不归,便是夏朝之益,何得不须格于文祖也?若使用王者之礼,便曰即真,则周公负扆朝诸侯,霍光行周公之事,皆真帝乎?斯不然矣。必知高祖与舜摄不殊,不得从士衡之谬。
>
> 或以为书元年者,当时实录,非追书也。大齐之兴,实由武帝,谦匿受命,岂直史也?比观论者闻追举受命之元,多有河汉,但言追数受命之岁,情或安之。似所怖者元字耳,事类朝三,是许其一年,不许其元年也。案《易》"黄裳元吉",郑玄注云:"如舜试天子,周公摄政。"是以试摄不殊。《大传》虽无元字,一之与元,无异义矣。《春秋》不言一年一月者,欲使人君体元以居正,盖史之婉辞,非一与元别也。汉献帝死,刘备自尊崇。陈寿,蜀人,以魏为汉贼,宁肯蜀主未立,已云魏武受命乎?士衡自尊本国,诚如高议,欲使三方鼎峙,同为霸名。习氏《汉晋春秋》,意在是也。至司马炎兼并,许其帝号。魏之君臣,吴人并以为戮贼,亦宁肯当涂之世,云晋有受命之征?史者,编年也,故鲁号《纪年》。墨子又云,吾见《百国春秋》。史又有无事而书年者,是重年验也。若欲高祖事事谦冲,即须号令皆推魏氏。便是编魏年,纪

---

① [唐]刘知幾,[清]浦起龙通释,王煦华整理:《史通通释》卷二,上海古籍出版社,2009年,第34页。
② [唐]刘知幾,[清]浦起龙通释,王煦华整理:《史通通释》卷一二,上海古籍出版社,2009年,第324页。

魏事,此即魏末功臣之传,岂复皇朝帝纪者也。

陆机称纪元立断,或以正始,或以嘉平。束晳议云,赤雀白鱼之事。恐晋朝之议,是并论受命之元,非止代终之断也。公议云陆机不论元者,是所未喻,愿更思之。陆机以刊木著于《虞书》,龛黎见于《商典》,以蔽晋朝正始、嘉平之议,斯又谬矣。唯可二代相涉,两史并书,必不得以后朝创业之迹,断入前史。若然,则世宗、高祖皆天保以前,唯入魏氏列传,不作齐朝帝纪,可乎?此既不可,彼复何证![1]

据此,陆机以《尚书·舜典》所载舜代尧摄政时,行天子之事,用王者之礼,故作为受命天下之始,而晋之三祖未曾有类似的受命礼仪,不得以天子视之;陆机也引用《尚书》中大禹治水和西伯勘黎的事迹,说大禹、文王时为人臣,三祖魏时亦为人臣,来反对正始、嘉平开元之议。

陆机的"《晋书》限断"议有维护故国的意愿。王隐《晋书》说"陆士衡以文学为秘书监虞濬所请,为著作郎,议《晋书》限断"[2],则议"《晋书》限断",最早由秘书监虞濬负责,陆机提出了具体的限断意见,史已失载。《晋纪》说"束晳字广微,秘书监贾谧请为著作郎,难陆士衡《晋书》限断"[3],则贾谧接任秘书监,延请束晳任著作郎,对陆机的限断进行驳难。值得注意的是,议立"《晋书》限断"不过一两年间,陆机为虞濬所请,有所议论,而贾谧旋接虞濬秘书监,便请束晳难陆机,其中定有委曲。李德林说"束晳议云,赤雀白鱼之事"。束晳提及的"赤雀""白鱼"是易代的祥瑞,《宋书·祥瑞志》载"赤雀,周文王时衔丹书来至""白鱼,武王度孟津,中流入于王舟",又《三国志·魏书·文帝纪》裴注引《献帝传》载"文王为西伯,赤鸟衔丹书;武王伐殷,白鱼升舟"。这里提到的文王、武王父子,或类比司马懿及其子司马师、司马昭,抑或类比司马昭与司马炎?但束晳提及的祥瑞出现的时间,史已失载。第二次议立"《晋书》限断"很有影响,朝廷三公也过问,各种意见针锋相对。《晋书·贾谧传》载:

先是,朝廷议立晋书限断,中书监荀勖谓宜以魏正始起年,著作郎王瓚欲引嘉平已下朝臣尽入晋史,于时依违未有所决。惠帝立,更

---

[1] [唐]魏徵等撰:《隋书·李德林传》卷四二,中华书局,2019年,第1354—1355页。
[2] [唐]徐坚等:《初学记》卷一二,中华书局,1962年,第299页。
[3] [唐]徐坚等:《初学记》卷一二,中华书局,1962年,第299页

使议之。谧上议,请从泰始为断。于是事下三府,司徒王戎、司空张华、领军将军王衍、侍中乐广、黄门侍郎嵇绍、国子博士谢衡皆从谧议。骑都尉济北侯荀畯、侍中荀藩、黄门侍郎华混以为宜用正始开元。博士荀熙、刁协谓宜嘉平起年。谧重执奏戎、华之议,事遂施行。[1]

贾谧提出"从泰始为断",结果是"事遂施行",成为国史的书写标准。《晋书·潘岳传》载"谧《晋书》限断,亦岳之辞也"[2],那么贾谧的意见来自潘岳。在此稍前,潘岳曾为贾谧作诗赠陆机,曰:"三雄鼎足,孙启南吴。南吴伊何,僭号称王。大晋统天,仁风遐扬。伪孙衔璧,奉土归疆。"[3]他们称吴国为"僭号"和"伪孙"。陆机《答贾长渊诗》其四说"爰兹有魏,即宫天邑。吴实龙飞,刘亦岳立"[4],认为魏蜀吴三足鼎立,意思说三国都是正统。陆机《辨亡论》也说:"昔三方之王也,魏人据中夏,汉氏有岷、益,吴制荆、扬而奄交、广。"[5]贾谧以泰始为晋开元,考虑到禅代之后,才有了晋朝的声名,这种意见获得了广泛的认同。陆机的"《晋书》限断"议如果同于贾谧的意见,贾谧不应请束晳著文论难,很可能陆机的"《晋书》限断"议,出于尊吴的目的,以为《晋书》当以灭吴胜利后的太康元年(280)开始纪元,前引李德林所谓的"司马炎兼并,许其帝号",主张了汉吴晋的正统[6]。朱晓海亦指出陆机在《晋书》议断上,遮蔽从正始、嘉平起元,是避免孙吴政权过早缺乏合法性的举动,陆机不希望早在孙权时期,故国就被北人归为僭伪之国。[7]

陆机的史学著作,尚有《晋帝纪》四卷、《惠帝起居注》及《洛阳记》各一卷。《晋纪》和《晋帝纪》各有著录:《隋书·经籍志》载"《晋纪》四卷,陆机撰",

---

[1] [唐]房玄龄等撰:《晋书·贾谧传》卷四十,中华书局,1974年,第1173—1174页。
[2] [唐]房玄龄等撰:《晋书·潘岳传》卷五一,中华书局,1974年,第1504页。
[3] [晋]潘岳:《为贾谧作赠陆机诗》,逯钦立辑校:《先秦汉魏晋南北朝诗》晋诗卷四,中华书局,1983年,第629页。
[4] [晋]陆机:《答贾谧诗》,逯钦立辑校:《先秦汉魏晋南北朝诗》晋诗卷五,中华书局,1983年,第673页。
[5] [晋]陈寿撰,[南朝宋]裴松之注,陈乃乾校点:《三国志·吴书·三嗣主传》卷四八,中华书局,1959年,第1181页。
[6] 柳春新《陆机〈晋纪〉与晋史的修撰起源》说"魏、蜀、吴三国互不统属,同为偏霸国家,不以魏为正统,因而也不承认晋承魏统,如此一来,正统的归属,要到最后一个偏霸国家——吴的灭亡——才尘埃落定;换言之,太康元年(280)武帝兼并以前的晋也仅被视为一个偏霸国家"(武汉大学中国三至九世纪研究所编:《魏晋南北朝隋唐史资料》第32辑,上海古籍出版社,2015年,第29页)。
[7] 朱晓海:《陆机心灵的困境》,《中华文史论丛》,2003年第76辑。

《旧唐书·经籍志》载"《晋帝纪》四卷,陆机撰",《新唐书·艺文志》载"陆机《晋帝纪》四卷"。实际上两者是一样的。另有《三祖纪》,《史通·古今正史》说:"晋史,洛京时,著作郎陆机始撰《三祖纪》,佐著作郎束皙又撰十《志》。会中朝丧乱,其书不存。"①《晋帝纪》由《三祖纪》和《武帝纪》组成②,亦称《晋纪》。学者据"陆机为平原内史,撰《晋纪》四卷"认为应作于太安元年(302)十二月至二年(303)八月间③。《文心雕龙·史传》说"陆机肇始而未备",说明陆机的"《晋书》限断"议确立了《晋书》的起始时间,而《晋帝纪》是《晋书》的组成部分,《惠帝起居注》也是为《晋书》的继续写作准备材料。

陆机对《汉书》也很熟悉,与左思等人共讲《汉书》于朝廷,并写有《讲〈汉书〉诗》,曰:"税驾金华,讲学秘馆。有集惟髦,芳风雅宴。"④陆机的《汉书》学问,当然与孙权的重视,以及张昭、张休、韦昭等杰出学者延续的传统有关。

陆机的史学才能得到了刘知幾的充分肯定。《史通·史官建置》说:"旧事,佐郎职知博采,正郎资以草传,如正、佐有失,则秘监职思其忧。其有才堪撰述,学综文史,虽居他官,或兼领著作。亦有虽为秘书监,而仍领著作郎者。若中朝之华峤、陈寿、陆机、束皙,江左之王隐、虞预、干宝、孙盛,宋之徐爰、苏宝生,梁之沈约、裴子野,斯并史官之尤美,著作之妙选也。"⑤陆机与《后汉书》的作者华峤、《三国志》的作者陈寿并列,共同被刘知幾视为西晋史学的重要代表。

陆机的文史兼擅,尤以《辨亡论》为代表。有学者指出:"陆机在史学上的成就首先值得称颂的是他曾撰有《辨亡论》这样一部总结三国吴兴亡得失历史的史论篇章。"⑥陆机的《辨亡论》当然是文学作品,陆云将之比作贾谊《过秦论》,陆云《与兄平原书》二十五说:"《辨亡》则已是《过秦》对事,求当可得耳。"⑦刘勰《文心雕龙·论说》亦说"陆机《辨亡》,效《过秦》而不及,然

---

①[唐]刘知幾,[清]浦起龙通释,王煦华整理:《史通通释》卷一二,上海古籍出版社,2009年,第324页。
②参见柳春新:《陆机〈晋纪〉与晋史的修撰起源》,《魏晋南北朝隋唐史资料》,2015年第2期。
③李建华:《陆机〈晋纪〉〈三祖纪〉〈晋书〉三书关系考》,《南昌大学学报(人文社会科学版)》,2015年第2期。
④逯钦立:《先秦汉魏晋南北朝诗》,第678页。
⑤[唐]刘知幾,[清]浦起龙通释,王煦华整理:《史通通释》卷一一,上海古籍出版社,2009年,第287—288页。
⑥叶建华:《陆机及其史学》,《学术月刊》,1989年第21卷第8期。
⑦[晋]陆云,刘运好校注整理:《陆士龙文集校注》卷八,2010年,第1117页。

亦其美矣"①。骆鸿凯《文选学》指出《辨亡论》模仿《过秦论》有"命意相似""笔致相似""句法相似""句度相似"等四点。《辨亡论》是名篇,不仅裴松之注《三国志》有引,而且被《文选》收入"史论"。

陆机文史兼擅的才能,是孙吴文史融合的学术传统的产物。

二、文史融合在孙吴史家的呈现

孙吴到底有多少史学家,他们的著录情况又是如何呢?我们结合《隋书·经籍志》的"史部"著录,再根据《三国志·吴书》的记载,以卒年为序,尽可能完整地记录下吴国的史学家②,同时,为了讨论史学家与文学家的关系,再根据《隋书·经籍志》的"集部"著录和史书的记载,记录这些史学家的文学行迹。

孙吴的史学家,可以明确的有15人,列表如下(表8):

表8

姓名	生卒年	籍贯	史学作品	文学作品
唐固	?—225	吴郡丹阳人	《隋书·经籍志》载"《春秋外传国语》二十一卷,唐固注"	
士燮	137—226	苍梧广信人	《交州人物志》;《春秋左氏经注》十三卷;《隋书·经籍志》载"《春秋经》十一卷,吴卫将军士燮注"	《隋书·经籍志》载"梁有《士燮集》五卷,亡"
张温	193—230	吴郡吴人	《隋书·经籍志》载"《三史略》二十九卷,吴太子太傅张温撰"	《自理》;《隋书·经籍志》载"吴辅义中郎将张温集》六卷"

---

①[南朝梁]刘勰,范文澜注:《文心雕龙注》卷四,人民文学出版社,1958年,第327页。
②主要根据史学著作确定,但有一些例外。丁孚、项峻虽参与了第一次《吴书》的修撰,但《三国志》明言他们并非史才,又无史学作品,故不收录,又专门从事天文、历法、星象等技术工作的太史令、太史丞、太史郎也不收录。又前揭袁晔著《献帝春秋》,袁晔很可能出生于吴时,《献帝春秋》是否作于晋时,殊难考定,只好暂置勿论。

续表

姓名	生卒年	籍贯	史学作品	文学作品
虞翻	164—233	会稽余姚人	《川渎记》；《隋书·经籍志》载"《春秋外传国语》二十一卷，虞翻注"	《隋书·经籍志》载"后汉侍御史虞翻集"二卷，梁三卷，录一卷"
谢承	190？—240？	会稽山阴人	《隋书·经籍志》载"《后汉书》一百三十卷，无帝纪，吴武陵太守谢承撰""《会稽先贤传》七卷，谢承撰"	《三夫人箴》；《隋书·经籍志》载"《谢承集》四卷，今亡"
陆凯	198—269	吴郡吴人	《隋书·经籍志》载"《吴先贤传》四卷，吴左丞相陆凯撰"	《吴先贤传赞》；《上书谏吴主皓》；《重表谏起宫》；《隋书·经籍志》载"《吴丞相陆凯集》五卷，梁有录一卷"
韦昭	204—273	吴郡云阳人	《三国记》；《三吴郡国志》；《隋书·经籍志》载"《吴书》三十五卷，韦昭撰。本五十五卷，梁有，今残缺""《会稽先贤传》七卷，谢承撰""《汉书音义》七卷，韦昭撰""《春秋外传国语》二十二卷，韦昭注"	《云阳赋》；《因狱吏上辞》；《博弈论》；《吴鼓吹铙歌十二曲》；《隋书·经籍志》载"有《韦昭集》二卷，录一卷，亡"
华覈	219—278	吴郡武进人	《吴书》	《与薛莹诗》；《车赋》；《奏荐陆胤》；《谏吴王皓盛夏兴工疏》；《奉诏草对》；《隋书·经籍志》载"有《东观令华覈集》五卷，录一卷，亡"

续表

姓名	生卒年	籍贯	史学作品	文学作品
薛莹	220?—282	沛郡竹邑人	《吴书》；《条例吴事》；《后汉记》；《荆扬已南异物志》；《隋书·经籍志》载"《后汉记》六十五卷，本一百卷，梁有，今残缺。晋散骑常侍薛莹撰"	《献诗》；《答华永先诗》；《后汉纪赞》；《三国志·吴书·薛莹传》载"太康三年卒，著书八篇，名曰《新议》"；《隋书·经籍志》载"晋散骑常侍薛莹集》三卷"
万震			《隋书·经籍志》载"《南州异物志》一卷，吴丹阳太守万震撰"	《南州异物志赞》
徐整			《三五历记》；《通历》；《杂历》；《隋书·经籍志》载"《豫章列士传》三卷，徐整撰"	
张胜			疑有《桂阳先贤记》	《隋书·经籍志》载"《桂阳先贤画赞》一卷，吴左中郎张胜撰"
顾启期			《隋书·经籍志》载"《娄地记》一卷，吴顾启期撰"	
朱育		会稽山阴人	《隋书·经籍志》载"《会稽土地记》一卷，朱育撰"	
朱应			《隋书·经籍志》载"《扶南异物志》一卷，朱应撰"	

在上述史学家中，根据《隋书·经籍志》的著录，同时有史部著作和集部著作的有士燮(《交州人物志》《左传注》《士燮集》)、张温(《三史略》《张温集》)、虞翻(《川渎记》《国语注》《虞翻集》)、谢承(《后汉书》《会稽先贤传》《谢承集》)、陆凯(《吴先贤传》《陆凯集》)、韦昭(《吴书》《三吴郡国志》《国语注》《韦昭集》)、薛莹(《后汉记》《吴书》《薛莹集》)等 7 人，属于史学家能文的杰出代表，同时，华覈也参与了《吴书》的编纂，《隋书·经籍志》有《华覈

集》，尽管《吴书》署名韦昭，也应当在列。如此，就《隋书·经籍志》的记载，孙吴同时兼具史学家和文学家身份的士人，证据确凿的有上述8人，另外，万震、张胜等2人当然也是文学家，其他5人暂无显证。总之，孙吴的史学家同时也是文学家的判断，应该是成立的。

值得注意的是，根据卒年排列的情况来看，除了籍贯不明的史学家外，我们发现士燮、张温、虞翻、谢承是孙吴前期人，陆凯、韦昭、华覈、薛莹是孙吴后期人。除了薛莹是薛综后人，属于侨寓学者的后裔（后来改籍江东），余则皆为本土学者。因此，在史学领域，本土学者占据了主要的地位。

三、文史融合的汉代渊源

孙吴史学家同时是文学家的特点，揭示了东汉以来文史融合的现状。史学家善文是东汉史学的重要特点，既说明了史学地位的提高，又开启了经史分离的时代趋势。

文章写作是东汉史官的主要工作之一。《汉书·兒宽传》载："汉之得人，于兹为盛，儒雅则公孙弘、董仲舒、兒宽，笃行则石建、石庆，质直则汲黯、卜式，推贤则韩安国、郑当时，定令则赵禹、张汤，文章则司马迁、相如，滑稽则东方朔、枚皋，应对则严助、朱买臣……"[1]班固将善于写作史书的司马迁与擅长写作辞赋的司马相如并称，将他们视为汉代文章的杰出代表。王充《论衡·别通》说"兰台之史，班固、贾逵、杨终、傅毅之徒，名香文美，委积不绁，大用于世"[2]，东汉兰台史官的文章著述，是王充赞美的对象。曹魏的严苞，史载"黄初中，以高才入为秘书丞，数奏文赋，文帝异之"[3]，其中所谓的高才即是文章写作的才能。刘劭《人物志·流业》说"能属文著述，是谓文章，司马迁、班固是也"[4]，刘劭提及的文章家是司马迁和班固。刘劭又说"文章之材，国史之任也"[5]，即说擅长文章写作的人，方能担当起撰国史的责任。《后汉书·文苑传》载李尤从小以文章著名，"和帝时，侍中贾逵荐尤有

---

[1] [汉]班固撰：《汉书·兒宽传》卷五八，中华书局，1962年，第2634页。
[2] 黄晖撰：《论衡校释》，中华书局，1990年，第604页。
[3] [晋]陈寿撰，[南朝宋]裴松之注，陈乃乾校点：《三国志·魏书·王肃传》卷一三，中华书局，1959年，第421页。
[4] [魏]刘邵撰，[西凉]刘昞注：《人物志》卷上，中国书店，2019年，第37—38页。
[5] [魏]刘邵撰，[西凉]刘昞注：《人物志》卷上，中国书店，2019年，第40页。

相如、扬雄之风,召诣东观,受诏作赋,拜兰台令史……所著诗、赋、铭、诔、颂、《七叹》《哀典》凡二十八篇"①,亦可知史官擅长文章,当时的史官和文章家本为一体。

东汉史官任职资格的制度规定了国史入职的文章才能。东汉的修史地点,前期在兰台,后来在东观。兰台、东观都是藏书之所,朝廷"征调担任各种官职的名儒硕学,入直东观亦即国家图书馆,从事撰述国史"②。这样的职能,也在汉末曹魏的秘书机构中延续。曹魏设立的著作省是明确的专职修史机构。李林甫《唐六典》记载:"至魏明帝太和中,始置著作郎及佐郎,隶中书省,专掌国史。"③据此可知,著作郎和佐著作郎的设置,就是服务于国史的修撰。西晋的著作机构负责国史的编撰,《旧唐书·经籍志》载贾充等人所撰的《晋令》说"国史之任,委之著作,每著作郎初至,必撰名臣传一人"④,又说"著作郎掌起居集注,撰录诸言行勋伐旧载史籍者"⑤。著作机构的人员组成,根据《晋书·职官志》的记载,"著作郎一人,谓之大著作郎,专掌史任,又置佐著作郎八人。著作郎始到职,必撰名臣传一人"⑥,即是说著作郎到岗任职前,首先必须撰写一篇名臣传记,以考察能否胜任史官工作。由于著作机构主要负责国史的修撰,因此遴选史官时强调史才文笔,到职即撰名臣传记,便是出于检验的需要。这是史官制度层面的规定。晋元康八年(298),时任秘书监虞濬以陆机为著作郎,陆机始到职,即撰一篇本乡先贤《顾谭传》,借此来证明自己的著史才华。

东汉初期的兰台,既负责管理秘府的图书,又是文章著述的场所。刘知幾《史通·史官建置》说"汉氏中兴,明帝以班固为兰台令史,诏撰《光武本纪》及诸列传、载记"⑦,又说"斯则兰台之职,盖当时著述之所也"⑧。东汉学

---

① [宋]范晔撰,[唐]李贤等注:《后汉书·文苑列传》卷八十上,中华书局,1965年,第2616页。
② 周一良:《魏晋南北朝史学发展的特点》,《魏晋南北朝史论集》,北京大学出版社,2010年,第342页。
③ [唐]李林甫等撰,陈仲夫点校:《唐六典》卷九,中华书局,2014年,第281页。
④ [唐]刘知幾,[清]浦起龙通释,王煦华整理:《史通通释》卷九,上海古籍出版社,2009年,第231页。又《晋令》,《隋书·经籍志》载为四十卷。
⑤ [唐]刘知幾,[清]浦起龙通释,王煦华整理:《史通通释》卷一一,上海古籍出版社,2009年,第296页。
⑥ [唐]房玄龄等撰:《晋书·职官志》卷二四,中华书局,1974年,第735页。
⑦ [唐]刘知幾,[清]浦起龙通释,王煦华整理:《史通通释》卷一一,上海古籍出版社,2009年,第286页。
⑧ [唐]刘知幾,[清]浦起龙通释,王煦华整理:《史通通释》卷一一,上海古籍出版社,2009年,第286页。

者中,杨终、杜抚、班固、贾逵等都以校书郎的身份在兰台参与校书修史。汉章帝之后,东观的藏书丰富,取代兰台成为修史的场所。刘知幾《史通·史官建置》说"自章、和已后,图籍盛于东观。凡撰汉记,相继在乎其中,而都为著作,竟无它称"①。杜佑《通典·职官八》说:"汉之兰台及后汉东观,皆藏书之室,亦著述之所。多当时文学之士,使雠校于其中,故有校书之职。后于兰台置令史十八人,又选他官入东观,皆令典校秘书,或撰述传记。"②《东观汉记》是当朝史,凝聚了东汉几代史官的心血。根据吴树平的研究③,汉明帝时期,班固任兰台令史,与陈宗、尹敏、孟异等共同撰成《世祖本纪》;班固又独自撰述了汉光武帝功臣和平林、新市、公孙述事,作列传、载记二十八篇奏上;其他尚有杜抚、马严、刘复、贾逵四人。汉章帝时撰有《显宗纪》,具体撰写人物不详;到了汉安帝时期,邓后下诏令刘珍、刘騊駼、李尤、刘毅、王逸等人修撰国史,除了"名臣列士"之外,还撰有纪、表,以及《儒林》《外戚》等类传,时间的断限是起自建武,迄于永初;汉顺帝时期,又命伏无忌、黄景等继续修史,形成《诸王》《王子》《功臣》《恩泽侯表》《南单于》《西羌传》《地理志》等篇章;汉桓帝时期,当时参与撰史的除伏无忌和黄景之外,还有边韶、崔寔、朱穆、曹寿、延笃、邓嗣等人,此次增补了孝穆、孝崇二皇及《顺烈皇后传》,又增安思等后入《外戚传》,增崔篆诸人入《儒林传》,并作《百官表》和孙程、郭愿、郑众和蔡伦等人的传记;汉灵帝、汉献帝时期,马日磾、蔡邕、杨彪、卢植等学者又接武前人,蔡邕完成《朝会志》《车服志》,又续成《十志》。据此可知,参与《东观汉记》修撰的史学家,前后可考者至少有25人。东观史臣善于著述,引起了研究者的注意,胡宝国说:"东观作者还有一个特点,即不少人好为文章。如班固'能属文诵诗赋',刘珍'著诔、颂、连珠凡七篇',李尤'少以文章显,和帝时,侍中贾逵荐尤有相如、扬雄之风,召诣东观,受诏作赋,拜兰台令史',刘毅'少有文辩称,元初元年,上《汉德论》并《宪论》十一篇。时刘珍、邓耽、尹兑、马融共上书称其美',边韶'以文章知名……著诗、颂、碑、铭、书、策凡十五篇',刘复'好学,能文章',延笃'能著文章,有名京师',蔡邕所著诗赋等'凡百四篇'。据《隋书·经籍志》载,东观学者中,班固、贾逵、刘騊駼、刘珍、李尤、王逸、边韶、延笃、崔寔、卢

---

① [唐]刘知幾,[清]浦起龙通释,王煦华整理:《史通通释》卷一一,第286—287页。
② [唐]杜佑撰,王文锦等点校:《通典·职官八》卷二六,中华书局,1988年,第735页。
③ 吴树平:《〈东观汉记〉的撰修经过及作者事略》,《秦汉文献研究》,齐鲁书社,1988年,第110—124页。

植、蔡邕等皆有文集传世。"①我们尚可补充一例,即朱穆,《隋书·经籍志》著录有别集二卷,录一卷。那么参与《东观汉记》编撰的25人中,其中有12人在《隋书·经籍志》中著录有别集,比例是12/25。何况刘毅、刘复等人,虽然未能见到别集著录,但史传已明确称其善于文章,自然也该归入文章家之列。再检刘跃进的《秦汉文学编年史》,这25位史官中,有文学活动的有班固、尹敏、贾逵、刘珍、李尤、刘毅、王逸、伏无忌、黄景、边韶、崔寔、朱穆、曹寿、延笃、蔡邕、卢植等16人,比例是16/25。总而言之,参与编写《东观汉记》的史官多数是文章家。

史官善写文章不仅是国史修撰的必需,而且是陪侍应对的需要。史官常随皇帝出驾,主要任务是记言载事,有时不免要应命弄文,因此善属文章是史官的必备才能。袁宏《后汉纪》载"上美防功,令史官为之颂"②,马防有功劳,皇帝赞美嘉奖,则需史臣撰文;再如班彪"每行巡狩,辄献上赋颂"③,皇帝出巡狩猎,史官要献赋颂;又如北海王刘睦,《后汉纪》载"睦少好学,世祖器之。上为太子时,数侍宴会,入则谈论接席,出则游观同舆,甚见亲礼……能属文,善史书,作《春秋指义》《终始论》及赋颂数十篇"④,刘睦常常与太子相处,参加宴会,有时要吟诗作赋。史官的这些行为实际上是文学活动。因此汉代史官需要随驾赋颂,若非擅长属文,则殊难胜任。

章学诚《文史通义·史德》说:"史所贵者义也,而所具者事也,所凭者文也。"⑤又说:"夫史所载者事也,事必藉文而传,故良史莫不工文,而不知文又患于为事役也。"⑥文史融合实在是史学渐趋独立的必然状态。

四、孙吴的以史解经与经史分离

以史解经是汉末以来的新风气。东汉马融已注重以史解易,他通过史实来阐发易学理论,在易学发展史上开以史解易的先河。曹魏王肃在《小雅》之《菀柳》《节南山》《生民》等作品中,将部分"天""帝"释为上古史的某

---

① 胡宝国:《经史之学》,《汉唐间史学的发展》修订本,北京大学出版社,2014年,第42页。
② [晋]袁宏,张烈点校:《后汉纪》,中华书局,2002年,第213页。
③ [宋]范晔撰,[唐]李贤等注:《后汉书·班彪传》卷四〇下,中华书局,1956年,第1373页。
④ [晋]袁宏,张烈点校:《后汉纪》,中华书局,2002年,第194—195页。
⑤ [清]章学诚,叶瑛校注:《文史通义校注》,中华书局,1985年,第219页。
⑥ [清]章学诚,叶瑛校注:《文史通义校注》,中华书局,1985年,第220页。

帝或周王，实是以史解经的时代反映。同样地，虞翻的《易注》和韦昭的《国语解》，也鲜明地体现了以史解经的特点。

虞翻创造了以史解《易》的方式①。虞翻是著名的易学家。会稽虞氏是著名的易学世家，从虞光、虞成、虞凤、虞歆到虞翻，五世治《孟氏易》。虞翻曾将自己所注的《易注》寄给了孔融，孔融获得后回信赞美道："闻延陵之理乐，睹吾子之治《易》，乃知东南之美者，非徒会稽之竹箭也。"②虞翻《易注》常常提到商周的历史，尤其是商周鼎革的历史，并且注意总结教训与经验。《明夷卦》中的《象》辞说"以蒙大难，文王以之"，虞翻注称："三喻文王。'大难'谓坤，坤为弑父。迷乱荒淫，若纣杀比干。三幽坎中，象文王之拘羑里。震为诸侯，喻从文王者，纣惧出之，故'以蒙大难'，得身全矣。"③又曰"内难而能正其志，箕子以之"，虞翻注称："箕子，纣诸父，故称'内难'。"④《杂卦》曰"君子道长，小人道消也"，虞翻注称曰："谕武王伐纣。"⑤《未济卦》曰"有孚于饮酒，无咎。濡其首，有孚失是"，虞翻注称："谓若殷纣沉湎于酒，以失天下也。"⑥《革卦》曰"九四。悔亡，有孚，改命吉"，虞翻注称："《传》以比桀纣。汤武革命，顺天应人，故'改命吉'也。"⑦《革卦》曰"九五。大人虎变，未占有孚"，虞翻注称："《传》论汤武以坤臣为君。"⑧《系辞下》曰"作《易》者，其有忧患乎"，虞翻注称："庖牺则天八卦，通为六十四，以德化之，'吉凶与民同患'，故'有忧患'。"⑨武丁曾经发动了大规模的讨伐鬼方的战争，体现在《易》中，如《既济卦》曰"九三。高宗伐鬼方，三年克之，小人勿用"，虞翻注曰："高宗，殷王武丁。鬼方，国名。乾为高宗，坤为鬼方，乾二之坤五，故'高宗伐鬼方'。坤为年，位在三，故三年。坤为小人，二上克五，故'三年克之，小人勿用'。"⑩《既济卦》曰"六四。繻有衣袽，终日戒"，虞翻注曰："离为日，坎为盗，在两坎间，故'终日戒'。谓伐鬼方，三年乃克。旅人勤劳，衣服

---

① 参见张涛、任利伟：《汉唐时期的以史解〈易〉》，《史学史研究》，2016年第1期。
② [晋]陈寿撰，[南朝宋]裴松之注，陈乃乾校点：《三国志·吴书·虞翻传》卷五七，中华书局，1959年，第1320页。
③ [清]李道平撰，潘雨廷点校：《周易集解纂疏》，中华书局，1994年，第344页。
④ [清]李道平撰，潘雨廷点校：《周易集解纂疏》，中华书局，1994年，第344页。
⑤ [清]李道平撰，潘雨廷点校：《周易集解纂疏》，中华书局，1994年，第736页。
⑥ [清]李道平撰，潘雨廷点校：《周易集解纂疏》，中华书局，1994年，第539—540页。
⑦ [清]李道平撰，潘雨廷点校：《周易集解纂疏》，中华书局，1994年，第441页。
⑧ [清]李道平撰，潘雨廷点校：《周易集解纂疏》，中华书局，1994年，第442页。
⑨ [清]李道平撰，潘雨廷点校：《周易集解纂疏》，中华书局，1994年，第660页。
⑩ [清]李道平撰，潘雨廷点校：《周易集解纂疏》，中华书局，1994年，第530页。

皆败,鬼方之民,犹或寇窃,故'终日戒'也。"①虞翻有时也引用《左传》的内容。如《震卦》曰"六三。震苏苏,震行无眚",虞翻注曰:"《春秋传》曰'晋获秦谍,六日而苏'也。"②此来自《春秋左传正义》"晋人获秦谍,杀诸绛市,六日而苏"③。

《易》是儒家最重要的经典,虞翻以史注经的方法不是孤立的存在,后来韦昭《国语解》广泛采取以史注经的方法,成为三国时期集注类著作最杰出的代表。

众所周知,史部著作在《汉书·艺文志》中未能独立成类,主要附于《六艺略》"春秋"类之后,是经学的附庸。《汉书·艺文志》"春秋"类载《国语》二十一篇,现存最早的注本便是韦昭的《国语解》。《左传》是《春秋》"三传"之一,《国语》是《春秋》的"外传",二者属于《春秋》经的内、外传。这种说法本是就经学而言,但内、外传本质上是史书,时人视《左传》和《国语》是《春秋》之传,已经具有了以史解经的特点,是汉末以来以史解经思潮的来源。另外,东汉开始,古文经学日益得到人们的重视,魏代的古文经学取得了学官的地位,孙吴在《尚书》《诗经》《春秋》上都以古文经学为主,因此《左传》受重视也反映了学术变迁的影响。孙吴统治者对《国语》与《左传》的重视,也促成了它们的流传。孙坚曾请高岱讲《左传》,孙权曾劝吕蒙"宜学问以自开益",所举书中有《左传》《国语》和"三史",而且这三者是与《孙子》《六韬》等兵书一样需要急读的著作④,孙吴最高统治者重视史书,自然是认为它们为治国用兵提供了借鉴。那么,韦昭注《国语》注重制度和史事,应该有为政治、军事服务的使命。

韦昭注《国语》已注意到它的史学品质。《国语》虽然有《春秋外传》的名义,但韦昭说"其文不主于经,故号外传"。即使是《左传》,魏晋之际学者已注意到它不是经书,如王接说:"左氏辞义赡富,自是一家书,不主为经发。"⑤韦昭回顾了《国语》的注释过程,郑众、贾逵两人的注释有所未尽,三国时期的虞翻和唐固的注释又各有不同。因此韦昭的解"因贾君之精实,采虞、唐之信善,亦以所觉增润补缀,参之以《五经》,检之以《内传》,以《世

---

① [清]李道平撰,潘雨廷点校:《周易集解纂疏》,中华书局,1994年,第531—532页。
② [清]李道平撰,潘雨廷点校:《周易集解纂疏》,中华书局,1994年,第457页。
③ 《春秋左传正义》卷二二,[清]阮元校刻:《十三经注疏》清嘉庆刊本,中华书局,2009年,第4068页。
④ [晋]陈寿撰,[南朝宋]裴松之注,陈乃乾校点:《三国志·吴书·吕蒙传》卷五四,中华书局,1959年,第1275页。
⑤ [唐]房玄龄等撰:《晋书·王接传》卷五一,中华书局,1974年,第1435页。

本》考其流,以《尔雅》齐其训,去非要,存事实,凡所发正三百七事"①,采撷各家注释的精华并进行了增补,又参考了经史书籍,删除繁冗,存其事实。《国语解》不同于一般注疏的注释训解和串释大意,着重强调了《左传》《世本》,有"存其事实"的动机,因此它对名物、制度和史事的考证,显示出史注的面貌,有着强调史学的学术自觉。

史注形式的来源,最早当然是《春秋左氏传》。《春秋》三传皆是解经的经书,但《左传》是通过叙述历史事实来解释《春秋》,而《公羊》《穀梁》则是以问答的形式发挥《春秋》的微言大义。孙吴史注最直接的来源,应是汉末应劭的《汉书注》。应劭是已知的第一个注《汉书》的学者,范晔《后汉书》载:"凡所著述百三十六篇。又集解《汉书》,皆传于时。"②应劭熟悉汉代律令典制和人物、名物、时俗,范晔《后汉书》载:"(建安)二年……时始迁都于许,旧章堙没,书记罕存。劭慨然叹息,乃缀集所闻,著《汉官》《礼仪故事》,凡朝廷制度,百官典式,多劭所立。"③《隋书·经籍志》载有应劭的《汉书集解音义》二十四卷,《汉官》五卷,《汉官仪》十卷,《汉朝议驳》三十卷。司马彪《续汉书》说:"朝廷制度,百官仪式,所以不亡者,由劭记之。"④因此,应劭是汉末重要的历史学家,注《汉书》长于考据名物典制和史实地理。《四库全书总目提要》说裴松之"其初意似亦欲如应劭之注《汉书》,考究训诂,引证故实",四库馆臣说裴松之"引证故实"的方法是来自应劭《汉书注》,实际上是汉末以来以史注经方法的延续。注史与注经的区别是很明显的。钱大昭《三国志辨疑·自序》说:"注史与注经不同,注经以明理为宗,理寓于训诂,训诂明而理自见。注史以达事为主,事不明,训诂虽精无益也。"⑤逯耀东《裴松之与〈三国志注〉》据此说:"明理与达事是经注与史注的基本区分。'达事'是更进一步叙述历史的真象。"⑥胡宝国亦说:"追求义理还是追求历史事实的丰富,这是经学与史学的根本区别之处。"⑦

---

① [清]徐元诰撰,王树民、沈长云点校:《国语集解》,中华书局,2002年,第595页。
② [宋]范晔撰,[唐]李贤等注:《后汉书·应劭传》卷四八,中华书局,1956年,第1614页。
③ [宋]范晔撰,[唐]李贤等注:《后汉书·应劭传》卷四八,中华书局,1956年,第1614页。
④ [晋]陈寿撰,[南朝宋]裴松之注,陈乃乾校点:《三国志·魏书·应玚传》卷二一,中华书局,1959年,第601页。
⑤ 南开大学古籍整理研究所选,杨翼骧、孙香兰主编:《清代史部序跋选》,天津古籍出版社,1992年,第68页。
⑥ 逯耀东:《魏晋史学的思想与社会基础》,中华书局,2006年,第241页。
⑦ 胡宝国:《汉唐间史学的发展》修订本,北京大学出版社,2014年,第84页。

《国语》以史注经的体例,学者归纳为:一是辨明史实。《晋语》载"文公即位二年……作三军",韦昭注曰:"唐尚书云:立军之上下也。昭谓:此章言文公之初,未有新军。"《吴语》载"王总其百执事",韦昭注曰:"贾侍中云:王,往也。百执事,百官也。昭谓:王,阖闾也。贾君以为告天子不宜称王,故云往也。下言夫概王,不避天子。故知上王为阖闾也。"二是注意年代的对照和史事的呼应,"史注的特点非常鲜明"[1],正是受其影响,"在年代上,凡《周语》中的纪年可与《春秋》鲁纪年对照者,总是加以注明。鲁国之外其他诸侯的纪年,总是注明周纪年与鲁纪年。在史事上,注意与《春秋》《左传》相照应,与本书前后相照应。此外还详于古今地的对照"[2]。

　　韦昭《国语解》采纳东汉的郑众和贾逵,三国时期的虞翻和唐固的注释,采取的是集解注书的方法。韦昭的集解法实际上受到了何晏《论语集解》的影响。何晏等人[3]首创注释中的集解之体,《论语集解》是汉魏人注解《论语》的集成之作。《论语集解序》说:"安昌侯张禹本受《鲁论》,兼讲《齐说》,善者从之,号曰《张侯论》,为世所贵。包氏、周氏《章句》出焉。《古论》唯博士孔安国为之训解,而世不传。至顺帝时,南郡太守马融亦为之训说。汉末,大司农郑玄就《鲁论》篇章,考之《齐》《古》,为之注。近故司空陈群、太常王肃、博士周生烈,皆为义说。前世传受师说,虽有异同,不为训解,中间为之训解,至于今多矣。所见不同,互有得失。今集诸家之善,记其姓名,有不安者,颇为改易,名曰《论语集解》。"[4]汉魏以来,对于《论语》的解释,一方面是齐学、鲁学和古学师承不同,说法多异,另一方面是师说传授时有异同,渐至纷乱,这是《论语集解》的编纂动机。孙钦善指出"总的看来,新注是注重训解和串释的……但也有阐发义理的地方。新注在阐发义理时,或据儒家思想立说……或据道家思想立说,援道入儒"[5],注释训解是全书的基本形式,属于汉代以来的旧学,其中间有阐发义理的地方,则是受

---

[1] 孙钦善:《中国古文献学史》修订本,中华书局,2015年,第235页。
[2] 孙钦善:《中国古文献学史》修订本,中华书局,2015年,第235页。
[3] 《论语集解序》说"光禄大夫关内侯臣孙邕、光禄大夫臣郑冲、散骑常侍中领军安乡亭侯臣曹羲、侍中臣荀顗、尚书驸马都尉关内侯何晏等上",则从事这一工作的绝非何晏一人,这是群体性工作,也颇能说明集解注经的流行风气。
[4] [清]刘宝楠撰,高流水点校:《论语正义》卷二四,中华书局,1990年,第779—786页。又周生烈《义说》当是《论语》的《义例》,裴松之注称"何晏《论语集解》有(周生)烈《义例》",见[晋]陈寿撰,[南朝宋]裴松之注,陈乃乾校点:《三国志·魏书·王肃传》卷一三,中华书局,1959年,第420页。
[5] 参见孙钦善:《中国古文献学史》修订本,中华书局,2015年,第208—209页。

到时代风气的影响。但《论语集解》仍属于传统的经学著作,许抗生指出"何晏虽说崇尚《老子》的贵无思想,然而他还没有全用《老子》的思想来解释孔丘的《论语》,他作的《论语集解》基本上还没有玄学化"①。

何晏《论语集解》成书于正始年间(240—249),时虞翻已逝,其《易注》自然不会接受新方法的影响,而韦昭尚壮,其《国语解》序言明确表示是集合众人注而成一家。

集解注书的方法从经学转向史学,体现了经史分离的时代趋势。史学原是经学的附庸,东汉班固以刘向、刘歆《七略》《别录》为基础编撰的《汉书·艺文志》,将史部书籍系于《六艺略》"春秋"类之下,一般认为史部书籍稀少,不足构成一家,但逯耀东认为"《汉书·艺文志》不另立史部,和史学著作篇帙的多寡无关。……是因为当时史的独立概念还没有形成,经史没有分立,史学只不过是依附于经学下的一个旁支而已"②。到了魏晋时期,史学开始渐渐脱离经学而独立发展。西晋荀勖撰《中经新簿》,已将史学列为丙部,与甲部经学、乙部子学、丁部集学等并列,单独列为一类。逯耀东说:"荀勖的《新簿》不仅分划出甲、乙、丙、丁:经、子、史、集的范围,而且将史部书籍自《春秋类》摘出独立成为一部,这的确是中国目录学史发展过程中新的里程碑。后来到东晋初年李充以荀勖的《新簿》加以调整,将史部与子部对换,成为经史子集的分类形式,四部分类的版型由此初定。"③而魏晋以后"经史"并称,"说明史学不仅不再是经学的附庸,而且已升格到和经学同等的地位,并且成为专家之学,与经学一样成为教授与学习的对象"④。胡宝国也指出,西晋人频繁使用"经史"一词,也意味着经与史的分离,而晋代之后,人们已经清晰地认识到经学与史学的区别,无论是官学和私学,史学都成为独立教授的门类⑤。刘宋文帝设立儒、玄、史、文四馆,从制度上确立了史学的地位。

尽管孙吴未能形成类似曹魏的秘书著作机构,官办史学机构不甚完

---

① 许抗生:《三国两晋玄、佛、道简论》,齐鲁书社,1991年,第39—40页。
② 逯耀东:《〈隋书·经籍志·史部〉形成的历程》,《魏晋史学的思想与社会基础》,中华书局,2006年,第24页。
③ 逯耀东:《〈隋书·经籍志·史部〉形成的历程》,《魏晋史学的思想与社会基础》,中华书局,2006年,第48页。
④ 逯耀东:《经史分途与史学评论的萌芽》,《魏晋史学的思想与社会基础》,中华书局,2006年,第180页。
⑤ 参见胡宝国:《经史之学》,《汉唐间史学的发展》修订本,北京大学出版社,2014年,第30—31页。

备,但根据史传和目录的记载,孙吴的民间史学和私人史学极为发达,突出表现为史学成果丰富和史学人才辈出。据此而言,三国时期的史学成就,以孙吴最为杰出。西晋时期,入晋吴人兴起吴史写作的热潮,与吴地的史学传统和吴士的史学修养密切相关,而陆机的史学成就斐然,实是渊源有自。

第四章　孙吴乐府与道教文化

孙吴的乐府情况,长期隐晦不彰。韦昭沿袭缪袭制《吴鼓吹铙歌十二曲》,记述吴国的开国功绩,是孙吴雅乐的重要遗存,也说明孙吴的雅乐制度犹存,属于汉代的流脉。孙吴统治者将祭祀民间杂鬼怪的《神弦歌》用于宗庙祭祀的场合,既体现了孙吴以俗乐取代雅乐功能的特殊观念,又解释了刘宋何承天说"世咸传吴朝无雅乐"①的原因。孙吴的俗乐新声贯穿政权始终,但存世歌辞较少,至迟在孙吴后期,民间的吴歌已经风靡至上层社会。《神弦歌》属于清商曲辞的俗乐,孙皓以之代替雅乐用于宗庙祭祀的庄重场合,并非孙吴没有成熟的雅乐,而是孙吴统治者继承神鬼传统而崇尚道教的结果。在几代吴主的支持下,孙吴不仅涌现了葛玄、介象等著名道教人物,而且提供了《太平经》《周易参同契》《道德经》等早期道教基本文献的编纂、传授及发展的场域,毫无疑问地成为三国道教的中心。

第一节　孙吴乐府的"以俗代雅"

对孙吴乐府的研究,学界关注得不多,尽管已有一些深入的思考,如萧涤非认为韦昭的《吴鼓吹铙歌十二曲》乃模仿魏国缪袭的《魏鼓吹曲》(十二首)进行填词,原因是吴人音乐知识浅薄②,而王运熙指出孙吴的《神弦歌》本是巫觋祀神乐曲,祭祀地方性杂鬼怪,早在孙吴时代已经出现,且信仰已经由民间传播至贵族上层阶级③,但目前的研究还是缺少系统全面的考察。孙吴因其文化的相对落后和信仰观念的不同,在雅乐创制上无甚可观,但

---
① [南朝梁]沈约撰:《宋书·乐志》卷一九,中华书局,2018年,第589页。
② 萧涤非:《汉魏六朝乐府文学史》,人民文学出版社,1984年,第165页。
③ 王运熙:《神弦歌考》,《乐府诗述论》增补本,上海古籍出版社,2006年,第170页。

正因历史包袱的轻微,反而为俗乐新声的滋长提供了土壤,一方面代替了雅乐的功能,另一方面开启了东晋南朝的吴声西曲,因此孙吴乐府成为乐府发展史的一个重要环节。

一、"世咸传吴朝无雅乐"探因

《宋书·乐志》引何承天语称:"世咸传吴朝无雅乐。"[1]何承天是刘宋时期人,在他的时代,孙吴雅乐已湮灭无闻,时人认为吴朝无雅乐,反映了至迟在刘宋时代孙吴的雅乐情况已不为人所知。孙吴的郊庙制度沉湮已久,本书的第一章第二节已经做过详细的钩稽,同样的,孙吴的"郊庙歌辞"情况也难详悉,正有待发覆。

《宋书·乐志》隐隐透露出孙吴"郊庙歌辞"的一些信息:

> 何承天曰:"世咸传吴朝无雅乐。案孙皓迎父丧明陵,唯云倡伎昼夜不息,则无金石登哥可知矣。"承天曰:"或云今之《神弦》,孙氏以为宗庙登哥也。"史臣案陆机《孙权诔》"《肆夏》在庙,《云翘》承□",机不容虚设此言。又韦昭孙休世上《鼓吹铙哥》十二曲表曰:"当付乐官善哥者习哥。"然则吴朝非无乐官,善哥者乃能以哥辞被丝管,宁容止以《神弦》为庙乐而已乎?[2]

这条材料对于认识孙吴的雅乐非常重要。何承天说当时流行的俗乐《神弦歌》是孙吴时代的宗庙音乐,沈约提出了不同的意见,认为孙吴有乐官,不应允许《神弦歌》作为宗庙之乐。韦昭制《吴鼓吹铙歌十二曲》是承孙休之命而作,汉代鼓吹曲虽是俗乐,但缪袭改革后旨在颂扬祖德,充当了雅乐的功能,由此可知孙休世主动建设雅乐的努力。奏表称"当付乐官善哥者习哥",这说明吴朝已有乐官,演唱群体中有技艺高超的歌者,则朝廷设有音乐机构。沈约又引陆机《孙权诔》中的"《肆夏》在庙,《云翘》承□"说:"机不容虚设此言。"按,"诔"是为新丧而作,孙权去世时,陆机尚未出生,不

---

[1] [南朝梁]沈约撰:《宋书·乐志》卷一九,中华书局,2018年,第589页。
[2] [南朝梁]沈约撰:《宋书·乐志》卷一九,中华书局,2018年,第589页。

容作诔,可能是辗转传抄致误。①尽管文章的作者认定尚待讨论,但是文章描写孙权出殡的烜赫仪式,应该是当时人的亲见,迥非后代作伪者所能杜撰,因此不影响诔文内容的可靠性。《云翘》是八佾之舞,《宋书·乐志》说:"汉光武平陇、蜀,增广郊祀,高皇帝配食,乐奏《青阳》《朱明》《西皓》《玄冥》,《云翘》《育命》之舞。北郊及祀明堂,并奏乐如南郊。迎时气五郊:春哥《青阳》,夏哥《朱明》,并舞《云翘》之舞;秋哥《西皓》,冬哥《玄冥》,并舞《育命》之舞;季夏哥《朱明》,兼舞二舞。"②音乐所奏是《青阳》等四曲,并应不同季节而唱歌,则是有歌辞的。而《云翘》《育命》只是伴《青阳》等四曲的舞蹈,属于雅舞而没有歌辞,故不宜被列入"舞曲歌辞"。以常理度之,孙吴不会在孙权去世时迅速制定完成如此程序繁琐、庄重谨严的宗庙乐舞,应该在孙权统治时期已经制定完毕,则孙吴应有雅乐制度,应该属于汉代的旧制,很可能是孙策击溃刘勋获得的袁术的乐工和乐器,因为《江表传》载"得术百工及鼓吹部曲三万余人……皆徙所得人东诣吴"③。

孙吴宗庙祭祀的雅乐,亦可稽之"轩悬之乐"。早在黄初元年(220)的十一月,曹丕策命孙权说:"君化民以德,礼教兴行,是用锡君轩县之乐。"④嘉禾二年(233)春,孙权下诏给公孙渊说:"君正化以德,敬下以礼,敦义崇谦,内外咸和,是用锡君轩县之乐。"⑤这两则材料的性质相同,曹丕称帝时孙权名义上尊尚汉室,因此要采取羁縻政策;而孙权称帝后公孙渊掌握着辽东,孙权想拉拢他对抗曹魏。孙权和公孙渊都是以一方霸主身份得赐"轩悬之乐",可知给赐规格是非常高的。那么"轩悬之乐"是什么情况呢?《魏书·乐志》说:"古礼,天子宫悬,诸侯轩悬,大夫判悬,士特悬。"⑥《晋书·乐志》载:"汉自东京大乱,绝无金石之乐,乐章亡缺,不可复知。及魏武平荆州,获汉雅乐郎河南杜夔……使创定雅乐。时又有散骑侍郎邓静、尹商善训雅乐,歌师尹胡能歌宗庙郊祀之曲,舞师冯肃、服养晓知先代诸舞,夔

---

①曹道衡对此略有辩证,文见曹道衡:《陆机事迹杂考》,《中古文史丛稿》,《曹道衡文集》卷二,中州古籍出版社,2018年,第205页。
②[南朝梁]沈约撰:《宋书·乐志》卷一九,中华书局,2018年,第586页。
③[晋]陈寿撰,[南朝宋]裴松之注,陈乃乾校点:《三国志·吴书·孙策传》卷四六,中华书局,1959年,第1108页。
④[晋]陈寿撰,[南朝宋]裴松之注,陈乃乾校点:《三国志·吴书·吴主传》卷四七,中华书局,1959年,第1122页。
⑤[晋]陈寿撰,[南朝宋]裴松之注,陈乃乾校点:《三国志·吴书·吴主传》卷四七,中华书局,1959年,第1139页。
⑥[北齐]魏收撰:《魏书·乐志》卷一〇九,中华书局,1974年,第2840页。

悉总领之。远详经籍,近采故事,考会古乐,始设轩悬钟磬。"①"轩悬之乐"是杜夔根据经籍记载和近代的先例,稽考古代音乐而创设的雅乐,用于宗庙祭祀,为诸侯所特享。所谓"轩悬钟磬","轩悬"是"(宫悬:四面如宫)去南面,余三面,其形如轩,亦曰曲悬"②,即是指钟磬悬挂在屋里东西北三面栏杆上。据此,"轩悬之乐"就是钟磬之乐,属金石打击乐。曹操平荆州,是在建安十三年(208),时正以汉室名义制定雅乐,孙权不能不遵用,后再蒙曹丕给赐,则孙吴"轩悬之乐"应来自曹魏。

综上可知,孙吴的雅乐制度确实存在,很可能是继承的袁术僭帝的乐府制度,属汉代流脉,未闻创制,又无施用的机会,故不为人所重,"世咸传吴朝无雅乐"应理解为无独立创制的雅乐,而韦昭制《吴鼓吹铙歌十二曲》反映了孙吴后期主动建设雅乐的努力。《神弦歌》充当了宗庙之乐,这与江南重鬼神的风俗有关,这将在下文展开论述。

二、韦昭"填词"的传统资源

吴朝的"鼓吹曲辞",唯存韦昭的《吴鼓吹铙歌十二曲》。前揭《宋书·乐志》称"韦昭孙休世上《鼓吹铙哥》十二曲表",则韦昭的创作活动在孙休统治期间(258—264年)。永安四年(261),韦昭为张布所忌,不得与孙休讲业③,因此韦昭的创作活动只能在永安元年至四年间(258—261年)。又考虑到永安二年(259)孙休"备九卿官"④,进行政治制度的完善,太常卿是九卿之一,其属官有太乐令丞,掌管雅乐,因此韦昭上《鼓吹铙歌十二曲表》很可能发生在永安二年(259)。

《晋书·乐志》载:

> 是时吴亦使韦昭制十二曲名,以述功德受命。改《朱鹭》为《炎精

---

① [唐]房玄龄等撰:《晋书·乐志》卷二二,中华书局,1974年,第679页。
② [唐]徐坚等:《初学记》卷一五,中华书局,1962年,第366页。
③ [晋]陈寿撰,[南朝宋]裴松之注,陈乃乾校点:《三国志·吴书·孙休传》卷四八,中华书局,1959年,第1159—1160页。书中载:"休欲与博士祭酒韦曜、博士盛冲讲论道艺,曜、冲素皆切直,(张)布恐入侍,发其阴失,令己不得专,因妄饰说以拒遏之。……休虽解此旨,心不能悦,更恐其疑惧,竟如布意,废其讲业,不复使冲等入。"
④ [晋]陈寿撰,[南朝宋]裴松之注,陈乃乾校点:《三国志·吴书·孙休传》卷四八,中华书局,1959年,第1158页。

缺》，言汉室衰，孙坚奋迅猛志，念在匡救，王迹始乎此也。改《思悲翁》为《汉之季》，言坚悼汉之微，痛董卓之乱，兴兵奋击，功盖海内也。改《艾如张》为《摅武师》，言权卒父之业而征伐也。改《上之回》为《乌林》，言魏武既破荆州，顺流东下，欲来争锋，权命将周瑜逆击之于乌林而破走也。改《雍离》为《秋风》，言权悦以使人，人忘其死也。改《战城南》为《克皖城》，言魏武志图并兼，而权亲征，破之于皖也。改《巫山高》为《关背德》，言蜀将关羽背弃吴德，权引师浮江而擒之也。改《上陵曲》为《通荆州》，言权与蜀交好齐盟，中有关羽自失之愆，终复初好也。改《将进酒》为《章洪德》，言权章其大德，而远方来附也。改《有所思》为《顺历数》，言权顺箓图之符，而建大号也。改《芳树》为《承天命》，言其时主圣德践位，道化至盛也。改《上邪曲》为《玄化》，言其时主修文武，则天而行，仁泽洽浃，天下喜乐也。其余亦用旧名不改。①

韦昭的《吴鼓吹铙歌十二曲》系根据魏国缪袭的《魏鼓吹曲》进行创作，而缪袭又是据《汉鼓吹铙歌》（十八曲）改制。汉铙歌歌辞主旨并不是颂扬汉代功德，而缪袭所改，已是赞扬曹魏开国的功德，韦昭因循缪袭而赞颂孙吴的建国立业，晋代傅玄又有改作，与韦昭的出发点和手法类似。缪袭对于汉铙歌，为达到他的颂扬目的，改动歌辞是必然的选择，新辞的容量远超过旧辞，这其中必然伴随有音乐的调整，曹魏乐府发达，这样的调整是在曹魏诗人的能力之内。而韦昭选择近绍缪袭，于汉铙歌已是不闻不问，只做字面的变动，甚至连结句都不敢随意变化，这应该是迁就音乐的缘故。孙吴的乐府发展状况，在孙皓前罕有所闻，要在音乐上独出机杼，则需要高明的音乐家，困难是可想而知的。因此韦昭使用曹魏的铙歌，也是国情使然，有迫不得已的缘故，这种情况下通过仅仅改动辞藻，为孙吴创制宗庙雅乐，显然是最为明智的选择。对此，萧涤非看得最为透彻，他说："此种填词办法之产生，原由于作者音乐知识之浅薄……缪袭为魏之音乐家，而史不言韦昭精通音律，则其出此，或亦以济一时之穷欤？"②

当然韦昭本人音乐观念保守，其注《国语》之"教之乐，以疏其秽而镇其

---

① [唐]房玄龄等撰：《晋书·乐志》卷二三，中华书局，1974年，第701—702页。
② 萧涤非：《汉魏六朝乐府文学史》，人民文学出版社，1984年，第165页。

浮"句,称"乐者,所以移风易俗,荡涤人之邪秽也"①,要求音乐担当起转变风气、扫除邪秽的社会责任,这显然是汉代儒家思想的流脉。韦昭本人的音乐观念也代表了吴国文士的态度。从类书、旧注中仔细钩稽孙吴的音乐史料,大略可以看出一些端倪。薛综注《二京赋》之"嚼清商而却转,增婵娟以此豸"句,称"清商,郑音"②。清商乐属于俗乐系统,薛综以"郑音"断之,其中的价值判断不言而喻,采取的标准显然是儒家正统的雅俗乐观念。显而易见地,吴人的音乐观念延续了政治伦理和社会功用的诉求,即使偶有从音乐本身进行解读,也不脱汉儒桎梏,如刘廙《新义》称:"声音节谐,故为之乐,所以上舞飞云之鸟,下跃沉渊之鱼。"③刘廙的解释从音乐本身出发,讲究声音和谐,是感观意义上的肯定,并且从感性角度出发,来观察音乐旋律对自然界动物的作用,这与《乐记》的"乐者,天地之和也……和,故百物皆化"④颇为类似,即表示和谐自然的音乐能够感化天地万物。孙吴文人在这样的音乐观念支配下,长期相沿不易,显然不能成为俗乐新声滋长的中坚力量,孙吴乐府也不可能从文人集团中寻找到支持,只能留在民间渐渐孕育壮大,影响到上层阶段,最终获得统治集团的认可。

但是韦昭制《吴鼓吹铙歌十二曲》,不能完全归结于其音乐知识的浅薄和音乐观念的落后,也是韦昭立足于孙吴的鼓吹旧制、遵循旧乐创制新辞传统的结果。

孙吴的鼓吹乐应该是在孙策击溃庐江太守刘勋后获得的袁术的乐府制度基础上建立的。《三国志·吴书·孙策传》"(张)勋独与麾下数百人自归曹公"句裴注引《江表传》曰:

> 时策西讨黄祖,行及石城,闻勋轻身诣海昏,便分遣从兄贲、辅率八千人于彭泽待勋,自与周瑜率二万人步袭皖城,即克之,得术百工及鼓吹部曲三万余人,并术、勋妻子……皆徙所得人东诣吴。⑤

---

① [清]徐元诰撰,王树民、沈长云点校:《国语集解》,中华书局,2002年,第485页。
② [南朝梁]萧统编,[唐]李善注:《文选》卷一,中华书局,1977年,第49页。
③ [南朝陈]虞世南撰,孔广陶校注:《北堂书钞》卷一百七,董治安主编:《唐代四大类书》,清华大学出版社,2003年,第454页。
④ [清]孙希旦:《礼记集解》,中华书局,1989年,第990页。
⑤ [晋]陈寿撰,[南朝宋]裴松之注,陈乃乾校点:《三国志·吴书·孙策传》卷四六,中华书局,1959年,第1108页。

《资治通鉴》系于建安四年(199),但说"得术、勋妻子及部曲三万余人"[1],此句删略自前引《江表传》。袁术家族曾"四世三公",四代之中有五人做到三公之高位,显然是当时的望族,僭号后"置公卿百官,郊祀天地"[2],但未闻在制度方面有所创改,应当是沿袭汉制,孙策所获得的"鼓吹"应该是汉代的鼓吹规制。

到了建安十八年(213),史书已经明确记载孙吴使用鼓吹的情况。《三国志·吴书·吴主传》"曹公望权军,叹其齐肃,乃退"句裴注引《吴历》曰:"权行五六里,回还作鼓吹。"[3]孙权与曹操陈兵对抗,孙权引兵回还时奏鼓吹曲,本意是向"坚守不出"的曹操炫武挑衅,因为鼓吹是行军打仗凯旋后用于庆祝的演奏乐。建安十七年(212),甘宁还营时"作鼓吹,称万岁"[4],鼓吹充当了军队的凯旋乐。有时在作战过程中也要演奏鼓吹,大概是借凯乐来激励士气,甘宁曾在竭力殊死战斗时喝令演奏鼓吹以壮士气:"宁引弓射敌,与统等死战。宁厉声问鼓吹何以不作,壮气毅然,权尤嘉之。"[5]可知军队出征都有鼓吹乐队追随,那么孙吴应该有训练鼓吹的机构。

孙吴统治者早已将鼓吹用于给赐。给赐鼓吹在汉代已是一种荣誉,如耿秉去世时皇帝"赐以朱棺、玉衣,将作大匠穿冢,假鼓吹,五营骑士三百余人送葬"[6]。有时为了增加受赐者的荣耀,还在原赐鼓吹基础上扩大规模,如《后汉书·百官志》李贤注引《梁冀别传》曰:"元嘉二年,又加冀礼仪。大将军朝,到端门若龙门,谒者将引。增掾属、舍人、令史、官骑、鼓吹各十人。"[7]孙吴政权赏赐鼓吹的情况,史书颇有记载,如建安三年(198)孙策赏赐周瑜:"策又给瑜鼓吹,为治馆舍,赠赐莫与为比。"[8]建安十七年(212)孙

---

[1] [宋]司马光编著,[元]胡三省音注,"标点资治通鉴小组"校点:《资治通鉴》卷六三,中华书局,1956年,第2020页。
[2] [宋]范晔撰,[唐]李贤等注:《后汉书·袁术传》卷七五,中华书局,1965年,第2442页。
[3] [晋]陈寿撰,[南朝宋]裴松之注,陈乃乾校点:《三国志·吴书·吴主传》卷四七,中华书局,1959年,第1118—1119页。
[4] [晋]陈寿撰,[南朝宋]裴松之注,陈乃乾校点:《三国志·吴书·甘宁传》卷五五,中华书局,1959年,第1294页。
[5] [晋]陈寿撰,[南朝宋]裴松之注,陈乃乾校点:《三国志·吴书·甘宁传》卷五五,中华书局,1959年,第1295页。
[6] [宋]范晔撰,[唐]李贤等注:《后汉书·耿弇列传》卷一九,中华书局,1965年,第718页。
[7] [宋]范晔撰,[唐]李贤等注:《后汉书·百官志》卷一一七,中华书局,1965年,第3564页。
[8] [晋]陈寿撰,[南朝宋]裴松之注,陈乃乾校点:《三国志·吴书·周瑜传》卷五四,中华书局,1959年,第1260页。

权因周泰作战有功:"使泰以兵马导从出,鸣鼓角作鼓吹。"①建安二十五年(220)孙权以吕蒙擒获关羽有功:"乃增给步骑鼓吹,敕选虎威将军官属,并南郡、庐江二郡威仪。拜毕还营,兵马导从,前后鼓吹,光耀于路。"②士燮卒于黄武五年(226),生前也"出入鸣钟磬,备鼓吹,车骑满道"③。嘉禾三年(234),孙权任命诸葛恪为抚越将军、丹阳太守,"拜毕,命恪备威仪,作鼓吹,导引归家"④。很显然,这种给赐鼓吹的方法是取法于东汉的,是崇高荣誉的象征,兹以周瑜和吕蒙为例,他们获得赏赐的原因是前者刚从袁术帐下改投孙策,后者正值功封孱陵侯。沈约说:"魏、晋世,又假诸将帅及牙门曲盖鼓吹,斯则其时谓之鼓吹矣。魏、晋世给鼓吹甚轻,牙门督将五校,悉有鼓吹。"⑤魏晋以降,鼓吹作为给赐,已经被滥用至普通将领了,但孙吴仍保存着汉代的传统。

因袭旧乐创制新辞是固有的传统,并不始自韦昭。《宋书·乐志》说:"周存六代之乐,至秦唯余《韶》《武》而已。始皇改周舞曰《五行》,汉高祖改《韶舞》曰《文始》,以示不相袭也。……周又有《房中之乐》,秦改曰《寿人》。其声,楚声也,汉高好之,孝惠改曰《安世》。……《礼容》生于《文始》《五行》也。"⑥在前代音乐的基础上进行改动,这是有所用意的,《宋书·乐志》说:"乐先王之乐者,明有法也;乐己所自作者,明有制也。"⑦自古以来,因袭前代留下来的音乐略加改造,成为一种必须遵守的习惯,曹魏也是如此,"其众哥诗,多即前代之旧;唯魏国初建,使王粲改作登歌及《安世》《巴渝》诗而已"⑧。这也是缪袭模仿汉铙歌创作的出发点。东汉宗室刘苍说"宗庙宜各奏乐,不应相袭,所以明功德也"⑨,每个国家都有自己的祖先创业史,而各

---

①[晋]陈寿撰,[南朝宋]裴松之注,陈乃乾校点:《三国志·吴书·周泰传》卷五五,中华书局,1959年,第1288页。
②[晋]陈寿撰,[南朝宋]裴松之注,陈乃乾校点:《三国志·吴书·吕蒙传》卷五四,中华书局,1959年,第1280页。
③[唐]许嵩撰,张忱石点校:《建康实录》卷一,中华书局,1986年,第26页。
④[晋]陈寿撰,[南朝宋]裴松之注,陈乃乾校点:《三国志·吴书·诸葛恪传》卷六四,中华书局,1959年,第1431页。
⑤[南朝梁]沈约撰:《宋书·乐志》卷一九,中华书局,2018年,第607页。
⑥[南朝梁]沈约撰:《宋书·乐志》卷一九,中华书局,2018年,第581页。
⑦[南朝梁]沈约撰:《宋书·乐志》卷一九,中华书局,2018年,第582页。
⑧[南朝梁]沈约撰:《宋书·乐志》卷一九,中华书局,2018年,第582—583页。
⑨[南朝梁]沈约撰:《宋书·乐志》卷一九,中华书局,2018年,第582页。

自的宗庙也有自己的祭祀对象,魏不用汉乐,正如汉不用秦乐,韦昭依据魏铙歌改造,也是历史传统的延续。

三、从《神弦歌》看孙吴的"郑声乱雅乐"

孙吴统治者尚巫术鬼神,史书多有记载,有学者做过专门的研究[1]。学者指出孙吴的巫筮活动贯穿政权始终,孙吴发迹的祥瑞异事正是掩盖寒门的出身;孙权喜好结识术士,如葛玄好炼丹求仙,成为座上宾,孙权因此颇受蛊惑;《宋志》指责孙权"反礼罗阳妖神",即是罗阳县王表自称隐形,孙权病重请其求福,遂遁去;还有"蒋神",《搜神记》记载孙权执政初年,蒋子文对吏说"我当为此土地之神,以福尔下民耳。尔可宣告百姓,为我立祠,当有瑞应也;不尔,将有大咎",孙权先是不信,后来果然应验,于是派使者封其为中都候,"为立庙堂,转号钟山为蒋山,以表其灵","自是灾厉渗息,百姓遂大事之"[2],蒋神从此成了六朝重要的地方神祇。孙休、孙皓世,此风仍炽而不衰,孙休有疾,亦求之巫觋,孙皓笃信巫术,信奉谶语,曾为王气徙都武昌[3],又因巫觋而不废滕夫人[4]。孙吴统治者对巫觋的沉湎,使《神弦歌》被应用至宗庙祭祀成为自然而然的选择,从而提高了俗乐的地位。

《宋书·乐志》说"孙皓迎父丧明陵,唯云倡伎昼夜不息"[5],又引何承天的话说"或云今之《神弦》,孙氏以为宗庙登哥也"[6]。《建康实录》卷四载:"巫言见文帝被服颜色如平生……翌日,拜庙荐祭,唏嘘悲感,比至七日三祭,倡伎昼夜娱乐。"[7]王运熙认为孙皓奉父神灵的仪式,充满了巫觋的气氛,而《神弦歌》本是巫觋祀神乐曲,祭祀的是地方性的杂鬼怪,因此推断其中包括《神弦歌》并且"在孙吴时代,已经出现,而且其信仰已由民间及于贵族上

---

[1]参见王永平:《孙吴统治者之尚巫及其对待道教、佛教之政策》,《江苏科技大学学报(社会科学版)》,2008年第8卷第1期。
[2][晋]干宝撰,李剑国辑校:《新辑搜神记》,中华书局,2007年,第108页。
[3][晋]陈寿撰,[南朝宋]裴松之注,陈乃乾校点:《三国志·吴书·王蕃传》卷六五,中华书局,1959年,第1453页。书中载:"皓用巫史之言,谓建业宫不利,乃西巡武昌,仍有迁都之意。"
[4][晋]陈寿撰,[南朝宋]裴松之注,陈乃乾校点:《三国志·吴书·妃嫔传》卷五十,中华书局,1959年,第1202页。书中载:"(滕)夫人宠渐衰,皓滋不悦,皓母何恒左右之。又太史言,于运历,后不可易,皓信巫觋,故得不废,常供养升平宫。"
[5][南朝梁]沈约撰:《宋书·乐志》卷一九,中华书局,2018年,第589页。
[6][南朝梁]沈约撰:《宋书·乐志》卷一九,中华书局,2018年,第589页。
[7][唐]许嵩撰,张忱石点校:《建康实录》卷四,中华书局,1986年,第99页。

层阶级了"①。《宋志》又说"倡伎昼夜不息",所谓"倡乐",是以娱乐为主要功能的音乐歌舞的专门名称,"伎"指音乐或乐舞,都是传统意义上的俗乐。据《建康实录》可知迎丧之事发生在宝鼎二年(267),当时蜀国已灭,中原业已入晋,应该说至迟到孙皓时,孙吴的俗乐已经非常繁盛,已经施用至雅乐的场合。

《乐府诗集·清商曲辞四·神弦歌》卷四七录有《神弦歌》十八首,引《古今乐录》说:"《神弦歌》十一曲:一曰《宿阿》,二曰《道君》,三曰《圣郎》,四曰《娇女》,五曰《白石郎》,六曰《青溪小姑》,七曰《湖就姑》,八曰《姑恩》,九曰《采菱童》,十曰《明下童》,十一曰《同生》。"②《神弦歌》的歌辞目前尚存。

《神弦歌》位于吴声歌曲之末,居西曲歌之前,故王运熙说"《神弦歌》是吴声歌曲的一道分支"③。吴声歌曲属于清商曲辞,《神弦歌》是孙吴清商曲辞的唯一记载。罗根泽说:"郭氏以《清商》并汉魏之遗,又以《吴歌》隶属清商,则《吴歌》亦汉魏之遗。然考汉魏歌,无《吴歌》之目。按名思义,当起孙吴时;而孙吴之歌,亦不载此。"④《乐府诗集》所录的十八首《神弦歌》已难确定其具体创作年份,孙吴的《神弦歌》原貌已不可考索,但后人创制必有所因,从存世之作中或可窥见凤毛麟角。查《宿阿曲》言"神灵亦道同,真官今来下",又有以《道君曲》《圣郎曲》名题,明显残留道教的影迹;青溪小姑传为蒋侯之妹,有庙供奉,显系地方神祇;白石郎是白石山的神,湖姑是赤山湖的神女,如此等等,大略可知这些都是为祭祀道教神仙和地方神祇而创作的歌曲。《神弦歌》篇章、内容较为驳杂,如《同生曲》步武《古诗十九首》,叹人命短促,倡及时行乐,而《明下童曲》表达"但惜马上儿",《采莲童曲》寓意"不持歌作乐,为持解愁思"。《神弦歌》里的众多人物不可索解,如苏林、赵尊、圣郎等,应该是地方神祇,当时为人所熟知,但官方文献并不措意,时日既久,渐至湮灭。《青溪小姑》记载尚多,至若明姑、大姑、仲姑、白石郎等故事,靡有所闻,可能是江神湖怪之类。《乐府诗集》收录的《神弦歌》中,有收录两支曲子的如《白石郎曲》《湖就姑曲》《姑恩曲》《采莲童曲》《明下童曲》《同生曲》等,也有的呈现出由本事向借事生发的演变痕迹,大抵涉鬼怪者为本题,而与题目关系疏远或者无关的属后人拟作,譬如《白石郎

---

① 王运熙:《神弦歌考》,《乐府诗述论》增补本,上海古籍出版社,2006年,第170页。
② [宋]郭茂倩编:《乐府诗集》卷四七,中华书局,2017年,第990页。
③ 王运熙:《神弦歌考》,《乐府诗述论》增补本,上海古籍出版社,2006年,第169页。
④ 罗根泽:《乐府文学史》,东方出版社,1996年,第82页。

曲》,首曲单纯的列其居所似是祀神之歌,后曲则扩展至"描写庙里的阶墀整洁,树木苍翠"[1],并赞其容貌曰"郎艳独绝,世无其二"。据此可以推论,孙吴时期的《神弦歌》,最初大抵是民间祭祀江左一些地域的神仙鬼怪,属于民间俗乐系统;孙皓用以作为宗庙祭祀乐,除了累世信奉的传统和"以求福助"的功利外,也应该是借鉴祭祀鬼神的具体仪式和婉转悠扬的俗乐曲辞。

《神弦歌》本是民间祭祀鬼神所用,为何取得宗庙祭祀乐的地位,从而形成了"郑声乱雅乐"的局面?孙吴虽有郊庙祭祀制度,但未能完整和持久,雅乐建设自然有阙;孙吴文士音乐观念的保守,也导致雅乐正声不发达,即使有韦昭的模仿,不过是依乐填词,亦步亦趋,由此可知依靠士人集团建立孙吴的雅乐无疑是一条绝径;孙吴的俗乐繁盛,民间祭祀鬼神比较发达,得益于孙吴统治者的信仰和推动,为俗乐进入雅乐系统提供了准备;孙休之世,尚有意模仿魏国建立雅乐,而孙皓本身也喜欢俗乐,兼之本性的偏执和暴戾助长了拒纳雅言的刚愎,因此敢于将民间祭祀乐发扬光大,施用至宗庙场所。孙皓统治时期,吴地的本土音乐非常炽盛,为三十多年后东晋南迁孙吴故土后,吴声的勃兴奠定了良好的基础。

四、俗乐新声的兴盛

孙吴俗乐的使用,贯通孙吴政权的始末。如周瑜生活在孙吴政权的初创时期,史载他"少精意于音乐,虽三爵之后,其有阙误,瑜必知之,知之必顾,故时人谣曰:'曲有误,周郎顾。'"[2]。则当时饮宴时已有音乐助兴。建安十六年(211),贺齐镇压了郎稚的叛乱,还郡时"权出祖道,作乐舞象"[3],祖道的目的是饮宴送行,同时也祭祀路神以保平安,当时表演的乐舞,应该是孙权宫廷饮宴的音乐和配舞。建安末年,于禁到了孙吴,"后权于楼船会群臣饮,禁闻乐流涕"[4]。孙登与恩师张休的饮宴提供了更直接的材料,史载:"休进授,指摘文义,分别事物,并有章条。每升堂宴饮,洒酣乐作,登辄

---

[1] 余冠英:《乐府诗选》,人民文学出版社,1953年,第95页。
[2] [晋]陈寿撰,[南朝宋]裴松之注,陈乃乾校点:《三国志·吴书·周瑜传》卷五四,中华书局,1959年,第1265页。
[3] [晋]陈寿撰,[南朝宋]裴松之注,陈乃乾校点:《三国志·吴书·贺齐传》卷六〇,中华书局,1959年,第1379页。
[4] [晋]陈寿撰,[南朝宋]裴松之注,陈乃乾校点:《三国志·吴书·虞翻传》卷五七,中华书局,1959年,第1320页。

降意与同欢乐。"①葛洪《抱朴子·外篇·崇教》说吴之晚年:"唯在于新声艳色,轻体妙手,评歌讴之清浊,理管弦之长短,相狗马之剿驽,议遨游之处所,比错途之好恶,方雕琢之精粗,校弹棋樗蒲之巧拙,计渔猎相捔之胜负,品藻妓妾之妍蚩,指摘衣服之鄙野,争骑乘之善否,论弓剑之疎密,招奇合异,至于无限。盈溢之过,日增月甚。"②

孙吴俗乐得到广泛的使用,说明宫廷应有专业的机构和人员负责此项事务。孙权的音乐机构还得到少数民族力量的充实,史载赤乌六年(243)"扶南王范旃遣使献乐人及方物"③,扶南属于南部少数民族聚居区,范旃进贡当然要送新人耳目的殊方异物,绝不可能献上宫廷已有的音乐,因此这"乐人"应该是少数民族乐工。

但孙吴的俗乐制度未闻,歌辞也存世较少,结合史书仔细钩稽考辨,略得如次。如"舞曲歌辞",早期有《白纻舞》,《宋书·乐志》载:"按舞词有巾袍之言;纻本吴地所出,宜是吴舞也。晋《俳歌》又云:'皎皎白绪,节节为双。'吴音呼绪为纻,疑白纻即白绪。"④《白纻舞》也有歌词,其中涉及巾袍之类言语,或是歌咏舞蹈时的衣裳容姿。史载有《白纻舞歌》三篇,现已不存。王运熙说:"七言的《白纻歌》,据《古今乐录》,'起于吴孙皓时作'(《初学记》一五引)。"⑤王运熙是根据晋代的七言体《白纻舞歌》判断吴时也是七言体,这属于合理的推断,但所引《初学记》作"白符舞",并非《白纻舞》。又吴兢《乐府古题要解》载:"按旧史称白纻吴地所出,《白纻舞》本吴舞也。……周处《风土记》云:'吴黄龙中,童谣云:行白者君,追汝句骊马。'后孙权征公孙渊,海桴乘舶。舶,白也。时和歌犹云行白纻。盖出于此。"⑥那么《白纻舞歌》的存在时间至迟在孙权称帝初期。

又有《拂舞歌诗》五篇,《宋书·乐志》载:

江左初,又有《拂舞》。旧云《拂舞》,吴舞。检其哥,非吴词也,皆

---

① [晋]陈寿撰,[南朝宋]裴松之注,陈乃乾校点:《三国志·吴书·张休传》卷五二,中华书局,1959年,第1225页。
② 杨明照撰:《抱朴子外篇校笺》上,中华书局,1991年,第162页。
③ [晋]陈寿撰,[南朝宋]裴松之注,陈乃乾校点:《三国志·吴书·吴主传》卷四七,中华书局,1959年,第1145页。
④ [南朝梁]沈约撰:《宋书·乐志》卷一九,中华书局,2018年,第600页。
⑤ 王运熙:《吴声西曲的产生年代》,《乐府诗述论》增补本,上海古籍出版社,2006年,第14页。
⑥ [唐]吴兢:《乐府古题要解二卷》,丁福保辑:《历代诗话续编》上,中华书局,1983年,第36页。

陈于殿庭。扬泓《拂舞序》曰："自到江南，见《白符舞》，或言《白凫鸠舞》，云有此来数十年。察其词旨，乃是吴人患孙皓虐政，思属晋也。"①

《晋书·乐志》晚出，所引材料与此相同，当是承袭而来。又《乐府古题要解》说《白鸠篇》：

> 右其词首章曰："翩翩白鸠，载飞载鸣。怀我君德，来集君庭。"按晋杨泓《舞序》云："自到江南，见有《白符舞》，或言《白凫鸠舞》，察其词旨，乃吴人患孙皓虐政，思从晋也。"《齐史》载其本歌云："平平白符，思我君惠，集我金堂。"言晋为金德，"符"与"鸠"皆"合"也。则上"翩翩白鸠"之词，盖后晋人改也。②

《白符舞》即《白凫鸠舞》，应属《拂舞》，既有舞蹈也有歌辞，旧说舞蹈属于吴地，晋代杨泓看到的歌辞，其内容是吴人忧虑孙皓的残酷统治。《白符舞》是"吴孙皓时所作"③，又说"思属晋"，则当时晋朝已建，歌辞创作于孙吴末期的十几年间。但沈约看到的《拂舞》，歌辞已非吴国本歌，根据吴兢的意见，歌辞自晋代已经有所改动。吴兢又说："按《拂舞》，前史云出自江右。复有《济济》《独禄》等共五篇。今读其词，除《白鸠》一篇，余并非吴歌，未知所起。"④《白鸠》虽经改动，但尚是吴歌，其余诸篇如《碣石篇》乃魏武帝辞，《淮南王篇》为淮南小山所作，与《拂舞》迥不相侔，不知何以阑入，应该如《晋书·乐志》所谓的"自作声节，其名虽存，而声实异"罢。

孙吴的"杂曲歌辞"，《乐府古题要解》载有《吴趋行》："右旧说吴人以歌其地。陆士衡'楚妃且勿叹'是也。"⑤又说《楚妃叹》："陆士衡《吴趋行》云：'楚妃且勿叹。'明非近题也。非关晋曲明矣。"⑥"楚妃且勿叹"是《吴趋行》首句，后人取而命名《楚妃叹》，音乐体制和歌辞内容应当相同。《乐府诗集》引崔豹《古今注》曰："《吴趋行》，吴人以歌其地。陆机《吴趋行》曰：'听我歌

---

① [南朝梁]沈约撰：《宋书·乐志》卷一九，中华书局，2018年，第600页。
② [唐]吴兢：《乐府古题要解二卷》，丁福保辑：《历代诗话续编》上，中华书局，1983年，第34页。
③ [唐]徐坚等：《初学记》卷一五，中华书局，1962年，第380页。
④ [唐]吴兢：《乐府古题要解二卷》，丁福保辑：《历代诗话续编》上，中华书局，1983年，第35页。
⑤ [唐]吴兢：《乐府古题要解二卷》，丁福保辑：《历代诗话续编》上，中华书局，1983年，第47页。
⑥ [唐]吴兢：《乐府古题要解二卷》，丁福保辑：《历代诗话续编》上，中华书局，1983年，第50页。

吴趋.'趋,步也。"①《乐府古题要解》所谓"旧说",当取自《古今注》。《吴趋行》旨在向中原人士炫耀吴国的特产和人物,显然是作于陆机入洛之后,而首四句是"楚妃且勿叹,齐娥且莫讴。 四坐并清听,听我歌吴趋",这副开场式口吻,富有浓郁的民歌风采。陆机能够使用吴歌的形式来表达家乡的题材,而且察其歌辞,似在筵席之间即兴吟唱,说明他对吴歌是很熟悉的,此外还有一曲《百年歌》,按照十至百岁的顺序排列,描述了不同年纪中人的情况,王运熙指出"这些整套的歌谣,无疑地渊源于民间的小调"②。孙皓降晋之后,晋武帝要他作《尔汝歌》佐宴,说明吴歌时已为中原所闻知,而孙皓随口而出,且能根据当前情境自创歌辞,则他对吴声的音乐体制应该是相当熟悉的。由陆机和孙皓入晋后的表现可知,吴歌在孙吴后期已经风靡到了上层社会。

总而言之,孙吴的雅乐制度应是继承汉代传统的旧制,由于孙吴重视祭祀鬼神求福的观念,郊庙祭祀制度迟迟未予确立,而雅乐也流于衰微,以至刘宋的何承天已不得而知。孙吴俗乐新声成功代替了雅乐的功能,韦昭《吴鼓吹铙歌十二曲》因袭缪袭《魏鼓吹曲》对《汉鼓吹铙歌》的改动,歌颂建国的功业,已使俗乐趋向雅化,而《神弦曲》取得了宗庙祭祀乐的地位,与孙吴统治者及民间的鬼神信仰直接相关。孙吴的俗乐使用贯穿政权始终,惜乎文献阙载,制度和歌辞殊难索知了。

第二节 《神弦歌》与孙吴道教文化

《神弦歌》属于清商曲辞的俗乐,孙皓以之代替雅乐用于宗庙祭祀的庄重场合,并非孙吴没有成熟的雅乐,而是孙吴统治者继承神鬼传统而崇尚道教的结果。在几代吴主的支持下,孙吴不仅涌现了葛玄、介象等著名道教人物,而且提供了《太平经》《周易参同契》《道德经》等早期道教基本文献的编纂、传授及发展的场域,毫无疑问地成为三国道教的中心。

---

① [宋]郭茂倩编:《乐府诗集》卷六四,中华书局,2017年,第1353页。
② 王运熙:《吴声西曲杂考》,《乐府诗述论》增补本,上海古籍出版社,2006年,第64页。

一、俗乐《神弦歌》何以成为"宗庙登哥"?

"宗庙登哥"是祭祀祖先时升堂演奏的雅乐。《神弦歌》本是民间祭祀江左一些地域的神仙鬼怪的俗乐,属于清商曲辞,但其在孙吴具有重要的地位,体现在代替雅乐用于宗庙祭祀。《宋书·乐志》载何承天说"世咸传吴朝无雅乐。案孙皓迎父丧明陵,唯云倡伎昼夜不息,则无金石登哥可知矣",又说"或云今之《神弦》,孙氏以为宗庙登哥也"[①]。何承天(370—447)是刘宋时期人,他不仅揭示了孙吴以俗乐代替雅乐用于奉灵的事实,而且提供了孙吴以《神弦歌》作为宗庙祭祀乐曲的说法。前文已经讨论过孙吴雅乐的问题,认为《神弦歌》用于"宗庙登哥",是统治者不重视雅乐制度的缘故。但为什么是《神弦歌》用于"宗庙登哥"?这就与孙吴的信仰有关。

《神弦歌》与孙吴政权在神鬼传统基础上发展的道教信仰有着密切的联系。孙皓用《神弦歌》奉迎父亲神灵发生在吴末宝鼎二年(267),至迟在这个时候,《神弦歌》已经脱离了民间的早期培育阶段,发展成体系完整、结构稳定的宫廷乐曲了。但现存《神弦歌》到底哪些产生于孙吴时代,已殊难考索,考虑到晋武帝曾经下令禁止淫祠,《神弦歌》本用于祭祀民间神仙鬼怪,自是在禁断之内,那么入晋之后很难有较大的发展,因此主体部分应该完成于孙吴统治时期。《神弦歌》歌唱的地方神祇中,如《青溪小姑曲》中的青溪小姑是孙权在钟山封侯立庙的蒋子文之妹,属于城东的青溪水神,《白石郎曲》中的白石郎是建业附近白石山的神,《湖就姑曲》中的湖姑是句容县赤山湖的神女,总之,青溪小姑、白石郎和湖姑都明确属于建业附近的神祇。其他如《宿阿曲》说"苏林开天门,赵尊闭地户。神灵亦道同,真官今来下",已经明确提及道教神仙苏林和赵尊,苏林见载于葛洪的《神仙传》,赵尊当为洪正真尊赵道隐[②];《道君曲》中的"道君"是道士对神仙的一种尊称。这两首曲是否作于吴时尚待研究,但作为一个整体,也揭示了《神弦歌》与道教的密切联系。

《神弦歌》"宗庙登哥"地位的取得,应该说与道教在汉末孙吴江南地区

[①] [南朝梁]沈约撰:《宋书·乐志》卷一九,中华书局,2018年,第589页。
[②] 《太平御览》卷六六二引葛洪《神仙传》"苏仙公,名林,字子玄,周武王时人",中华书局,1960年,第2956页。又赵尊,当在刘宋时形成信仰,故王运熙认为《宿阿曲》或作于刘宋时。参见王运熙:《乐府诗述论》增补本,上海古籍出版社,2006年,第173—174页。

的发展密切相关,孙权、孙休、孙皓等几任孙吴君主对道教的崇尚,促进了著名道教人物的涌现和道教经典的编纂、传授与发展,从而确立了孙吴在三国时期的道教中心地位。

二、孙吴时期道教人物的涌现

曹操征服汉中后,将五斗米道北迁魏地,封张鲁为侯,表面上高官厚禄优待,实际上"聚而禁之",道教虽然在达官贵人间尚有流传,但因缺乏组织体系和脱离教众而丧失了影响力。然而江南吴地的道教传播却颇为活跃,留下了众多道士活动的记载,一些著名的道士如葛玄、介象等得到吴主的礼遇。如吕蒙是孙吴名将,重病之时,孙权亲自探望,并且"命道士于星辰下为之请命"[1]。吴国道士石春擅长断谷,"每行气为人治病,辄不食,以须病者之愈,或百日,或一月乃食"[2],景帝孙休召来以观究竟,"春但求三二升水,如此一年余,春颜色更鲜悦,气力如故"[3]。《太平经复文序》载:"孙权立,益信奉道术,师葛仙公,介先生亦游其庭。"[4]孙权以葛玄为师,以介象为友,说明官方已经认可了道教。又《历代崇道记》载:"吴主孙权于天台山造桐柏观,命葛玄居之。于富春造崇福观,以奉亲也。建业造兴国观,茅山造景阳观,都造观三十九所,度道士八百人。"[5]孙权为葛玄造观三十九所,可谓道观的积极建设者。可以作为参证的是,三国时的名僧支谦、安世高、康僧会来到江南,也受到了孙吴统治者的重视,孙权甚至延请支谦做太子的老师,并建造了第一座寺庙——建初寺,他们开展了大量的译经工作,使建业成为全国的佛教中心。有学者指出:"从文物角度看,吴地出土很多墓葬佛教图像,魏地几近全无,显示佛教在吴地民间十分兴盛,也有佛教徒参与民间信仰的仪式。从译经数量看,曹魏不过十余部,蜀汉情况不明,孙吴近三十部。由是可见孙吴佛教的流布程度和层面要比魏地为盛为广,奠下东晋南朝佛教盛世之基础。"[6]总之,孙权等统治者的尊崇和支持,提高了道教的

---

[1] [晋]陈寿撰,[南朝宋]裴松之注,陈乃乾校点:《三国志·吴书·吕蒙传》卷五四,中华书局,1959年,第1280页。
[2] 王明:《抱朴子内篇校释》增订本卷一五,中华书局,1985年,第269页。
[3] 王明:《抱朴子内篇校释》增订本卷一五,中华书局,1985年,第269页。
[4] 王明编:《太平经合校》,中华书局,2014年,第762页。
[5] [唐]杜光庭,罗争鸣辑校:《历代崇道记》,《杜光庭记传十种辑校》,中华书局,2013年,第360页。
[6] 屈大成:《孙吴佛教流传考》,《东南文化》,2010年第3期。

地位,使建业成为名副其实的道教中心。

孙吴统治时期,江南地区活跃的道士,不仅有避难南下的于吉、左慈,还有本土的葛玄、介象,尤其是后两者,深得吴主的优待。

孙策占据江南后,曾经杀死传道的"于吉",当然这个"于吉"很可能是弟子冒名的。《江表传》说:

> 有道士琅邪于吉,先寓居东方,往来吴会,立精舍,烧香读道书,制作符水以治病,吴会人多事之。策尝于郡城门楼上,集会诸将宾客,吉乃盛服杖小函,漆画之,名为仙人铧,趋度门下。诸将宾客三分之二下楼迎拜之,掌宾者禁呵不能止。策即令收之。诸事之者,悉使妇女入见策母,请救之。母谓策曰:"于先生亦助军作福,医护将士,不可杀之。"策曰:"此子妖妄,能幻惑众心,远使诸将不复相顾君臣之礼,尽委策下楼拜之,不可不除也。"诸将复连名通白事陈乞之,策曰:"昔南阳张津为交州刺史,舍前圣典训,废汉家法律,尝著绛帕头,鼓琴烧香,读邪俗道书,云以助化,卒为南夷所杀。此甚无益,诸君但未悟耳。今此子已在鬼箓,勿复费纸笔也。"即催斩之,县首于市。诸事之者,尚不谓其死而云尸解焉,复祭祀求福。①

关于"于吉"被孙策诛杀的事情,尚有不同的说法,比如晋朝虞喜《志林》说"顺帝至建安中,五六十岁,于吉是时近已百年,年在耄悼,礼不加刑"②,李养正认为"虞喜是西晋与东晋之间的人,距于吉死时不过一百多年……虞喜乃晋朝博学者,《志林》所言必是另有所据,我觉得虞喜所述是可信的"③。孙策杀死的"于吉"应该是弟子假冒的,任继愈《中国佛教史》指出假冒有名方士的情形比较常见,如号称"李弘"的就有好几个④,于吉以神仙为人所熟知,弟子标举其名游走江湖也在情理之中。

这个冒名"于吉"被杀的原因,不是会符水治病,而是能够凝聚和动摇人心。《江表传》说"策尝于郡城门楼上,集会诸将宾客……诸将宾客三分之

---

① [晋]陈寿撰,[南朝宋]裴松之注,陈乃乾校点:《三国志·吴书·孙策传》卷四六,中华书局,1959年,第1110页。
② [晋]陈寿撰,[南朝宋]裴松之注,陈乃乾校点:《三国志·吴书·孙策传》卷四六,中华书局,1959年,第1110页。
③ 李养正:《道教概说》,中华书局,1989年,第20页。
④ 参见任继愈主编:《中国佛教史》第一卷,中国社会科学出版社,1985年,第130页。

二下楼迎拜之,掌宾者禁呵不能止。策即令收之"[1],理由是"使诸将不复相顾君臣之礼"[2],又《搜神记》载"策欲渡江袭许,与吉俱行。时大旱,所在熇厉。策催诸将士使速引船,或身自早出督切,见将吏多在吉许,策因此激怒,言:'我为不如于吉邪,而先趋务之?'便使收吉"[3]。孙策初到江南,立足未稳,看到"于吉"能够凝聚和动摇人心,忧惧统治受到威胁而杀之。另有左慈,也是著名的道士,"少有神道"[4],能隔空取物,为曹操于千里外取松江鲈鱼和蜀中生姜,尤擅补导之术。左慈因避中原战乱来到江东,入山寻仙,遇三茅真君授以神芝,从此毗邻丹阳的茅山成为江东道教名山。左慈也擅长炼丹,有《九丹金液仙经》,曾在浙东地区从事炼丹(详下),是江南道教资源的最初建设者。孙权即位后,江南统治趋于稳定,于是发扬富春孙氏固有的崇尚巫觋传统,开始宠信道士,葛玄、介象即是孙权师友。

葛玄是丹阳人,属于江南土著,是左慈的学生。《搜神记》载:

> 葛玄,字孝先,从左元放受《九丹金液仙经》,未及合作,常服饵术。尤长于治病,鬼魅皆见形,或遣或杀。能绝谷,连年不饥;能积薪烈火而坐其上,薪尽而衣冠不灼。饮酒一斛,便入深泉涧中卧,酒解乃出,身不濡湿。玄备览《五经》,又好谈论。好事少年数十人,从玄游学。尝船行,见器中藏书札符数十枚,因问:"此符之验,能为何事?可得见否?"玄曰:"符亦何所为乎?"……[5]

葛玄师从左慈,应该是左慈到江东茅山之后的事情。葛玄擅长治病、驱鬼和符箓,掌握了道教的道术。葛玄的学生多达数十人,成为江南道教的发扬者。葛洪的老师郑隐正是葛玄的学生之一。孙权也是葛玄的学生,两者关系密切,《抱朴子》载:"葛仙公每饮酒醉,常入门前陂中,竟日乃出。曾从吴主到列州,还大风,仙公舡没,吴主谓其已死。须臾从水上来,衣履

---

[1] [晋]陈寿撰,[南朝宋]裴松之注,陈乃乾校点:《三国志·吴书·孙策传》卷四六,中华书局,1959年,第1110页。
[2] [晋]陈寿撰,[南朝宋]裴松之注,陈乃乾校点:《三国志·吴书·孙策传》卷四六,中华书局,1959年,第1110页。
[3] [晋]陈寿撰,[南朝宋]裴松之注,陈乃乾校点:《三国志·吴书·孙策传》卷四六,中华书局,1959年,第1110页。
[4] [宋]范晔撰,[唐]李贤等注:《后汉书·左慈传》卷八二下,中华书局,1965年,第2747页。
[5] 李昉等编:《太平广记》卷七一,中华书局,1961年,第441页。

不湿,而有酒色,云昨为伍子胥召,设酒不能便归,以淹留也。"①

介象是会稽人,很受孙权的欢迎,葛洪《神仙传》曰:

> 仙人介象,字元则,会稽人,有诸方术。吴主闻之,征象到武昌,甚敬贵之,称为介君,为起宅,以御帐给之,赐遗前后累千金,从象学蔽形之术。试还后宫,及出殿门,莫有见者。又使象作变化,种瓜菜百果,皆立生可食。吴主共论鲙鱼何者最美,象曰:"鲻鱼为上。"吴主曰:"论近道鱼耳,此出海中,安可得邪?"象曰:"可得耳。"乃令人于殿庭中作方坎,汲水满之,并求钩。象起饵之,垂纶于坎中。须臾,果得鲻鱼。吴主惊喜,问象曰:"可食不?"象曰:"故为陛下取以作生鲙,安敢取不可食之物!"乃使厨下切之。吴主曰:"闻蜀使来,得蜀姜作齑甚好,恨尔时无此。"象曰:"蜀姜岂不易得,愿差所使者,并付直。"吴主指左右一人,以钱五十付之。象书一符,以著青竹杖中,使行人闭目骑杖,杖止,便买姜讫,复闭目。此人承其言骑杖,须臾止,已至成都,不知是何处,问人,人言是蜀市中,乃买姜。于时吴使张温先在蜀,既于市中相识,甚惊,便作书寄其家。此人买姜毕,捉书负姜,骑杖闭目,须臾已还到吴,厨下切鲙适了。②

根据"蔽形之术""象作变化""象书一符"等,可知介象亦懂道术,而且与太平道、五斗米道一样使用符箓和咒语,属于"符箓派"的代表。

除于吉、左慈、葛玄、介象等著名的道士外,深受孙吴统治者欢迎的道士还有姚光、吴猛、介琰等人。如姚光,有火术,"吴主身临试之,积荻数千束,使光坐其上,又以数千束荻裹之,因猛风而燔之。荻了尽,谓光当以化为烬,而光端坐灰中,振衣而起,把一卷书。吴主取其书视之,不能解也"③。吴主所不能识的这一卷书,当是"符箓"。又如吴猛,仕吴为官,"尝将弟子回豫章,江水大急,人不得渡。猛乃以手中白羽扇画江水,横流遂成陆路,徐行而过,不用舟楫。过讫,水复依旧。尝守寻阳,参军周家有狂风暴起,

---

① [宋]李昉等撰:《太平御览》卷八四五,中华书局,1960年,第3775页。
② [晋]陈寿撰,[南朝宋]裴松之注,陈乃乾校点:《三国志·吴书·吴范刘惇赵达传》卷六三,中华书局,1959年,第1427—1428页。
③ [晋]陈寿撰,[南朝宋]裴松之注,陈乃乾校点:《三国志·吴书·吴范刘惇赵达传》卷六三,中华书局,1959年,第1427页。

猛即书符掷著屋上,便有一飞鸟接符去,须臾风静"①。则姚光、吴猛都是擅长符箓的道士。据上可知,孙吴的道教继承了早期道教组织太平道、五斗米道"符箓派"的特点。

孙吴的道教与蜀中也有渊源。如李家道,葛洪《神仙传》记载东汉时蜀中有一些李姓神仙方士,如李八百、李阿等,可能是张天师五斗米道的二十四治,后人到江东传播李家道。葛洪《抱朴子·内篇·道意》说:

> 吴大帝时,蜀中有李阿者,穴居不食,传世见之,号为八百岁公。人往往问事,阿无所言,但占阿颜色。若颜色欣然,则事皆吉;若颜容惨戚,则事皆凶;若阿含笑者,则有大庆;若微叹者,即有深忧。如此之候,未曾一失也。后一旦忽去,不知所在。后有一人姓李名宽,到吴而蜀语,能祝水治病颇愈,于是远近翕然,谓宽为李阿,因共呼之为李八百,而实非也。自公卿以下,莫不云集其门,后转骄贵,不复得常见,宾客但拜其外门而退,其怪异如此。于是避役之吏民,依宽为弟子者恒近千人,而升堂入室高业先进者,不过得祝水及三部符导引日月行炁而已,了无治身之要、服食神药、延年驻命、不死之法也。……宽弟子转相教授,布满江表,动有千许……②

无论后出的李宽是否是李阿,则蜀中的李家道流传至孙吴应是事实,时人的判断,也是基于两者的类同。李阿、李宽的道,应该是鬼道方术,以治病为主要指向。赵益指出"创建于吴地的李家道,原始渊源与蜀中有关","李阿(李宽)的入吴毕竟是个人行为,并非是教民的大规模徙入"③,说明了孙吴的道教也受到了蜀中道风的影响。

三、《太平经》与江南神鬼方术

道教是在中国传统的巫祝、方术,以及天神、地祇、人鬼崇拜和神仙学

---

① [宋]陶潜撰,李剑国辑校:《新辑搜神后记》,中华书局,2007年,第472页。
② 王明:《抱朴子内篇校释》增订本卷九,中华书局,1985年,第173—174页。
③ 赵益:《六朝南方神仙道教与文学》,上海古籍出版社,2006年,第58页。

说的基础上生成的①。江南地区开发较晚,具有浓郁的巫鬼信仰传统②,成为早期道教传播的沃土。富春孙氏本有巫觋信仰,孙吴政权据有江南地区,继承并发扬了神仙鬼怪的信仰传统③。《搜神记》载:"吴先主病,遣人于门观不祥。巫启见一鬼,著绢巾,似是大臣将相。其夜,先主梦见鲁肃来入,衣巾如之。"④吴大帝孙权生病,遣人观察不祥之物,巫称见到鬼,并在孙权的梦中得到应验,虽是虚妄不经之谈,但也反映了孙权重视巫鬼的客观事实。《抱朴子》载:"吴景帝有疾,求觋视者,得一人。景帝欲试之,乃杀鹅而埋于苑中,架小屋,施床几,以妇人屐履服物著其上,乃使觋视之。告曰:'若能说此冢中鬼妇人形状者,当加赏而即信矣。'竟日尽夕无言,帝推问之急,乃曰:'实不见有鬼,但见一头白鹅立墓上,所以不即白之,疑是鬼神变化作此相,当候其真形而定。无复移易,不知何故,不敢不以实上闻。'景帝乃厚赐之。然则鹅死亦有鬼也。"⑤吴景帝孙休染病,求觋看病,说明依靠巫觋治病是当时通行的方法。孙休欲测试他的水平,于是以鹅代妇,得到破解,说明当时认为人和动物死后都有鬼,且能变化。孙皓也笃信巫术,奉迎父亲孙和神灵于清庙,每天询问神灵的起居情况,"巫觋言见(孙)和被服,颜色如平日,皓悲喜涕泪"⑥。无论是巫觋治病,还是迷信神鬼,都是早期道教的基本内容。早期的太平道与五斗米道都崇尚符祝。太平道的核心是"符水咒说以疗病"⑦,方法是"师持九节杖为符祝,教病人叩头思过,因以符

---

① 李养正:《从〈太平经〉看早期道教的信仰与特点》,《道协会刊》,1982年第2期。
② 江南地区素有信仰巫鬼的传统,颇有文献可征。如《吕氏春秋·异宝》说"荆人畏鬼而越人信机",《史记·封禅书》说"越人俗信鬼,而其祠皆见鬼,数有效。昔东瓯王敬鬼,寿至百六十岁。后世邅怠,故衰耗",《汉书·地理志》说江南楚地"信巫鬼,重淫祀",王逸《楚辞章句》说"昔楚国南郢之邑,沅、湘之间,其俗信鬼而好祠,其祠必作歌乐鼓舞以乐诸神",汉末三国的邯郸淳《曹娥碑》说"孝女曹娥者,上虞曹盱之女也。……盱能抚节安歌,婆娑乐神,以汉安二年五月时迎伍君,逆涛而上,为水所淹,不得其尸",等等。
③ 有关孙吴的尚巫传统和对待道教的情况,已经有学者进行了卓有成效的研究,剖析了富春孙氏的发迹谶言,介绍了孙权、孙休、孙皓统治时期的方士与道术,基本描绘了孙吴的道教面貌。参见王永平:《孙吴统治者之尚巫及其对待道教、佛教之政策》,《江苏科技大学学报(社会科学版)》,2008年第3期。
④ [晋]干宝撰,李剑国辑校:《新辑搜神记》,中华书局,2007年,第157—158页。
⑤ [晋]陈寿撰,[南朝宋]裴松之注,陈乃乾校点:《三国志·吴书·赵达传》卷六三,中华书局,1959年,第1427页。
⑥ [晋]陈寿撰,[南朝宋]裴松之注,陈乃乾校点:《三国志·吴书·孙和传》卷五九,中华书局,1959年,第1371页。
⑦ [宋]范晔撰,[唐]李贤等注:《后汉书·皇甫嵩传》卷七一,中华书局,1956年,第2299页。

水饮之,得病或日浅而愈者,则云此人信道,其或不愈,则为不信道"①。《太平经》认为人死后进入幽冥世界,恶人要罚作河梁山海之鬼,鬼能为祸于人②。张道陵初创五斗米道的教义教规中,有诵习《五千文》,符水治病,用章表与鬼神为誓约,等等③,知张道陵的五斗米道与神鬼也有密切的关系。《辞海》称最早的城隍,见于记载的是芜湖城隍,建于赤乌二年(239)。这种说法或来自宋赵与时的《宾退录》,其中卷八载:"芜湖城隍祠,建于吴赤乌二年。"④据上可知,孙吴具有与早期道教相似的神鬼信仰传统。

《太平经》是早期道教的主要经典,"《太平经》的出现与传播,即标志着道教的形成"⑤。《太平经》的编纂和流传与江南地区也有密切的关系。《后汉书·襄楷传》载:"顺帝时,琅琊宫崇诣阙,上其师干吉于曲阳泉水上所得神书百七十卷,皆缥白素朱介青首朱目,号《太平清领书》。"⑥因此一般认为于吉是《太平经》的主要作者,其弟子宫崇是最重要的编纂者⑦。但东晋葛洪《神仙传》说"于吉,北海人也。患癞疮数年,百药不愈,见市中有卖药公,姓帛名和,因往告之,乃授以素书二卷,谓曰:'此书不但愈疾,当得长生。'吉受之,乃《太平经》也。行之疾愈,乃于上虞钓台乡高峰之上,演此经成一百七十卷,至今有太平山干溪在焉"⑧,唐人《太平经复文序》亦说"干君初得恶疾,殆将不救,诣帛和求医。帛君告曰,吾传汝《太平本文》,可因易为一百七十卷,编成三百六十章,普传于天下,授有德之君,致太平,不但疾愈,兼而度世。干吉授教,究极精义,敷演成教。当东汉末,中国丧乱,赍经南游吴、越,居越东一百三十里,山名太平,溪曰干溪"⑨,据知《太平经》的成书有一个过程,帛和是最早的作者,吉师从帛和学习《太平经》,并进一步演绎成一百七十卷,江南地区的会稽上虞是于吉编纂《太平经》的场所。《江表

---

① [晋]陈寿撰,[南朝宋]裴松之注,陈乃乾校点:《三国志·魏书·张鲁传》卷八,中华书局,1959年,第264页。
② 参见李养正:《从〈太平经〉看早期道教的信仰与特点》,《道教会刊》,1982年第2期。
③ 李养正:《道教概说》,中华书局,1989年,第25页。
④ [南宋]赵与时:《宾退录》卷八,《中华再造善本》影印宋临安睦亲坊陈宅经籍铺刻本,第11页。
⑤ 李养正:《道教概说》,中华书局,1989年,第22页。
⑥ [宋]范晔撰,[唐]李贤等注:《后汉书·襄楷传》卷三〇下,中华书局,1956年,第1084页。
⑦ 王明指出,《太平经》"是一部集体编写的道书",宫崇是最重要的编纂者,因为宫崇称《太平经》为"于吉神书",说明于吉是最早撰写最早传写的一人(参见王明编:《论太平经的成书时代和作者》,《太平经合校》,中华书局,2014年,第846页)。
⑧ [唐]王松年:《仙苑编珠》卷中,明正统道藏本。
⑨ 王明编:《太平经合校》,中华书局,2014年,第187页。

传》载:"有道士琅邪于吉,先寓居东方,往来吴会,立精舍,烧香读道书,制作符水以治病,吴会人多事之。"[1]可知于吉是《太平经》的最早传播者,推动《太平经》流传到江南地区。于吉是琅琊(今山东临沂北)人,在东海(今山东郯城西)曲阳创立太平道,故称"先寓居东方"。"往来吴会",大约在建安(196—220)初,于吉避乱江东吴郡城(今江苏苏州),后来又到了会稽(今浙江绍兴)演绎《太平经》。"读道书"当是读《太平经》。于吉在会稽的说法,历史上有出土文献可征,梁代初年,今浙江上虞境内的昆仑山渚平沙中,"有三古漆笥,内有黄素,写干君所出《太平经》三部,村人惊异,于经所起静供养"[2],《太平经》的载体是黄素,与于吉所献的缥白素类似。除《太平经》流传外,汉末太平道也在江南地区造成了很大的影响。史载张角太平道派弟子八人出使四方传道,成绩显著,"十余年间,众徒数十万,连结郡国,自青、徐、幽、冀、荆、杨、兖、豫八州之人,莫不毕应"[3],全盛时期,太平道有徒众十万,遍及八州,分置三十六方管辖,气势壮大、组织严密。又载"中平元年,大方马元义等先收荆、杨数万人,期会发于邺"[4],可见荆扬地区的信道人数甚众,准备充当起义的先行军。到了孙吴时期,民间活跃的道教属于太平道支派的有于君道、帛家道等,另有属于五斗米道支派的李家道、杜子恭道团等。

《太平经》的基本内容有阴阳五行、图谶符瑞、灾异、神鬼、方术等,悉能在孙吴得到呼应。

比如术数,是方术与气数、数理的总称。吴范是会稽上虞人,属于江南人士,他"以治历数,知风气,闻于郡中"[5],孙权起事后,吴范"委身服事,每有灾祥,辄推数言状,其术多效"[6],因此做了孙权的太史令。事实上,江南以方术知名者,颇多与于吉一样的中原南下避难人士,如赵达本是河南人,

---

[1] [晋]陈寿撰,[南朝宋]裴松之注,陈乃乾校点:《三国志·吴书·孙策传》卷四六,中华书局,1959年,第1110页。
[2] [宋]李昉等撰:《太平御览》卷六六六,中华书局,1960年,第2973页。
[3] [宋]范晔撰,[唐]李贤等注:《后汉书·皇甫嵩传》卷七一,中华书局,1956年,第2299页。
[4] [宋]范晔撰,[唐]李贤等注:《后汉书·皇甫嵩传》卷七一,中华书局,1956年,第2299页。
[5] [晋]陈寿撰,[南朝宋]裴松之注,陈乃乾校点:《三国志·吴书·吴范传》卷六三,中华书局,1959年,第1421页。
[6] [晋]陈寿撰,[南朝宋]裴松之注,陈乃乾校点:《三国志·吴书·吴范传》卷六三,中华书局,1959年,第1421页。

认为"东南有王者气,可以避难,故脱身渡江"①,赵达避难渡江时,"治九宫一算之术,究其微旨,是以能应机立成,对问若神,至计飞蝗,射隐伏,无不中效"②。又如刘惇本是平原人,"遭乱避地,客游庐陵,事孙辅,以明天官达占数显于南土"③,建安中孙权在豫章,时有星变,刘惇答丹杨有乱,卒有验证,史载"诸术皆善,尤明太乙,皆能推演其事,穷尽要妙"④。

  又如图谶符瑞,孙吴统治者对符瑞也有异乎寻常的信仰。学者指出,孙吴行用的年号很不同于曹魏、蜀汉二国,孙吴四帝五十九年共用十八个年号,其中十一个年号取之于符瑞,即孙权的黄龙、嘉禾、赤乌、神凤,孙亮的五凤,孙皓的甘露、宝鼎、凤凰、天册、天玺、天纪,在数量和时间上均占近三分之二。这些符瑞年号又明显集中在孙权和孙皓时期。而曹魏和蜀汉的符瑞年号比较少见。曹魏共十个年号,符瑞仅有曹叡的青龙和曹髦的甘露。蜀汉共五个年号,仅刘禅的景耀与符瑞有关。⑤年号创自汉武帝,武帝数改年号,多与符瑞有关,如元狩是西狩获麒麟,元鼎是地中出大鼎,等等。汉宣帝七个年号,其中的神雀、五凤、甘露和黄龙均与符瑞有关。神秘化的皇权与寻求天命合理性密切相关。韦昭制作的宗庙颂歌《吴鼓吹铙歌十二曲》,其中有"图谶摹文字,黄龙觌鳞。符祥日月记"⑥句,可以窥见孙吴政权对图谶符瑞的重视;陆机"望舒离金虎","金虎"来自纬书《尚书考灵曜》。孙权改元黄龙称大皇帝,即因"夏口、武昌并言黄龙、凤凰见"⑦,孙亮因"大鸟五见于春申"⑧而改号"五凤"。孙休本传载"居数岁,梦乘龙上天,顾不见

---

①[晋]陈寿撰,[南朝宋]裴松之注,陈乃乾校点:《三国志·吴书·赵达传》卷六三,中华书局,1959年,第1424页。
②[晋]陈寿撰,[南朝宋]裴松之注,陈乃乾校点:《三国志·吴书·赵达传》卷六三,中华书局,1959年,第1424页。
③[晋]陈寿撰,[南朝宋]裴松之注,陈乃乾校点:《三国志·吴书·刘惇传》卷六三,中华书局,1959年,第1423页。
④[晋]陈寿撰,[南朝宋]裴松之注,陈乃乾校点:《三国志·吴书·刘惇传》卷六三,中华书局,1959年,第1424页。
⑤魏斌:《孙吴年号与符瑞问题》,《汉学研究》,2008年第27卷第1期。又见《中国中古史研究》编委会编:《中国中古史研究》第1卷,中华书局,2011年。
⑥逯钦立辑校:《先秦汉魏晋南北朝诗》,中华书局,1983年,第547页。
⑦[晋]陈寿撰,[南朝宋]裴松之注,陈乃乾校点:《三国志·吴书·吴主传》卷四七,中华书局,1959年,第1134页。
⑧[南朝梁]沈约撰:《宋书·五行志》卷三二,中华书局,2018年,第1027页。

尾,觉而异之"①,孙休以藩王意外继位,应验了"乘龙上天"的吉谶,但孙休死后,乌程侯孙皓代替太子嗣位,又应验了"顾不见尾"的凶谶。

再如灾异。孙亮改元五凤后,"交阯稗草化为稻"②,稗草变成稻粱,一般以为属幸事,《晋书·五行志》却认为是灾异,属于"草妖",后来孙亮被废,大将军孙綝以孙休取而代之,即是征验。又诸葛恪在朝会之日出门时"犬衔引其衣"③,意不欲主人出门,后来诸葛恪果然被孙峻所害,史书称为"犬祸"。

孙吴统治者对方术的信任远远甚于魏蜀,根据学者的统计,《三国志》诸帝纪传所述祥瑞灾异凡一百三十六事。其中曹魏五十九事(曹丕九,叡二十八,芳九,髦八,奂五),蜀汉二事(刘备、禅各一),东吴七十五事(孙权三十九,亮、休、皓各十二)。④因此,道教在孙吴能够取得相当大的发展,与阴阳灾异、图谶符瑞、神仙方术的传统信仰有着密切的关系。⑤

四、《周易参同契》与江南炼丹术

外丹的起源与江南的关系密切。著名道士左慈应该是最早从事炼丹术的道士。东晋许迈给王羲之的书信说"自山阴南至临安,多有金堂玉室,仙人芝草,左元放之徒,汉末诸得道者皆在焉"⑥,《搜神记》说葛玄"从左元放受九丹液仙经,与客对食"⑦,葛洪《抱朴子》也说"昔左元放于天柱山中精思,而神人授之金丹仙经"⑧,那么晋人已普遍地认为左慈在江南期间已经有炼丹的举动。葛洪《神仙传》载:"魏伯阳者,吴人也。本高门之子,而性

---

① [晋]陈寿撰,[南朝宋]裴松之注,陈乃乾校点:《三国志·吴书·三嗣主传》卷四八,中华书局,1959年,第1155页。
② [晋]陈寿撰,[南朝宋]裴松之注,陈乃乾校点:《三国志·吴书·三嗣主传》卷四八,中华书局,1959年,第1152页。
③ [晋]陈寿撰,[南朝宋]裴松之注,陈乃乾校点:《三国志·吴书·诸葛恪传》卷六四,中华书局,1959年,第1438页。
④ 李庆西:《祥瑞与灾异》,《读书》,2018年第10期。
⑤ 可资证验的是,孙吴固有的神鬼信仰也刺激了佛教的发展。三国时期的名僧支谦、康僧会等皆在孙吴开展译经,《大唐内典录》卷二共记载161部215卷,其中孙吴148部190卷,曹魏仅13部25卷。《开元释教录》卷一、二共记载201部435卷,吴国独占189部417卷,曹魏仅为12部18卷,可见孙吴在佛教发展史上的重要地位。
⑥ [唐]房玄龄等撰:《晋书·许迈传》卷八〇,中华书局,1974年,第2107页。
⑦ [唐]欧阳询撰,汪绍楹校:《艺文类聚》卷七八,上海古籍出版社,1999年,第1328页。
⑧ 王明:《抱朴子内篇校释》增订本卷四,中华书局,1985年,第71页。

好道术,不肯仕宦,闲居养性,时人莫知之……伯阳作《参同契》《五行相类》,凡三卷,其说似解《周易》,其实假借爻象以论作丹之意,而儒者不知神仙之事,反作阴阳注之,殊失其大旨也。"[1]葛洪《神仙传》说《周易参同契》为汉代魏伯阳所出,魏伯阳是会稽上虞人,据前文可知于吉曾在上虞整理和传授《太平经》,又左慈曾在山阴南到临安之间炼丹,可见会稽与道教的关系密切。江南地区,尤其浙东沿海,出海比较方便,从会稽可以坐船浮海到交州。随着不断开发,两汉江南也产生了类似战国、秦汉燕齐滨海地带的方术传统。比如徐市入海求仙,居于亶洲,子孙来往会稽贸易,不过是战国、秦汉旧说的翻版而已,而孙权遣将军卫温、诸葛直率领甲士入海求仙药的举动,也是效仿秦皇汉武的旧式。魏伯阳借《周易》爻象论述炼丹修仙的方法,撰成的《周易参同契》是第一部系统论述丹法的著作,被称为"万古丹经王"。值得注意的是,会稽虞氏的易学在汉代已很著名,虞翻与《周易参同契》关系密切。学者指出有三个理由可以佐证:一是虞翻注解过《周易参同契》,因为陆德明《经典释文》说:"易字下曰:'虞翻注《参同契》云,字从日下月。'"二是《道藏》托名阴长生注本在注"委时去害"一段时说:"虞翻以为委边着鬼是魏字。"亦可为东汉大儒虞翻曾注《周易参同契》之例证。三是《神仙传》提及魏伯阳有虞姓弟子。[2]如此魏伯阳借助《周易》讨论炼丹与会稽本地的学术传统有关。

汉末孙吴时期《周易参同契》的流传脉络,后蜀彭晓《周易参同契分章通真义》"序"说魏伯阳:"不知师授谁氏,得《古文龙虎经》,尽获妙旨,乃约《周易》,撰《参同契》三篇。又云未尽纤微,复作《补塞遗脱》一篇,继演丹经之玄奥。所述多以寓言借事,隐显异文,密示青州徐从事,徐乃隐名而注之。至后汉孝、桓帝时,公复传授与同郡淳于叔通,遂行于世。"[3]彭晓认为魏伯阳撰《周易参同契》,先示徐从事,并由徐从事作注,又传授给淳于叔通,但陶弘景《真诰》说"《易参同契》云:'桓帝时上虞淳于叔通,受术于青州徐从事……'"[4],则认为淳于叔通直接受业于徐从事,很可能是淳于叔通先从魏伯阳学,再从徐从事学。徐从事在汉末影响极大,弟子众多,前述葛玄受太极真人徐来勒《道德经》,托名东汉阴长生《周易参同契注序》说"盖闻

---

[1] [晋]葛洪撰,胡守为校释:《神仙传校释》卷二,中华书局,2010年,第63—64页。
[2] 章伟文译注:《周易参同契》,中华书局,2014年,第3页。
[3] [东汉]魏伯阳,[宋]朱熹等注:《周易参同契集释》,中央编译出版社,2015年,第141页。
[4] [南朝梁]陶弘景撰,赵益点校:《真诰》卷一二,中华书局,2011年,第216页。

《参同契》者,昔是古《龙虎上经》,本出徐真人。徐真人,青州从事,北海人也。后因越上虞人魏伯阳,造《五相类》以解前篇,遂改为《参同契》"①,知徐真人与徐从事为一人,则葛玄的炼丹术也应该受徐从事的影响。总之,《周易参同契》主要是江南相传的学问,因此可以认为以炼丹术为中心内容的金丹道发源于汉末的江南地区。

葛洪《抱朴子·内篇·金丹》说:

> 昔左元放于天柱山中精思,而神人授之金丹仙经,会汉末乱,不遑合作,而避地来渡江东,志欲投名山以修斯道。余从祖仙公,又从元放受之。凡受《太清丹经》三卷及《九鼎丹经》一卷、《金液丹经》一卷。余师郑君者,则余从祖仙公之弟子也,又于从祖受之,而家贫无用买药。余亲事之,洒扫积久,乃于马迹山中立坛盟受之,并诸口诀诀之不书者。江东先无此书,书出于左元放,元放以授余从祖,从祖以授郑君,郑君以授余,故他道士了无知者也。②

《晋书·葛洪传》亦载葛洪从祖葛玄,吴时学道得仙,号曰葛仙公,以其炼丹秘术授弟子郑隐③,《晋书》晚出,所据材料应来自《抱朴子》,则早期金丹派的传授系统是:左慈—葛玄—郑隐—葛洪。始祖是避地江东的左慈,中坚是葛玄、葛洪祖孙,日本学者福井康顺称之为"葛氏道"。"葛氏道"属于南方兴起的道教,是以崇尚金丹为主的独特派系,溯其渊源,最主要的形成阶段是孙吴时期。

道教炼丹术兴起于吴会地区,或与东南的地理位置有关。炼丹本是追求长生不死,在道教看来,东南好生,"天有四时三部,朝主生,昼主养,暮主施。故东南生,西南养,西北施。故人象天为行,以东南种而生之,西南养而长之"④。东南又为道德之正,"是以天性上道德而下刑罚,故东方为道,南方为德,道者主生,故物悉生于东方,德者主养,故物悉养于南方。天之格法,凡物悉归道德,故万物都出生东南而上行也"⑤。又《太平经》说"故东南者为阳,西北者为阴……仁溪道德贤明圣人悉属东南,属于阳,属于

---

① [东汉]魏伯阳,[宋]朱熹等注:《周易参同契集释》,中央编译出版社,2015年,第1页。
② 王明:《抱朴子内篇校释》增订本卷四,中华书局,1985年,第71页。
③ [唐]房玄龄等撰:《晋书·葛洪传》卷七二,中华书局,1974年,第1911页。
④ 王明编:《太平经合校》,中华书局,2014年,第731页。
⑤ 王明编:《太平经合校》,中华书局,2014年,第239页。

天"①。汉末大乱,东南未受扰动,成为中原人士的避难场所,道教也逃离中原的严厉控制获得了优越的发展环境,应该说,东南地区是道教的福音。当然,东南有一个转变过程,以长安看来,淮南亦是东南,《周易参同契》载"黄帝临炉,太一执火,八公捣炼,淮南调合"②,淮南王刘安擅长黄白术,而淮南地处长安的东南。楚王刘英在徐州修习黄老浮屠,后贬谪丹阳,皆在东南。《后汉书·襄楷传》载"初,顺帝时,琅邪宫崇诣阙,上其师干吉于曲阳泉水上所得神书百七十卷"③,宫崇是琅琊人,于吉在曲阳泉得到神书,这曲阳县属下邳,大约位于今天江苏连云港市东海县曲阳乡。

五、《道德经》与孙吴早期老学的独特发展

老子被张角、张陵奉为开教之祖,所著《道德经》是道教的基本典籍。早期的道教老学,以《老子河上公章句》和《老子想尔注》为代表。《老子河上公章句》在孙吴流传较早。薛综《二京解》已经引用《老子河上公章句》。《文选·东京赋》"却走马以粪车"句薛综注:

> 《老子》曰:"天下无道,戎马生于郊。天下有道,却走马以粪。"河上公曰:"粪者,粪田也。兵甲不用,却走马以务农田。然今言粪车者,言马不用而车不败,故曰粪车也。"④

这是判定《老子河上公章句》作年的重要材料。王卡说:"薛综卒于吴赤乌三年(240年)春,如果《文选》卷三的薛注引文可靠,就更证明《河上公章句》的问世在三国以前。"⑤与薛综同时的葛玄对《老子河上公章句》也有精深的研究。葛玄《老子道德经序诀》说:"河上公者,莫知其姓名也。汉孝文皇帝时结草为庵于河之滨,常读《老子道德经》。文帝好老子之言,诏命诸王公大臣州牧二千石朝直众官,皆令诵之。……河上公即授素书《老子道德经章句》二卷,谓帝曰:'熟研此,则所疑自解。'"⑥蒙文通《严君平〈道

---

①王明编:《太平经合校》,中华书局,2014年,第280页。
②章伟文译注:《周易参同契》,中华书局,2014年,第319页。
③[宋]范晔撰,[唐]李贤等注:《后汉书·襄楷传》卷三〇下,中华书局,1965年,第1084页。
④[南朝梁]萧统编,[唐]李善注:《文选》卷三,中华书局,1977年,第66页。
⑤王卡点校:《老子道德经河上公章句》,中华书局,1993年,第2页。
⑥王卡点校:《老子道德经河上公章句》,中华书局,1993年,第314页。

德指归论〉佚文》序：

《宋史·艺文志》有谷神子诸家《道德经疏》，自注云"集河上公、葛仙公、郑思远、唐睿宗《玄疏》"。前于强思齐书，知谷神子裴铏为强氏以前人。此集疏取及玄宗，又知裴氏为开元天宝以后人也。隋唐《志》不言葛氏注《老》，独宋《志》以《节解》为葛玄作。隋唐《志》则系之尹喜、河上。宋《志》独知为葛作者，倘正由裴氏书知之耶！裴独有郑思远书，隋唐《志》亦无之。而裴氏除注《指归》外，别无他书，宜《指归》者，即裴所谓郑思远书也。世不知有葛郑书，自裴书行而仅知之，则裴注《指归》，即郑氏书，理或然欤！谷神为神仙家……而葛洪之师，正值永嘉之先，而当晋武之后。故晋灼能征引之，于事亦合。[①]

《隋书·经籍志》载《老子序决》一卷，葛仙公撰[②]，《宋史·艺文志》载葛玄《老子道德经节解》二卷。《老子节解》，《经典释文》《隋书·经籍志》有载，俱以为作者不详，《宋史》晚出，却明确为葛玄，记载未必可靠，但葛玄确实给《老子》作过注解。司马贞《史记索隐》载："葛玄曰'李氏女所生，因母姓也'。又云'生而指李树，因以为姓'。"[③]很显然，这是葛玄为老子出生所作的注文。葛玄的《老》学属于道教《老》学。葛玄说"余先师有言：精进研之，则声参太极……"[④]，又"道士郑思远曰：余家师葛仙公受太极真人徐来勒《道德经》上下卷，仙公曩者所好，加亲见真人，教以口诀云"[⑤]，则葛玄的老学来自徐真人，传于郑思远，可见江南道教《老》学传授的师承有序。孙吴时期的《老》学，尚有虞翻的《老子注》，《隋书·经籍志》载虞翻注《老子》二卷，惜乎虞翻《老子注》久佚，考虑到虞翻与《周易参同契》关系密切，则《老子注》应该与道教有所关联。

以葛玄、虞翻、郑隐为代表的道教《老》学实际上构成了汉末至正始年间《老子》学发展的重要环节。我们在讨论孙吴玄学的时候提到《老子》，但尚未联系道教《老》学来讨论，兹不惮辞费，择要移录于下，以见道教《老》学

[①] [汉]严遵，王德有点校：《老子指归》，中华书局，1994年，第163页。
[②] 《隋书·经籍志》"医方类"有葛仙公《狐刚子万金决》二卷。
[③] [汉]司马迁撰，[宋]马驷集解，[唐]司马贞索隐，[唐]张守节正义：《史记·老子韩非列传》卷六三，中华书局，2014年，第2604页。
[④] 王卡点校：《老子道德经河上公章句》，中华书局，1993年，第313—314页。
[⑤] 王卡点校：《老子道德经河上公章句》，中华书局，1993年，第315页。

的地位。《隋书·经籍志》著录的有关三国时期的《老》学著作,确凿的只有虞翻、何晏、王弼、钟会、羊祜等五家注,另外何晏、王弼有《老子杂论》一卷。葛玄(164—244)与虞翻(164—233)生于同年,郑隐不详,但葛玄是道士,常常云游名山,又筑室炼丹,弟子郑隐也当如此,与出自《易》学世家的虞翻的影响力不可同日而语,兹以虞翻《老子注》为例考察孙吴《老》学的独特成就。虞翻卒时正当魏明帝青龙元年,时何晏未壮、王弼尚幼,因此虞翻《老子注》开启了正始玄学《老子》研究的先声。姚振宗《三国艺文志》辑有钟繇《老子训》,钟繇(151—230)与虞翻同时略长,"家贫好学,为《周易》《老子训》"[1],则钟繇《老子训》应该是其年少家贫读书时的作品,又《老子训》应成于汉时,文献仅一见,影响应不大。姚振宗《三国艺文志》亦载董遇《老子训》、张揖《老子注》,但均不见于《隋书·经籍志》,应该是成就不高遂早早亡佚;又董遇卒于魏明帝时期,张揖于明帝太和年间为博士,虞翻卒于太和七年(233),虞翻卒时年已七十,年龄应是最长,则《老子注》成书应是最早。王弼"年十余,好老氏,通辩能言"[2],王弼生于黄初七年(226),即以十岁注书计,时虞翻已逝,王弼《老子注》晚于虞翻注显而易见。何晏《老子注》比王弼更晚,《世说新语·文学》载:"何平叔注《老子》,始成,诣王辅嗣。见王《注》精奇,乃神伏曰:'若斯人,可与论天人之际矣!'因以所注为《道德二论》。"[3]何晏之注水平不及王弼,本人已有论定,《隋书·经籍志》已不著录,知此书不甚为人所重,目前残存佚文一则,余嘉锡指出"观其持论,理甚肤浅,不及王《注》远矣"[4]。《隋书·经籍志》载钟会注《老子道德经》二卷,钟会乃钟繇的幼子,继承的是家学,钟会仅长王弼一岁,成书不当早于早慧的王弼,成就自是更不能及。《隋书·经籍志》又载:"梁有《老子道德经》二卷,晋太傅羊祜解释。"[5]羊祜(221—278)的《老子》注解,与何晏、钟会、王弼等一样旨在"皆明虚极无为理家理国之道"[6],属于正始玄学兴起后的产物。总

---

[1] [南朝宋]刘义庆,[南朝梁]刘孝标注,余嘉锡笺疏,周祖谟等整理:《世说新语笺疏》,中华书局,2007年,第85页。
[2] [晋]陈寿撰,[南朝宋]裴松之注,陈乃乾校点:《三国志·魏书·王弼传》卷二八,中华书局,1959年,第795页。
[3] [南朝宋]刘义庆,[南朝梁]刘孝标注,余嘉锡笺疏,周祖谟等整理:《世说新语笺疏》,中华书局,2007年,第234页。
[4] [南朝宋]刘义庆,[南朝梁]刘孝标注,余嘉锡笺疏,周祖谟等整理:《世说新语笺疏》,中华书局,2007年,第235页。
[5] [唐]魏徵等撰:《隋书·经籍志》卷三四,中华书局,2019年,第1136页。
[6] [前蜀]杜光庭撰:《道德真经广圣义》卷五,明正统道藏本。

之,自东汉后期的马融、郑玄,到正始年间的何晏、王弼,其间出现了若干《老子》注,《隋书·经籍志》仅载虞翻一家,其他皆已湮灭,则知虞翻《老子注》的价值为最大,而自曹丕代汉,三国局面形成后,又以虞翻《老子注》的面世时间为最早。可惜虞注久佚,具体情况已不得而知,虞翻与道教有关,其《老》注是否属于道教《老》学,尚待研究,但在《老》学发展史上的地位颇可注意。

我们在前文亦指出,曹魏正始之前《老》学的衰微,很大程度上受到了道教的牵连。曹操是攻破张角的黄巾太平道起家,后来史书再无太平道的记载,很可能已经瓦解。曹操又击败了张鲁的五斗米道,将其迁往中原,授以高官,采取羁縻政策,实际上严格限制道教的发展。曹丕说"刘德治淮南王狱,得《枕中鸿宝苑秘书》。及子向,咸共奇之,信黄白之术可成,谓神仙之道可致。卒亦无验,乃以罹罪也"[1],进一步揭露了历史上神仙方术的虚妄,证明道教的不可据信。曹植《辨道论》说"本所以集之于魏国者,诚恐斯人之徒,接奸诡以欺众,行妖慝以惑民,故聚而禁之也"[2],可见曹操羁縻五斗米道的初衷。曹丕亦禁止祠祀老子,黄初三年(222)下令说老子亭"恐小人谓此为神,妄往祷祝,违犯常禁,宜宣告吏民,咸使知闻"[3]。道教以老子为教主,既然道教受到了严格的限制,那么道教《老》学的命运可想而知。

在汉末太平道和五斗米道遭到重创或羁縻后,早期道教的发展陷入了低谷,却在江南大放异彩。汉末中原战乱,江南未受扰动,成为道士的避难场所,富春孙氏本有崇尚神仙鬼怪的传统,掌握江南政权后与道士一拍即合,使江南成为道教发展的福地。孙权、孙休、孙皓等奉道士为座上宾,在官方的支持和提倡下,道教人物辈出,尤以葛玄、介象为代表,而《太平经》《周易参同契》《道德经》等早期道教经典,或在编纂,或在研究,或在传授,进一步促使江南地区从汉末道教发展的洼地一跃成为三国时期的道教中心。孙吴统治者将民间俗乐《神弦歌》用于宗庙祭祀的庄重场合,反映了孙吴统治者对由神鬼传统发展而来的道教的重视。

---

[1] 魏宏灿校注:《曹丕集校注》,安徽大学出版社,2009年,第340页。
[2] [三国魏]曹植,赵幼文校注:《曹植集校注》,中华书局,2016年,第278页。
[3] 魏宏灿校注:《曹丕集校注》,安徽大学出版社,2009年,第369页。

第五章　本土化进程中的世族文学文化

地域变迁与家族升降是孙吴建国后士人更迭的两个连续进程。孙吴政权的江东化,经过田余庆先生的抉发,已经人所共知。与此相适应的是,孙吴的文学与文化也实现了本土化。所谓本土化,主要指孙吴的文人学者由吴地出生和成长。正如前文揭示,孙吴的文人多数是学者,兹以文人为例,孙氏统治江东的八十余年间,能够钩稽的文人至少五十人。仔细分析文人的籍贯和活跃时间,可以看出孙吴文学呈现了侨土嬗代的趋势,显示了孙吴文学从侨土融合到全面本土化的过程,这与孙吴政权的江东化息息相关。在文学本土化的进程中,以吴郡四姓为代表的豪族文学应运而生,吴郡陆氏家族代表了孙吴文学的最高水平。陆机是吴郡陆氏的佼佼者,但吴国灭亡的责任和亡国之余的身份,使他背负了极大的心理压力,因此不得不深度介入"八王之乱",以文士而领兵事,终于死于非命。陆机的悲剧命运反映了易代之际世族子弟的艰难生存处境和复杂心理状态。

第一节　侨土嬗代与孙吴文学本土化

在对两汉和孙吴时期的文人进行钩稽时,首先面临的问题是哪些才能算作文人,即文人的界定问题。我们采取了曹道衡研究十六国文学家的界定方法,他在《十六国文学家考略》中说:

> 研究十六国文学家的情况,有一个困难,那就是他们的作品存留得太少,即使在《隋书·经籍志》中记载有他们的文集的,也为数不多。这就产生了一个问题:什么人可以算文学家?如果仅仅把写作诗、赋

等纯文学作品的人算文学家,那人数就很寥寥;如果把所有写过文章的人都列入文学家之数,那也不大好办。因为那些应用文字,往往可以叫人代笔……我现在采取的办法是:凡是现在还存留着文章,并且确有文学意味的,当然应该加以论述;若《隋书·经籍志》等书载有他们集子或作品篇数的,虽然作品已经散佚,但至少说明他们能够写作,所以也应加以论述;再一种是史籍中讲到他们曾写过文学作品或赞扬过他们的文学才能的,也予以论述。①

又刘跃进在研究秦汉文学时也从广义上界定了文学家,他说:

有诗作或辞赋等文学作品存世者、有文学批评著作存世者、虽无作品传世而据传文或史志记其能文而生平可考者、传统记载中以之为文人者、异域人以汉文从事与文学有关活动者。②

我们正是在此标准指导下,根据《汉书》《后汉书》《三国志》《晋书》的记载,结合《隋书·经籍志》的著录,斟酌严可均《全上古三代秦汉三国六朝文》和逯钦立《先秦汉魏晋南北朝诗》的内容,来确定孙吴时期的文人。

一、孙吴时期的文人构成

早期孙吴文人的来源主要有两个方面,一是汉代江南地区成长起来的本土文人,二是汉末动乱中南迁的中原文人。根据《后汉书》《三国志》《晋书》的记载,结合《隋书·经籍志》别集的著录情况,再检核严可均《全后汉文》《全吴文》《全晋文》以及逯钦立《先秦汉魏晋南北朝诗》的《魏诗》《晋诗》,目前收集到孙吴一代的文人共五十名。

为了更好地了解孙吴文学的演进历程,兹将孙吴一代的作家作品和史书记载的文学情况,以作家卒年先后为序(其中入晋吴人按齿序),列表如下(表9)③:

---

① 曹道衡:《中古文学史论文集》,《曹道衡文集》卷一,中州古籍出版社,2018年,第330—331页。
② 刘跃进:《我研读〈文选〉的体会》,《古典文学知识》,2020年第4期。
③ 此处参考了曹道衡、沈玉成的《中国文学家大辞典·先秦汉魏晋南北朝卷》《中古文学史料丛考》和陆侃如《中古文学系年》的考证,凡未被收录或生卒年不详的作家,根据其在文献中的著录位置或活动经历略作考察,以大致确定其活跃时间。

表9

姓名	生卒年	籍贯	作品	史传、目录
沈友	176—204	吴郡人		《三国志·吴书·吴主传》载"弱冠博学,多所贯综,善属文辞"
张纮	？—211	广陵人	《瑰材枕赋》;《瑰材枕箴》;《为孙会稽责袁术僭号书》;《临困授子靖留笺》;《孙破虏将军纪颂》;《孙讨逆将军纪颂》	《隋书·经籍志》载"《后汉讨虏长史张纮集》一卷,梁二卷,录一卷";《三国志·吴书·张纮传》载其"著诗赋铭诔十余篇"
张敦	不详	吴郡吴人		《三国志·吴书·张敦传》裴注引《吴录》曰"敦德量渊懿,清虚淡泊,又善文辞"
滕胤	不详	北海剧人		《三国志·吴书·滕胤传》载"胤善属文,权待以宾礼,军国书疏,常令损益润色之"
鲁肃	172—217	临淮东城人		《三国志·吴书·鲁肃传》裴注引《吴书》曰"虽在军阵,手不释卷。又善谈论,能属文辞"
陆绩	187—219	吴郡吴人	《自知亡日为辞》	
暨艳	？—224	吴郡人	《杂移》	《隋书·经籍志》载"《吴选曹尚书暨艳集》二卷,梁三卷,录一卷"
士燮	137—226	苍梧广信人		《隋书·经籍志》载"梁有《士燮集》五卷,亡"
骆统	193—228	会稽乌伤人	《表理张温》;《民户损耗上疏》	《隋书·经籍志》载"《吴偏将军骆统集》十卷,梁有录一卷"
张温	193—230	吴郡吴人	《自理》	《隋书·经籍志》载"《吴辅义中郎将张温集》六卷"

续表

姓名	生卒年	籍贯	作品	史传、目录
虞翻	164—233	会稽余姚人		《隋书·经籍志》载"《后汉侍御史虞翻集》二卷,梁三卷,录一卷"
张昭	156—236	彭城人	《宜为旧君讳论》;《徐州刺史陶谦哀辞》	
谢承	190?—240?	会稽山阴人	《三夫人箴》	《隋书·经籍志》载"《谢承集》四卷,今亡"
裴玄	不详	下邳人	《论管仲、季路》;《齐桓、晋文、夷、惠四人优劣论》	《隋书·经籍志》载"《裴氏新言》五卷,吴大鸿胪裴玄撰";《三国志·吴书·裴玄传》载其"亦有学行,官至太中大夫"
裴钦	不详（裴玄子）	下邳人	《齐桓、晋文、夷、惠四人优劣论》	《三国志·吴书·裴玄传》载"(裴玄)问子钦齐桓、晋文、夷、惠四人优劣,钦答所见,与玄相反覆,各有文理。钦与太子登游处,登称其翰采";《三国志·吴书·孙登传》裴注引"裴钦博记,翰采足用"
薛综	180?—243	沛郡竹邑人	《嘲蜀使张奉》;《移诸葛恪等劳军》;《上书谏亲征公孙渊》;《上书请选交州刺史》;《麟颂》;《凤颂》;《驺虞颂》;《白鹿颂》;《赤乌颂》;《白乌颂》	《隋书·经籍志》载"《薛综集》三卷,录一卷""薛综注张衡《二京赋》二卷";《三国志·吴书·薛综传》载"凡所著诗赋难论数万言,名曰《私载》,又定《五宗图述》《二京解》,皆传于世"

255

续表

姓名	生卒年	籍贯	作品	史传、目录
胡综	183—243	汝南固始人	《黄龙大牙赋》；《中分天下盟文》；《伪为吴质作文三条》	《隋书·经籍志》载"《吴侍中胡综集》二卷，梁有录一卷"；《三国志·吴书·胡综传》载"凡自权统事，诸文诰策命，邻国书符，略皆综之所造也"
张承	178—244	彭城人		《三国志·吴书·凌统传》载"凌统卒。权闻之，拊床起坐，哀不能自止，数日减膳，言及流滋，使张承为作铭诔"
顾谭	205—246	吴郡吴人	《知难篇》	《三国志·吴书·顾谭传》载其"著《新言》二十篇，其《知难篇》，盖以自悼伤也"
陈融[①]	不详	陈国	《东郊颂》[①]	《宋书·礼志一》载"吴时郎陈融奏《东郊颂》，吴时亦行此礼也"；《隋书·经籍志》载"《陈子要言》十四卷，吴豫章太守陈融撰"
张纯	？—250	吴郡吴人	《赋席》	
诸葛恪	203—253	琅琊阳都人	《答费祎》；《磨赋》；《出军论》；《谏王孙奋笺》；《与丞相陆逊书》	《隋书·经籍志》载"梁有《诸葛子》五卷，吴太傅诸葛恪撰"
朱异	？—257	吴郡吴人	《赋弩》	

[①] 陈融与陆瑁、袁迪等交游，《三国志·吴书·陆瑁传》载陆"少好学笃义。陈国陈融、陈留濮阳逸、沛郡蒋纂、广陵袁迪等，皆单贫有志，就瑁游处"（[晋]陈寿撰，[南朝宋]裴松之注，陈乃乾校点：《三国志·吴书·陆瑁传》，中华书局，1959年，第1336—1337页）。又陈融曾任豫章太守，孙权时期为豫章太守者，有孙贲、孙邻、顾邵、蔡遗、谢景、谢斐等，前后相继有序，谢斐卒于赤乌七年（244），此后豫章太守任职情况不详，则陈融为豫章太守最早也是接续谢斐，姑系于此。

续表

姓名	生卒年	籍贯	作品	史传、目录
周昭[①]	？—261？	颍川人	《与孙奇诗》；《赠孙奇诗序》；《新论论步骘、严畯等》；《又论薛莹》	《隋书·经籍志》载"《周子》九卷，吴中书郎周昭撰。亡"
纪陟[②]	？—265？	丹阳郡人		《隋书·经籍志》载"《吴中书令纪陟集》三卷，梁有录一卷"
张俨	？—266	吴郡吴人	《赋犬》	《隋书·经籍志》载"《吴侍中张俨集》一卷，梁二卷，录一卷"；《隋书·经籍志》载"《嘿记》三卷，吴大鸿胪张俨撰，亡"
陆凯	198—269	吴郡吴人	《吴先贤传赞》；《上书谏吴主皓》；《重表谏起宫》	《隋书·经籍志》载"《吴丞相陆凯集》五卷，梁有录一卷"
姚信[③]	不详	吴郡武康人	《诫子》	《隋书·经籍志》载"又有《姚信集》二卷，录一卷""《昕天论》一卷，姚信撰"

---

① 周昭，《三国志·吴书·步骘传》载"周昭者字恭远，与韦曜、薛莹、华覈并述《吴书》，后为中书郎，坐事下狱，覈表救之，孙休不听，遂伏法云"（[晋]陈寿撰，[南朝宋]裴松之注，陈乃乾校点：《三国志·吴书·步骘传》，中华书局，1959年，第1242页），则卒于孙休永安年间（258—264年）。史书记载周昭最后的一次活动是在永安四年（261）。

② 《三国志·吴书·孙皓传》裴注引《吴录》曰："陟字子上，丹杨人。初为中书郎，孙峻使诣南阳王和，令其引分。陟密使令正辞自理，峻怒。陟惧，闭门不出。孙休时，父亮为尚书令，而陟为中书令，每朝会，诏以屏风隔其座。出为豫章太守。"（[晋]陈寿撰，[南朝宋]裴松之注，陈乃乾校点：《三国志·吴书·孙皓传》，中华书局，1959年，第1164—1165页）纪陟主要活动在孙休之后。又裴注引干宝《晋纪》曰："陟、璆奉使如魏，入境而问讳，入国而问俗。……既至，魏帝见之……晋文王飨之，百寮毕会，使傧者告曰：'某者安乐公也，某者匈奴单于也。'陟曰：'西主失土，为君王所礼，位同三代，莫不感义，匈奴边塞难羁之国，君王怀之，亲在坐席，此诚威恩远著。'……文王善之，厚为之礼。"（[晋]陈寿撰，[南朝宋]裴松之注，陈乃乾校点：《三国志·吴书·孙皓传》，中华书局，1959年，第1165页）司马昭死于咸熙二年（265），纪陟使魏在265年，这是史书可见的纪陟的最后一次活动。

③ 姚信，《三国志·吴书·陆凯传》载："建衡元年，疾病，皓遣中书令董朝问所欲言，凯陈：'何定不可任用，宜授外任，不宜委以国事。奚熙小吏，建起浦里田，欲复严密故迹，亦不可听。姚信、楼玄、贺邵、张悌、郭逴、薛莹、滕修及族弟喜、抗，或清白忠勤，或姿才卓茂，皆社稷之桢干，国家之良辅，愿陛下重留神思，访以时务，各尽其忠，拾遗万一。'。"（[晋]陈寿撰，[南朝宋]裴松之注，陈乃乾校点：《三国志·吴书·陆凯传》：中华书局，1959年，第1403页）则姚信于建衡元年（269）之后尚在，其卒当在269年之后。

续表

姓名	生卒年	籍贯	作品	史传、目录
韦昭	204—273	吴郡云阳人	《云阳赋》；《因狱吏上辞》；《博弈论》；《吴鼓吹铙歌十二曲》	《隋书·经籍志》载"又有《韦昭集》二卷，录一卷，亡"
范慎	206—274	广陵人		《吴录》载其"著论二十篇，名曰《矫非》"
华覈	219—278	吴郡武进人	《与薛莹诗》；《车赋》；《奏荐陆胤》；《谏吴王皓盛夏兴工疏》；《奉诏草对》	《隋书·经籍志》载"又有《东观令华覈集》五卷，录一卷，亡"
陆景	250—280	吴郡吴人	《诫盈》	《隋书·经籍志》载"又有《陆景集》一卷，亡"；《隋书·经籍志》载"《典语》十卷，《典语别》二卷，并吴中夏督陆景撰，亡"；《三国志·吴书·陆景传》载其"澡身好学，著书数十篇"
薛莹	220?—282	沛郡竹邑人	《献诗》；《答华永先诗》；《后汉纪赞》	《三国志·吴书·薛莹传》载"太康三年卒，著书八篇，名曰《新议》"；《隋书·经籍志》载"《晋散骑常侍薛莹集》三卷"
孙皓	242—283	吴郡富春人	《尔汝歌》	
陆喜	?—284	吴郡吴人	《娱宾》；《九思》	《晋书·陆喜传》载其"少有声名，好学有才思。尝为自叙，其略曰：'刘向省《新语》而作《新序》，桓谭咏《新序》而作《新论》。余不自量，感子云之《法言》而作《言道》，睹贾子之美才而作《访论》，观子政《洪范》而作《古今历》，鉴蒋子通《万机》而作《审机》，读《幽通》《思玄》《四愁》而作《娱宾》《九思》，真所谓忍愧者也。'其书近百篇"

续表

姓名	生卒年	籍贯	作品	史传、目录
杨厚	不详	吴人		《隋书·经籍志》载"《吴人杨厚集》二卷,梁又有录一卷"
万震[①]	不详	不详	《南州异物志赞》	
闵鸿	不详	广陵郡人	《亲蚕赋》;《琴赋》;《羽扇赋》;《芙蓉赋》	《隋书·经籍志》载"《晋征士闵鸿集》三卷"
郑丰	不详	沛国人		《隋书·经籍志》载"《吴王文学郑丰集》二卷,录一卷";《三国志·吴书·吴主传》裴注引《文士传》曰"子丰,字曼季,有文学操行,与陆云善,与云诗相往反。司空张华辟,未就,卒"
杨泉	不详	会稽人[②]	《五湖赋》;《赞善赋》;《养性赋》;《蚕赋》;《织机赋》;《草书赋》	《隋书·经籍志》载"《晋处士杨泉集》二卷,录一卷"

[①] 万震,吴时曾为丹阳太守。向达《汉唐间西域及海南诸国古地理书叙录》说:"万震事迹不见《吴书》,只《隋书·经籍志》注其为吴丹阳太守,未言孙吴何时。今按孙权、黄武、黄龙时屡耀兵海外,比之明代,约同成祖永乐之时。又丹阳太守在黄武初为吕范,至嘉禾三年诸葛恪为丹阳太守。自吕范至诸葛恪中间相隔十余年,未闻他人继范为丹阳太守者。疑万震之为丹阳太守,即在吕范之后诸葛恪之前,正当海外征伐甚盛之际。震在丹阳,接近国都,见闻较近,故有《南州异物志》之作,以志殊方异俗。虽以异物名书,所述多海南诸国方物风俗,无异一地理书也。"(向达:《汉唐间西域及海南诸国古地理书叙录》,《唐代长安与西域文明》,商务印书馆,2017年,第586—587页)

[②] 参见肖萐父:《略论杨泉》,《武汉大学学报(哲学社会科学版)》,1980年第4期。

续表

姓名	生卒年	籍贯	作品	史传、目录
盛彦	不详（太康中卒）	广陵郡人	《击壤赋》；《藏躯赋》；《通桑梓敬议》	《晋书·盛彦传》载其"少有异才。年八岁，诣吴太尉戴昌，昌赠诗以观之，彦于坐答之，辞甚慷慨。……彦仕吴，至中书侍郎"；《隋书·经籍志》载"《长沙相盛彦集》五卷"
褚陶	240?—300	吴郡钱塘人	《鸥鸟赋》；《水硙赋》	《晋书·褚陶传》载"弱不好弄，少而聪慧，清淡闲默，以坟典自娱。年十三，作《鸥鸟》《水硙》二赋，见者奇之。陶尝谓所亲曰：'圣贤备在黄卷中，舍此何求！'州郡辟，不就。吴平，召补尚书郎。张华见之，谓陆机曰：'君兄弟龙跃云津，顾彦先凤鸣朝阳，谓东南之宝已尽，不意复见褚生。'"
孙拯	?—303	吴郡富春人	《萤火赋》	《三国志·吴书·孙拯传》裴注引《文士传》曰"丞好学，有文章，作《萤火赋》行于世。为黄门侍郎，与顾荣俱为侍臣。归命世内侍多得罪尤，惟荣、丞独获全。常使二人记事，丞答顾问，乃下诏曰：'自今已后，用侍郎皆当如今宗室丞、顾荣畴也。'吴平赴洛，为范阳涿令，甚有称绩。永安中，陆机为成都王大都督，请丞为司马，与机俱被害"；《隋书·经籍志》载"《少府丞孙极集》二卷，录一卷。亡"

续表

姓名	生卒年	籍贯	作品	史传、目录
纪瞻	253—324	丹阳秣陵人		《晋书·纪瞻传》载"瞻性静默，少交游，好读书，或手自抄写，凡所著述，诗赋笺表数十篇。兼解音乐，殆尽其妙"，又载"少与陆机兄弟亲善"
顾荣	？—312	吴郡吴人		《晋书·顾荣传》载"吴平，与陆机兄弟同入洛，时人号为'三俊'"；《世说新语·赏誉》载蔡洪称"顾彦先，八音之琴瑟，五色之龙章"；《隋书·经籍志》载"又有《骠骑将军顾荣集》五集，录一卷，亡"
贺循	260—319	会稽人		《晋书·贺循传》载"循少玩篇籍，善属文，博览众书，尤精《礼传》"；《隋书·经籍志》载"《晋司空贺循集》十八卷，梁二十卷，录一卷"
陆机	261—303	吴郡吴人	《吴大司马诔》	《晋书·陆机传》载"少有异才，文章冠世，伏膺儒术，非礼不动"；《隋书·经籍志》载"《晋平原内史陆机集》十四卷""又《连珠》一卷，陆机撰，何承天注"

续表

姓名	生卒年	籍贯	作品	史传、目录
陆云	262—303	吴郡吴人		《晋书·陆云传》载"云字士龙,六岁能属文,性清正,有才理。少与兄机齐名,虽文章不及机,而持论过之,号曰'二陆'";《世说新语·赏誉》刘孝标注引《陆云别传》曰"博闻强记,善著述。六岁便能赋诗,时人以为项托、扬乌之畴也";《隋书·经籍志》载"《晋清河太守陆云集》十二卷"
张翰	？—312？	吴郡吴人		《晋书·张翰传》载"翰有清才,善属文,而纵任不拘,时人号为'江东步兵'。……其文笔数十篇行于世";《隋书·经籍志》载"《大司马东曹掾张翰集》二卷,录一卷"
蔡洪		吴郡	《孤奋论》;《围棋赋》;《斗凫赋》	《晋书·文苑传》载"元康初,松滋令吴郡蔡洪字叔开,有才名,作《孤奋论》,与《释时》意同,读之者莫不叹息焉";刘孝标《世说新语注》载"《洪集录》曰'洪字叔开,吴郡人,有才辩,初仕吴朝。太康中,本州从事,举秀才'";《隋书·经籍志》载"《蔡氏化清经》十卷,蔡洪撰""《松滋令蔡洪集》二卷,录一卷,亡"

另外如薛兼,其祖父薛综、父亲薛莹皆以文学著名,本传载:"清素有器宇,少与同郡纪瞻、广陵闵鸿、吴郡顾荣、会稽贺循齐名,号为'五俊'。初入

洛,司空张华见而奇之,曰:'皆南金也。'"①但薛兼本人的文学行迹不甚显著,暂付阙如。

三、孙吴文人的地域分类

孙吴文人的地域分类与孙坚、孙策、孙权的起家和发展密切相关。一直以来,学者只是将孙吴的人物构成分为淮泗和江东,实际上是不够准确的,应该分为侨寓和本土。因为侨寓人物不仅包括淮泗地区,还包括江淮和汝颍地区。就淮泗和江淮而言,两地人物的兴起时机也是不一样的。

根据学者的统计,《三国志》记载的迁入吴国的人物,共计六十人,主要来自河南、山东、安徽和江苏北部②。我们根据这六十人的情况,统计了他们的籍贯,主要分为三个地区,一是汝颍地区,有郑泉(陈郡)、冯熙(颍川)、周昭(颍川)、濮阳兴(陈留)、陈化(汝南)、何定(汝南)、屈晃(汝南)、程秉(汝南南顿)、吕蒙(汝南富陂)、吕范(汝南细阳)、胡综(汝南固始)、孙权王夫人(南阳)、李肃(南阳)、谢景(南阳宛)。二是淮泗地区,有孙权王夫人(琅琊)、诸葛瑾(琅琊阳都)、徐盛(琅琊莒)、郑胄(沛国)、薛综(沛竹邑)、楼玄(沛蕲县)、张昭(彭城)、严畯(彭城)、谢慈(彭城)。三是江淮地区,有刘靖(庐江)、王蕃(庐江)、周瑜(庐江舒)、陈武(庐江松滋)、丁奉(庐江安丰)、鲁肃(临淮东城)、孙权李夫人(临淮淮阴)、步骘(临淮淮阴)、臧均(临淮)、蒋钦(九江寿春)、周泰(九江下蔡)、吴硕(广陵江都)、卫旌(广陵江都)、张纮(广陵江都)、皇象(广陵江都)、华融(广陵江都)、刘颖(广陵海陵)、李岱(广陵海陵)。另外,尚有河南洛阳的张梁、徵崇、赵达等,山东中东部③的隐蕃(青州)、刘惇(平原)、孙邵(北海)、是仪(北海营陵)、滕胤(北海剧)、刘基(东莱牟平)、太史慈(东莱黄)等。

关于孙坚的武力构成,有学者经过统计发现,《三国志》列传所见孙坚的元从旧臣有吕范、黄盖、朱治、芮祉、孙河、徐琨、吴景、程普、韩当,其中朱

---

① [唐]房玄龄等撰:《晋书·薛兼传》卷六八,中华书局,1974年,第1832页。
② 参见葛剑雄:《中国移民史》第二卷,福建人民出版社,1997年,第277—280页。
③ 青州黄巾起义,应该是促成青州文人南下的原因,《三国志·魏书·王凌传》载王凌于黄初年间转任青州刺史,"是时海滨乘丧乱之后,法度未整。凌布政施教,赏善罚恶,甚有纲纪,百姓称之,不容于口"([晋]陈寿撰,[南朝宋]裴松之注,陈乃乾校点:《三国志·魏书·王凌传》,中华书局,1959年,第757页),则青州尚在恢复之中。

治、芮祉、孙河、徐琨、吴景为孙氏宗亲或乡里人物,吕范、黄盖、程普、韩当为孙坚在江北扩充的将领。[①]孙策的军队,除了宗亲外,多为淮泗人士。有学者统计了孙策为讨逆将军和会稽太守时的属官,指出为讨逆将军时的属官以淮泗人士为主,为会稽太守时的属官则以南方士人为多,南北士人力量平衡,并非是北方人多于南方人。[②]

对追随孙坚、孙策和孙权的人物进行比较,我们认为,孙坚的势力以淮泗人物为主,孙策的势力以江淮人物为主,孙权的势力早期是淮泗和江淮的侨寓人物,称帝后则以本土人物为主。

孙坚和孙策、孙权父子虽然是吴郡富春人,但真正拥有自己的部曲却在淮泗和江淮之间。富春孙氏可追溯至孙武,《建康实录》载:"其先出自周武王母弟卫康叔之后,武公子惠孙曾耳,为卫上卿,因以孙为氏。春秋时孙武为吴王阖闾将,因家于吴,帝乃孙武之后也。"[③]但孙氏并非大族,史载孙坚"孤微发迹",说明富春孙氏并不显赫。后来的学者塑造了孙氏发达之前的种种异象,但对孙氏出身平民的记载并无异词。东晋裴启《语林》说:"吴主孙皓字孙宾,即(孙)钟之玄孙也。"[④]刘宋刘义庆《幽明录》载:"孙钟,吴郡富春人,坚之祖也。与母居,至孝,笃信,种瓜为业。忽有三年少诣乞瓜,钟为设食。临去,曰:'我司命也,感君不知,何以相报?此山下善,可作冢。'复言:'欲连世封侯而数代天子耶?'钟跪曰:'数代天子,故当所乐。'便为定墓,曰:'君可山下百步后顾见我去处,便是坟所也。'下山行百步,便顾见悉化成白鹤也。"[⑤]梁沈约《宋书·符瑞志》载:

> 孙坚之祖名钟,家在吴郡富春,独与母居。性至孝。遭岁荒,以种瓜为业。忽有三少年诣钟乞瓜,钟厚待之。三人谓钟曰:"此山下善,可作冢,葬之,当出天子。君可下山百步许,顾见我去,即可葬也。"钟去三十步,便反顾,见三人并乘白鹤飞去。钟死,即葬其地。地在县城东,冢上数有光怪,云气五色上属天,衍数里。父老相谓此

---

① [日]渡边义浩:《孙吴政权的形成》,《大东文化大学汉学会志》,1999年第38号。
② 黄炽霖:《从中央文官之地域分布及政治派系看孙吴政权的江东化》,天空数位图书有限公司,2012年。
③ [唐]许嵩撰,张忱石点校:《建康实录》卷一,中华书局,1986年,第3页。
④ 鲁迅辑录:《古小说钩沉》第二集辑,《鲁迅辑录古籍丛编》第一卷,人民文学出版社,1999年,第18页。
⑤ [宋]李昉等撰:《太平御览》卷五五九,中华书局,1960年,第2527页。

非凡气,孙氏其兴矣。坚母任坚,梦肠出绕吴昌门。以告邻母,邻母曰:"安知非吉祥也。"昌门,吴郭门也。坚生而容貌奇异。坚妻吴氏初任子策,梦月入其怀;后孕子权,又梦日入怀。告坚曰:"昔任策,梦月入怀,今又梦日入怀,何也?"坚曰:"日月阴阳之精,极贵之象,吾子孙其兴乎。"权方颐大口紫髯,长上短下。汉世有刘琬者,能相人,见权兄弟,曰:"孙氏兄弟,虽各才智明达,然禄祚不终。唯中弟孝廉,形貌奇伟,骨体不恒,有大贵之表,年又最寿。尔其识之。"权时为孝廉。初,秦始皇东巡,济江。望气者云:"五百年后,江东有天子气出于吴,而金陵之地,有王者之势。"于是秦始皇乃改金陵曰秣陵,凿北山以绝其势。至吴,又令囚徒十余万人掘污其地,表以恶名,故曰囚卷县,今嘉兴县也。汉世术士言:"黄旗紫盖,见于斗、牛之间,江东有天子气。"献帝兴平中,吴中谣言:"黄金车,斑阑耳。开昌门,出天子。"魏文帝黄初三年,夏口、武昌并言黄龙、凤皇见。其年,权称尊号。年至七十一而薨。权子休初封琅邪王,梦乘龙上天,顾不见尾。后得大位,其子被废。①

汉熹平元年(172),时年十七岁的孙坚以吴郡司马的小吏身份招募精勇千余人,协助扬州刺史和丹阳太守的军队,打败了会稽郡许昌的起义。后任盐渎丞、盱眙丞、下邳丞,所历诸职皆在淮水南北,积累了政声,壮大了队伍②。黄巾起义后,孙坚还做过中郎将朱儁的佐军司马,"募诸商旅及淮泗、精兵,合千许人"③,形成了稳定的武装力量。孙策与孙权出生在淮泗之间,因此孙坚的早期主力主要是淮泗人才。淮泗人物最著名者有张昭,他因得罪徐州刺史陶谦,"避难江南,及桓王创业,为府长史,一事已上并委之,升堂拜母,如旧好焉"④。淮泗人物在吴地颇有声誉,如步骘、诸葛瑾、严畯俱属淮泗人。韦昭《吴书》说:"骘以疾免,与琅邪诸葛瑾、彭城严畯俱游

---

① [南朝梁]沈约撰:《宋书·符瑞志》卷二七,中华书局,2018年,第852—853页。
② 《三国志·吴书·孙坚传》卷四六裴松之注引《江表传》载:"坚历佐三县,所在有称,吏民亲附。乡里知旧,好事少年,往来者数百人,坚接抚待养,有若子弟焉。"([晋]陈寿撰,[南朝宋]裴松之注,陈乃乾校点:《三国志·吴书·孙坚传》卷四六,中华书局,1959年,第1094页)
③ [晋]陈寿撰,[南朝宋]裴松之注,陈乃乾校点:《三国志·吴书·孙坚传》卷四六,中华书局,1959年,第1094页。
④ [唐]许嵩撰,张忱石点校:《建康实录》卷二,中华书局,1986年,第42页。

吴中,并著声名,为当时英俊。"①

孙策与孙权与江淮士人关系密切。孙坚进军中原讨伐董卓时,将孙策、孙权及其家人安置在江淮之间的舒县。《三国志·吴书·孙策传》载:"坚初兴义兵,策将母徙居舒,与周瑜相友,收合士大夫,江淮间人咸向之。坚薨,还葬曲阿。已乃渡江居江都。"②孙策、孙权与舒县大族周瑜相友善。周瑜家族的周景、周忠皆为汉太尉,周景拔擢了陈蕃、李膺等汉末名士,因此在士林中享有盛誉。《三国志·吴书·周瑜传》载:"初,孙坚兴义兵讨董卓,徙家于舒。坚子策与瑜同年,独相友善,瑜推道南大宅以舍策,升堂拜母,有无通共。"③《江表传》载:"坚为朱俊所表,为佐军,留家著寿春。策年十余岁,已交结知名,声誉发闻。有周瑜者,与策同年,亦英达夙成,闻策声闻,自舒来造焉。便推结分好,义同断金,劝策徙居舒,策从之。"④《三国志·吴书·周瑜传》载:"初瑜见友于策,太妃又使权以兄奉之。"⑤《建康实录》载:"太夫人(按,孙坚妻)劝权以兄事瑜,拜中护军。"⑥孙策、孙权早年与周瑜情同兄弟。周瑜为孙氏推荐了一批江淮英杰。如鲁肃,旧与周瑜相交,故得周瑜的引荐,史载:"周瑜为居巢长,将数百人故过候肃,并求资粮。肃家有两囷米,各三千斛。肃乃指一囷与周瑜,瑜益知其奇也,遂相亲结,定侨、札之分。……瑜因荐肃才宜佐时,当广求其比,以成功业,不可令去也。权即见肃,与语甚悦之。"⑦又如甘宁,也得到周瑜的推荐,史载:"宁字兴霸,临江人也。……自刘表败归吴,周瑜荐之,以骁果从。权尝曰:'孟德有张辽,孤有兴霸,可以敌也。'"⑧再如蒋干,他"有容仪,以才辩见称,独步江、淮间,

---

① [晋]陈寿撰,[南朝宋]裴松之注,陈乃乾校点:《三国志·吴书·步骘传》卷五二,中华书局,1959年,第1237页。
② [晋]陈寿撰,[南朝宋]裴松之注,陈乃乾校点:《三国志·吴书·孙策传》卷四六,中华书局,1959年,第1101页。
③ [晋]陈寿撰,[南朝宋]裴松之注,陈乃乾校点:《三国志·吴书·周瑜传》卷五四,中华书局,1959年,第1259页。
④ [晋]陈寿撰,[南朝宋]裴松之注,陈乃乾校点:《三国志·吴书·孙策传》卷四六,中华书局,1959年,第1101页。
⑤ [晋]陈寿撰,[南朝宋]裴松之注,陈乃乾校点:《三国志·吴书·周瑜传》卷五四,中华书局,1959年,第1264页。
⑥ [唐]许嵩撰,张忱石点校:《建康实录》卷一,中华书局,1986年,第12页。
⑦ [晋]陈寿撰,[南朝宋]裴松之注,陈乃乾校点:《三国志·吴书·鲁肃传》卷五四,中华书局,1959年,第1267—1268页。
⑧ [唐]许嵩撰,张忱石点校:《建康实录》卷一,中华书局,1986年,第15页。

莫与为对"①,也与周瑜有旧谊。孙坚围攻襄阳战死,孙策移居江淮之间的江都,与张纮等人也颇有往来,据《吴历》载:"初策在江都时,张纮有母丧。策数诣纮,咨以世务。"②因此广陵一带的士人也进入孙氏政权的核心。

汉兴平二年(195),孙策受袁术的派遣来到江东,赶走了会稽太守王朗,自任会稽太守,势力开始进入江东。因此陈寿说"割据江东,策之基兆也"③,孙盛说"创基立事,策之由也……策为首事之君,有吴开国之主,将相在列,皆其旧也"④。孙策本传载"彭城张昭、广陵张纮、秦松、陈端等为谋主"⑤,这里可见孙策参谋力量的构成。建安五年(200)孙策战死,孙权绍兄继位后,接受了孙坚的淮泗集团和孙策的江淮集团两方面力量。《三国志·吴书·吴主传》载:"曹公表权为讨虏将军,领会稽太守,屯吴。使丞之郡行文书事,待张昭以师傅之礼,而周瑜、程普、吕范等为将率。招延俊秀,聘求名士,鲁肃、诸葛瑾等始为宾客。"⑥张昭、诸葛瑾等为淮泗人,而周瑜、鲁肃等为江淮人。陆机《辨亡论》说"宾礼名贤而张昭为之雄,交御豪俊而周瑜为之杰"⑦,正揭示了孙权早期的权力结构。此时孙氏政权中江东本土人物的地位如何呢?孙策在吴的时候,史载"张昭、张纮、秦松为上宾,共论四海未泰,须当用武治而平之,绩年少末坐,遥大声言曰……"⑧,张昭是淮泗人、张纮、秦松是江淮人,俱为上宾,陆绩是江东人,位列末坐。虽然陆绩应以年龄因素叨陪末座,但也间接地反映出当时本土人士在孙吴政权中的地位。在淮泗和江淮的两方面力量中,孙权情感上更倾向于江淮人物,不仅

---

①[唐]许嵩撰,张忱石点校:《建康实录》卷一,中华书局,1986年,第13页。
②[晋]陈寿撰,[南朝宋]裴松之注,陈乃乾校点:《三国志·吴书·孙策传》卷四六,中华书局,1959年,第1102页。
③[晋]陈寿撰,[南朝宋]裴松之注,陈乃乾校点:《三国志·吴书·孙策传》卷四六,中华书局,1959年,第1113页。
④[晋]陈寿撰,[南朝宋]裴松之注,陈乃乾校点:《三国志·吴书·孙策传》卷四六,中华书局,1959年,第1113页。
⑤[晋]陈寿撰,[南朝宋]裴松之注,陈乃乾校点:《三国志·吴书·孙策传》卷四六,中华书局,1959年,第1104页。
⑥[晋]陈寿撰,[南朝宋]裴松之注,陈乃乾校点:《三国志·吴书·吴主传》卷四七,中华书局,1959年,第1116页。
⑦[晋]陈寿撰,[南朝宋]裴松之注,陈乃乾校点:《三国志·吴书·三嗣主传》卷四八,中华书局,1959年,第1179页。
⑧[晋]陈寿撰,[南朝宋]裴松之注,陈乃乾校点:《三国志·吴书·陆绩传》卷五七,中华书局,1959年,第1328页。

是少时与周瑜等有所交往,而且也有周瑜、鲁肃等人劝其偏霸的缘故,我们将在下文做进一步的分析。

四、孙吴文人的分期

为便于历时性地考察孙吴文人的转变和文学发展的脉络,兹将孙吴文人与文学进行分期研究。关于孙吴历史的分期,田余庆根据孙吴政权江东化的进程分为三个阶段:一是建安末年以前,主要政权掌握在侨寓集团手中,如周瑜、吕蒙、张昭、孙邵等,"群吏爪牙兼用江东人"[①];二是建安末年至黄武年间,"顾、陆先后成为当轴主政人物"[②],即以顾雍出任丞相,以陆逊统领上游重镇;三是黄武年间及以后,由各郡举荐人才,实现了全面的江东化。傅刚根据孙吴的文学发展,提出的分期方案是:"东吴局面的形成应是在建安十三年赤壁之战后,自此至孙权卒年(252)可为孙吴前期;自孙亮以后至吴国灭亡可算作后期。"[③]本书从这个基础出发,将孙吴文人与文学分为三期:一是从孙策占据江东的兴平二年(195)到孙吴割据局面稳定的黄初二年(221),共计27年,属于孙吴政权的早期;二是从黄武元年(222)到孙权去世的神凤元年(252),共计31年,属于孙吴政权的中期;三是孙亮建兴二年(253)到吴灭亡的天纪四年(280),共计28年,属于孙吴政权的后期。

兹将孙吴的文人分为政权早、中、后三期,并将作家按分期排列如下(表10):

[①]田余庆:《暨艳案及相关问题——再论孙吴政权的江东化》,《秦汉魏晋史探微》重订本,中华书局,2011年,第319页。
[②]田余庆:《暨艳案及相关问题——再论孙吴政权的江东化》,《秦汉魏晋史探微》重订本,中华书局,2011年,第319页。
[③]傅可航:《吴蜀文学不兴的社会原因探讨》,《社会科学研究》,1986年第2期。

表10

分期	姓名	《隋书·经籍志》有别集
政权早期 （195—221年）	沈友、张敦、陆绩（土） 滕胄、张纮、鲁肃（侨）	张纮（侨）
政权中期 （222—252年）	暨艳、士燮、骆统、张温、虞翻、谢承、顾谭、张纯（土） 张昭、裴玄、裴钦、胡综、薛综、陈融、张承、诸葛恪①（侨）	暨艳、士燮、骆统、张温、虞翻、谢承（土） 胡综、薛综（侨）
政权后期 （253—280年）	朱异、纪陟、张俨、陆凯、姚信、韦昭、范慎、华覈、陆景、孙皓、陆喜、杨厚、万震、杨泉、褚陶、孙拯、纪瞻、顾荣、贺循、陆机、陆云、张翰、蔡洪（土） 周昭、薛莹、闵鸿、郑丰、盛彦（侨）	纪陟、张俨、陆凯、姚信、韦昭、华覈、陆景、杨厚、杨泉、孙拯、顾荣、贺循、陆机、陆云、张翰、蔡洪（土） 薛莹、闵鸿、郑丰、盛彦（侨）

再根据上述孙吴作家的籍贯（附以《隋书·经籍志》别集著录比照）进行列表（表11）：

表11

分期	作家数（其中《隋书·经籍志》别集）	侨籍人数（别集）	土籍人数（别集）
政权早期 （195—221年）	6(1)	3(1)	3(0)
政权中期 （222—252年）	16(8)	8(2)	8(6)
政权后期 （253—280年）	28(20)	5(4)	23(16)

据上表可知，孙吴政权早期的文人寥寥无几，而且侨籍人数（3人）同于土籍人数（3人），这与孙坚、孙策和孙权创业时期重视武功，无暇顾及艺

---

① 诸葛恪卒于建兴二年（253），虽然死于孙权去世次年，但主要行迹在孙权时期，故仍置入中期讨论。

文有关。随着孙吴统治的渐趋稳定,政权中期的文人规模逐渐扩大到16人,土籍文人(8人)与侨籍文人(8人)相对均衡,这是孙权称王后开启江东化历程的阶段性结果。政权后期的文人数竟达28人之多,高于前两期的总和,可知此时孙吴文人已经非常繁多。侨籍文人(5人)锐减,土籍文人(23人)剧增,充分说明了文学本土化的实现,这固然与侨籍士人的相继谢世及其边缘化有关,但根本上是孙吴政权江东化的结果。

五、"权生于东南"与孙吴文学本土化

孙吴文学的本土化与孙吴政权的江东化密切相关。孙吴统治者的籍贯是吴郡富春,却是在淮泗之间发迹,因此孙吴政权早期的骨干,主要来自淮泗与江淮之间。及至黄武元年(222)孙权称王后,早期创业的人士日渐凋零,孙权注意重用江南人士,开启了孙吴政权江东化进程。

孙策受袁术之命进入江东后,驱逐了东汉朝廷所置官员,实际上是名不正言不顺。后来袁术僭称帝号,孙策尽管与之绝交,但身为袁术部曲的经历,毕竟是不利的。孙策曾跟太史慈解释这一段往事,《江表传》载:"策谓慈曰:'刘牧往责吾为袁氏攻庐江,其意颇猥,理恕不足。何者?先君手下兵数千余人,尽在公路许。孤志在立事,不得不屈意于公路,求索故兵,再往才得千余人耳。但令孤攻庐江,尔时事势,不得不为行……'。"①孙策一度与江东英豪的关系十分紧张,《会稽典录》载"孙策平定吴、会,诛其英豪"②,盛宪、张咨等名士俱死于孙策之手。孙氏与江东大族的关系复杂,或者杀戮,或者拉拢,江东大族对孙氏亦在迎拒之间。与孙氏合作的有贺齐和虞翻等家族。如山阴贺氏是江东名族,孙策进行了拉拢。《吴书·贺齐传》载"建安元年,孙策临郡,察齐孝廉"③,孙策使贺齐取得了孝廉的身份。又如会稽虞氏是易学世家,虞翻早早为孙策所用,曾劝会稽太守王朗避位孙策,又成功劝降豫章太守华歆。与孙氏对抗的有周昕、陆康等。会稽周氏

---

① [晋]陈寿撰,[南朝宋]裴松之注,陈乃乾校点:《三国志·吴书·太史慈传》卷四九,中华书局,1959年,第1189页。
② [晋]陈寿撰,[南朝宋]裴松之注,陈乃乾校点:《三国志·吴书·孙韶传》卷五一,中华书局,1959年,第1214页。
③ [晋]陈寿撰,[南朝宋]裴松之注,陈乃乾校点:《三国志·吴书·贺齐传》卷六十,中华书局,1959年,第1377页。

的周昕任丹阳太守,与袁术断绝来往。《会稽典录》说:"昕字大明。少游京师,师事太傅陈蕃,博览群书,明于风角,善推灾异。辟太尉府,举高第,稍迁丹阳太守。曹公起义兵,昕前后遣兵万余人助公征伐。袁术之在淮南也,昕恶其淫虐,绝不与通。"①袁术使孙坚妻弟吴景讨伐之,取得了胜利。《吴书·吴夫人传》载:"袁术上景领丹阳太守,讨故太守周昕,遂据其郡。"②《献帝春秋》载:"袁术遣吴景攻昕,未拔,景乃募百姓敢从周昕者死不赦。昕曰:'我则不德,百姓何罪?'遂散兵,还本郡。"③后来,孙策进攻会稽,周昕仍率军与孙策为敌,为孙策所杀。吴郡陆氏的陆康任庐江太守,与孙策有过激烈的军事冲突。陆康曾得到孙坚的帮助。《吴录》载:"是时庐江太守陆康从子作宜春长,为贼所攻,遣使求救于坚。坚整严救之。主簿进谏,坚答曰:'太守无文德,以征伐为功,越界攻讨,以全异国。以此获罪,何愧海内乎?'乃进兵往救,贼闻而走。"④但陆康拒绝与袁术来往,孙策曾遭到陆康的慢待,袁术遣孙策进攻陆康,取得了胜利。《三国志·吴书·孙策传》载:"后术欲攻徐州,从庐江太守陆康求米三万斛。康不与,术大怒。策昔曾诣康,康不见,使主簿接之。策尝衔恨。术遣策攻康,谓曰:'前错用陈纪,每恨本意不遂。今若得康,庐江真卿有也。'策攻康,拔之。"⑤《后汉书·陆康传》载:"袁术屯兵寿春,部曲饥饿,遣使求委输兵甲。康以其叛逆,闭门不通,内修战备,将以御之。术大怒,遣其将孙策攻康,围城数重。康固守,吏士有先受休假者,皆遁伏还赴,暮夜缘城而入。受敌二年,城陷。月余,发病卒,年七十。宗族百余人,遭离饥厄,死者将半。"⑥田余庆《孙吴建国的道路——论孙吴政权的江东化》说:"孙策用孙坚余兵攻庐江太守吴郡陆康,陆氏宗族随在庐江的百余人中,死者将半,陆康本人亦旋死。这是震动江东的大

---

① [晋]陈寿撰,[南朝宋]裴松之注,陈乃乾校点:《三国志·吴书·宗室传》卷五一,中华书局,1959年,第1206页。
② [晋]陈寿撰,[南朝宋]裴松之注,陈乃乾校点:《三国志·吴书·妃嫔传》卷五十,中华书局,1959年,第1195页。
③ [晋]陈寿撰,[南朝宋]裴松之注,陈乃乾校点:《三国志·吴书·宗室传》卷五一,中华书局,1959年,第1206页。
④ [晋]陈寿撰,[南朝宋]裴松之注,陈乃乾校点:《三国志·吴书·孙坚传》卷四六,中华书局,1959年,第1096页。
⑤ [晋]陈寿撰,[南朝宋]裴松之注,陈乃乾校点:《三国志·吴书·孙策传》卷四六,中华书局,1959年,第1102页。
⑥ [宋]范晔撰,[唐]李贤等注:《后汉书·陆康传》卷三一,中华书局,1965年,第1114页。

事,不能不加剧江东大族对孙策的疑惧和戒备,也引起刘繇的反目。"①陆逊曾随从祖父陆康在庐江,史载其"少孤,随从祖庐江太守康在官",在孙策围城之前,陆康已经预感到末日来临,于是"康遣逊及亲戚还吴",陆逊等人未及城破而回故乡吴郡。后来孙权竟以孙策之女嫁陆逊,史载"权以兄策女配逊",在政治形势的变迁下,陆氏相机而动,灭族的仇怨竟也化解了。

建安十三年(208)赤壁之战后,北方的形势日趋稳定,北士南流运动既已停止,侨寓集团无法获得人才的补充。黄龙元年(229)孙权称帝,距离孙策占据江东已经30余年,早年跟随孙坚、孙策的侨寓人物相继老去,退出政治舞台,江东人士才成为孙吴政权的资源和团结对象,而以吴郡四姓为代表的江东世族逐渐跻身政权中心,成为孙吴政权的主要人物。

侨籍士人张昭与土籍士人顾雍的地位的变迁可视为观察"侨土嬗代"的样本。张昭(156—236),彭城人,是淮泗集团的代表人物。在孙策创业之初,张昭甚见重用,当时"文武之事,一以委昭"②,成为孙策临终的顾命之臣。孙权很倚重张昭,"待张昭以师傅之礼"③,但质子事件与赤壁之战,改变了孙权对张昭的信任。

一是质子事件。建安七年(202),曹操责孙权遣质子,孙权不愿从命,张昭犹豫不能决,而周瑜说"质一人,不得不与曹氏相首尾,与相首尾,则命召不得不往,便见制于人也。极不过一侯印,仆从十余人,车数乘,马数匹,岂与南面称孤同哉?不如勿遣,徐观其变"④,鲁肃说"向察众人之议,专欲误将军,不足与图大事。今肃可迎操耳,如将军,不可也。何以言之?今肃迎操,操当以肃还付乡党,品其名位,犹不失下曹从事,乘辎车,从吏卒,交游士林,累官故不失州郡也。将军迎操,欲安所归?愿早定大计,莫用众人之议也。"⑤周瑜、鲁肃的进言不同于"众人之议",切中了孙权的心思。

二是赤壁之战。《三国志·吴书·吴主传》载建安十三年(208):"是时曹

---

① 田余庆:《秦汉魏晋史探微》重订本,中华书局,2011年,第267页。
② [晋]陈寿撰,[南朝宋]裴松之注,陈乃乾校点:《三国志·吴书·张昭传》卷五二,中华书局,1959年,第1219页。
③ [晋]陈寿撰,[南朝宋]裴松之注,陈乃乾校点:《三国志·吴书·吴主传》卷四七,中华书局,1959年,第1116页。
④ [晋]陈寿撰,[南朝宋]裴松之注,陈乃乾校点:《三国志·吴书·周瑜传》卷五四,中华书局,1959年,第1261页。
⑤ [晋]陈寿撰,[南朝宋]裴松之注,陈乃乾校点:《三国志·吴书·鲁肃传》卷五四,中华书局,1959年,第1270页。

公新得表众,形势甚盛,诸议者皆望风畏惧,多劝权迎之。惟瑜、肃执拒之议,意与权同。"①曹操率大军南侵,群臣"莫不响震失色"②,张昭主张迎降曹操,孙权说"深失所望",一直耿耿于怀,而周瑜、鲁肃等主张迎击曹操,孙权说"甚合孤心"。因此在孙权称帝后,百官朝会,"昭举笏欲褒赞功德,未及言,权曰:'如张公之计,今已乞食矣。'昭大惭,伏地流汗。昭忠謇亮直,有大臣节,权敬重之,然所以不相昭者,盖以昔驳周瑜、鲁肃等议为非也"③。后来孙权两度拒绝了拜张昭为相的朝议。黄武初年之后,张昭"以老病,上还官位及所统领"④,无奈退休而专心治学,著有《春秋左氏传解》及《论语注》。因此建安十三年(208),是淮泗集团人物和江淮集团人物更替的时间节点。

赤壁之战后,孙权依赖的主要是周瑜、鲁肃等江淮人物。到了孙权称王的黄武年间,开始重用江东士人,田余庆指出:"直到建安中期后期,吴四姓代表人物尚无一人被孙权委以文武重任。顾雍曾为会稽郡丞行太守事,而孙权领会稽太守居吴,所以顾雍长期不在孙权身边,至黄武初始擢居吴王府为卿。"⑤又说:"顾、陆拔起于侪辈之中,都比较晚,在建安末,黄武初。"⑥顾雍入朝为相;陆逊官拜大都督;朱桓以抗魏有功被封嘉兴侯,迁奋武将军;张温主管选曹,迁太子太傅。因此说大约在黄武年间,孙吴政权的统治核心,由侨寓集团向本土大族嬗递。

田余庆说孙氏以吴人还治吴土,自然而然地会走上江东本土化的道路。田余庆亦指出,孙吴与江东大族的结合,亦即孙吴以淮泗人为主体的政权转变为以江东人为主体的政权,经历了一个曲折复杂的过程,可以称之为孙吴政权的江东化。孙吴的三署是清贵之选,是孙吴贵族的起家之

---

① [晋]陈寿撰,[南朝宋]裴松之注,陈乃乾校点:《三国志·吴书·吴主传》卷四七,中华书局,1959年,第1117—1118页。
② [晋]陈寿撰,[南朝宋]裴松之注,陈乃乾校点:《三国志·吴书·吴主传》卷四七,中华书局,1959年,第1118页。
③ [晋]陈寿撰,[南朝宋]裴松之注,陈乃乾校点:《三国志·吴书·张昭传》卷五二,中华书局,1959年,第1222页。
④ [晋]陈寿撰,[南朝宋]裴松之注,陈乃乾校点:《三国志·吴书·张昭传》卷五二,中华书局,1959年,第1221页。
⑤ 田余庆:《暨艳案及相关问题——再论孙吴政权的江东化》,《秦汉魏晋史探微》重订本,中华书局,2011年,第318页。
⑥ 田余庆:《暨艳案及相关问题——再论孙吴政权的江东化》,《秦汉魏晋史探微》重订本,中华书局,2011年,第318页。

选。五官、左、右是吴国的三署，各以中郎将统领郎官，起源于汉，魏吴承之。郎有郎中、中郎、侍郎等名目，无员数，来自察举、征拜、任子诸途。郎官日在帝王左右，宿卫扈从，有被甄选升进的便利条件。所以三署实际上是孙吴官员的养成和储备机构，是贵游子弟麇集之所。[1]到了黄武年间，江东子弟在三署之中已占相当的比例，说明本土人物已经在政治上逐渐取得主要的地位。

黄龙元年（229），孙权即帝位时告天称"权生于东南"[2]，强调自己籍贯的本土性，江南人士尤其是吴郡四姓成为"帝乡人"，这是孙权拉拢江南人士的重要标志。

实际上，江南开发较晚，孙吴时期的江东本土人士，也是早年南下的中原士人，历时既久，改籍而成。如吴郡四姓的顾、陆、朱、张，陆姓和朱姓是西汉初年入吴，张氏在东汉时入吴。朱姓的祖先就是善楚辞的朱买臣。因此在江东化的过程中，淮泗子弟也存在着改籍成为江东土著的现象。淮泗集团的人物追随孙坚起事，孙坚于初平三年（192）早早战死，淮泗集团失去了主心骨，因此边缘化较早，于是放下身段，改换籍贯，融入江东。田余庆指出，淮泗子孙改籍江东，应该能够享受到江东子弟仕进的同等政策。沛郡薛综及子薛莹两代仕吴，薛莹子薛兼生于吴世，《晋书》本传谓为丹阳人，而且与同时的顾荣、贺循、纪瞻等南士齐名，号为"南金东箭"。彭城张昭曾孙张闿亦生于吴世，《晋书》本传作丹阳人，而且累官至丹阳郡中正。薛兼、张闿二例，足以说明仕进制度和程序促进了江东的淮泗子弟土著化。

值得注意的是，在神秘政治文化语境中，东南有天子气，引起了当时人的关注。《周易·说卦》说"帝出乎震"，《汉书·五行志》说"震在东方"。前述孙坚家世引《宋书·符瑞志》载汉代术士说："黄旗紫盖，见于斗牛之间，江东有天子气。"《三国志·吴书·鲁肃传》载："今主人亲贤贵士，纳奇录异，且吾闻先哲秘论，承运代刘氏者，必兴于东南，推步事势，当其历数，终构帝基，以协天符，是烈士攀龙附凤驰鹜之秋。"[3]韦昭《吴书》载："（陈化）为郎中令使魏，魏文帝因酒酣，嘲问曰：'吴、魏峙立，谁将平一海内者乎？'化对曰：

---

[1] 田余庆：《暨艳案及相关问题——再论孙吴政权的江东化》，《秦汉魏晋史探微》重订本，中华书局，2011年，第303页。
[2] [晋]陈寿撰，[南朝宋]裴松之注，陈乃乾校点：《三国志·吴书·吴主传》卷四七，中华书局，1959年，第1135页。
[3] [晋]陈寿撰，[南朝宋]裴松之注，陈乃乾校点：《三国志·吴书·鲁肃传》卷五四，中华书局，1959年，第1268页。

'易称帝出乎震,加闻先哲知命,旧说紫盖黄旗,运在东南。'帝曰:'昔文王以西伯王天下,岂复在东乎?'化曰:'周之初基,太伯在东,是以文王能兴于西。'帝笑,无以难,心奇其辞。使毕当还,礼送甚厚。权以化奉命光国,拜犍为太守,置官属。顷之,迁太常,兼尚书令。"①因此,孙权告天时称自己"生于东南",应该有呼应谶语的考虑。

第二节　吴会之争与世族文学文化兴起

在江东文学的崛起过程中,出现了吴会之争,吴郡文人后来居上,超越了会稽郡文人,尤其是作为江东世族的吴郡四姓,塑造了颇具特色的世族文学与文化。吴郡世族的文史成就斐然,尤以文学名世,不同于汉代世族的经学传家,开启了东晋以降门阀士族的尚文之风。

一、吴会之争与江东格局的嬗变

《世说新语·政事》载:

> 贺太傅作吴郡,初不出门。吴中诸强族轻之,乃题府门云:"会稽鸡,不能啼。"贺闻故出行,至门反顾,索笔足之曰:"不可啼,杀吴儿!"于是至诸屯邸,检校诸顾、陆役使官兵及藏逋亡,悉以事言上,罪者甚众。陆抗时为江陵都督,故下请孙皓,然后得释。②

贺邵(226—275)出身会稽大族贺氏家族,被陈寿《吴书》评为"厉志高洁,机理清要"③,孙休世出任吴郡太守,竟遭到吴中豪强的轻视,引发了会稽郡和吴郡的地域攻击。贺氏与顾氏、陆氏等人的矛盾,实际上反映了江

---

①[晋]陈寿撰,[南朝宋]裴松之注,陈乃乾校点:《三国志·吴书·吴主传》卷四七,中华书局,1959年,第1132页。
②[南朝宋]刘义庆,[南朝梁]刘孝标注,余嘉锡笺疏,周祖谟等整理:《世说新语笺疏》,中华书局,2007年,第196—197页。
③[晋]陈寿撰,[南朝宋]裴松之注,陈乃乾校点:《三国志·吴书·贺邵传》卷六五,中华书局,1959年,第1470页。

东内部会稽郡和吴郡的矛盾。

对孙权称王后的会稽郡和吴郡的文人情况进行分析后发现,孙权统治中期的会稽郡文人有骆统、虞翻、谢承等3人,吴郡文人有暨艳、张温、张承、顾谭、张纯等5人。三嗣主时期的会稽郡文人只有杨泉、贺循等2人,而吴郡文人有朱异、张俨、陆凯、姚信、韦昭、华覈、陆景、孙皓、陆喜、杨厚、褚陶、孙拯、顾荣、陆机、陆云、张翰等16人。不仅文人如此,《三国志·吴书》传记中的吴郡人物也远超会稽郡人物。根据史念海的统计,吴郡七县及富春共有23人,分别是富春孙峻、孙琳;吴县顾雍、顾邵、顾谭、顾承、朱桓、朱异、陆绩、张温、陆瑁、陆逊、朱据、陆抗、陆凯、陆胤;余杭凌统;乌程吾粲、徐详;钱唐全琮;阳羡周鲂;云阳韦昭;武进华覈。会稽郡五县共有13人,分别是山阴阚泽、贺齐、钟离牧、贺邵;余姚董袭、虞翻、虞汜、虞忠、虞耸、虞昺;乌伤骆统;上虞吴范;长山留赞。[①]正是因为孙吴后期的人物占据了很大优势,心理上具有优越感,故而敢于轻视出自会稽名门的一郡之长。

因此在孙吴政权江东化的过程中,江东内部的吴郡士人占据了主流地位,而汉代士人辈出的会稽郡逐渐边缘化。会稽郡的学术传统深厚,产生了会稽虞氏这样的《易》学世家。会稽虞氏早期与孙氏关系密切,因为虞翻最早追随孙坚,并说降会稽太守王朗和豫章太守华歆,是助孙氏建立江东基业的功臣。而吴郡陆氏早期与孙氏颇有仇怨。陆康宗族为阻止孙策进攻庐江,坚守两年,成为孙策进军的阻力。吴郡张氏的张允为高岱八友之一,高岱为孙策所诛,张允不能不受牵连。何以孙吴政权江东化后,吴郡人物异军突起,而会稽郡人物竟衰落至此?这应与会稽士族的政治地位变迁有关。会稽士族的代表相继在孙权时期去世,如董袭卒于建安十八年(213),吴范卒于黄武五年(226),贺齐卒于黄武六年(227),虞翻卒于嘉禾二年(233),阚泽卒于赤乌六年(243),等等。早年仕于孙氏的会稽士人谢世后,虞翻诸子、贺齐子孙等承父祖之荫,尚有出仕的机会,但其他会稽士人仕途渺茫,更遑言位居高官了[②]。

会稽士人的政治参与度,也可从孙权后期的"二宫构争"事件中管窥。"二宫构争"事件中,支持太子孙和的有陆逊、诸葛恪、顾谭、朱据、滕胤、施绩、丁密等,主要以吴郡世族为主;支持鲁王孙霸的有步骘、吕岱、全琮、吕

[①] 史念海:《〈三国志〉及〈晋书〉列传人物本贯的地理分布》,《史念海全集》第七卷,人民出版社,2013年,第240—243页。
[②] 吴从祥:《六朝会稽贺氏家族研究》,中国社会科学出版社,2015年,第15页。

据、孙弘等,主要以北方士人为主。卷入这次权力之争的北方士人和吴郡士人众多,而会稽士人仅有尚书丁固、中书令孙弘二人。丁固乃丁览之子,是会稽山阴人,孙弘是会稽人,为人"佞伪险诐"①。到了三嗣主时期,位居高官的会稽士人也屈指可数,会稽的名人约略有:丁固"历显位,孙休时固为左御史大夫,孙皓即位,迁司徒"②;钟离牧,会稽山阴人,孙休时为平魏将军、扬武将军,领武陵太守;贺齐之孙贺邵,孙休即位,出为吴郡太守,孙皓时迁中书令,领太子太傅;朱育,会稽山阴人,孙休时仕郡门下书佐,"后仕朝,常在台阁,为东观令,遥拜清河太守,加位侍中"③。而此时的吴郡世族,仅陆氏一门,即有二相、五侯、将军十余人,煊赫无匹!

  吴郡世族权倾一时,也确实引起了皇权的警惕。《抱朴子·外篇·吴失》说吴国世族"势力倾于邦君,储积富乎公室。出饬翟黄之卫从,入游玉根之藻棁。僮仆成军,闭门为市。牛羊掩原隰,田池布千里"④。黄武三年(224)的暨艳事件和嘉禾五年(236)的吕壹校事事件,孙权的主要目的是打击吴郡世族。孙皓也忌惮陆氏世族的显赫,他对陆凯、陆抗有所不满,但也无可奈何。《世说新语·规箴》引《吴录》载孙皓因陆凯"宗族强盛,不敢加诛"⑤。《三国志·吴书·陆凯传》亦载:"初,皓常衔凯数犯颜忤旨……既以重臣,难绳以法,又陆抗时为大将在疆场,故以计容忍。"⑥直到丞相陆抗死后,孙皓才敢惩罚陆氏家族。陆抗死后的天册元年(275),孙皓将陆凯家族迁至建安郡,如《陆凯传》载"抗卒后,竟徙凯家于建安"⑦,又《陆胤传》载陆凯弟陆胤之子陆式:"天策元年,与从兄祎俱徙建安。"⑧陆机对孙皓打击家族之事

---

① [晋]陈寿撰,[南朝宋]裴松之注,陈乃乾校点:《三国志·吴书·张休传》卷五二,中华书局,1959年,第1225页。
② [晋]陈寿撰,[南朝宋]裴松之注,陈乃乾校点:《三国志·吴书·虞翻传》卷五七,中华书局,1959年,第1324页。
③ [晋]陈寿撰,[南朝宋]裴松之注,陈乃乾校点:《三国志·吴书·虞翻传》卷五七,中华书局,1959年,第1326页。
④ 杨明照撰:《抱朴子外篇校笺》下,中华书局,1997年,第145页。
⑤ [南朝宋]刘义庆,[南朝梁]刘孝标注,余嘉锡笺疏,周祖谟等整理:《世说新语笺疏》,中华书局,2007年,第652页。
⑥ [晋]陈寿撰,[南朝宋]裴松之注,陈乃乾校点:《三国志·吴书·陆凯传》卷六一,中华书局,1959年,第1403页。
⑦ [晋]陈寿撰,[南朝宋]裴松之注,陈乃乾校点:《三国志·吴书·陆凯传》卷六一,中华书局,1959年,第1403页。
⑧ [晋]陈寿撰,[南朝宋]裴松之注,陈乃乾校点:《三国志·吴书·陆胤传》卷六一,中华书局,1959年,第1410页。

耿耿于怀，其述《辨亡论》主旨曰："以孙氏在吴，而祖父世为将相，有大勋于江表，深慨孙皓举而弃之，乃论权所以得，皓所以亡，又欲述其祖父功业，遂作《辨亡论》二篇。"①

吴会地位的变迁，亦与孙吴实行的领兵制和复客制有关。贺邵"检校诸顾、陆役使官兵及藏逋亡"，针对的问题是"役使官兵"和"藏逋亡"，即整肃领兵制和复客制。孙吴的复客制，"客"是佃客，"复"是免除，免除佃客的赋役，即国家允许个人占有不为官府赋税徭役的私客，主要发生在建安时期，是孙权优待过江北军人的政策②，但"藏逋亡"是隐匿未经国家允许的人口，损害了国家的财赋和兵源。而"役使官兵"属于私役官兵，这涉及孙吴的世袭领兵制。孙吴的兵由将领世袭，成为部曲家兵。陆逊的部曲有不少是在征伐山越的基础上形成的，"强者为兵，羸者补户"③，被会稽太守淳于式控告为"枉取民人，愁扰所在"④。孙吴实行的屯田制，要求用私家部曲去屯国有土地，将领们当然不愿意，宁可用来耕种自家土地。唐长孺指出"将领是有权支配他的兵士作各种有利于他私人收入的劳动的"⑤，指出这是私役，"揭破了要得罪"⑥。实际上，部曲参与经商的不少，永安二年（259）三月孙休诏称："州郡吏民及诸营兵，多违此业，皆浮船长江，贾作上下，良田渐废，见谷日少。"⑦这些都给贺邵留下了把柄。左思《吴都赋》说："其居则高门鼎贵，魁岸豪杰，虞魏之昆、顾陆之裔，歧嶷继体，老成弈世，跃马叠迹，朱轮累辙，陈兵而归，兰锜内设，冠盖云荫，间阎阗噎。"⑧左思列举的"虞魏之昆、顾陆之裔"，其中吴郡顾、陆家族领兵明确见于史载，但会稽虞翻、魏朗

---

① [唐]房玄龄等撰：《晋书·陆机传》卷五四，中华书局，1974年，第1467页。
② 参见胡宝国：《对复客制与世袭领兵制的再探讨》，《中国史研究》，1991年第4期。
③ [晋]陈寿撰，[南朝宋]裴松之注，陈乃乾校点：《三国志·吴书·陆逊传》卷五八，中华书局，1959年，第1344页。
④ [晋]陈寿撰，[南朝宋]裴松之注，陈乃乾校点：《三国志·吴书·陆逊传》卷五八，中华书局，1959年，第1344页。
⑤ 唐长孺：《孙吴建国及汉末江南的宗部与山越》，《魏晋南北朝史论丛》，中华书局，2011年，第22页。
⑥ 唐长孺：《孙吴建国及汉末江南的宗部与山越》，《魏晋南北朝史论丛》，中华书局，2011年，第21页。
⑦ [晋]陈寿撰，[南朝宋]裴松之注，陈乃乾校点：《三国志·吴书·孙休传》卷四八，中华书局，1959年，第1158页。
⑧ [南朝梁]萧统编，[唐]李善注：《文选》卷五，中华书局，1977年，第88页。

家族未闻有领兵记载①,吴郡、会稽郡的势力变迁由此可见一斑。会稽郡出身的顾邵明知吴郡豪族的私役情况,因此至屯邸检校,当然不会扑空,故罪者悉众。

二、"吴郡四姓"与世族文学文化的形成

"吴郡四姓"是吴国的世家大族,不仅在政治、军事上人物显赫,如顾雍、陆逊、陆凯为丞相,朱异为大都督,朱然为左大司马,陆抗为镇军大将军,张温为太子太傅,等等,而且在文学和学术上人才辈出,择其要者有吴郡顾氏的顾谭、顾荣等,吴郡陆氏的陆绩、陆凯、陆景、陆喜、陆机、陆云等,吴郡张氏的张敦、张温、张纯、张俨、张翰等。

吴郡顾氏文人的主要代表是顾谭和顾荣。顾谭(205—246),字子默,顾雍之孙。弱冠时与诸葛恪等为太子四友。赤乌六年(243),丞相顾雍卒。七年(244),顾谭为太常,代雍平尚书事。时鲁王孙霸见宠,顾谭上书建议"明嫡庶之端,异尊卑之礼"②,由是得罪孙霸。又以前年芍陂之役论功为全琮父子所恨,被构陷而流放交州。在交州幽而发愤,著《新言》二篇,所作《知难篇》属于自我伤悼的作品。最终卒于交趾。《隋书·经籍志》子部儒家类著录《顾子新语》,即当《新言》。顾荣(?—312),字彦先,与纪瞻、贺循、闵鸿、薛兼并称"五俊"。又与陆机、陆云一同入洛阳,被称"三俊"。顾荣颇有文学才能,《世说新语·赏誉》载蔡洪称"顾彦先,八音之琴瑟,五色之龙章"③。《隋书·经籍志》著录有《顾荣集》五卷,录一卷,今已亡佚。吴郡顾氏的现存作品较少,吴时有顾谭的《议奔丧》《上疏安太子》《知难篇》。

吴郡朱氏,不以文才名世,而以武功著称,故旧目称"朱武"。吴郡朱氏虽然可以追溯到著名楚辞家朱买臣,但后世鲜有人物。及至孙吴,朱桓屡立战功,其子朱异有将领之才,代父领兵,孙亮时官拜大都督,现存《赋弩》,

---

①唐长孺《孙吴建国及汉末江南的宗部与山越》注意到虞魏并无领兵记载,但左思既将其与顾陆并列,认为"《吴志》未载领兵的大族实际上都有兵",又引《魏书·邓艾传》载邓艾对司马师说"吴名宗大族皆有部曲,阻兵仗势,足以建命"。(唐长孺:《孙吴建国及汉末江南的宗部与山越》,《魏晋南北朝史论丛》,中华书局,2011年,第20页)
②[晋]陈寿撰,[南朝宋]裴松之注,陈乃乾校点:《三国志·吴书·顾谭传》卷五二,中华书局,1959年,第1230页。
③[南朝宋]刘义庆,[南朝梁]刘孝标注,余嘉锡笺疏,周祖谟等整理:《世说新语笺疏》,中华书局,2007年,第511页。

说明兼有文才。又有朱据,"有姿貌膂力,又能论难"①,任左将军、骠骑将军,封云阳侯,被孙权许为"才兼文武"②,但作品已无著录。吴郡朱氏现存的作品,吴时有朱治(155—224)的《说孙贲》,朱据(189—246)的《争太子和事》,朱然(181—249)的《上书讨马茂》,朱异(?—257)的《赋弩》,朱绩(?—270)的《与诸葛融书》。吴郡朱氏保存至今的主要是一些政治和战争的公务文章,纯文学作品罕见。

吴郡张氏分为两支:一支是张允、张温父子,另一支是张敦、张纯、张俨、张勃、张翰。张允是高岱八友之一,曾任孙权东曹掾,似典选举之任,"以轻财重士,名显州郡"③。张温尝从唐固就学,晋见孙权时,以文辞占对闻名,曾做过议郎、选曹尚书、太子太傅,因暨艳案而受牵连,史传称他"弘雅之素,英秀之德,文章之采,论议之辨,卓跞冠群,炜晔曜世,世人未有及之者也"④。张温本传载:"(孙权)以问公卿曰:'温当今与谁为比?'大司农刘基曰:'可与全琮为辈。'太常顾雍曰:'基未详其为人也。温当今无辈。'权曰:'如是,张允不死也。'"⑤又载孙权召见时,张温"文辞占对,观者倾竦,权改容加礼。罢出,张昭执其手曰:'老夫托意,君宜明之。'"⑥。张温的著作,《隋书·经籍志》史部载有《三史略》,系《史记》《汉书》《东观汉记》的节略,又集部载有《张温集》。张敦有两子即张纯、张俨,张俨又有两子张勃、张翰。《文士传》载:"张惇子纯与张俨及(朱)异俱童少,往见骠骑将军朱据。据闻三人才名,欲试之,告曰:'老鄙相闻,饥渴甚矣。夫骥騄以迅骤为功,鹰隼以轻疾为妙,其为吾各赋一物,然后乃坐。'俨乃赋犬曰:'守则有威,出则有获,韩卢、宋鹊,书名竹帛。'纯赋席曰:'席以冬设,簟为夏施,揖让而坐,君子攸宜。'异赋弩曰:'南岳之干,钟山之铜,应机命中,获隼高墉。'三

---

① [晋]陈寿撰,[南朝宋]裴松之注,陈乃乾校点:《三国志·吴书·朱据传》卷五七,中华书局,1959年,第1340页。
② [晋]陈寿撰,[南朝宋]裴松之注,陈乃乾校点:《三国志·吴书·朱据传》卷五七,中华书局,1959年,第1340页。
③ [晋]陈寿撰,[南朝宋]裴松之注,陈乃乾校点:《三国志·吴志·张温传》卷五七,中华书局,1959年,第1329页。
④ [晋]陈寿撰,[南朝宋]裴松之注,陈乃乾校点:《三国志·吴书·张温传》卷五七,中华书局,1959年,第1332页。
⑤ [晋]陈寿撰,[南朝宋]裴松之注,陈乃乾校点:《三国志·吴书·张温传》卷五七,中华书局,1959年,第1329页。
⑥ [晋]陈寿撰,[南朝宋]裴松之注,陈乃乾校点:《三国志·吴书·张温传》卷五七,中华书局,1959年,第1329页。

人各随其目所见而赋之,皆成而后坐,据大欢悦。"①张纯、张俨少年便已文才敏捷,则知张氏注重文学教育。张敦,张勃《吴录》载"敦德量渊懿,清虚淡泊,又善文辞"②。张纯有《赋席》。张俨有《赋犬》,又有子书《默记》,其中有《述佐篇》记载了诸葛亮与司马懿的书信③,又有诸葛亮上伐魏表④。《隋书·经籍志》载有《张俨集》。张翰,性纵任不拘,号"江东步兵",本传载"翰有清才,善属文……其文笔数十篇行于世"⑤,"八王之乱"爆发,张翰托以思念吴中菰菜、莼羹、鲈鱼而著《首丘赋》。《隋书·经籍志》载有《张翰集》。南朝文学批评家对张翰颇为肯定,《文选》收录张翰《杂诗》一首,《诗品》列张翰为中品,说其诗歌"虽不具美,而文采高丽",《文心雕龙·才略》说"曹摅清靡于长篇,季鹰辨切于短韵,各其善也",也肯定张翰擅长诗歌短制。另外张俨子张勃入洛后有《吴录》三十卷,称呼孙权为"大皇帝"、孙休为"景帝",有意维护孙吴的正统地位。吴郡张氏现存的作品,吴时有张温(193—230)的《自理》《至蜀诣阙拜章》,张承(178—244)的《与吕岱书》,张纯(？—250)的《赋席》,张俨(？—266)的《赋犬》《请立太子师傅表》《默记·述佐篇》,等等。至于张翰的诗歌,尚不能明确为吴时所作,根据现存的文章来看,主要还是公文。

  吴郡陆氏的文人在"吴郡四姓"中最为突出。吴郡陆氏的学术代表,有陆绩、陆凯、陆玑、陆胤、陆机等,尤以陆绩的学术著作最丰。陆绩本传说他"著述不废,作《浑天图》,注《易》释《玄》"⑥。《隋书·经籍志》记载陆绩注《周易》,并与虞翻合作《周易日月变例》,又与宋忠注《扬子太玄经》,等等。章炳麟《陆机赞》说:"机之族,始于陆绩,说《易》明《玄》,为经术大师。"⑦汤用彤《魏晋玄学论稿》指出三国《易》学有三派,江东派则以虞翻、陆绩为代表。

---

① [晋]陈寿撰,[南朝宋]裴松之注,陈乃乾校点:《三国志·吴书·张温传》卷五六,中华书局,1959年,第1316页。
② [晋]陈寿撰,[南朝宋]裴松之注,陈乃乾校点:《三国志·吴书·张温传》卷五二,中华书局,1959年,第1229页。
③ [晋]陈寿撰,[南朝宋]裴松之注,陈乃乾校点:《三国志·吴书·张温传》卷三五,中华书局,1959年,第935页。
④ [晋]陈寿撰,[南朝宋]裴松之注,陈乃乾校点:《三国志·吴书·张温传》卷三五,中华书局,1959年,第923—924页。
⑤ [唐]房玄龄等撰:《晋书·张翰传》卷九二,中华书局,1974年,第2384页。
⑥ [晋]陈寿撰,[南朝宋]裴松之注,陈乃乾校点:《三国志·吴书·陆绩传》卷五七,中华书局,1959年,第1328—1329页。
⑦ 上海人民出版社编,徐复点校:《太炎文录初编》,《章太炎全集》,上海人民出版社,2014年,第237页。

可知陆绩是象数《易》学的大师。陆凯著有《吴先贤传》，又有《扬子太玄经》注。陆玑有《毛诗草木虫鱼疏》。陆胤有《广州先贤传》。陆机有《晋纪》《洛阳记》《吴章》等。吴郡陆氏的文学代表有陆绩、陆凯、陆喜、陆景、陆机、陆云等。陆绩现有《自知亡日为辞》。陆凯，《隋书·经籍志》载有《陆凯集》。陆喜是吴末创作颇丰的作家，史载其"少有声名，好学有才思。尝为自叙，其略曰：'刘向省《新语》而作《新序》，桓谭咏《新序》而作《新论》。余不自量，感子云之《法言》而作《言道》，睹贾子之美才而作《访论》，观子政《洪范》而作《古今历》，览蒋子通《万机》而作《审机》，读《幽通》《思玄》《四愁》而作《娱宾》《九思》，真所谓忍愧者也。'其书近百篇"[①]。陆景，史载其"澡身好学，著书数十篇也"[②]，《隋书·经籍志》子部儒家类载有《典语》《典语别》，集部载有《陆景集》。吴郡陆氏最著名的文人自然是陆机和陆云。陆机，《隋书·经籍志》载有《陆机集》和《连珠》等。陆云，《隋书·经籍志》载有《陆云集》等。"二陆"不仅是吴郡陆氏的代表，而且是孙吴文学的代表，尤其是陆机，号称"太康之英"（钟嵘《诗品》），是两晋南朝最优秀的作家。

吴郡陆氏的现存作品为最多，吴时有陆瑁（？—239）的《谏亲征公孙渊疏》《与暨艳书》，陆逊（183—245）的《建议平山寇》《议缓兴利改作》《为荆州士人上疏》《上疏请绥攻刘备》《陈时事疏》《请勿取夷州及朱崖疏》《乞息亲征公孙渊疏》《疏请安太子》《与关羽书》《假作答逯式书》《与全琮书》《答刘备》《答全琮》，陆凯（198—269）的《上表言宜优恤功臣后》《上表谏吴主皓》《重表谏起宫》《上疏谏吴主皓》《上疏谏吴主皓不遵先帝二十事》《疏悼王蕃》《奏重备西陵》《奏事》《吴先贤传赞》，陆抗（226—274）的《疾病上疏》《请原薛莹》《陈时宜疏》《请抑黜群小疏》《戒动师旅疏》，陆景（250—280）的《与兄书》《书》（获答虎蔚）、《诫盈》《典语》，陆喜（？—284）的《娱宾》《九思》，等等。陆机（261—303）的《吴大司马诔》，明确作于凤凰三年（274），属于吴国文学的范畴。陆云（263—303）的《嘲褚常侍》似应作于天纪三年（279）。陆氏存世的作品也以公文为主，但陆景、陆喜、陆机、陆云的文学作品也很清楚，至迟到陆机这一代，陆氏已经从武力强宗发展到文化世家了。

综合"吴郡四姓"的文化情况，经学成果主要是陆绩的《易》学，陆玑的《毛诗》学；子学成果主要是顾谭《新言》，张俨《默记》，陆喜《言道》《访论》《审机》，陆绩、陆凯《太玄》注，等等；史学成果主要有张温《三史略》，张勃

[①] [唐]房玄龄等撰：《晋书·陆喜传》卷五四，中华书局，1974年，第1486页。
[②] [晋]陈寿撰，[南朝宋]裴松之注，陈乃乾校点：《三国志·吴书·陆抗传》卷五八，中华书局，1959年，第1360页。

《吴录》,陆凯《吴先贤传》,陆胤《广州先贤传》,陆机《晋纪》《洛阳记》,等等;而在文学领域,顾荣、朱异、张温、张纯、张俨、张翰、陆绩、陆凯、陆喜、陆景、陆机、陆云等皆以文学知名,且顾荣、张温、张俨、张翰、陆凯、陆景、陆机、陆云等均在《隋书·经籍志》中著有别集。据此可知,"吴郡四姓"在文学领域人物鼎盛,促成了汉晋之际独特的世族文学。

三、汉晋大族转变中的文化簪缨

"吴郡四姓"是孙吴的世家大族,属于三国时期的"新出门户"(田余庆语,详下)。刘孝标《世说新语注》引《吴录·士林》说:"吴郡有顾、陆、朱、张,为四姓。三国之间,四姓盛焉。"①陆机面对中原士人而吟唱《吴趋行》,自豪地回顾故国人物道"属城咸有士,吴邑最为多。八族未足侈,四姓实名家"②,重在强调"四姓"的人才鼎盛。"吴郡四姓"能够跻身世族,与朱治的提拔密切相关。朱治任吴郡太守,"公族子弟及吴四姓多出仕郡,郡吏常以千数,治率数年一遣诣王府,所遣数百人"③,因此田余庆说:"吴四姓并称,起于东汉末以至三国时期。……吴四姓之起与日后江东历史关系至大,它们勃兴于三国之世,朱治当起了重要的促进作用。"④陆凯说"先帝外仗顾、陆、朱、张"⑤,知"吴郡四姓"是孙权的重要依靠对象。当然,"吴郡四姓"具有不同的特点,《世说新语·赏誉》说:"吴四姓旧目云:张文、朱武、陆忠、顾厚。"⑥田余庆说:"据今见吴国人物资料论之,以张温为文,朱桓为武,陆逊为忠,顾雍为厚,完全合辙。"⑦"吴郡四姓"也通过互相联姻加强实力,如顾谭、顾

---

① [南朝宋]刘义庆,[南朝梁]刘孝标注,余嘉锡笺疏,周祖谟等整理:《世说新语笺疏》,中华书局,2007年,第582页。
② [南朝梁]萧统编,[唐]李善注:《文选》卷二八,中华书局,1977年,第399页。
③ [晋]陈寿撰,[南朝宋]裴松之注,陈乃乾校点:《三国志·吴书·朱治传》卷五六,中华书局,1959年,第1305页。
④ 田余庆:《暨艳案及相关问题——再论孙吴政权的江东化》,《秦汉魏晋史探微》重订本,中华书局,2011年,第306页。
⑤ [晋]陈寿撰,[南朝宋]裴松之注,陈乃乾校点:《三国志·吴书·陆凯传》卷六一,中华书局,1959年,第1406页。
⑥ [南朝宋]刘义庆,[南朝梁]刘孝标注,余嘉锡笺疏,周祖谟等整理:《世说新语笺疏》,中华书局,2007年,第582页。
⑦ 田余庆:《暨艳案及相关问题——再论孙吴政权的江东化》,《秦汉魏晋史探微》重订本,中华书局,2011年,第309页。

承是陆逊的外甥,顾邵是陆绩的外甥,陆抗是张承的女婿,顾谦是陆机的姐夫,张白是陆绩的女婿,等等,形成了荣辱与共的血缘纽带。

"吴郡四姓"是汉代旧族,至孙吴时期正式成为世家大族。陈琳《檄吴将校部曲文》说"吴诸顾、陆,旧族长者,世有高位"[1],知陆氏和顾氏在汉代已颇具声望,但很晚才为孙氏所信用,"顾、陆拔起于侪辈之中,都比较晚,在建安末,黄武初"[2]。吴郡陆氏"世为族姓"[3],汉代比较有名的有两支:一支是陆续,有子陆褒,陆褒有子陆康,陆康有子陆绩;另一支是陆纡,有子陆骏,陆骏有子陆逊。如陆闳"建武中为尚书令"[4],汉光武帝即位后,将尚书台改成中枢机构,尚书令的地位备受尊崇。陆闳之孙陆续,曾仕郡户曹史,后被辟为别驾从事,史有专传,他娴于吏干,因坐尹兴的冤狱而惨遭笞掠,却能慷慨从容,得到了皇帝的宽宥。陆续长子陆稠,官至广陵太守,有治理的名声;次子陆逢,官乐安太守;少子陆褒,即陆康之父,史书载"力行好学,不慕荣名,连征不就"[5],是砥砺学问和人品的典范。陆康与陆纡是从兄弟,陆康是陆逊的从祖父。汉末灵帝时,陆康历数郡太守,敢于面刺直谏,并在镇压反叛力量、守城抗敌上有着出色的表现,谢承《后汉书》载:"康字季宁,少惇孝悌,勤修操行,太守李肃察孝廉。肃后坐事伏法,康敛尸送丧,还颍川,行服,礼终,举茂才,历三郡太守,所在称治,后拜庐江太守。"[6]又《陆氏世颂》说:"逊祖纡,字叔盘,敏淑有思学,守城门校尉。父骏,字季才,淳懿信厚,为邦族所怀,官至九江都尉。"[7]从陆骏开始,又分为两支:一支是陆逊,子陆抗、孙陆晏、陆景、陆机、陆云;一支是陆瑁,子陆喜。陆逊有侄子陆凯及其弟陆胤。吴郡陆氏与孙氏政权本有宿怨。孙策攻破庐江,庐江太守陆康宗族百余人,遭罹饥厄,死者将半,陆康旋死。而陆康子陆绩被孙权贬谪,死于贬所。因此陆氏必须有重大的立功表现,才能改善与孙氏政权的关系。陆氏家族命运的转折和武功上的发达,受益于陆逊在夷陵之战上的

---

[1] [南朝梁]萧统编,[唐]李善注:《文选》卷四四,中华书局,1977年,第622页。
[2] 田余庆:《暨艳案及相关问题——再论孙吴政权的江东化》,《秦汉魏晋史探微》重订本,中华书局,1959年,第318页。
[3] [宋]范晔撰,[唐]李贤等注:《后汉书·独行列传·陆续传》卷八一,中华书局,1965年,第2682页。
[4] [宋]范晔撰,[唐]李贤等注:《后汉书·独行列传·陆续传》卷八一,中华书局,1965年,第2682页。
[5] [宋]范晔撰,[唐]李贤等注:《后汉书·独行列传·陆续传》卷八一,中华书局,1965年,第2683页。
[6] [晋]陈寿撰,[南朝宋]裴松之注,陈乃乾校点:《三国志·吴书·陆绩传》卷五七,中华书局,1959年,第1328页。
[7] [晋]陈寿撰,[南朝宋]裴松之注,陈乃乾校点:《三国志·吴书·陆逊传》卷五八,中华书局,1959年,第1343页。

卓越表现。陆逊任孙吴大都督,于夷陵一役粉碎了刘备的大举进攻,奠定了陆氏在孙吴政权中的地位,"从此以后至吴亡,陆氏子孙专上流之任达五十余年之久"[①]。陆逊起家于县令,招募二千兵士,为孙权讨伐"恶逆"立功。但是陆逊在得到吕蒙荐举以前,并未获得孙权的显授。赤乌七年(244)春正月,"以上大将军陆逊为丞相"[②],陆逊代顾雍为丞相,权力达到了顶峰。从陆逊开始,陆氏与孙氏的联姻甚为密切,如陆逊娶孙策之女,陆抗实是孙策的外孙,又如陆景娶了孙皓之妹。陆逊以忠直谨慎闻名,深得孙权信任,受命辅佐皇子。孙权称帝后移都建业,留太子孙登等于武昌,命陆逊辅导诸皇子,当时建昌侯孙虑做斗鸭栏,陆逊严肃地教训道:"君侯宜勤览经典以自新益,用此何为?"[③]孙虑听后马上拆毁撤去。《三国志·吴书·孙登传》载:"权迁都建业,征上大将军陆逊辅登镇武昌,领宫府留事。登或射猎,当由径道,常远避良田,不践苗稼,至所顿息,又择空闲之地,其不欲烦民如此。"[④]本传又载:"射声校尉松于公子中最亲,戏兵不整,逊对之髡其职吏。南阳谢景善刘廙先刑后礼之论,逊呵景曰:'礼之长于刑久矣,廙以细辩而诡先圣之教,皆非也。君今侍东宫,宜遵仁义以彰德音,若彼之谈,不须讲也。'"[⑤]随着侨寓集团的隐退,孙权注意拉拢江东豪族,提拔了陆逊,仍旧实行世袭领兵制度。[⑥]陆氏家族日益壮大,成为吴郡世族之执牛耳,《世说新语·规箴》载:"孙皓问丞相陆凯曰:'卿一宗在朝有几人?'陆曰:'二相、五侯、将军十余人。'皓曰:'盛哉!'"[⑦]因此学者指出"吴四姓以顾、陆为著,陆

---

① 田余庆:《暨艳案及相关问题——再论孙吴政权的江东化》,《秦汉魏晋史探微》重订本,中华书局,2011年,第325页。
② [晋]陈寿撰,[南朝宋]裴松之注,陈乃乾校点:《三国志·吴书·吴主传》卷四七,中华书局,1959年,第1145页。
③ [晋]陈寿撰,[南朝宋]裴松之注,陈乃乾校点:《三国志·吴书·陆逊传》卷五八,中华书局,1959年,第1349页。
④ [晋]陈寿撰,[南朝宋]裴松之注,陈乃乾校点:《三国志·吴书·孙登传》卷五九,中华书局,1959年,第1364页。
⑤ [晋]陈寿撰,[南朝宋]裴松之注,陈乃乾校点:《三国志·吴书·陆逊传》卷五八,中华书局,1959年,第1349页。
⑥ 世袭领兵制度,是由君言赐给将领以士兵,死后子弟继续统率,形成世袭。但士兵并不是私属,仍属朝廷,君主有权夺回,改赐他人。参见祝总斌:《"八王之乱"爆发原因试探》,《北京大学学报》,1980年第6期。
⑦ [南朝宋]刘义庆,[南朝梁]刘孝标注,余嘉锡笺疏,周祖谟等整理:《世说新语笺疏》,中华书局,2007年,第652页。

在顾后,但陆氏更强"①。陆氏家族日益壮大,以致陆凯直言极谏得罪孙皓,孙皓竟因陆凯"宗族强盛,不敢加诛"(《世说新语·规箴》引《吴录》)②,陆凯死后,孙皓才徙其家于建安。

吴郡顾氏在汉时已颇有人物。孙吴丞相顾雍的曾祖顾奉,曾在东汉明帝、章帝年间受业于豫章南昌大儒程曾。史载程曾"受业长安,习《严氏春秋》,积十余年,还家讲授。会稽顾奉等数百人常居门下"③,则顾奉从程曾学的是《春秋》严氏传。顾奉后来得到了会稽太守张霸的擢用。永元中,张霸为会稽太守,"表用郡人处士顾奉、公孙松等。奉后为颖川太守,松为司隶校尉,并有名称"④。吴郡顾氏崛起为世族,当归功于顾雍,因为他居吴之相位十九年。顾雍早年从蔡邕学习琴书,后为州郡推荐,"弱冠为合肥长,后转在娄、曲阿、上虞"⑤,所历四县"皆有治迹"。顾雍不仅自身言行处事严肃谨慎,"为人不饮酒,寡言语,举动时当"⑥,而且严格要求家族,其孙顾谭因醉酒起舞,顾雍严厉斥责他"恃恩忘敬,谦虚不足"⑦。又族人顾悌,"以孝悌廉正闻于乡党",又"待妻有礼",父亲顾向年老致仕,凡有家书,顾悌"常洒扫,整衣服,更设几筵,舒书其上,拜跪读之,每句应诺,毕,复再拜",可谓恭敬之至,父亲有病,辄"临书垂涕,声语哽咽",父亲以寿去世,他竟"饮浆不入口五日"⑧,可见顾氏家族以儒家道德自励的家风。顾雍在政治上立身慎重,为政正直,为人宽厚,故而赢得了"顾厚"之声誉。顾雍之子顾邵"博览书传,好乐人伦"⑨,清谈为一时之秀,为庞统所欣赏,又能知人善任,所拔

---

① 田余庆:《暨艳案及相关问题——再论孙吴政权的江东化》,《秦汉魏晋史探微》重订本,中华书局,2011年,第308页。
② [南朝宋]刘义庆,[南朝梁]刘孝标注,余嘉锡笺疏,周祖谟等整理:《世说新语笺疏》,中华书局,2007年,第652页。
③ [宋]范晔撰,[唐]李贤等注:《后汉书·儒林列传·程曾传》卷六九下,中华书局,1965年,第2581页。
④ [宋]范晔撰,[唐]李贤等注:《后汉书·张霸传》卷二六,中华书局,1965年,第1241页。
⑤ [晋]陈寿撰,[南朝宋]裴松之注,陈乃乾校点:《三国志·吴书·顾雍传》卷五二,中华书局,1959年,第1225页。
⑥ [晋]陈寿撰,[南朝宋]裴松之注,陈乃乾校点:《三国志·吴书·顾雍传》卷五二,中华书局,1959年,第1226页。
⑦ [晋]陈寿撰,[南朝宋]裴松之注,陈乃乾校点:《三国志·吴书·顾雍传》卷五二,中华书局,1959年,第1227页。
⑧ [晋]陈寿撰,[南朝宋]裴松之注,陈乃乾校点:《三国志·吴书·顾雍传》卷五二,中华书局,1959年,第1228页。
⑨ [晋]陈寿撰,[南朝宋]裴松之注,陈乃乾校点:《三国志·吴书·顾邵传》卷五二,中华书局,1959年,第1229页。

擢的微贱之人如丁谓、殷礼、吾粲等皆成栋梁。

吴郡世族是沟通"旧族门户"和"新出门户"的桥梁。陈寅恪分析魏晋统治者的社会阶级时指出，魏统治者曹氏出身寒族，并不以儒学为务；刘备即使真是汉朝宗室，也已跌落为寒族，且不甚乐读书，与真正的宗室刘焉"积学教授"不同；孙吴政权是汉末江东地区的强宗大族拥戴江东地区具有战斗力之豪族，即当时不以文化见称的次等士族孙氏而组织起来的政权；西晋政权是儒家豪族政权，与曹魏不一样，而与东汉有相通之处，东汉、孙吴、西晋的社会阶级是一脉相承的[1]。由此观之，吴郡世族实构成了东汉至西晋世族发展的重要一环。田余庆将魏晋士族分为"旧族门户"和"新出门户"：前者由世家大族演变而来，保持儒学传统，个别由儒入玄；后者兴起于魏和西晋，至东晋更为突出，一般习于玄学或出入玄儒。魏晋士族只有少数几家具有东汉世家大族渊源；多数并非由东汉世家大族演变而来，而是魏和西晋时因际遇而上升的新出门户[2]。前面已经指出，"吴郡四姓"在东汉尚不能称大族，但在三国时期跻身世家大族，是"旧族门户"向"新出门户"嬗变的代表。东汉世族的代表是汝南袁氏和弘农杨氏等。汝南袁氏，世传《孟氏易》，四代人居三公之位者有五人，地位显赫。弘农杨氏，世代以《欧阳尚书》著称，杨震有"关西孔子"之谓，"自震至彪，四世太尉，德业相继，与袁氏俱为东京名族云"[3]。东晋和南朝的门阀士族兴起于曹魏西晋之际，如太原王氏和琅琊王氏虽是东汉"旧族门户"，但早已衰落，直至曹魏入仕方才复兴。至于颍川庾氏、陈郡谢氏等，完全是新出门户，直至西晋方才显达[4]。如此，三国时期兴起的吴郡世族，在东汉世族向魏晋士族的新旧演变中，具有独特的地位，尤其体现在学术和文学领域。

吴郡世族继承了汉代的家族学术传统。汉代经学注重家法，世世相传，从而形成了众多的经学世家。如《尚书》学，有夏侯始昌、夏侯胜、夏侯建等的夏侯氏之学，以及欧阳生及其子、欧阳高、欧阳地余、欧阳政、欧阳歙等的欧阳氏之学。《礼》学，有戴德、戴圣叔侄的"大小戴"之学。《诗》学，有韦孟、韦贤、韦玄成、韦赏家族的《鲁诗》韦氏学。汉代吴地的家族学术也颇有可述。如交州有陈钦、陈元父子的《费氏易》学和《左传》学；包咸、包福父子

---

[1] 陈寅恪，万绳楠整理：《陈寅恪魏晋南北朝史讲演录》，天津人民出版社，2018年，第2—26页。
[2] 田余庆：《东晋门阀政治》，中华书局，2012年，第315页。
[3] [宋]范晔撰，[唐]李贤等注：《后汉书·杨彪传》卷五四，中华书局，1965年，第1790页。
[4] 田余庆：《东晋门阀政治》，中华书局，2012年，第316—317页。

的《论语》学。但最典型的是会稽虞氏和贺氏家族。会稽虞氏是著名的《易》学世家,从虞光、虞成、虞凤、虞歆到虞翻,五世治《孟氏易》。会稽贺氏也是《礼》学世家,吴末的贺循精通《礼传》,晋代议《礼》,多从其说。唐长孺《读抱朴子推论南北学风的异同》说:"江南自荆州学派星散之后还是继承汉儒传统,全未受什么影响。"①"吴郡四姓"中的陆氏在汉代最为煊赫,汉末吴郡没有遭遇战乱,因此最大程度上保留了汉代经学的传统。前文介绍的陆绩是《易》学名家,注《周易》,并与虞翻合作《周易日月变例》,被章炳麟称为"经术大师",又被汤用彤视为三国《易》学江东一派的代表。陆绩的《易》学属于象数《易》学,唐长孺考察了江东虞翻、姚信和陆绩的《易》学,指出陆绩的《易》学以象数说经,继承了汉代保守的学说。

正如前文所示,吴郡世族最突出的成就体现在文史领域,在汉晋世家大族中具有独特性。东汉的世家大族首推汝南袁氏和弘农杨氏。汝南袁氏虽是《孟氏易》学世家,但不以文学著名。弘农杨氏世传《欧阳尚书》,但直至杨修始以文学知名,但未能持久,西晋的杨骏与其弟杨珧、杨济并称"三杨",权势煊赫,但在学术和文学上无甚成就。河内司马氏,"虽不及汝南袁氏、弘农杨氏之累代三公,但亦家世二千石,其为东汉中晚以后之儒家大族无疑也"②,司马氏虽然崇礼重孝,但不以经学著名。司马炎称帝后,善于啸聚风雅,多次组织华林园诗会,但本人亦无甚文学成就。范阳卢氏的卢植在汉末为大儒,卢毓在曹魏位至三公,属于"新出门户",卢毓有二子卢钦、卢珽,但卢氏唯有卢钦颇有文学才能,著有"诗赋论难数十篇,名曰《小道》"③。直至东晋以王谢为代表的门阀士族兴起,士族出身的文学家蜂拥而出,士族文学的成就才显著于世。因此从汉代世族向魏晋士族转变过程中,文人辈出的吴郡世族是独特的存在。颜之推《颜氏家训·文章》说江南世族有一个文学传统:"学为文章,先谋亲友,得其评裁,知可施行,然后出手;慎勿师心自任,取笑旁人也。"④"二陆"常常诗歌赠答、书信切磋文章,吴郡陆氏应是颜之推推崇的江南世族文学之开端。

吴郡的世族文学与魏晋庶族文学亦有所不同。庶族亦称寒族,是与士

---

① 唐长孺:《魏晋南北朝史论丛》,中华书局,2011年,第351页。
② 陈寅恪:《崔浩与寇谦之》,《金明馆丛稿初编》,生活·读书·新知三联书店,2001年,第142—143页。
③ [唐]房玄龄等撰:《晋书·卢钦传》卷四四,中华书局,1974年,第1255页。
④ [北齐]颜之推撰,王利器撰:《颜氏家训集解》,中华书局,1993年,第257页。

族、势族、世族相对而言。钱志熙说："真正称得上'势族''世胄'的都是先世元功大勋的后裔，他们也往往是当时的勋贵。而父祖为二千石以下的官僚家的子弟，如无世爵可承，则也应属于寒素。"[1]兹以钟嵘《诗品》中视为太康文学代表的"三张""二陆""两潘""一左"为例。《晋书·张载传》说"洎乎二陆入洛，三张减价。考覈遗文，非徒语也"[2]，说明世族出身的"二陆"的文学成就在当时最高。"三张"的张载、张协、张亢兄弟，虽以文学知名，但家世并不显赫，其父张收官至蜀郡太守。"两潘"的潘岳、潘尼，潘岳的祖父潘瑾官至安平太守，父潘芘官至琅琊内史，潘尼的祖父潘勖为东海相，父潘满为平原内史。"三张""两潘"家族仅仅是帝国的"中层干部"，只能归入庶族文学。而"二陆"家族的"二相五侯"，是三国时期的豪门世族。士庶身份的不同，在文学内容上的表现也有所不同，左思反对"世胄蹑高位"（《咏诗》其二）的不平等现实，潘岳谄事贾谧，以致有"拜路尘"的行径。而陆机的作品却注重维护故国和家族的声誉，如《吴趋行》是歌颂故乡的人文和物产，《答贾谧诗》说"吴实龙飞"，等等，旨在对抗中原士人的歧视，洗脱"亡国之余"的尴尬。

吴郡世族在易代之后日趋衰落，已不复当年煊赫的地位，及至东晋南朝，义兴周氏、吴兴沈氏依靠武力崛起，时人说"今江东之豪莫强周、沈"[3]。但"吴郡四姓"仍然颇有人物：陆氏在东晋有陆晔、陆玩，南朝有陆澄、陆慧晓、陆倕等；张氏在东晋有张玄、张凭等，南朝有张绪、张融、张率等；顾氏在东晋有顾荣、顾和，及至南朝，日渐衰落；至于朱氏，本以武力名世，未闻文化传承，因此后世知名者更少。

第三节　家族文化与陆机的中朝命运

吴郡陆氏家族旧有经学传家传统，从陆逊开始又是军事世家，继而文人辈出，具有文武双修的家族文化特征。职此之由，太康末年，陆机入洛，其卓烁的文才为他赢得了极高的赞誉，而亡国的耻辱，又使他背负了极大的心理压力。陆家自陆逊开始，世代领兵，吴国的灭亡，陆家难辞其咎。为

---
[1] 钱志熙：《魏晋诗歌艺术原论》修订本，北京大学出版社，2005年，第158页。
[2] [唐]房玄龄等撰：《晋书·张载传》卷五五，中华书局，1974年，第1525页。
[3] [唐]房玄龄等撰：《晋书·周札传》卷五八，中华书局，1974年，第1575页。

了证明吴亡乃孙皓之暴，非陆家之过，陆机不得不深度介入"八王之乱"。尽管家族的荣耀给他带来了声誉，但故国的覆亡又使他想方设法证明非陆氏家族的责任，于是积极奔走在西晋权贵之间，终于死于非命，导致覆宗绝祀。陆机在中朝当众吟诵《吴趋行》，又为吴地特产羽扇作赋，与杨泉《五湖赋》、闵鸿《羽扇赋》等共同表达了对江南风物的自豪之感和对故乡的眷恋之情。他又积极投入军事斗争以谋求建功立业，与陆氏以军功传家的文化氛围有关。陆机的悲剧命运具有独特性，反映了易代之际世族子弟的艰难生存处境和复杂心理状态。

一、"二俊"说与仕北吴士的中朝美誉

太康元年(280)，西晋灭吴，随后不久，在中朝的征辟中，大批吴地士人选择入洛仕宦。以《晋书》对照《三国志·吴书》可以发现，凡跻身史乘的孙吴文人基本选择了赴中朝做官，如《隋书·经籍志》著有别集的薛莹、陆机、陆云、盛彦、褚陶、纪瞻、顾荣、贺循、孙拯、张翰等。其中有些文人同时以学术著称，如薛莹是史学家，曾撰写断代史著作《后汉纪》，又撰有地理著作《荆扬已南异物志》等；又如贺循，《晋书》说他"少玩篇籍，善属文，博览众书，尤精《礼传》"[1]。会稽贺氏家族，是汉代著名《礼》学家庆普之后，庆普与"二戴"俱师从后仓，家族世代传承《礼》学，晋初议《礼》亦受其影响。

仕晋的江东人物，当推陆机、陆云兄弟最具典型。他们出身江东豪族吴郡陆氏，青年时代已经驰誉中朝，并为当时的文坛领袖张华所推举，史书说：

> 至太康末，与弟云俱入洛，造太常张华。华素重其名，如旧相识，曰："伐吴之役，利获二俊。"[2]

张华之意是讨伐东吴的这一仗，好处是收获了两位英才。他将机、云兄弟的出仕中朝，作为伐吴之役的重要成果。中朝士人的这番雅誉，在当

---

[1] [唐]房玄龄等撰：《晋书·贺循传》卷六八，中华书局，1974年，第1830页。
[2] [唐]房玄龄等撰：《晋书·陆机传》卷五四，中华书局，1974年，第1472页。又《晋书》的这则材料似取自《机云别传》，此书裴松之已利用，成书当不晚于宋初；又在太康年号前冠以"晋"字，疑非晋人所作；又误太常为司空，核之史书，元康六年(296)张华始迁此职，而夸陆机"其文大治"，患为才多，后人遂将此事与太康末担任太常时赞赏"二陆"的事相混淆。

时已为美谈,故而招致史家的注意,得以载诸史籍。

如果陆喜不在太康初去中朝出仕,且容再增数年之寿,与机、云兄弟一起入洛,应该也会得到张华的类似赞誉。且看出身吴郡大族的顾荣,史载他"吴平,与陆机兄弟同入洛,时人号为'三俊'"[①];又如张华誉为"南金"的薛兼,本传载他:"兼清素有器宇,少与同郡纪瞻、广陵闵鸿、吴郡顾荣、会稽贺循齐名,号为'五俊'。"[②]这类说法应是当时称美人物的习惯用语,究其所出,当是东汉清谈风气的流风余韵。东汉末年的门生故吏相结成党,与宦官集团展开了斗争,人物品评蔚成风气,当时标榜天下名士的称号有"三君""八俊""八顾""八及""八厨"等。张华"二俊"说或袭取于此。

那么张华立论的依据是什么?这背后又隐藏着怎样的意图?

二、陆氏的家族荣耀和"二陆"的卓荦才华

陆机、陆云兄弟早早成名,首先得益于家族的地位和声誉。吴郡陆氏一门"二相、五侯、将军十余人"(《世说新语·规箴》)[③]。正是这样显赫的家世,使"二陆"颇为自负,陆机曾撰写《祖德赋》和《述先赋》,陆云有《祖考颂》,他们认为家族声誉久播四海,殊邦绝域尽人皆知,因此如果有中朝士人闻见不广,触及家讳,他们会不留情面地给予针锋相对的反击。《世说新语·方正》记载:"卢志于众坐问陆士衡:'陆逊、陆抗,是君何物?'答曰:'如卿于卢毓、卢珽。'士龙失色。既出户,谓兄曰:'何至如此,彼容不相知也!'士衡正色曰:'我父祖名播海内,宁有不知,鬼子敢尔!'。"[④]《晋书》亦载此事,略有异同。余嘉锡说:"晋、六朝人极重避讳,卢志面斥士衡祖父之名,是为无礼。此虽生今之世,亦所不许。揆以当时人情,更不容忍受。"[⑤]陆机认为父亲陆抗和祖父陆逊都是孙吴的高官和名将,中原人士不容不知,尤其是范阳卢氏这样的河北大族,卢志此言显然有挑衅的意味。

---

① [唐]房玄龄等撰:《晋书·顾荣传》卷六八,中华书局,1974年,第1811页。
② [唐]房玄龄等撰:《晋书·薛兼传》卷六八,中华书局,1974年,第1832页。
③ [南朝宋]刘义庆,[南朝梁]刘孝标注,余嘉锡笺疏,周祖谟等整理:《世说新语笺疏》,中华书局,2007年,第652页。
④ [南朝宋]刘义庆,[南朝梁]刘孝标注,余嘉锡笺疏,周祖谟等整理:《世说新语笺疏》,中华书局,2007年,第354页。
⑤ [南朝宋]刘义庆,[南朝梁]刘孝标注,余嘉锡笺疏,周祖谟等整理:《世说新语笺疏》,中华书局,2007年,第358页。

孙吴陆氏的名声也确实在中朝广泛流播。晋武帝曾向吴士吾彦咨询其中的优劣,史载:"帝尝问彦:'陆喜、陆抗二人谁多也?'彦对曰:'道德名望,抗不及喜;立功立事,喜不及抗。'。"①陆机入洛时,于人才济济的中原人士中,只推重当时的文坛领袖张华,史载:"初,陆机兄弟志气高爽,自以吴之名家,初入洛,不推中国人士,见华一面如旧,钦华德范,如师资之礼焉。"②这与张华的"伐吴之役,利获二俊"说发生在同时,互相引以为旧识,其惺惺相惜之情溢于言表。陆机在太康初年以亡国之臣的身份被俘入洛,但很快获释重归故土,而正式入洛仕宦时已是太康十年(289)。当时的太康文坛业已鼎盛,产生了张华、左思、潘岳、张载、张协、张亢、潘尼等诸多重要作家,而陆机、陆云兄弟却不屑一顾,其非凡的自信和目无下尘的倨傲由此可见一斑。

家族名声固然为他们延誉不少,但"二陆"自身的文学成就也颇令人瞩目。史书说:"洎乎二陆入洛,三张减价。考覈遗文,非徒语也。"③史家依据流传的文学作品证实了"二陆"文学才华的突出。"二陆"对太康文坛的蔑视更引来评论家和史学家的附和,根源就在于他们杰出的文学才能。陆机本传说他"少有异才,文章冠世,伏膺儒术,非礼不动"④,陆机接受的是传统儒学的教育,注意道德的砥砺,早早就显露出特殊的才华,文章被誉为一时之冠。陆云与乃兄相似,本传说他"六岁能属文,性清正,有才理"⑤。《世说新语·赏誉》刘孝标注引《陆云别传》(按:疑《机云别传》)说陆云:"儒雅有俊才,容貌瑰伟,口敏能谈,博闻强记。善著述,六岁便能赋诗,时人以为项托、扬乌之俦也。"⑥《隋书·经籍志》著录的"二陆"别集有:"《晋平原内史陆机集》十四卷。梁四十七卷,录一卷,亡""又《连珠》一卷,陆机撰,何承天注""《晋清河太守陆云集》十二卷。梁十卷,录一卷"。陆机和陆云在少年时表现出卓越的文学才华,彼时吴国还没有灭亡,因此他们声誉的远播,应该得益于世族的出身。世族子弟容易引人注意,凡有一介之善,门客臣属就会大加渲染,更何况"二陆"本身就才华横溢!吴国新亡,周浚曾询问吴

---

① [唐]房玄龄等撰:《晋书·吾彦传》卷五七,中华书局,1974年,第1563页。
② [唐]房玄龄等撰:《晋书·张华传》卷三六,中华书局,1974年,第1077页。
③ [唐]房玄龄等撰:《晋书·张载传》卷五五,中华书局,1974年,第1525页。
④ [唐]房玄龄等撰:《晋书·陆机传》卷五四,中华书局,1974年,第1467页。
⑤ [唐]房玄龄等撰:《晋书·陆云传》卷五四,中华书局,1974年,第1481页。
⑥ [南朝宋]刘义庆,[南朝梁]刘孝标注,余嘉锡笺疏,周祖谟等整理:《世说新语笺疏》,中华书局,2007年,第512页。

人当地旧姓的情况,得到的答复是:"陆士衡、士龙鸿鹄之裴回,悬鼓之待槌。"(《世说新语·赏誉》)①这说明吴亡前"二陆"在江东声誉已隆,因此吴人建议周浚擢用,后来陆云被召为从事。太康元年(280),孙吴灭亡,陆机思考亡国之痛,因而创作了名篇《辨亡论》,陆机当时方满二十岁,即完成了如此成熟的作品,其才华与名声是匹配的。

三、中朝政权对江东豪族的笼络

吴郡陆氏属于江东豪门世族,孙吴时期俊才云蒸,而张华称"伐吴之役,利获二俊",主要是出于政治上的考虑。而江右庐江的陶侃,却没有这么幸运,他被太守张夔察举为孝廉,"至洛阳,数诣张华。华初以远人,不甚接遇"②。实际上,陶侃在地方颇有"能名",颇受长官赏识,而张华等中原人士并不器重,应该是因为他寒门孤族的身份,不如吴郡陆氏的世族身份更具代表性,更能引人瞩目。

张华时任西晋太常,位列九卿,元康年间由中书监转司空,他对吴士的推崇,主要是出于政治笼络的目的。张华是西晋统治阶层中的重要成员。罗宗强将晋初群臣分为两派势力:一派是魏晋禅代的功臣,如何曾、王沈、裴秀、贾充等,系司马氏的腹心;一派属于立身清正的名士群体,如和峤、裴楷、张华等,对魏晋禅代心存芥蒂。张华属于后者,晋初这两派有过数次较大的朋党之争③。他们在军事上灭亡孙吴之后,一方面迫切需要在吴人心目中树立对新政权的认同感,另一方面也措意拉拢名士、壮大势力,以便与破坏纲常、崇尚奢靡的风气相斗争。因此张华对吴士中凡有一介之善者也不吝表彰,如孔愉主要是"养祖母以孝闻"④,也被迁到洛阳做官。

当时不独张华如此,中朝权贵普遍地对吴士进行了笼络。蔡洪曾被问及吴国旧姓的情况,或是为选用江东豪族做准备。《世说新语·赏誉》载:"有问秀才:'吴旧姓何如?'答曰:'吴府君,圣王之老成,明时之俊义。朱永长,理物之至德,清选之高望。严仲弼,九皋之鸣鹤,空谷之白驹。顾彦先,八

---

① [南朝宋]刘义庆,[南朝梁]刘孝标注,余嘉锡笺疏,周祖谟等整理:《世说新语笺疏》,中华书局,2007年,第511页。
② [唐]房玄龄等撰:《晋书·张华传》卷六六,中华书局,1974年,第1768页。
③ 罗宗强:《玄学与魏晋士人心态》,南开大学出版社,2003年,第180页。
④ [唐]房玄龄等撰:《晋书·孔愉传》卷七八,中华书局,1974年,第2051页。

音之琴瑟,五色之龙章。张威伯,岁寒之茂松,幽夜之逸光。陆士衡、士龙,鸿鹄之裴回,悬鼓之待槌。凡此诸君,以洪笔为锄耒,以纸札为良田,以玄默为稼穑,以义理为丰年;以谈论为英华,以忠恕为珍宝;著文章为锦绣,蕴五经为增帛;坐谦虚为席荐,张义让为帷幕;行仁义为室宇,修道德为广宅。'"①蔡洪提出的名家有吴展、朱诞、严隐、顾荣、张畅、陆机、陆云等。《晋书·顾荣传》载齐王司马冏为博取声名,任命顾荣为主簿,目的是"甄拔才望,委以事机,不复计南北亲疏,欲平海内之心也"②。陆机进入贾谧"二十四友",也与贾谧之善于称赞和拔擢吴人有关。周一良《魏晋南北朝史札记》"西晋王朝对待吴人"条提出"陆机本传言其'好游权门,与贾谧亲善,以进趣获讥'。《文选》收潘岳为贾谧所作赠陆机诗云,'婉婉长离(灵鸟),凌江而翔。长离云谁?咨尔陆生'。'况乃海隅,播名上京'。诗末又云,'在南称柑,度北则橙',特标明机为南人之秀。陆机答贾谧诗云,'惟汉有木,曾不逾境。惟南有金,万邦作咏',强调己虽南人而得显达。由此可见,陆氏兄弟之投贾谧,列入廿四友,盖与贾谧之敢于拔擢南人有关,故陆机与之亲善。"③

另外,吴国新附,人心不稳,西晋政权为巩固新获得的东南地区的统治,必然要吸收一批在当地有影响力的士人参与政权,避免这些力量继续在当地盘踞坐大,重现割据之势。陈寅恪注意到了吴境强宗大族的力量,他指出:"西晋灭吴之后,吴境强宗大族势力并未因之消灭。因为未消灭,所以能反抗洛阳的统治。洛阳政府采取笼络吴地统治阶级的绥靖政策,然而未收大效而中州已乱。"④早在刚刚灭亡吴国的时候,西晋政府已下诏"吴之旧望,随才擢叙",不久就有针对性地誉贤诏书,《楚国先贤传》说:"太康二年,诏曰:'吴故光禄大夫石伟,秉志清白,皓首不渝,虽处危乱,廉节可纪。年已过迈,不堪远涉,其以伟为议郎,加二千石秩,以终厥世。'伟遂阳狂及盲,不受晋爵。年八十三,太熙元年卒。"⑤当时朝廷对待吴国贤士,主要是旌表道德名节,还没有广泛地征贤入洛。到了太康中,晋武帝和华谭

---

① [南朝宋]刘义庆,[南朝梁]刘孝标注,余嘉锡笺疏,周祖谟等整理:《世说新语笺疏》,中华书局,2007年,第511—512页。
② [唐]房玄龄等撰:《晋书·顾荣传》卷六八,中华书局,1974年,第1812页。
③ 周一良:《魏晋南北朝史札记》,中华书局,2007年,第74页。
④ 陈寅恪,万绳楠整理:《陈寅恪魏晋南北朝史讲演录》,天津人民出版社,2018年,第26页。
⑤ [晋]陈寿撰,[南朝宋]裴松之注,陈乃乾校点:《三国志·吴书三嗣主传》卷四八,中华书局,1959年,第1159页。

的一段策问才将朝廷的用心表露无遗,华谭本传载:

> 又策曰:"吴蜀恃险,今既荡平。蜀人服化,无携贰之心;而吴人趑雎,屡作妖寇。岂蜀人敦朴,易可化诱;吴人轻锐,难安易动乎?今将欲绥静新附,何以为先?"对曰:"臣闻汉末分崩,英雄鼎峙,蜀栖岷陇,吴据江表。至大晋龙兴,应期受命,文皇运筹,安乐顺轨;圣上潜谋,归命向化。蜀染化日久,风教遂成;吴始初附,未改其化,非为蜀人敦愿而吴人易动也。然殊俗远境,风土不同,吴阻长江,旧俗轻悍。所安之计,当先筹其人士,使云翔阊阖,进其贤才,待以异礼;明选牧伯,致以威风;轻其赋敛,将顺咸悦,可以永保无穷,长为人臣者也。"①

晋武帝真实地透露了对吴人的忧虑,最主要的是"吴人趑雎,屡作妖寇",说明当时的反晋武装仍然在抗争,因此拟采取绥靖的政策。华谭因此建议,用特殊的待遇将吴士征入朝廷做官。晋武帝时,刘颂在郡上疏说:

> 封幼稚皇子于吴蜀,臣之愚虑,谓未尽善。夫吴越剽轻,庸蜀险绝,此故变衅之所出,易生风尘之地。且自吴平以来,东南六州将士更守江表,此时之至患也。又内兵外守,吴人有不自信之心,宜得壮主以镇抚之,使内外各安其旧。又孙氏为国,文武众职,数拟天朝,一旦堙替,同于编户。不识所蒙更生之恩,而灾困逼身,自谓失地,用怀不靖。今得长王以临其国,随才授任,文武并叙,士卒百役不出其乡,求富贵者取之于国内。内兵得散,新邦又安,两获其所,于事为宜。②

刘颂指出吴平后,晋朝用吴人守江东,而吴人又有担忧,因此建议封年长皇子镇守吴国,并对南人加以礼遇,"随才授任,文武并叙"。太康九年(288),武帝诏令"内外群官举清能,拔寒素"。华谭正是太康中应嵇绍的举荐,得以到洛阳回答皇帝的策问。《晋书·陆喜传》又记载了太康中武帝下诏要求安排陆喜等十五人,其说:"主者可皆随本位就下拜除,敕所在以礼发遣,须到随才授用。"③这次诏令的下达,应该与晋武帝听取了华谭的建议而开始征召吴士入朝供职有关。

---

① [唐]房玄龄等撰:《晋书·华谭传》卷五二,中华书局,1974年,第1450页。
② [唐]房玄龄等撰:《晋书·刘颂传》卷四六,中华书局,1974年,第1294—1295页。
③ [唐]房玄龄等撰:《晋书·陆喜传》卷五四,中华书局,1974年,第1487页。

除这纸诏书外,晋武帝很可能还发布过其他的征贤令[1],因此应命入洛的人络绎不绝。这样猜测的依据是:《晋书》中凡属由吴入洛的传主,都有到中原出仕的经历,他们是吴国的名士,有些入晋后也颇有一番作为,因此得以跻身史乘传之不朽。《三国志·吴书·薛莹传》载:"莹既至洛阳,特先见叙,为散骑常侍,答问处当,皆有条理。"[2]陆机《赴洛道中作诗二首》有四句"总辔登长路,鸣咽辞密亲。……伫立望故乡,顾影凄自怜"[3],仔细品咂诗中滋味,似乎是迫不得已才到中原出仕,因此格调哀切,充满了对亲人和家乡的眷恋之情。《晋书·张翰传》中有一段记载也可以说明晋武帝曾发布征贤令:"会稽贺循赴命入洛,经吴阊门,于船中弹琴。翰初不相识,乃就循言谭,便大相钦悦。问循,知其入洛,翰曰:'吾亦有事北京。'便同载即去,而不告家人。"[4]贺循是奉命入洛经过吴郡时才与张翰结识的,张翰是吴地本土世族,在京城应无系援,肯与贺循同去,说明这部征贤令与面向陆喜等十五人的那纸诏书,应该是不一样的。

　　中朝所征的士人,如陆机、陆云、陆喜、张翰、贺循等,很多是吴地世族出身,而普通士人似乎很难获得出仕的机会。陆机说:"至于荆、扬二州,户各数十万,今扬州无郎,而荆州江南乃无一人为京城职者。"[5]葛洪《抱朴子·外篇·审举》说:"昔吴土初附,其贡士见偃以不试。今太平已近四十年矣,犹复不试,所以使东南儒业衰于在昔也。"[6]可见,晋武帝发布征贤令的主旨,并非有意识地普遍征选吴地人才,而是笼络江南的世族大姓。

　　诚然,中原对吴人的提防不是没有道理的。晋朝统治者意识到"时吴人新附,颇怀畏惧"[7],因此西晋的江南地区并不安宁,太康平吴后,江南颇有童谣说吴当复国,"于时吴人皆谓在孙氏子孙,故窃发为乱者相继"[8]。江东世族子弟在中朝的前途多舛,加深了吴人对中朝的不信任。顾荣被齐王司马冏召为大司马主簿,内心十分担忧,史载:"冏擅权骄恣,荣惧及祸,终

---

[1]《晋书·武帝纪》载太康九年(288)正月诏"令内外群官举清能,拔寒素"、五月"诏内外群官举守令之才",或是太康末"二陆"入洛的原因。
[2][晋]陈寿撰,[南朝宋]裴松之注,陈乃乾校点:《三国志·吴书·薛莹传》卷五三,中华书局,1959年,第1256页。
[3]逯钦立辑校:《先秦汉魏晋南北朝诗》,中华书局,1983年,第684页。
[4][唐]房玄龄等撰:《晋书·张翰传》卷九二,中华书局,1974年,第2384页。
[5][唐]房玄龄等撰:《晋书·贺循传》卷六八,中华书局,1974年,第1825页。
[6]杨明照撰:《抱朴子外篇校笺》上,中华书局,1991年,第413页。
[7][唐]房玄龄等撰:《晋书·王浑传》卷四二,中华书局,1974年,第1202页。
[8][唐]房玄龄等撰:《晋书·五行传》卷二八,中华书局,1974年,第844页。

日昏酣,不综府事,以情告友人长乐冯熊。熊谓冏长史葛旟曰:'以顾荣为主簿,所以甄拔才望,委以事机,不复计南北亲疏,欲平海内之心也。今府大事殷,非酒客之政。'旟曰:'荣江南望士,且居职日浅,不宜轻代易之。'熊曰:'可转为中书侍郎,荣不失清显,而府更收实才。'旟然之,白冏,以为中书侍郎。在职不复饮酒。人或问之曰:'何前醉而后醒邪?'荣惧罪,乃复更饮。与州里杨彦明书曰:'吾为齐王主簿,恒虑祸及,见刀与绳,每欲自杀,但人不知耳。'"①因此陈敏割据时(305—307),吴郡顾氏的才俊顾荣"伪从之"②,"悉引诸豪族委任之"③,暂时选择了与陈敏合作。顾荣劝甘卓起兵反抗陈敏时还说:"若江东之事可济,当共成之。然卿观事势当有济理不?"④顾荣策反甘卓,甘卓军士皆言:"本所以勠力陈公者,正以顾丹阳、周安丰耳,今皆异矣,汝等何为!"⑤顾荣审时度势,知道陈敏不足成事,后来抛弃陈敏,而军士选择服从顾荣,可知孙吴特有的领兵制度造就了江东世族对地方武装的强大号召力。

四、中朝士人的歧视态度与入晋吴士的心理状态

孙吴灭亡后,太康二年(281),晋朝统治者"赐王公以下吴生口各有差"⑥,吴国军民不少成为晋朝官员的家奴。作为军事斗争的胜利者,晋朝统治者毫不掩饰他们的得意之情,即使对江南士人,言语之间透露着鄙夷和嘲讽。鲁迅《北人与南人》说:"二陆入晋,北方人士在欢欣之中,分明带着轻薄。"⑦陆机"初入洛,不推中国人士"⑧,这种自矜未始不是对中原人士歧视心理的抗拒。

华谭以才学闻名于吴国,入洛之时却遭到中原士人的嘲笑,《晋书》本传载:

---

① [唐]房玄龄等撰:《晋书·顾荣传》卷六八,中华书局,1974年,第1812页。
② [唐]房玄龄等撰:《晋书·陈敏传》卷一百,中华书局,1974年,第2615页。
③ [唐]房玄龄等撰:《晋书·顾荣传》卷六八,中华书局,1974年,第1813页。
④ [唐]房玄龄等撰:《晋书·顾荣传》卷六八,中华书局,1974年,第1813页。
⑤ [宋]司马光编著,[元]胡三省音注,"标点资治通鉴小组"校点:《资治通鉴》卷八六,中华书局,1956年,第2726页。
⑥ [唐]房玄龄等撰:《晋书·武帝纪》卷三,中华书局,1974年,第73页。
⑦ 鲁迅:《花边文学》,《鲁迅全集》第五卷,人民文学出版社,2005年,第456页。
⑧ [唐]房玄龄等撰:《晋书·张华传》卷三六,中华书局,1974年,第1077页。

> 谭素以才学为东土所推。同郡刘颂时为廷尉,见之叹息曰:"不悟乡里乃有如此才也!"博士王济于众中嘲之曰:"五府初开,群公辟命,采英奇于仄陋,拔贤俊于岩穴。君吴楚之人,亡国之余,有何秀异而应斯举?"谭答曰:"秀异固产于方外,不出于中域也。是以明珠文贝,生于江郁之滨;夜光之璞,出乎荆蓝之下。故以人求之,文王生于东夷,大禹生于西羌。子弗闻乎?昔武王克商,迁殷顽民于洛邑,诸君得非其苗裔乎?"济又曰:"夫危而不持,颠而不扶,至于君臣失位,国亡无主,凡在冠带,将何所取哉!"答曰:"吁!存亡有运,兴衰有期,天之所废,人不能支。徐偃修仁义而失国,仲尼逐鲁而逼齐,段干偃息而成名,谅否泰有时,曷人力之所能哉!"济甚礼之。①

华谭应举时,博士王济曾当众嘲笑他说"君吴、楚之人,亡国之余,有何秀异而应斯举",又说"夫危而不持,颠而不扶,至于君臣失位,国亡无主,凡在冠带,将何所取哉",华谭以"谅否泰有时,曷人力之所能哉"来作答,固然聪明巧妙。但在中原士人的逻辑当中,如果确有治国的才干,应该协助君主治理好国家,如今国家已经覆亡,再自负才华无疑是自取其辱。

王济的这种态度,并不是孤立的存在,王浑灭吴有功,升征东大将军,也讥笑吴人,《晋书》周处本传载:

> 及吴平,王浑登建邺宫酾酒,既酣,谓吴人曰:"诸君亡国之余,得无戚乎?"处对曰:"汉末分崩,三国鼎立,魏灭于前,吴亡于后,亡国之戚,岂惟一人!"浑有惭色。②

王浑是灭吴行动的主要策划者,胜利之后,竟然在孙吴宫殿设宴招待吴人,完全是一副胜利者的骄人姿态。饮酒本是作乐,却在酒酣之际问吴人"亡国之余"的感受,周处回敬得很巧妙:"汉末分崩,三国鼎立,魏灭于前,吴亡于后,亡国之戚,岂惟一人。"王浑这番酒酣耳热的醉后言语,其实道出了中朝人士的普遍心声,周处回答得固然尖锐,毕竟王浑是由魏将转向晋将,但魏晋是和平禅代,吴是武力征服,性质是不一样的。

陆机、陆云来自煊赫的吴郡陆氏,也不免遭到中原士人的轻慢。《世说

---

① [唐]房玄龄等撰:《晋书·华谭传》卷五二,中华书局,1974年,第1452页。
② [唐]房玄龄等撰:《晋书·周处传》卷五八,中华书局,1974年,第1570页。

新语·简傲》载：

> 陆士衡初入洛，咨张公所宜诣，刘道真是其一。陆既往，刘尚在哀制中。性嗜酒，礼毕，初无他言，唯问："东吴有长柄壶卢，卿得种来不？"陆兄弟殊失望，乃悔往。①

"二陆"入洛后，按照张华提供的中原士人名单去拜访。刘道真正在服丧，对于客人竟只问葫芦的种子，这让"二陆"特别失望。刘道真的傲慢当然是名士风度，但也认为"二陆"是亡国之余，本不足论，东吴人才不如东吴特产更加有吸引力。姜亮夫指出："中原人士，素轻吴、楚之士，以为亡国之余，其见于《晋书》《世说》《殷芸小说》者至众。道真放肆，为时流之习，故于机兄弟不免于歧视，故兄弟悔此一往也。"②

类似的态度也同样体现在晋武帝身上，他与薛莹、吾彦的一番对话很有意思：

> 吴亡，彦始归降，武帝以为金城太守。帝尝从容问薛莹曰："孙皓所以亡国者何也？"莹对曰："归命侯臣皓之君吴，昵近小人，刑罚妄加，大臣大将无所亲信，人人忧恐，各不自安，败亡之衅，由此而作矣。"其后帝又问彦，对曰："吴主英俊，宰辅贤明。"帝笑曰："君明臣贤，何为亡国？"彦曰："天禄永终，历数有属，所以为陛下擒。此盖天时，岂人事也！"③

薛莹的态度代表了孙吴士人中一厢情愿的一派。他们将亡国之咎归于孙皓的昏庸统治，认为这使吴国臣属朝不虑夕，无法施展治国的才能。而吾彦以天命归属来作答则显得聪明有余了。晋朝统治者也乐于接受他们的解释，慷慨地提供政治舞台，以此打消他们身为亡国之臣的恐惧和忧虑。

中朝士人对待吴人的傲慢态度，使得三十年后晋人被迫南迁江东时，显得非常的尴尬。《世说新语·言语》载："元帝始过江，谓顾骠骑曰：'寄人国

---

① [南朝宋]刘义庆，[南朝梁]刘孝标注，余嘉锡笺疏，周祖谟等整理：《世说新语笺疏》，中华书局，2007年，第904页。
② 姜亮夫：《晋陆平原先生机年谱》，台湾商务印书馆，1978年，第50页。
③ [唐]房玄龄等撰：《晋书·吾彦传》卷五七，中华书局，1974年，第1562页。

土,心常怀惭。'荣跪对曰:'臣闻王者以天下为家,是以耿、亳无定处,九鼎迁洛邑。愿陛下勿以迁都为念。'"①以顾荣为代表的江东大族,不计前嫌,选择与中原政权合作,主要是防止胡人的南下。陈寅恪考察东晋初南北形势时便指出:"在匈奴刘渊起兵之后,南方也面临胡马凭陵的危险。南北实力对比,北强南弱,特别在东晋初年是如此。那时南方已经感到后赵石勒、石虎的严重威胁……后赵在石勒时,曾打到南沙、海虞、娄县、武进。到石虎时,又打到历阳,兵临长江。单凭顾荣是否能以南人的力量不令胡马过江,是有问题的。为江东及本身利害计,江东士族也非与北方士族协力同心,以阻胡骑不可。南北界限比起夷夏界限,又微不足道了。南北士族如果不能协调,司马睿可能到不了南方,东晋南朝的局面也就不能成立。"②

　　吴亡之后,晋武帝采取的郡县政权策略是吴国故地"其牧守已下皆因吴所置,除其苛政,示之简易,吴人大悦"③,以吴人治吴地,故夏少明为武昌太守(陆机《赠武昌太守夏少明诗》),陶璜、吾彦等为交州刺史,等等。晋武帝为了赢得孙吴政权地方官员的支持,并没有改变孙吴的地方政治格局,因此中原的政治文化影响有限。司马睿移都建邺,却认为是"寄人国土",可知虽经历三十余年的统一,中原并没有真正实现对江南的统治,晋人也没有把政治文化的影响扩散到江南,甚至连孙吴的旧俗也未有根本的变革。直到永嘉之乱,中原倾覆,东晋南迁,中原士人蜂拥南下,带来中原的文化风尚,极大地改变了江南的文化格局,江南才发生了根本意义的改变。

　　永嘉南渡,是吴地文化变迁的分水岭。孙吴和西晋的吴地文化,与东晋以后的吴地文化确实有所不同。从出土文物上来看,吴和西晋的吴地墓葬中无牛车,东晋南朝的墓葬中有牛车;吴和西晋的吴地墓葬中有铜镜,东晋南朝的吴地墓葬中无铜镜(有铁镜);吴和西晋的吴地墓葬中有魂瓶,东晋南朝的吴地墓葬中无魂瓶;等等。从文化学术上来看,唐长孺《读抱朴子推论南北学风的异同》④指出江东书艺的变迁是在南渡之后。江东书体本来有自己的传统,如王僧虔《论书》说"陆机书,吴士书也,无以较其多少",吴国的书法与中原不同,又窦臮《述书赋》说"吴则广明朴质古情",说明吴

---

① [南朝宋]刘义庆,[南朝梁]刘孝标注,余嘉锡笺疏,周祖谟等整理:《世说新语笺疏》,中华书局,2007年,第108—109页。
② 陈寅恪,万绳楠整理:《陈寅恪魏晋南北朝史讲演录》,天津人民出版社,2018年,第129—130页。
③ [唐]房玄龄等撰:《晋书·武帝纪》卷一,中华书局,1974年,第71页。
④ 唐长孺:《魏晋南北朝史论丛》,中华书局,2011年,第342页。

国书法的特点是"朴质古情",主要是以草书为主。吴国书家中没有以行书著称的人,可知这是灭吴之后才传入江南的新书体。东晋南渡后,中原新流行的行书这一新书体开始流传于江南,改变了江东的书法面貌,而全国的书艺重心也由洛阳迁到建康。总之,正如唐长孺指出:"吴亡之后,江南士人羡慕中原风尚的心理。一到晋室东迁,以洛阳为中心的中原文化便移到了建康,改变了江南所固有的较保守的文化、风俗等等。因此我们可以说东晋以后所谓江南的风尚有一部分实际上乃是发源于洛阳而以侨人为代表,并非江南所固有。"[1]

五、维护故土和家族声誉:陆机介入中朝政权的努力

晋朝统治集团表面上的敷衍和骨子里的轻蔑,使入洛的吴士承受着较大的心理压力,尤其是陆机,他出身于文化与武功并举的江东世族家庭。这种特殊身份决定了他的众多行为,不仅试图扭转晋朝统治者的偏见,而且致力于故土和家族声誉的维护。

吴国灭亡的责任问题,是陆机维护故国和家族声誉要解决的基本问题。吴郡陆氏世代为将,晋武帝的"孙皓所以亡国者何也",到底应该怎么解释呢?前揭华谭以"否泰有时"来应付,吾彦以"天禄永终,历数有属"来回答,皆归之于天命,无疑是最为智慧的答复。薛莹是史官,提供的说法具有鉴诫的意味:"归命侯臣皓之君吴,昵近小人,刑罚妄加,大臣大将无所亲信,人人忧恐,各不自安,败亡之衅,由此而作矣。"[2]陆机《辨亡论》系模拟贾谊《过秦论》而作,但以"辨"为名,而不称以"过",亦可知其总结吴亡教训的心意。《辨亡论》的主旨是:"以孙氏在吴,而祖父世为将相,有大勋于江表,深慨孙皓举而弃之,乃论权所以得,皓所以亡,又欲述其祖父功业,遂作《辨亡论》二篇。"[3]陆机《辨亡论》指出:"降及归命之初,典刑未灭,故老犹存……元首虽病,股肱犹存;爰及末叶,群公既丧……历命应化而微,王师蹑运而发……战守之道,抑有前符,险阻之利,俄然未改……彼此之化殊,授任之才异也。"[4]所谓"群公既丧"是能够左右孙皓的大臣,是他们迎取孙

---

[1]唐长孺:《魏晋南北朝史论丛》,中华书局,2011年,第348页。
[2][唐]房玄龄等撰:《晋书·吾彦传》卷五七,中华书局,1974年,第1562页。
[3][唐]房玄龄等撰:《晋书·陆机传》卷五四,中华书局,1974年,第1467页。
[4][南朝梁]萧统编,[唐]李善注:《文选》卷五三,中华书局,1977年,第738—739页。

皓嗣统,而不是泛指吴国士人的沦落。陆机重点指出了孙吴人才在孙皓统治时期未能尽其所能。

同时晋朝统治者为了笼络人心,缓解吴士身为亡国之臣的恐惧和屈辱,在宣传方式上,注意将亡国的责任归咎于孙皓的残酷统治,晋武帝曾为陆喜等人开脱道:"以贞洁不容晧朝,或忠而获罪,或退身修志,放在草野。"①如此,给人的印象是,晋朝统治者迥异乎孙皓政权的昏庸和残暴,呈现出清明的政治面貌,贤才获得拔擢利用,从而一方面有效地笼络孙吴士人,另一方面消除孙吴士人对亡国之臣身份的恐惧。

因此以陆机、陆云为代表的吴士特别注意在中原人士面前赞美吴地的人物、道德、风土和特产,显然与吴士在中朝的特殊心态有关。

陆云《与陆典书书》(其五)回顾了吴地光辉的历史说:"国士之邦,实钟俊哲。太伯清风,遁世立德。龙蜿东岳,三让天下。垂化迈迹,百代所晞。高踪越于先民,盛德称乎在昔。续及延陵,继响驰声。沉沦漂流,优游上国。听音察微,智越众俊。通幽畅遐,明同圣哲。言偃昭烈于孔堂,员武迈功于诸侯。自秀伟相承,明德继踵,亦为不少。吴国初祚,雄俊尤盛。"②从吴太伯到季札再到言子、伍员,吴地的道德和人物确有可观。

陆机在中朝的筵席中当众唱起《吴趋行》,以吴地民歌的形式夸耀江南的人物和道德。《吴趋行》曰:

> 楚妃且勿叹,齐娥且莫讴。四座并清听,听我歌吴趋。吴趋自有始,请从昌门起。昌门何峨峨,飞阁跨通波。重栾承游极,回轩启曲阿。蔼蔼庆云被,泠泠祥风过。山泽多藏育,土风清且嘉。泰伯导仁风,仲雍扬其波。穆穆延陵子,灼灼光诸华。王迹隤阳九,帝功兴四遐。大皇自富春,矫手顿世罗。邦彦应运兴,粲若春林葩。属城咸有士,吴邑最为多。八族未足侈,四姓实名家。文德熙淳懿,武功侔山河。礼让何济济,流化自滂沲。淑美难穷纪,商榷为此歌。③

这种筵席当有众多中原人士参加,可能正好谈论到吴人诸事,陆机的咏唱应属触景而发,察其意旨,显然有与中朝人士较劲的意味。朱乾《乐府

---

① [唐]房玄龄等撰:《晋书·陆喜传》卷五四,中华书局,1974年,第1487页。
② [晋]陆云,刘运好校注整理:《陆士龙文集校注》卷十,凤凰出版社,2010年,第1266页。
③ [南朝梁]萧统编,[唐]李善注:《文选》卷二一,中华书局,1977年,第398—399页。

正义》说:"《燕歌行》与《齐讴行》《吴趋行》《会吟行》,俱以各地声音为主,后世声音失传,于是但赋风土。"[1]《吴趋行》和《燕歌行》《齐讴行》《会吟行》一样,地名主要表示声音的地方特点,后世声音失传,就只用来写各地风土人情了。

杨泉《五湖赋》与重在表达吴地人物和道德的陆机《吴趋行》不同,主要表现吴地的地理风物。五湖即太湖,虞翻说"太湖有五道,别谓之五湖"[2],张勃《吴录》说"五湖者,太湖之别名,以其周行五百余里,故以五湖为名"[3]。杨泉描写吴地最大的太湖,也是其鲜明的地域意识的体现。《五湖赋》序说:

> 余观夫主五湖而察其云物,皇哉大矣!以为名山大泽,必有记颂之章。故梁山有奕奕之诗,云梦有子虚之赋。夫具区者,扬州之泽薮也。有大禹之遗迹,疏川导滞之功,而独阙然未有翰墨之美。余窃愤焉,敢妄不才,述而赋之。其辞曰:
>
> 浚矣大哉!于此五湖。乃天地之玄源,阴阳之所徂。上属斗牛之精,与云汉乎同模。受三方之灌溉,为百川之巨都。居扬州之大泽,苞吴越之具区。南与长江分体,东与巨海合流。太阴之所毖,玄灵之所游。追潮水而往还,通蓬莱与瀛洲。[4]

五湖是吴越大湖,纵在中原也鲜有匹敌者,却一直未能引起中原人士的重视,导致"阙然未有翰墨之美",杨泉故愤而作赋。《五湖赋》充分体现了吴士对吴地理风貌的自矜。

陆机对吴地特产羽扇的描写,也有鲜明的自豪感。中朝士人对吴地特有的羽扇表达了特殊的兴趣,傅咸《羽扇赋》序说"吴人截鸟翼而摇风,既胜于方圆二扇,而中国莫有生意。灭吴之后,翕然贵之"[5],说吴人的羽扇摇起的风量,较中朝的方圆二扇为胜,吴国灭亡,羽扇北上,受到中朝人士的欢迎。当时吟咏羽扇的赋作较多,如潘尼《扇赋》说"始显用于荒蛮,终表奇于上国"[6],嵇含《羽扇赋》说其"出自南鄙",又说"大晋附吴,亦迁其羽扇,御于

---

[1] 参考魏宏灿校注:《曹丕集校注》,安徽大学出版社,2009年,第16页。
[2] [唐]徐坚等:《初学记》卷七,中华书局,1962年,第139页。
[3] [唐]徐坚等:《初学记》卷七,中华书局,1962年,第139页。
[4] [唐]徐坚等:《初学记》卷七,中华书局,1962年,第141—142页。
[5] [清]严可均编:《全上古三代秦汉三国六朝文·全晋文》卷五一,中华书局,1958年,第1752页。
[6] [清]严可均编:《全上古三代秦汉三国六朝文·全晋文》卷九四,中华书局,1958年,第2000页。

上国"①,都是对江南羽扇的表彰。

现存吴人的《羽扇赋》有陆机和闵鸿的两篇。陆机《羽扇赋》曰:

> 昔楚襄王会于章台之上,山西与河右诸侯在焉。大夫宋玉、唐勒侍,皆操白鹤之羽以为扇。诸侯掩麈尾而笑。襄王不悦。宋玉趋而进曰:"敢问诸侯何笑?""昔者武王玄览,造扇于前,而五明、安众,世繁于后。各有托于方圆,盖受则于筵蒲。舍兹器而不用,顾奚取于鸟羽?"宋玉曰:"夫创始者恒朴,而饬终者必妍。是故烹饪起于热石,玉辂基于椎轮。安众方而气散,五明圆而风烦。未若兹羽之为丽,固体俊而用鲜。彼凌霄之伟鸟,播鲜辉之蒨蒨。隐九皋以凤鸣,游芳田而龙见。丑灵龟而远期,超长年而久眡。累怀璧于美羽,挫千载乎一箭。委曲体以受制,奏双翅而为扇。则其布翮也,差洪细,秩长短。稠不逼,稀不简。于是镂巨兽之齿,裁奇木之干。移圆根于新体,因天秩乎旧贯。鸟不能别其是非,人莫敢分其真赝。翩姗姗以微振,风飀飀以垂婉。妙自然以为言,故不积而能散。其执手也安,其应物也诚。其招风也利,其播气也平。混贵贱而一节,风无往而不清。宪灵朴于造化,审贞则而妙观。"诸侯曰:"善。"宋玉遂言曰:"伊兹羽之骏敏,似南箕之启扉。垂皓曜之奕奕,含鲜风之微微。"襄王仰而拊节,诸侯伏而引非。皆委扇于楚庭,执鸟羽而言归。属唐勒而为之辞曰:"伊鲜禽之令羽,夫何翩翩与眇眇。反寒暑于一掌之末,迴八风乎六翮之杪。"②

陆机虚设了楚襄王与宋玉、唐勒的故事,对谢庄《月赋》、谢惠连《雪赋》的手法当有影响。其中说"各有托于方圆",自然针对以方形或圆形为主的扇子而言。

另外吴人闵鸿有《羽扇赋》,曰:

> 惟羽扇之攸兴,乃鸣鸿之嘉容。产九华之中泽,迈雍喈之天聪。表高义于太易,著诗人之雅章。赖兹翮以内飞,曜羽仪于外扬。于时祝融持运,朱明发晖。奔阳冲布,飞炎赫曦。同煴隆于云汉,咸惨毒

---

① 董治安主编:《北堂书钞》卷一三四,清华大学出版社,2003年,第583页。
② [晋]陆机,杨明校笺:《陆机集校笺》,上海古籍出版社,2016年,第177—178页。

于中怀。尔乃登爽垲,临甘泉,漱清流,荫玄云。运轻翮以容与,激清风于自然。披绡衱而入怀,飞罗缨之缤纷,众坐侃以怡怿,咸拊节以齐欢。感蕙风之荡怀,咏棘心之所欢。于是暑气云消,献酬乃设。停神静思,且以永日。妍羽详回,清风盈室。动静扬晖,嘉好越逸。翻翻弈弈,飞景曜日。同皦素于凝霜,岂振露之能匹!①

此赋应该保留了完整的咏物小赋面貌。

陆机在中朝有强烈的谋求做官的行为,这引起学者的批评,《南史·谢晦传》载谢晦回答谢灵运说"士衡邀竞无已"②。"二陆"出仕中朝主要是想建功立业。吴郡陆氏在吴国建立了非常之功。陆逊是吴郡陆氏成为世族的关键人物,"二陆"对其功业怀念不已。陆机《陆逊铭》说:"魏大司马曹休侵我北鄙,乃假公黄钺,统御六师及中军禁卫而摄行王事,主上执鞭,百司屈膝。"③陆云回顾祖先的辉煌功业后颇有忧虑和愧疚,其《答兄平原诗》说:"昔我先公,爰造斯猷。今我六蔽,匪崇克扶。悠悠大道,载邈载遐。洋洋渊源,如海如河。昔我先公,斯纲斯纪。今我末嗣,乃倾乃圮。世业之颓,自予小子。仰愧灵丘,衔忧没齿。"④又说:"昔我先公,邦国攸兴。今我家道,绵绵莫承。昔我昆弟,如鸾如龙。今我友生,凋俊坠雄。家哲永徂,世业长终。华堂倾构,广宅颓塘。高门降衡,修庭树蓬。感物悲怀,怆矣其伤。"⑤甚至陆氏与吴国的命运休戚与共,《晋书·何充传》载:"所谓陆抗存则吴存,抗亡则吴亡。"⑥陆氏兄弟希望在晋朝重振家族的荣耀。

但陆氏兄弟的仕途并不顺利,诗文当中充满了怅惘失意之情。陆云《与杨彦明书》(其三)说:"阶涂尚否,通路今塞,令人罔然。"⑦又《与陆典书书》(其五)说:"愚以东国之士,进无所立,退无所守,明裂眦苦,皆未如意。"⑧陆机《猛虎行》说:"日归功未建。"⑨陆机面对洛中繁华,竟无施展才华

---

① [唐]欧阳询撰,汪绍楹校:《艺文类聚》卷六九,上海古籍出版社,1999年,1212—1213页。
② [唐]李延寿撰:《南史·谢晦传》卷一九,中华书局,1975年,第526页。
③ [晋]陈寿撰,[南朝宋]裴松之注,陈乃乾校点:《三国志·吴书·陆逊传》卷五八,中华书局,1959年,第1349页。
④ [晋]陆云,刘运好校注整理:《陆士龙文集校注》卷三,凤凰出版社,2010年,第380页。
⑤ [晋]陆云,刘运好校注整理:《陆士龙文集校注》卷三,凤凰出版社,2010年,第402页。
⑥ [唐]房玄龄等撰:《晋书·何充传》卷七七,中华书局,1974年,第2030页。
⑦ [晋]陆云,刘运好校注整理:《陆士龙文集校注》卷十,凤凰出版社,2010年,第1244页。
⑧ [晋]陆云,刘运好校注整理:《陆士龙文集校注》卷十,凤凰出版社,2010年,第1267页。
⑨ 逯钦立辑校:《先秦汉魏晋南北朝诗》,中华书局,1983年,第666页。

的机会，又要保持规行矩步，困难可想而知。陆机说："余本倦游客，豪彦多旧亲。倾盖承芳讯，欲鸣当及晨。守一不足矜，歧路良可遵。规行无旷迹，矩步岂逮人。投足绪已尔，四时不必循。将遂殊涂轨，要子同归津。"①如是种种，不一而足。

吴人要在中原站稳脚跟，只能选择依附有势力的达官显宦，才有可能通过建功立业来实现自己的价值，这也是陆机拜诣张华、王济，始宦杨骏，从游贾谧，再投司马伦，又附司马颖，出入清浊、数易出处的深层原因。罗宗强指出，晋初司马炎在心腹与名士派之间寻求平衡，导致政失准的、士无特操，因此在政争中无邪正之分，专以个人利益为取向②。在这种社会思潮下，陆机数易其主、多方效力的举动在当时习以为常，因而不必担忧道德舆论的遣责。

关于陆机进入"二十四友"的缘由，周一良认为"陆机兄弟之投贾谧，列入廿四友，盖与贾谧之敢于拔擢南人有关，故陆与之亲善"③。贾谧本传说他因姨妈贾后专恣而权过人主，"开阁延宾，海内辐辏，贵游豪戚及浮竞之徒，莫不尽礼事之"④。贾谧喜好接引四海之士，陆机属江东英俊，因此得入"二十四友"是再正常不过了。陆机参与了元康八年（298）议《晋书》限断"。王隐《晋书》云："陆士衡以文学为秘书监虞濬所请，为著作郎。"⑤《太平御览》卷二三四《职官部》"著作郎"条引王隐《晋书》增补了"议《晋书》限断"句。陆机《吊魏武帝文》序云："元康八年，机始以台郎出补著作，游乎秘阁。"⑥贾谧做秘书监时，陆机也正好在著作郎任上，所撰的《惠帝起居注》和《晋惠帝百官表》应该就产生于此职任上。据此可知陆机始终是被作为文人看待，与他志匡世难的理想不合，因此陆机对贾谧不但没有主宾恩情，而且适时倒戈、渔猎厚爵，史载司马伦诛贾谧后，陆机"豫诛贾谧功，赐爵关中侯"⑦。实际上，陆机虽然与贾谧交游，但与潘岳谄事贾谧有所不同。章太炎《陆机赞》说："以机之文行忠信，而点污于贾谧，备二十四友焉。涅而不

---

① 逯钦立辑校：《先秦汉魏晋南北朝诗》，中华书局，1983年，第658页。
② 参见罗宗强：《魏晋南北朝文学思想史》，中华书局，1996年，第80页。
③ 周一良：《魏晋南北朝史札记》，中华书局，2007年，第74页。
④ [唐]房玄龄等撰：《晋书·贾谧传》卷四〇，中华书局，1974年，第1173页。
⑤ [唐]徐坚等：《初学记》卷一二，中华书局，1962年，第299页。
⑥ [南朝梁]萧统编，[唐]李善注：《文选》卷六〇，中华书局，1977年，第833页。
⑦ [唐]房玄龄等撰：《晋书·陆机传》卷五四，中华书局，1974年，第1473页。

缁,出入未尝与倾侧谋,犹与夫潘岳之徒,齐贞邪于一目,悲夫!"①

陆机转投司马伦后,屡获升迁,从相国参军,赐爵关中侯,迁中书郎。陆机开始卷入晋室的纷争,为司马伦篡位献计献策,而不计封建皇权道德,这表明他对晋室的是是非非毫无兴趣,只想依傍权势以实现自身的抱负。司马伦本性凡庸,不学无术,人品又不足道,史称他"深交贾、郭,谄事中宫,大为贾后所亲信。求录尚书,张华、裴𬱟固执不可。又求尚书令,华、𬱟复不许"②,先谄媚贾谧和贾后,后又杀之,早为张华、裴𬱟等清流所不齿,而张华、裴𬱟最终遭到了他的报复。司马伦后来为孙秀所控制,"秀之威权振于朝廷,天下皆事秀而无求于伦"③,而"秀亦以狡黠小才,贪淫昧利。所共立事者,皆邪佞之徒,惟竞荣利,无深谋远略"④,孙秀的倒行逆施最终导致司马伦集团的覆灭。陆机对司马伦及孙秀的人品道德不可能不清楚,却甘心阿附,其忍辱负重,可见一斑。

六、军事世家传统与陆机的杀身之祸

司马伦垮台后,司马冏因陆机曾在司马伦麾下担任中书郎,怀疑司马伦的九锡文和禅诏出于其手,而将其交付廷尉审理,幸得成都王司马颖等施救方免于不死。在诛司马伦的过程中,司马冏出力甚多,"始率众入洛,自以首建大谋,遂擅威权"⑤,但他居功自傲,行事骄侈无礼,陆机在狱中见他"矜功自伐,受爵不让"⑥,作《豪士赋》以讽刺。陆机以抱罪之身规劝司马冏,于理难通,若理解成试图借此获得司马冏的欣赏,意思就清楚了。但司马冏未晓文旨,怙恶不悛,因此陆机将希望寄托在成都王司马颖身上。当时司马颖深得人心,史书说:"时成都王颖推功不居,劳谦下士。机既感全济之恩,又见朝廷屡有变难,谓颖必能康隆晋室,遂委身焉。颖以机参大将军军事,表为平原内史。"⑦陆机从此依附手握重权的司马颖,并且得到器

---

①上海人民出版社编,徐复点校:《太炎文录初编》,《章太炎全集》,上海人民出版社,2014年,第238页。
②[唐]房玄龄等撰:《晋书·赵王伦传》卷五九,中华书局,1974年,第1598页。
③[唐]房玄龄等撰:《晋书·赵王伦传》卷五九,中华书局,1974年,第1600页。
④[唐]房玄龄等撰:《晋书·赵王伦传》卷五九,中华书局,1974年,第1601页。
⑤[唐]房玄龄等撰:《晋书·成都王颖传》卷五九,中华书局,1974年,第1616页。
⑥[唐]房玄龄等撰:《晋书·陆机传》卷五四,中华书局,1974年,第1473页。
⑦[唐]房玄龄等撰:《晋书·陆机传》卷五四,中华书局,1974年,第1479页。

重,受命执掌兵权。

王隐《晋书》说:"陆机少袭父为牙门将,吴人重武官故也。"[1]孙吴实行的是世袭领兵制,陆逊在夷陵之役中击败刘备,提升了吴郡陆氏的地位,武功本是陆氏家族的兴起之基和荣耀之本。然而陆机虽是出色的文学家,却算不得是将才,江统等人评价他为"计虑浅近,不能董摄群帅,致果杀敌"[2],运筹帷幄既不能深谋远虑,驰骋疆场又不能统领将帅,最终在与司马乂会师鹿苑时遭遇惨败,史书描述此役之惨烈时说"死者如积焉,水为之不流"[3]。早在晋室内乱时,顾荣和戴若思规劝他早日离开是非之地,返回故乡,但遭到了拒绝,本传说他"负其才望,而志匡世难,故不从"[4],正是匡救世难的愿望使他甘心驰骋于中朝是非之地。

司马颖残害了江东世族代表陆机、陆云、陆耽,还有陆机之子陆蔚、陆夏等,宗室孙拯也受牵连而死,作为汉晋之际江东大族"首望"的陆氏家族因此遭受了沉重的打击。《晋书》陆云本传载吴人孙惠说:"不意三陆(陆机、陆云、陆耽)相携暗朝,一旦湮灭,道业沦丧,痛酷之深,荼毒难言。国丧俊望,悲岂一人!"[5]唐太宗《陆机传论》中也对陆机、陆云之死深表惋惜,说:"不知世属未通,运钟方否,进不能辟昏匡乱,退不能屏迹全身,而奋力危邦,竭心庸主,忠抱实而不谅,谤缘虚而见疑,生在己而难长,死因人而易促。上蔡之犬,不诫于前;华亭之鹤,方悔于后。卒令覆宗绝祀,良可悲夫!然则三世为将,衅钟来叶;诛降不祥,殃及后昆。是知西陵结其凶端,河桥收其祸末,其天意也,岂人事乎!"[6]

陆机先投司马伦,再依司马颖,甘心卷入晋室内部的纷争,潜意识里想通过匡救内乱来证明自己的军事才干,从而涤荡身为亡国之臣的屈辱,让中朝人士相信孙吴的灭亡并不是孙吴将帅的罪愆。毕竟从陆康掌兵,到祖父陆逊位至大都督,父亲陆抗曾是大司马,去世后众兄弟"分领抗兵",陆氏家族一直是武功世家,执掌着孙吴重要的军事力量。孙吴军事上的败绩直至国家的灭亡,他们无疑要承担主要的责任,因此陆机很希望在军事上做出一番成绩来验证自己的军事才能,最终目的是证明孙吴的覆亡与陆氏家

---

[1] [唐]杜佑撰,王文锦等点校:《通典·职官十一》卷二九,中华书局,1988年,第804页。
[2] [唐]房玄龄等撰:《晋书·陆云传》卷五四,中华书局,1974年,第1485页。
[3] [唐]房玄龄等撰:《晋书·陆机传》卷五四,中华书局,1974年,第1480页。
[4] [唐]房玄龄等撰:《晋书·陆机传》卷五四,中华书局,1974年,第1473页。
[5] [唐]房玄龄等撰:《晋书·陆耽传》卷五四,中华书局,1974年,第1486页。
[6] [唐]房玄龄等撰:《晋书·陆机传》卷五四,中华书局,1974年,第1488页。

族无关。

但军事世家的背景又给他带来了杀身之祸①。司马颖让陆机担任后将军、河北大都督,本传说他"以三世为将,道家所忌,又羁旅入宦,顿居群士之右,而王粹、牵秀等皆有怨心"②。很显然,他清楚以吴人的身份担任大将,必然会引发中朝人士的不满,易于引发横祸,因此坚决请求辞去都督,但没有得到司马颖的同意。陆机取得了很高的位置,确实引起了中原人士的愤恨。《机云别传》载:"机吴人,羁旅单宦,顿居群士之右,多不厌服。"③崔鸿《三十国春秋》也说:"机吴人,而在宠族之上,人多恶之。"④王彰谏司马颖说:"今日之举,强弱异势,庸人犹知必克,况机之明达乎!但机吴人,殿下用之太过,北土旧将皆疾之耳。"⑤陆机战败后,牵秀等北人将领皆言陆机有反叛之心,以"证成其罪",而向有怨仇的卢志等也暗中进谗,以致司马颖最终决意将陆氏兄弟处死。值得注意的是,史书说"(陆)机乡人孙惠亦劝机让都督于(王)粹"⑥,孙惠也与陆机有同样的意识,说明吴人在中朝为官是何等的小心翼翼。这与前面所论的事实可相互印证:表面上吴人虽然颇受中朝尊崇,然而不过是流于口惠而已,实际上中朝人士仍然抱持歧视的态度,打心眼里是不愿让他们位居高位的。陆机的死于非命,显然与中朝人士的这种根深蒂固的偏见相关。宦人孟超敢于领兵冲进陆机帐中抢人,并骂他"貉奴能作督不!"⑦《魏书·僭司马睿传》载:"中原冠带呼江东之人,皆为貉子,若狐貉类云。"⑧可知,貉奴、貉子是中原人对吴人的鄙称⑨。陆机的司马孙拯同为吴人,已不能忍,劝机杀之。陆机未能听从,毕竟孟玖、孟超兄弟是司马颖的嬖宠,他不愿加害的目的是避免得罪司马颖而失去依附。早与"二陆"结仇的卢志也在成都王司马颖幕中。卢志曾问陆机"陆逊、陆

---

①周一良指出"综观陆士衡一生出处及其致祸之由,似不能不联系其出身吴人考察之也",甚具眼光,参见周一良:《魏晋南北朝史札记》,中华书局,2007年,第74页。
②[唐]房玄龄等撰:《晋书·陆机传》卷五四,中华书局,1974年,第1479页。
③[晋]陈寿撰,[南朝宋]裴松之注,陈乃乾校点:《三国志·吴书·陆抗传》卷五八,中华书局,1959年,第1361页。
④[宋]李昉等撰:《太平御览》卷四二〇,中华书局,1960年,第1939页。
⑤[宋]司马光编著,[元]胡三省音注,"标点资治通鉴小组"校点:《资治通鉴》卷八五,中华书局,1956年,第2688页。
⑥[唐]房玄龄等撰:《晋书·陆机传》卷五四,中华书局,1974年,第1479页。
⑦[唐]房玄龄等撰:《晋书·陆机传》卷五四,中华书局,1974年,第1480页。
⑧[北齐]魏收撰:《魏书·僭司马睿传》卷九六,中华书局,1974年,第2093页。
⑨参见陈寅恪:《魏书司马叡传江东民族条释证及推论》,《金明馆丛稿初编》,生活·读书·新知三联书店,2001年,第78页。

抗于君近远？"，陆机回答"如君于卢毓、卢廷"，卢志是无意冒犯陆机，但陆机是有意得罪卢志。《晋书·卢志传》载卢志深得司马颖信重，"委以心膂，遂为谋主"①，被任为谘议参军、左长史，"专掌文翰"。卢志嫉妒陆机得宠，不断寻机向司马颖进言谗毁陆机。《晋书·陆机传》载："颖左长史卢志心害机宠，言于颖曰：'陆机自比管乐，拟君暗主，自古命将遣师，未有臣陵其君而可以济事者也。'"②

后来孟超又对众宣称陆机将反，孟玖又能在司马颖处告状说陆机有异志，并且联合了一帮中朝将帅来证成陆机之罪。司马颖居然听信了他们的谗言而不肯派人检校陆机的"反逆之征"，最终以"图为反逆，应加族诛"的罪名杀害了陆机、陆云兄弟。陆机对前来收捕的牵秀说："自吴朝倾覆，吾兄弟宗族蒙国重恩，入侍帷幄，出剖符竹。成都命吾以重任，辞不获已。今日受诛，岂非命也！"③陆机在司马伦掌权时参与禅代的准备，又在司马颖掌权时首次获得兵权，都被委以重任，正因如此，谗毁之言不断，陆机也心知肚明，谓司马颖"今日之事，在公不在机也"④，意思是请求司马颖的信任，勿为谗言所左右，但最终还是未能如愿。流言的蔚然兴起和奸计的大行其道，并且很快收获了预期的效果，根源就在于陆机的经历触动了中朝人士对吴人的敏感神经，使他们迅速地达成了一致的意见，结局是捕风捉影的流言却得到了简单粗暴的处理。

中朝士人对吴人的警惕，也反映在当时流传着的"吴地复国"的童谣中。《宋书·五行志》载："晋武帝太康后，江南童谣曰：'局缩肉，数横目，中国当败吴当复。'又曰：'宫门柱，且莫朽，吴当复，在三十年后。'又曰：'鸡鸣不拊翼，吴复不用力。'于时吴人皆谓在孙氏子孙，故窃发乱者相继。按横目者'四'字，自吴亡至晋元帝兴，几四十年，皆如童谣之言。"⑤

陆机、陆云的冤屈，时人是清楚的。崔鸿《三十国春秋》载：

> 初，机之专征，请孙承（按，即孙拯）为后军司马，至是，收承下狱，考捶数百，两踝骨见，终言机冤，吏知承义烈，谓承曰："二陆之痛，谁不知枉？君何不爱身？"承仰天曰："陆君兄弟，世之奇士，有顾于吾，

---

① [唐]房玄龄等撰：《晋书·卢志传》卷四四，中华书局，1974年，第1256页。
② [唐]房玄龄等撰：《晋书·陆机传》卷五四，中华书局，1974年，第1479—1480页。
③ [唐]房玄龄等撰：《晋书·陆机传》卷五四，中华书局，1974年，第1480页。
④ [唐]房玄龄等撰：《晋书·陆机传》卷五四，中华书局，1974年，第1479页。
⑤ [南朝梁]沈约撰：《宋书·五行志》卷三一，中华书局，2018年，第996页。

吾危不能济,死复相诬,非吾徒也。"乃夷三族,承门人费慈自诣颖,明承之冤,承喻之曰:"吾唯不负二陆,死自吾分,卿何为尔邪!"慈曰:"仆又安负君而求生乎?'固明承冤,玖又疾之,亦并见害。"[1]

孟玖逼拷孙拯诬陷陆氏兄弟,然"考捶数百,两髁骨见",孙拯终不屈服,狱吏"知拯义烈",谓孙拯曰:"二陆之痛,谁不知枉?君何不爱身?"连普通的狱吏都知道"二陆"的冤枉。孙拯宁死也不肯诬陷"二陆",其徒费慈积极为老师奔走求救,有情有义,令人动容。江统、蔡克等人为陆云申辩说:"且闻重教,以机图为反逆,应加族诛,未知本末者,莫不疑惑。"[2] "机兄弟并蒙拔擢,俱受重任,不当背罔极之恩,而向垂亡之寇;去泰山之安,而赴累卵之危也。"[3] "二陆"的谋反,当时的士人也莫名其妙,因此并不能说服人心。后来东海王司马越在与司马颖争权时,就利用了时人对"二陆"遇害的不平心理,"移檄天下,亦以机、云兄弟枉害罪状颖云"[4],将"二陆"枉死作为司马颖的罪状之一。

孙吴亡国的耻辱和挽回家族声誉的努力,并试图去证明吴国灭亡非士人之过,这是陆机悲剧的心理根源。

---

[1] [宋]李昉等撰:《太平御览》卷四二〇,中华书局,1960年,第1939页。
[2] [唐]房玄龄等撰:《晋书·陆云传》卷五四,中华书局,1974年,第1484—1485页。
[3] [唐]房玄龄等撰:《晋书·陆云传》卷五四,中华书局,1974年,第1485页。
[4] [唐]房玄龄等撰:《晋书·陆云传》卷五四,中华书局,1974年,第1486页。

结　语

作家作品研究是文学研究的核心,但在中国古代相当长的时期内,作家尚没有专业化,有的以经学著名,有的以史学名世,有的是玄学名家,有的是佛道信徒,他们的知识和信仰必然要影响到他们的文学创作。研究者如果不懂得这些文学家的知识构成和宗教信仰,那就只能做隔靴搔痒式的空谈,不可能有深入而切实的研究。而作品也不能局限于后世狭隘的纯文学范畴,有关礼仪制度、政务运行、外交盟约、学术论难等文章都应该纳入作品范畴。这给研究者提出了严峻的挑战,要求研究者对当时政治社会运行机制和文化艺术宗教状态,都有充分的认识。本书只能就作者比较熟悉的领域,作一番力所能及的讨论。经学、玄学、史学和道教等,与吴国作家和作品有着较为密切的关系。本书系统梳理了孙吴时期的文化面貌,总结了孙吴时期的文化成就。至于佛教与吴国文学的关联,或者其他影响吴国文学的因素,限于材料和学力,一时难以抉发,只能留待将来解决了。

一、孙吴文化成就及其在三国时期的独创性

关于孙吴文化,学者已经有一定的研究成果,主要是在经学领域取得了可喜的成绩,已见绪论所述。本书在全面搜集材料和复核推敲中,对现有的研究进行了增删,力求做到全面、细致、深入和可靠。具体的结论有:

一是追溯了孙吴的经学渊源,首次考察了孙吴的经学制度,全面收集了孙吴的经学家和经学著作,纠正了孙吴经学保守的传统观念。孙吴经学的渊源是汉代江南经学。汉代江南的经学来源于中原经学的南传。西汉江南的代表是会稽吴县的庄助和朱买臣等人,他们以擅长《春秋》闻名。东汉江南经学高度发展,江南的经学家众多,可分为三个地区:第一,会稽郡(吴郡),《后汉书》有钟离意、王充传,《儒林列传》有包咸和赵晔,《文苑列

传》有高彪,《党锢列传》有魏朗,《方术列传》有谢夷吾、韩说等。第二,豫章郡,《后汉书》有徐稺传,《儒林列传》有程曾,《方术列传》有唐檀,《独行列传》有陈重和雷义。第三,岭南交州地区,《后汉书》有陈元传,《三国志》有士燮传。江南的经学发展类同于中原而有所侧重,体现在:《易》主今文京氏易和古文费氏易,《书》主今文欧阳学,《诗》主今文鲁、韩诗和古文毛诗,《春秋》主今文公羊学和古文左氏学。其中的《春秋左传》学颇有名家,早期有陈钦、陈元的世家相传,后期有士燮的独树一帜。另外《论语》学专家有包咸、包福父子,他们以《论语》名家并成为帝师。其次考察了孙吴经学的制度、人物和成就。孙权称王后,开始了一系列的制度营建,包括历法五德、礼制典章和学校传授制度等,如选用当时最先进的刘洪《乾象历》,确立土德尚黄,建立郊祀宗庙,形成官学和私学传授等。孙吴的经学家,可分为本土学者和侨寓学者。其中本土学者可得14人,《三国志·吴书》有本传的有陆绩、唐固、士燮、虞翻、阚泽、陆凯、韦昭、华覈等8人,《晋书》有本传的是范平1人;侨寓学者可得12人,《三国志·吴书》有本传的有张纮、张昭、诸葛瑾、薛综、张休、步骘、诸葛恪、严畯、程秉等9人。孙吴的经学领域比较宽阔,尤其在《易》学等具体学术上取得了三国时期最高的成就,而孙吴的学术倾向是今古文兼学,《易》学主今文,《书》《诗》《春秋》学主古文,因此说孙吴与中原的学术取向接近,不能简单地定性为保守。

二是孙吴的玄学传统和玄学发展,向无学者提及,其渊源、面貌与消歇原因可得而言。汉代的江南已有清谈风气,是在蔡邕、陈蕃、许劭、孔融等中原名家南下的影响下形成的,蔡邕、王朗等人寄迹江南,接触到王充的《论衡》,颇加推崇,引为谈助,也证明了江南学者对中原学者的影响。在"三玄"之中,孙吴学者比较熟悉《易》《老》,却未闻《庄》学,这与孙吴玄学发展到正始时期而消歇于竹林时期的历程有关。孙吴的清谈名理,主要表现为清谈风气的盛行和人物品评的兴起。孙吴学者批判地接受了荆州学派新学风的影响,在《易》和《太玄》之学上取得了重要的成就。孙吴早期的《老》学成就斐然,虞翻《老子》注在三国时期出现最早,目前尚存的葛玄《道德经序》反映了孙吴道教的盛行,而政治上崇尚黄老无为进一步印证了孙吴早期的《老》学影响。《易》学和《老》学是正始玄学理论的依据。因此在汉末清谈向正始玄学演进的过程中,孙吴的清谈名理和经典注训具有重要作用。孙皓当权后,亲小人而远贤臣,人才选举名不副实,旧有的清谈名理失去了生存的土壤而趋于衰落;兼之吴魏长期互为敌国,文化交流日渐稀疏,导致江南学者亦难以接触中原玄学的新变。因此,注重有无本末的正始玄学和追求个性解放的竹林玄学,未能在江南广泛流传,以致"二陆"入洛时,还纠结在《易》《老》旧学的讨论上。

三是全面系统地讨论了孙吴的史官制度和史学研究,揭示出孙吴的史学成果在三国之中最为丰富的事实。孙吴的史官机构,有太史令,左、右国史,东观令。太史令在孙权时已设立,负责天文、历法、星象、灾异等,可知的有吴范、丁孚、韦昭、陈卓、陈苗等人。左、右国史由孙皓设立,负责史书的编撰,可知的左国史有韦昭、薛莹,右国史有华覈。孙权时已有东观场所,但目前所知的最早的东观令却是孙皓时期设置。东观类似于东汉的藏书机构,归中书机构管辖。东观令可知的有华覈、朱育、周处等。孙吴的史官职能和史学成就有收藏和整理图书、撰写国史、编纂前代史、撰写杂传和地理志等。孙吴史学的研究,最突出的是《国语》的研究,而《汉书》的传授得到孙吴君臣的普遍重视。在天文历法上,孙吴使用的刘洪《乾象历》是当时最先进的历法,孙吴的天体论发达,有主张浑天说的陆绩、王蕃、葛衡,主张盖天说的姚信,主张宣夜说的杨泉,等等。孙吴统治者组织过三次官修国史,形成了韦昭的《吴书》。吴国灭亡后,蜀人陈寿据韦昭《吴书》而私撰《吴书》(亦称《吴志》)。陈寿《吴书》流传之后,吴人兴起了私撰吴国史的热潮,应是出于对陈寿《吴书》"正魏伪吴"立场的不满。西晋私撰的吴国史,有案可稽的有陈寿《吴书》、周处《吴书》、张勃《吴录》、胡冲《吴历》、环济《吴纪》、顾荣《吴事》、"二陆"《吴书》(未成)和虞溥《江表传》等。晋朝私撰吴国史的现象在当时比较独特,吴国的史学家众多,在地理志、杂传上成就斐然,其中多数同时是文学家,因此吴国具有三国时期最为发达的史学传统。

四是首次系统梳理了纷繁复杂的道教文献,确认了三国时期孙吴的道教中心地位。首先是孙吴时期道教人物的不断涌现。孙吴统治时期,江南地区活跃的道士,不仅有避难南下的于吉、左慈,还有本土成长的葛玄、介象,尤其是后者,深得吴主的优待。其次是《太平经》与江南神鬼方术。江南地区开发较晚,具有浓郁的巫鬼信仰传统,成为早期道教传播的沃土。富春孙氏本有巫觋的信仰,孙吴政权据有江南地区,继承并发扬了神仙鬼怪的信仰传统。《太平经》是早期道教的主要经典,其编纂和流传与江南地区有着密切的关系。如帛和是《太平经》最早的作者,于吉师从帛和将《太平经》演绎成一百七十卷,于吉在江南地区的会稽上虞编纂《太平经》,历史上有出土文献可证。再次是《周易参同契》与江南炼丹术。文献记载晋人普遍地认为左慈在江南期间已经有炼丹的举动。汉代会稽上虞人魏伯阳作《周易参同契》，传播此书者尚有淳于叔通和徐从事等，则《周易参同契》主要是江南相传的学问，因此可以认为以炼丹术为中心内容的金丹道发源于汉末的江南地区。早期金丹派的传授系统是：左慈—葛玄—郑隐—葛洪。始祖是避地江东的左慈，中坚是葛玄、葛洪祖孙，又被称为"葛氏道"。

最后是《道德经》与孙吴早期《老》学的独特发展。道教《老》学，以《老子河上公章句》和《老子想尔注》为代表。《老子河上公章句》在孙吴流传较早，孙吴学者薛综《二京解》已经引用《老子河上公章句》，与薛综同时的葛玄对《老子河上公章句》也有精深的研究。江南道教《老》学传授师承有序，葛玄的《老》学来自徐真人，传于郑思远。另有虞翻的《老子注》，虞翻与《周易参同契》关系密切，其《老子注》与道教或有关联。

综上可知，本书在考察孙吴文学的有关文化背景时，能够利用的现成成果较多的是经学部分，而已有的孙吴经学研究也是问题重重，至于孙吴的道教研究只有片言只语，而玄学和史学几乎无人涉猎。因此我们不得不进入陌生的学科领域，认真阅读原始文献并进行重新梳理，因此在孙吴的学术问题上，本书有不少开拓性的贡献。文学史研究固然要坚守文学的主体地位，不能成为其他学科的附庸，但在其他学科的空白之处，我们不得不越俎代庖。

孙吴的文化成就，在三国之间具有独特性和先进性，兹大略总结如下：经学中的象数《易》学不同于中朝的义理《易》学，孙吴是三国时期《易》象数学派的高峰；玄学在汉末清谈向正始玄学的演进过程中，在中朝受到了冷落，却在吴地维持生长；孙吴史学最突出的是《国语》研究，孙吴史学家在三国时期数量最多，他们在地理志、杂传上出类拔萃、成就斐然；在天文历法上，孙吴使用的刘洪《乾象历》是当时最先进的历法；孙吴天体论发达，有主张浑天说的陆绩、王蕃、葛衡，主张盖天说的姚信，主张宣夜说的杨泉；孙吴是三国时期的道教中心。

二、孙吴文学地位及其后世影响

孙吴文学不同于魏蜀文学，在面貌和特点上呈现出独特性，而对后世的影响也颇有可述，主要有：

一是孙吴文学在本土化过程中呈现出地域性和家族性特征。两汉南方已经有文学传统。西汉江南文人明确的有7人,主要集中在会稽吴县的庄氏家族,以楚辞体文学成就最高,并且形成了刘濞吴王文学集团,主要成员有邹阳、枚乘、庄忌等,这是汉初的第一个诸侯王文学团体。东汉的江南文人明确的有15人,但东汉江南的赋作较少,仅知有王充的《果赋》。但王充《论衡》和魏朗《魏子》的出现,说明东汉士人擅长应用型写作。孙吴一代的文学家,目前可以明确的有50人。根据吴国历史的变迁,可以将孙吴文学家分按早期、中期和后期等三期,早期有6人,中期有16人,后期有28人,可以看出文学家数量快速增长的趋势。早期侨寓文人的水平略优于本土文人。随着三国的鼎立和孙吴统治的稳定,人口流动停止,旧有的侨寓文人相继谢世后,本土文人占据主要地位,实现了文学的本土化。孙吴的文学主要集中在会稽郡和吴郡,而吴郡文人占据绝对的优势。孙吴统治中期会稽郡文人仅有3人,而吴郡文人有5人。三嗣主时期的会稽郡文人有2人,而吴郡文人竟达16人。随着吴郡文人的崛起,以"吴郡四姓"为代表的家族文学成为突出的现象。尤其是吴郡陆氏家族,是南土著姓、江南"首望",不仅军功卓著,而且文人辈出,最终产生了陆景、陆机、陆云、陆喜等重要的文学家。

东晋开始,门阀士族受到广泛的关注,琅琊王氏和陈郡谢氏是其代表。门阀士族不仅在政治上地位显赫,而且在文化上也是人才辈出。司马睿过江,琅琊王氏有拥戴之功,王导总揽机枢,王敦虎踞上游,权势煊赫,当世无匹,文化人物也名闻遐迩,如东晋有王羲之、王献之父子的书坛"二王",南朝有王俭、王融、王褒等文学名家。陈郡谢氏经谢鲲、谢尚、谢安的努力而跻身门阀大族之列,尤其是谢安,使谢氏成为第一等的大族,在文学上也产生了谢灵运、谢惠连、谢朓等著名作家。考察东晋南朝的大族传承,与孙吴时期的吴郡陆氏颇为近似。吴郡陆氏本是依靠陆逊武功起家,渐而成为文化世家,涌现了"二陆"这样卓越的文学大家。东晋之后,江南世族发生了旧族改新贵的更替,吴郡旧族趋于衰落,而义兴周氏和吴兴沈氏依靠武力日渐兴起,时人说"今江东之豪莫强周、沈"[①],尤其是进入南朝,吴兴沈氏一枝独秀,是江东世族的核心。吴兴沈氏从东晋的武力强宗发展至南朝的文化士族,最终产生了沈约这样的文坛领袖。

二是孙吴的俗乐新声与众不同,影响甚远。孙吴文人诗极不发达,可

---

① [唐]房玄龄等撰:《晋书·周札传》卷五八,中华书局,1974年,第1575页。

知的只有寥寥几首,且主要是四言,并非孙吴文人不了解中原汉末以来盛行的诗风,实际上吴魏的文学交流丰富而深刻,而是孙吴的文人多是学者,经学家的身份和思维制约了他们对中原流行的五言诗风的接受。但孙吴的乐府成就较高,主要体现在俗乐。孙吴雅乐有韦昭《吴鼓吹铙歌十二曲》,它虽然是模仿曹魏缪袭的《魏鼓吹曲》进行填词,但证明了孙吴雅乐机构的存在,并非如刘宋何承天所说的"世咸传吴朝无雅乐"。孙吴统治者以俗乐《神弦歌》作为宗庙音乐,呈现出"以俗代雅"的特点,根本上是由统治者的信仰决定的。孙吴俗乐新声兴盛,有"舞曲歌辞"的《白纻舞歌》《拂舞歌诗》等,有"杂曲歌辞"的《吴趋行》《百年歌》《尔汝歌》等,还有若干谣谚讖语,孙皓和陆机即兴创作乐府歌谣,说明俗乐新声流播至上层社会,为东晋的吴歌兴起准备了条件。

自太康元年(280)西晋平吴到永嘉元年(307)年晋室南渡,时隔27年后,建邺重新成为王朝的政治中心。东晋王朝偏安于孙吴的故土,也吸收了江南的本土文化。孙吴的俗乐新声受到了统治者的欢迎,故入晋后,孙皓对武帝唱《尔汝歌》,而陆机当众吟唱自己改编的《吴趋行》。吴地民歌颇受西晋上层人士的欢迎,西晋傅玄说"张奏鼓琴,郝素弹筝,虽伯牙之妙手,吴姬之奇声,何以加哉?"[①],石崇与爱妾绿珠制作了《懊侬歌》,南朝陈智匠《古今乐录》载"《懊侬歌》者,晋石崇、绿珠所作,唯'丝布涩难缝'一曲而已"[②],《懊侬歌》现存,诗句为"丝布涩难缝,令侬十指穿。黄牛细犊车,游戏出孟津"。从孙吴到东晋初年,吴地民歌逐渐被达官贵族仿制而进入上层社会。汉魏六朝俗乐的发展经历了两个阶段:第一阶段为汉魏西晋,乐曲为相和歌辞,主要产生于黄河流域,以长安、洛阳一带为多;第二阶段为东晋南朝,乐曲为清商曲辞,主要产生于长江流域,以建业、江陵一带为中心[③]。孙吴俗乐新声孕育于南方地区,推动了东晋南朝的清商曲辞尤其是吴歌西曲的产生。东晋文人学士南渡后,接触了吴地的民歌,进行了发展和创造,如《子夜歌》《阿子歌》起初是民间歌谣,后来被文人学士发展成乐曲,而文人学士在接触吴歌的过程中,也创作《碧玉歌》(孙绰)、《桃叶歌》(王献之)等。五言四句的绝句的兴起受到了吴歌的影响,而梁陈宫体诗又与吴歌有着密切的关联。

---

① 赵光勇、王建域:《〈傅子〉〈傅玄集〉辑注》,陕西师范大学出版总社,2014年,第187页。
② 逯钦立辑校:《先秦汉魏晋南北朝诗》,中华书局,1983年,第1056页。
③ 参见王运熙:《乐府诗述论》增刻本,上海古籍出版社,2006年,第436页。

三是孙吴文学成就最高的是文章,尤其是论体文。孙吴的文章数量最丰富,成就也最高,颇有一些名篇佳制。傅刚说:"建安文学中的诗歌创作全部集中在邺下,散文却未必尽然,观吴、蜀二国的章表奏疏,雅健疏俊,虽不尚绮丽,而卓荦有西京遗风。《文选》分别选录吴韦曜《博弈论》和蜀诸葛亮《出师表》,并为传世名篇,足以证吴、蜀文风之盛。"[1]钱基博举出孙权《报陆逊表保明诸葛瑾事》和胡综《中分天下盟文》,但吴国文章仍沿东汉之旧,不如中原文章的变化丰富。其他为学者津津乐道的还有张纮及其《瑰材枕赋》《为孙会稽责袁术僭号书》《临困授子靖留笺》和薛莹《后汉纪赞》等。

孙吴论体文的存世数量虽不多,但名作有韦昭《博弈论》和诸葛恪《出军论》等,而陆机《辨亡论》作于吴亡之际,正是孙吴论体文的流脉。陆机的《辨亡论》乃效仿贾谊《过秦论》而作,不仅被《文选》收入"史论",刘勰《文心雕龙·论说》亦称其为美文。陆机的史论文成就,还与吴国史学的发达有关。当然,孙吴的论体文成就,还不足以与曹魏相比。曹魏嵇康的《养生论》《声无哀乐论》《言不尽意论》、阮籍的《通易论》《达庄论》等玄论,曹丕的《周成汉昭论》、曹冏的《六代论》、嵇康的《管蔡论》等史论,琳琅满目、彬彬称盛。孙吴的公务文章也颇有成就,《隋书·经籍志》著录了《吴朝士文集》十卷,说明吴国官员的文章确有可采,钱基博、曹道衡、徐公持、傅刚等学者已经注意到其中的佳作,值得进一步研究。今后应当加强文本细读的功夫,去追寻文本背后的思想、心态、知识和文化等。

四是史家文学是孙吴文学的重要特征。孙吴的史学家,可以明确的有15人,再根据《隋书·经籍志》的著录,同时有史部著作和集部著作的有士燮、张温、虞翻、谢承、陆凯、韦昭、薛莹等7人,另有华覈、万震、张胜等3人也是文学家,则孙吴史学家至少有10人属于文学家。孙吴史家文学的产生,是东汉以来文史融合的结果。陆机以文学家著名,但也是卓有成就的史学家,不仅入晋后任著作郎,参与《晋帝纪》《惠帝起居注》《晋惠帝百官表》的写作和"《晋书》限断"的讨论,又有《洛阳记》《吴书》(未成)等史书和《辨亡论》《五等论》等著名史论,具有杰出的史学才能和卓越的史学成就。陆机兼具文学家和史学家的身份,与孙吴史家善文的传统有关,同属于经史分离时期文史融合的表现。

孙吴的史学成就在三国之中最为杰出。蜀国"国不置史,注记无官,是

---

[1] 傅刚:《〈昭明文选〉研究》,北京大学出版社,2023年,第242页。

以行事多遗,灾异靡书"①,蜀汉不置史官,故史学不甚发达,但也有谯周《古史考》《蜀本纪》、陈术《益部耆旧传》及《志》、王崇《蜀书》等史学著作,并孕育了陈寿这样的著名史学家,但《隋书·经籍志》所载蜀国史著仅有谯周《古史考》。魏国虽然有专门的史学机构秘书监和著作省,并且进行了三次的国史编纂,但魏国史学著作并不多见。检核《隋书·经籍志》,明确为魏人编纂的有7部,即王沈《魏书》、鱼豢《典略》、无名氏《海内先贤传》、周斐《汝南先贤传》、苏林《陈留耆旧传》、魏文帝《列异传》、嵇康《圣贤高士传赞》。明确为吴人的有12部,即韦昭《吴书》、谢承《后汉书》、薛莹《后汉记》、韦昭《洞记》、谢承《会稽先贤传》、陆凯《吴先贤传》、徐整《豫章列士传》、张胜《桂阳先贤画赞》、顾启期《娄地记》、朱育《会稽土地记》、万震《南州异物志》、朱应《扶南异物志》。《隋书·经籍志》所载史书当然不能完全反映三国时的面貌,但吴国史书历经三百年汰洗后仍然传世,说明质量比较可靠。入晋吴人受惠于吴地史学发达的传统,促成了西晋私撰吴国史的繁荣,有案可稽的有周处《吴书》,张勃《吴录》、胡冲《吴历》、环济《吴纪》、顾荣《吴事》、"二陆"《吴书》(未成)等。

纵观三国文学,孙吴文学所呈现的地域性和家族性,孙吴乐府的俗乐新声,孙吴文学家的史学功夫,在当时都是独特性存在。

本书虽然注重从文化视角出发,但实际上对孙吴文化的发掘还是很有限的,目前主要集中于学术领域。孙吴地处江南,统治者为了增加税收和兵源,持之以恒地征服交广、驱逐山越。被征服地区的文化必然融入了汉族文化,并对汉人的心理、气质和习俗产生影响。本书尽管在乐府研究中已经注意到建业的鬼神信仰和会稽的巫觋信仰,但未能专意研究,认识仍然是不够的。外来文化中的佛教影响不可忽视,孙权非常重视佛教并建立了江南最早的寺庙——建初寺,孙吴佛教徒的译经数量在三国之中最多,因此建业成为与洛阳比肩的佛教重镇。当时佛教已发展成一定的规模,以至孙綝"坏浮屠祠,斩道人"(《三国志·吴书·孙綝传》)。但佛教如何影响到孙吴文人的心理、知识和文学,如何影响民间的信仰和文艺,本书也未能论及。加强文化学、社会学、人类学、民俗学和宗教学的学习,进一步打开地域文化、新兴文化、异质文化、民间文化的视野,应该能给孙吴文学的研究提供更多的助益。

---

① [晋]陈寿撰,[南朝宋]裴松之注,陈乃乾校点:《三国志·蜀书·后主传》卷三三,中华书局,1959年,第902页。

参考文献

B

周天游辑注:《八家后汉书辑注》,上海:上海古籍出版社,1986年。

[晋]葛洪,王明校释:《抱朴子内篇校释》增订本,北京:中华书局,1985年。

杨明照撰:《抱朴子外篇校笺》上,北京:中华书局,1991年。

杨明照撰:《抱朴子外篇校笺》下,北京:中华书局,1997年。

[南朝陈]虞世南撰,孔广陶校注:《北堂书钞》,董治安主编:《唐代四大类书》,北京:清华大学出版社,2003年。

C

曹道衡:《曹道衡文集》,郑州:中州古籍出版社,2018年。

魏宏灿校注:《曹丕集校注》,合肥:安徽大学出版社,2009年。

[三国魏]曹植,赵幼文校注:《曹植集校注》,北京:中华书局,2016年。

陈寅恪,万绳楠整理:《陈寅恪魏晋南北朝史讲演录》,天津:天津人民出版社,2018年。

[南朝梁]释僧祐撰,苏晋仁、萧炼子点校:《出三藏记集》,北京:中华书局,1995年。

[唐]徐坚编:《初学记》,线装书局影印日本宫内厅藏宋本。

[唐]徐坚等:《初学记》,北京:中华书局,1962年。

许逸民编:《初学记索引》,北京:中华书局,1980年。

D

周勋初:《当代学术研究思辨》,南京:南京大学出版社,1993年。

[前蜀]杜光庭撰:《道德真经广圣义》卷五,明正统道藏本。

李养正:《道教概说》,北京:中华书局,1989年。

权家玉:《地域性与南朝政局》,北京:社会科学文献出版社,2021年。

[汉]刘珍等撰,吴树平校注:《东观汉记校注》,北京:中华书局,2008年。

陈君：《东汉社会变迁与文学演进》，北京：中国社会科学出版社，2012年。

田余庆：《东晋门阀政治》，北京：中华书局，2012年。

[清]王夫之撰，舒士彦点校：《读通鉴论》，北京：中华书局，1975年。

[唐]杜光庭，罗争鸣辑校：《杜光庭记传十种辑校》，北京：中华书局，2013年。

E

《二十五史补编》，开明书店，1936年。

F

[汉]应劭撰，王利器校注：《风俗通义校注》，北京：中华书局，2010年。

赵光勇、王建域：《〈傅子〉〈傅玄集〉辑注》，西安：陕西师范大学出版总社，2014年。

G

[清]赵翼撰：《陔余丛考》，北京：中华书局，1963年。

汤一介：《郭象与魏晋玄学》增订本，北京：中国人民大学出版社，2016年。

[清]徐元诰撰，王树民、沈长云点校：《国语集解》，北京：中华书局，2002年。

H

[清]孙星衍等辑，周天游点校：《汉官六种》，北京：中华书局，1990年。

刘汝霖：《汉晋学术编年》，上海：华东师范大学出版社，2010年。

[汉]班固撰：《汉书》，北京：中华书局，1962年。

胡宝国：《汉唐间史学的发展》修订本，北京：北京大学出版社，2014年。

萧涤非：《汉魏六朝乐府文学史》，北京：人民文学出版社，1984年。

傅刚：《汉魏六朝文学与文献论稿》，北京：商务印书馆，2016年。

[晋]虞预：《会稽典录》，熊明辑校：《汉魏六朝杂传集》第四册，北京：中华书局，2017年。

牛润珍：《汉至唐初史官制度的演变》，石家庄：河北教育出版社，1999年。

贺昌群：《贺昌群文集》，北京：商务印书馆，2003年。

[晋]袁宏，张烈点校：《后汉纪》，北京：中华书局，2002年。

[南朝宋]范晔撰，[唐]李贤等注：《后汉书》，北京：中华书局，1965年。

[晋]常璩撰，任乃强校注：《华阳国志校补图注》，上海：上海古籍出版社，1987年。

J

陈文和主编:《嘉定钱大昕全集》增订本,南京:凤凰出版社,2016年。

俞绍初辑校:《建安七子集》,北京:中华书局,2005年。

[唐]许嵩撰,张忱石点校:《建康实录》,北京:中华书局,1986年。

[清]皮锡瑞撰,盛东铃、陈抗点校:《今文尚书考证》,北京:中华书局,1989年。

陈寅恪:《金明馆丛稿初编》,北京:生活·读书·新知三联书店,2001年。

[唐]房玄龄等撰:《晋书》,北京:中华书局,1974年。

K

[唐]智昇撰:《开元释教录》,北京:中华书局,1982年。

L

王卡点校:《老子道德经河上公章句》,北京:中华书局,1993年。

[汉]严遵,王德有点校:《老子指归》,北京:中华书局,1994年。

[清]孙希旦:《礼记集解》,北京:中华书局,1989年,第990页。

[清]朱彬撰:《礼记训纂》,北京:中华书局,1996年。

[唐]吴兢:《乐府古题要解二卷》,丁福保辑:《历代诗话续编》上,北京:中华书局,1983年。

[唐]姚察、姚思廉编:《梁书》,北京:中华书局,1973年。

[汉]荀悦、[晋]袁宏:《两汉纪》,北京:中华书局,2002年。

[清]唐晏,吴东民点校:《两汉三国学案》,北京:中华书局,1986年。

刘玉建:《两汉象数易学研究》,南宁:广西教育出版社,1996年。

刘师培:《刘申叔遗书》,南京:江苏古籍出版社,1997年。

吴从祥:《六朝会稽贺氏家族研究》,北京:中国社会科学出版社,2015年。

吴正岚:《六朝江东士族文学研究》,南京:凤凰出版社,2019年。

赵益:《六朝南方神仙道教与文学》,上海:上海古籍出版社,2006年。

[宋]张敦颐撰,张忱石点校:《六朝事迹编类》,上海:上海古籍出版社,1995年。

鲁迅辑录:《古小说钩沉》第二集辑,《鲁迅辑录古籍丛编》第一卷,北京:人民文学出版社,1999年。

鲁迅:《鲁迅全集》,北京:人民文学出版社,2005年。

[晋]陆机,杨明校笺:《陆机集校笺》,上海:上海古籍出版社,2016年。

姜亮夫:《陆平原年谱》,台湾:商务印书馆,1978年。

[晋]陆云,刘运好校注整理:《陆士龙文集校注》,南京:凤凰出版社,2010年。

黄晖撰:《论衡校释》,北京:中华书局,1990年。

邵毅平:《论衡研究》,上海:复旦大学出版社,2009年。

[清]刘宝楠撰,高流水点校:《论语正义》,北京:中华书局,1990年。

吕思勉:《吕思勉全集》,上海:上海古籍出版社,2016年。

M

[清]马瑞辰撰,陈金生点校:《毛诗传笺通释》,北京:中华书局,1989年。

N

[南朝梁]萧子显撰:《南齐书》,北京:中华书局,2019年。

[清]钱大昕,方诗铭、周殿杰校点:《廿二史考异》,上海:上海古籍出版社,2004年。

[清]赵翼,王树民校证:《廿二史札记校证》,北京:中华书局,2013年。

P

[晋]潘岳,王增文校注:《潘黄门集校注》,郑州:中州古籍出版社,2002年。

Q

[汉]王符,[清]王继培笺,彭铎校正:《潜夫论笺校正》,北京:中华书局,2014年。

田余庆:《秦汉魏晋史探微》重订本,北京:中华书局,2011年。

吴树平:《秦汉文献研究》,济南:齐鲁书社,1988年。

刘跃进:《秦汉文学地理与文人分布》,北京:中国社会科学出版社,2012年。

刘跃进:《秦汉文学论丛》,南京:凤凰出版社,2008年。

韩理洲等辑校编年:《全三国两晋南朝文补遗》,西安:三秦出版社,2013年。

[清]严可均编:《全上古三代秦汉三国六朝文》,北京:中华书局,1958年。

R

[魏]刘邵撰,[西凉]刘昞注:《人物志》,北京:中国书店,2019年。

《日本中国史研究年刊》刊行会编:《日本中国史研究年刊》2006年度,上海:上海古籍出版社,2008年。

《日本中国史研究年刊》刊行会编:《日本中国史研究年刊》2007年度,上海:上海古籍出版社,2009年。

《日本中国史研究年刊》刊行会编:《日本中国史研究年刊》2008年度,上海:上海古籍出版社,2011年。

《日本中国史研究年刊》刊行会编:《日本中国史研究年刊》2009年度,上海:上海古籍出版社,2011年。

《日本中国史研究年刊》刊行会编:《日本中国史研究年刊》2010年度,上海:上海古籍出版社,2013年。

《日本中国史研究年刊》刊行会编:《日本中国史研究年刊》2011年度,上海:上海古籍出版社,2019年。

孙宝:《儒学嬗变与魏晋文风建构》,北京:人民文学出版社,2014年。

陈君:《润色鸿业:〈汉书〉文本的形成与早期传播》,北京:北京大学出版社,2020年。

S

宋杰:《三国兵争要地与攻守战略研究》,北京:中华书局,2019年。

[清]钱仪吉撰:《三国会要》,上海:上海古籍出版社,2006年。

许抗生:《三国两晋玄佛道简论》,济南:齐鲁书社,1991年。

王奎、谭良啸:《三国时期的科学技术》,北京:社会科学文献出版社,2011年。

[晋]陈寿撰,[南朝宋]裴松之注,陈乃乾校点:《三国志》,北京:中华书局,1959年。

[清]汤球辑,吴振清校注:《三十国春秋辑本》,天津:天津古籍出版社,2009年。

程元敏:《尚书学史》,上海:华东师范大学出版社,2013年。

[汉]荀悦,[明]黄省曾注,孙启治校补:《申鉴注校补》,北京:中华书局,2012年。

[晋]葛洪撰,胡守为校释:《神仙传校释》,北京:中华书局,2010年。

徐世虹主编:《沈家本全集》,北京:中国政法大学出版社,2009年。

钟嵘,曹旭笺注:《诗品笺注》,北京:人民文学出版社,2009年。

[清]王鸣盛撰,黄曙辉点校:《十七史商榷》,上海:上海古籍出版社,2016年。

[汉]司马迁撰,[南朝宋]裴骃集解,[唐]司马贞索隐,[唐]张守节正义:《史记》,北京:中华书局,2014年。

唐燮军:《史家行迹与史书构造:以魏晋南北朝佚史为中心的考察》,杭州:浙江大学出版社,2014年。

史念海:《史念海全集》,北京:人民出版社,2013年。

[唐]刘知幾,[清]浦起龙通释,王煦华整理:《史通通释》,上海:上海古籍出版社,2009年。

余英时:《士与中国文化》,上海:上海人民出版社,2013年。

[南朝宋]刘义庆,[南朝梁]刘孝标注,余嘉锡笺疏,周祖谟等整理:《世说新语笺疏》,北京:中华书局,2007年。

[东汉]刘熙撰,[清]毕沅疏证、王先谦补:《释名疏证补》,北京:中华书局,2008年。

[北魏]郦道元,陈桥驿校证:《水经注校证》,北京:中华书局,2007年。

[汉]许慎撰,[清]段玉裁注,许惟贤整理:《说文解字注》,南京:凤凰出版社,2007年。

[元]脱脱:《宋史》,北京:中华书局,1985年。

[南朝梁]沈约撰:《宋书》,北京:中华书局,2018年。

[唐]魏徵等撰:《隋书》,北京:中华书局,2019年。

徐昌盛:《孙吴文学系年》,济南:山东大学出版社,2022年。

王永平:《孙吴政治与文化史论》,上海:上海古籍出版社,2005年。

[清]阮元校刻:《十三经注疏》清嘉庆刊本,北京:中华书局,2009年。

T

李昉等编:《太平广记》,北京:中华书局,1961年。

王明编:《太平经合校》,北京:中华书局,2014年。

[宋]李昉等撰:《太平御览》,北京:中华书局,1960年。

[汉]扬雄撰,[宋]司马光集注,刘韶军点校:《太玄集注》,北京:中华书局,1998年。

向达:《唐代长安与西域文明》,北京:商务印书馆,2017年。

[唐]李林甫等撰,陈仲夫点校:《唐六典》,北京:中华书局,2014年。

李剑国辑释:《唐前志怪小说辑释》修订本,上海:上海古籍出版社,2011年。

[唐]杜佑撰,王文锦等点校:《通典》,北京:中华书局,1988年。

W

[魏]王弼,楼宇烈校释:《王弼集校释》,北京:中华书局,1980年。

[清]王国维:《王国维全集》第八卷,杭州:浙江教育出版社,2009年。

胡阿祥:《魏晋本土文学地理研究》,南京:南京大学出版社,2001年。

程章灿:《魏晋南北朝赋史》,南京:江苏古籍出版社,2001年。

傅刚:《魏晋南北朝诗歌史论》,北京:商务印书馆,2017年。

钱志熙:《魏晋南北朝诗歌史述》,北京:北京大学出版社,2005年。

王仲荦:《魏晋南北朝史》,北京:中华书局,2007年。

唐长孺:《魏晋南北朝史论丛》,北京:中华书局,2011年。

唐长孺:《魏晋南北朝史论拾遗》,北京:中华书局,2011年。

周一良:《魏晋南北朝史札记》,北京:中华书局,2007年。

罗宗强:《魏晋南北朝文学思想史》,北京:中华书局,1996年。

钱志熙:《魏晋诗歌艺术原论》修订本,北京:北京大学出版社,2005年。

逯耀东:《魏晋史学的思想与社会基础》,北京:中华书局,2006年。

徐公持:《魏晋文学史》,北京:人民文学出版社,1999年。

汤用彤:《魏晋玄学论稿》,上海:上海古籍出版社,2001年。

余敦康:《魏晋玄学史》,北京:北京大学出版社,2004年。

[北齐]魏收撰:《魏书》,北京:中华书局,1974年。

[晋]陆机,张少康集释:《文赋集释》,北京:人民文学出版社,2002年。

汪春泓:《文史探真》,北京:昆仑出版社,2004年。

[清]章学诚,叶瑛校注:《文史通义校注》,北京:中华书局,1985年。

[南朝梁]刘勰,范文澜注:《文心雕龙注》,北京:人民文学出版社,1958年。

[南朝梁]萧统编,[唐]李善注:《文选》,北京:中华书局,1977年。

刘跃进:《文学史的张力》,上海:复旦大学出版社,2021年。

徐昌盛:《〈文章流别集〉与魏晋学术新变》,上海:上海交通大学出版社,2021年。

文超:《吴简与吴制》,北京:北京大学出版社,2019年。

X

俞士玲:《西晋文学考论》,南京:南京大学出版社,2008年。

逯钦立辑校:《先秦汉魏晋南北朝诗》,北京:中华书局,1983年。

[晋]陶潜撰,李剑国辑校:《新辑搜神后记》,北京:中华书局,2007年。

[晋]干宝撰,李剑国辑校:《新辑搜神记》,北京:中华书局,2007年。

罗宗强:《玄学与魏晋士人心态》,天津:南开大学出版社,2003年。

Y

[北齐]颜之推撰,王利器撰:《颜氏家训集解》,北京:中华书局,1993年。

[唐]欧阳询撰,汪绍楹校:《艺文类聚》,上海:上海古籍出版社,1999年。

[美]田晓菲:《影子与水文:秋水堂自选集》,南京:南京大学出版社,2019年。

[南朝宋]刘义庆,[南朝梁]刘孝标注,余嘉锡笺疏,周祖谟等整理:《余嘉锡论学杂著》,北京:中华书局,2007年。

[清]叶昌炽撰,柯昌泗评,陈公柔、张明善点校:《语石·语石异同评》,北京:中华书局,1994年。

[宋]王应麟纂:《玉海》,南京:江苏古籍出版社,上海:上海书店,1987年。

[清]马国翰:《玉函山房辑佚书》,扬州:广陵书社,2004年。

[唐]林宝撰,岑仲勉校记:《元和姓纂》,北京:中华书局,1994年。

[宋]郭茂倩编:《乐府诗集》,北京:中华书局,2017年。

王运熙:《乐府诗述论》增补本,上海:上海古籍出版社,2006年。

余冠英:《乐府诗选》,北京:人民文学出版社,1953年。

罗根泽《乐府文学史》,上海:东方出版社,1996年。

Z

傅刚:《〈昭明文选〉研究》,北京:北京大学出版社,2023年。

[南朝梁]刘勰,杨明照校注拾遗:《增订文心雕龙校注》,北京:中华书局,2005年。

[南朝梁]陶弘景撰,赵益点校:《真诰》,北京:中华书局,2011年。

王瑶:《中古文学史论》,北京:北京大学出版社,1998年。

任继愈主编:《中国佛教史》,北京:中国社会科学出版社,1985年。

袁世硕、陈文新主编:《中国古代文学史》,北京:高等教育出版社,2016年。

孙钦善:《中国古文献学史》修订本,北京:中华书局,2015年。

钱志熙:《中国诗歌通史·魏晋南北朝卷》,北京:人民文学出版社,2012年。

陈遵妫:《中国天文学史》,上海:上海人民出版社,2006年。

钱基博:《中国文学史》,武汉:华中师范大学出版社,2011年。

陈平原编校:《中国现代学术经典·章太炎卷》,石家庄:河北教育出版社,1996年。

李学勤主编,王志平:《中国学术史·三国、两晋、南北朝卷》,南昌:江西教育出版社,2001年。

钱穆:《中国学术思想史论丛》三,北京:生活·读书·新知三联书店,2009年。

葛剑雄:《中国移民史》第二卷,福州:福建人民出版社,1997年。

[魏]徐幹,孙启治解诂:《中论解诂》,北京:中华书局,2014年

[清]汤球、黄奭辑:《众家编年体晋史》,天津:天津古籍出版社,1989年。

朱渊清编:《朱希祖史学史选集》,上海:中西书局,2019年。

[清]孙诒让撰:《周礼正义》,北京:中华书局,1987年。

章伟文译注:《周易参同契》,北京:中华书局,2014年。

[东汉]魏伯阳,[宋]朱熹等注:《周易参同契集释》,北京:中央编译出版社,2015年。

[清]李道平撰,潘雨廷点校:《周易集解纂疏》,北京:中华书局,1994年。

[三国]诸葛亮,段熙仲、闻旭初编校:《诸葛亮集》,北京:中华书局,2014年。

牟润孙:《注史斋丛稿》增订本,北京:中华书局,2009年。

[宋]司马光编著,[元]胡三省音注,"标点资治通鉴小组"校点:《资治通鉴》,北京:中华书局,1956年。

后 记

犹记得2007年初夏在蔚秀园，傅刚师问我硕士毕业论文准备做什么题目，我当时刚刚读完曹道衡先生的著作，于是回答说孙吴文学与学术吧。在研二的第二学期，我花费了一个学期在犹豫要不要考博士。当时博士已很难就业，而硕士是央企大机关的争抢对象，京户高薪唾手可得，读博之后前景黯淡，因此不得不谨慎考虑。可是我当时读书不甚多，于学术更是门外汉，对自己的稀里糊涂不太满意，于是下定决心报考博士，重新开始了日日早七晚十蛰居图书馆的半年生活。2008年春天，我粗粗完成了一篇满足毕业要求的硕士论文稿，但并不满意。此后的十六年，虽然辗转奔波于江南塞北，但这个题目一直萦绕脑海，促使我注意搜集材料，及时撰写文章。2020年春天大疫，我不得不杜门闲居，遂进行整体性统筹，形成了本书现有的面貌。

魏晋文学研究，历史上名家众多、佳制纷纭，如今俨然是冷门绝学，乏人问津，因为没有新材料的刺激，想要有突破性的进展，无疑非常困难，在竞争激烈的学术界，研究者很容易被甩下赛道，因此不得不改弦易辙。我选择的研究路径是，将时间精确到每一年，将文本落实到每一句。我也真诚地期待，从事扎实性的基础工作，能够使自己的研究具有较长久的参考价值，因此在行文之中时时追求竭泽而渔。但根据实际情况来看，总不免会有所遗漏，我也一直在补充完善之中，将来如有新的发现，也一定在适当的时候再进行增补。新异弘论固然引人瞩目，但基础之功仍不可或缺。

在硕士论文的开题和写作过程中我得到了傅刚老师、杜晓勤老师、常森老师的指导，在硕士论文的答辩过程中，又蒙程郁缀、孙明君等先生的指点。同门张珊师姐和王紫微师妹也提供了很多的帮助。本书有幸获得了国家社科基金的后期资助，立项审核时得到五位匿名专家和结项鉴定时得到三位匿名专家的支持和批评，增强了本人的信心，弥补了本书缺陷，提高了学术水平。当然限于学力和精力，有的意见一时难以采纳，但也提供了进一步思考和提高的方向。

本书有幸被全国哲学社会科学工作办公室派送到西南大学出版社出版，感谢编辑李浩强、张昊越两位先生付出的辛勤劳动。本书的部分文章先后在《浙江学刊》《中国文学研究》《湖南师范大学社会科学学报》《文艺评论》《兰州学刊》《乐府学》《东方论坛》《新时代中国古代道教文学与文化研究成果荟萃》等书刊上发表，感谢杨合林先生、蒋振华先生、吕双伟先生、王蓉女士、潘文竹女士和编辑老师们的支持。中国海洋大学刘怀荣教授和中国社会科学院陈君师兄提出的修改意见，使本书增色不少。友生李朔协助校对了全书的引文，匡我良多。

　　本书在研究、立项和结项的过程中，得到了山东大学文学院"山东大学中文一流学科建设经费"的资助和杜泽逊院长、郭春晓书记、程相占副院长的大力支持，谨致以诚挚的谢意！